Rechnungslegung der Katholischen Kirche

Europäische Hochschulschriften

Publications Universitaires Européennes
European University Studies

Reihe V
Volks- und Betriebswirtschaft

Série V   Series V
Sciences économiques, gestion d'entreprise
Economics and Management

Bd./Vol. 3196

PETER LANG

Frankfurt am Main · Berlin · Bern · Bruxelles · New York · Oxford · Wien

Eckhard M. Thomes

Rechnungslegung der Katholischen Kirche

Besonderheiten dargestellt am Beispiel der Pensionsverpflichtungen gegenüber Priestern

PETER LANG
Europäischer Verlag der Wissenschaften

Bibliografische Information Der Deutschen Bibliothek
Die Deutsche Bibliothek verzeichnet diese Publikation in der
Deutschen Nationalbibliografie; detaillierte bibliografische
Daten sind im Internet über <http://dnb.ddb.de> abrufbar.

Zugl.: Göttingen, Univ., Diss., 2005

Gedruckt auf alterungsbeständigem,
säurefreiem Papier.

D 7
ISSN 0531-7339
ISBN 3-631-55268-8

© Peter Lang GmbH
Europäischer Verlag der Wissenschaften
Frankfurt am Main 2006
Alle Rechte vorbehalten.

Printed in Germany 1 2 3 4 6 7

www.peterlang.de

Für Hedwig und Johann Thomes

Vorwort

Der Mathematiker Leopold Krohnecker (1823-1891) hat einmal gesagt, dass Gott die natürlichen Zahlen schuf, alles andere aber sei Menschenwerk. In der Betriebswirtschaft stellt die Rechnungslegung ein Instrument zur Verringerung von Informationsasymmetrien, die zwischen dem Rechnungslegenden und dem Adressaten unterstellt werden, dar. Die Rechnungslegung ist danach Folge des Bewusstseins menschlicher Fehlbarkeit. Da auch der kanonische Gesetzgeber die Rechnungslegung über die Vermögensverwaltung gebietet, anerkennt auch die Katholische Kirche, dass die kirchliche Vermögensverwaltung mehr von Menschenhand als von göttlicher Hand geführt wird. Menschliches Handeln bedarf Regeln, die ein erlaubtes und gebotenes Tun oder Unterlassen oder anders gesagt, ein ordnungsmäßiges Handeln, festlegen. Hinsichtlich der Rechnungslegung sind dies Regeln für das Führen von Büchern und die Erstellung des Rechenschaftsberichts.

Zu der vorliegenden Arbeit hat mich der Gedanke verleitet, die Disziplinen Kanonistik/Theologie und Betriebswirtschaft zu einem Sinnganzen zusammenzuführen. Ich wollte herausarbeiten, wo in der Kirche die Betriebswirtschaft, die ihren Niederschlag in der kaufmännischen Rechnungslegung hat, und wo die Theologie bzw. die Kanonistik in Erscheinung treten und schließlich wie und an welcher Stelle beide Disziplinen ineinander greifen. Hierbei war ich um größtmögliche Differenzierung bemüht und es hat sich während der Erarbeitung der Dissertation gezeigt, dass die Katholische Kirche weder mit erwerbswirtschaftlichen Unternehmen gleichzusetzen ist, noch das Feld der Betriebswirtschaft in der Kirche den Kanonisten bzw. Theologen allein überlassen werden kann. Im Kern dieser Arbeit geht es darum, den Begriff Ordnungsmäßigkeit, der auch der Rechnungslegung der Katholischen Kirche zu Grunde zu legen ist, auf der Basis betriebswirtschaftlicher und kanonischer Betrachtungsweisen zu untersuchen.

Das Motiv für diese Dissertation entspringt meiner beruflichen Tätigkeit in der (Konzern-)Rechnungslegung und meinem privatem Interesse an Theologie und Philosophie. Ich habe die Dissertation parallel zu meiner beruflichen Tätigkeit geschrieben und konnte so auch praktische Erfahrungen in diese Arbeit einbeziehen.

Die vorliegende Arbeit entstand am Institut für Rechnungs- und Prüfungswesen privater und öffentlicher Betriebe der Georg-August-Universität Göttingen und wurde von Herrn Prof. Dr. Lothar Schruff betreut. Die Dissertationsschrift wurde von der Wirtschaftswissenschaftlichen Fakultät der Universität im Wintersemester 2005/2006 angenommen.

Ein derart interdisziplinäres und ehrgeiziges Projekt erfordert eine hohe Offenheit, die ich bei meinem akademischen Lehrer und Erstgutachter Herrn *Prof. Dr. Lothar Schruff* vorgefunden habe und der mich während der Zeit der Entstehung der Dissertation beratend unterstützt hat. Ihm gilt mein erster Dank. Außerdem bedanke ich mich bei Herrn *Prof. em. Dr. Helmut Brede* für die Übernahme des Zweitgutachtens sowie Herrn *Prof. em. Dr. Gustav Kucera* für seine Bereitschaft, der Prüfungskommission beizutreten.

Besonders in schwierigen Phasen meiner Promotion habe ich stets mentale Unterstützung und fachliche Diskussionsbereitschaft von Freunden erfahren. Mein besonderer Dank gilt dabei Herrn *Rechtsanwalt Derk Cillis*, Herrn *Dr. Stefan Tobias*, Herrn *Wirtschaftsprüfer, Chartered Accountant Andrew Griffiths B.Sc. (hons.)*, Herrn *Dr. Christan Hagen* sowie Herrn *Wirtschaftsprüfer, Steuerberater Dipl.-Kfm. Christian Dreyer*.

Ferner danke ich den Teilnehmern des gemeinsamen Doktorandenseminars von Herrn *Prof. Dr. Dr. h.c. Jörg Baetge*, Herrn *Prof. Dr. Lothar Schruff* und Herrn *Prof. Dr. Henning Zülch* für die konstruktiven Diskussionen. Insbesondere bedanke ich mich bei Herrn *Prof. Dr. Dr. h.c. Jörg Baetge* für die wertvollen Anregungen, die das methodische Profil meiner Arbeit prägen.

Danken möchte ich auch Frau *Prof. Dr. Berit Sandberg*, die mir beständig Mut zugesprochen hat, dieses komplexe Projekt zum Erfolg zu führen.

Mein besonderer Dank gilt meinen Eltern, die mich während des gesamten Studiums und Promotionsprozesses stets als ihren *Sohn* und nicht als angehenden Akademiker bzw. künftigen Doktor angesehen und behandelt haben. Sie haben mir dadurch in entscheidenden Phasen meiner akademischen Laufbahn den äußeren Erwartungsdruck genommen, welches mir dadurch die erforderliche gedankliche Entfaltungsmöglichkeit und das große *inhaltliche* Interesse an der Erarbeitung der Dissertation ermöglicht hat. Vor allem aber stehen sie am Anfang des Entstehungsprozesses dieser Arbeit; ihnen ist diese Arbeit gewidmet.

Eckhard M. Thomes

Hamburg, Januar 2006

Inhaltsverzeichnis

11

Abbildungsverzeichnis

Tabellenverzeichnis

Abkürzungsverzeichnis

Abl.	Amtsblatt
ADS	Adler/Düring/Schmaltz
AfkKR	Archiv für katholisches Kirchenrecht (Zeitschrift)
AHK	Anschaffungs- und Herstellungskosten
Anm.	Anmerkung
AnVNG	Angestelltenversicherungs-Neuregelungsgesetz
Apk	Apokalypse (Offenbarung des Johannes)
Art.	Artikel
Aufl.	Auflage
BAFin	Bundesanstalt für Finanzdienstleistungsaufsicht
BAG	Bundesarbeitsgericht
BB	Betriebs-Berater (Zeitschrift)
BBesG	Bundesbesoldungsgesetz
BBG	Bundesbeamtengesetz
Bd.	Band
BetrAVG	Gesetz zur Verbesserung der Betrieblichen Altersversorgung
BFH	Bundesfinanzhof
BFuP	Betriebswirtschaftliche Forschung und Praxis (Zeitschrift)
BGH	Bundesgerichtshof
BHO	Bundeshaushaltsordnung
BiRiLiG	Bilanzrichtliniengesetz
BStBl.	Bundessteuerblatt
BVerfGE	Bundesverfassungsgericht
bzw.	beziehungsweise
c.	Canon des Codex Iuris Canonici
cc.	Canones des Codex Iuris Canonici
CIC	Codex Iuris Canonici
COMECE	Commissio Episcopatuum Communitatis Europensis
DB	Der Betrieb (Zeitschrift)
DBK	Deutsche Bischofskonferenz
DBO	Defined Benefit Obligation/Barwert der Pensionsverpflichtung
DStR	Deutsches Steuerrecht (Zeitschrift)
EGHGB	Einführungsgesetz zum Handelsgesetzbuch
et al.	et alii
etc.	ecetera
EWG	Europäische Wirtschaftsgemeinschaft

f.	folgende
FAS	Financial Accounting Standard
FAZ	Frankfurter Allgemeine Zeitung (Tageszeitung)
ff.	fortfolgende
FN	Fußnote
G	Gesetz
GBDK	Grundgesetz Bundesrepublik Deutschland - Kommentar
gem.	gemäß
GG	Grundgesetz der Bundesrepublik Deutschland
GoB	Grundsätze ordnungsmäßiger Buchführung
GoR	Grundsätze ordnungsmäßiger Rechnungslegung
GVBl.	Gesetz- und Verordnungsblatt
HdbStKirchR	Handbuch des Staatskirchenrechts der Bundesrepublik Deutschland
HdkKR	Handbuch des katholischen Kirchenrechts
HdO	Handwörterbuch der Organisation
HdR	Handbuch der Rechnungslegung
HdRP	Handwörterbuch der Rechnungslegung und Prüfung
HFA	Hauptfachausschuss des Instituts der Wirtschaftsprüfer in Deutschland e.V.
HGB	Handelsgesetzbuch
h.M.	herrschende Meinung
HSK	Heiligen-, Sakral- und Kulturgüter
IAS	International Accounting Standard
IASB	International Accounting Standard Board
IASC	International Accounting Standard Committee
i.d.R.	in der Regel
IDW	Institut der Wirtschaftsprüfer in Deutschland e.V.
i.e.S.	im engeren Sinne
IFAC	International Federation of Accountants (Constitution)
IFRIC	International Financial Reporting Interpretations Committee
IFRS	International Financial Reporting Standards
i.H.	in Höhe
IPSAS	International Public Sector Accounting Standard
IPSASB	Public Sector Accounting Standards Board
i.S.	im Sinne
i.S.d.	im Sinne des
i.V.m.	in Verbindung mit
i.w.S.	im weiteren Sinne

17

Jg.	Jahrgang
KABl.	Kirchliches Amtsblatt
KoR	Zeitschrift für internationale und kapitalmarktorientierte Rechnungslegung
KPMG	Klynveld, Peat, Marwick und Goerdeler
KStG	Körperschaftssteuergesetz
LdB	Lexikon der Betriebswirtschaftslehre
LdRA	Lexikon der Rechnungslegung und Abschlussprüfung
LdRW	Lexikon des Rechnungswesens
LfKS	Lexikon für Kirchen- und Staatskirchenrecht
LfRWC	Lexikon für Rechnungswesen und Controlling
LfTK	Lexikon für Theologie und Kirche
LG	Lumen Gentium
Mio.	Millionen
MKzCIC	Münsterischer Kommentar zum Codex Iuris Canonici
Mt.	Evangelium nach Matthäus
NJW	Neue Juristische Wochenschrift
NPO	Non-Profit-Organisationen
NRW	Nordrhein-Westfalen
NWB	Neue Wirtschaftsbriefe (Zeitschrift)
o.g.	oben genannt
o.O.	ohne Erscheinungsort(e)
PartG	Parteiengesetz
Phil.	Brief an die Philipper
PP	PaPa (Papst v. Papa)
PrBesO	Priesterbesoldungsordnung
PSC	Public Sector Committee
PublG	Publizitätsgesetz
RFH	Reichsfinanzhof
RFHE	Entscheidungen des Reichsfinanzhofes
RIAS	Rechnungslegung nach International Accounting Standards – Kommentar
Rn	Randnummer
RStBl	Reichssteuerblatt

StuB	Steuer und Bilanzpraxis
StuW	Steuern und Wirtschaft (Zeitschrift)
Tz.	Textziffer
u.	und
u.a.	unter anderem
UK-GAAP	Generally Accepted Accounting Principle (United Kingdom)
US-GAAP	Generally Accepted Accounting Principle (United States)
UN	United Nations (Vereinte Nationen)
v. a.	vor allem
VAG	Versicherungsaufsichtsgesetz
VatII.	Zweites Vatikanisches Konzil
VDD	Verband der Diözesen Deutschlands
versch.	verschiedene
vgl.	vergleiche
VvaG	Versicherungsvereine auf Gegenseitigkeit
WPg	Die Wirtschaftsprüfung (Zeitschrift)
WRV	Weimarer Reichsverfassung
z.B.	zum Beispiel
ZevKR	Zeitschrift für evangelisches Kirchenrecht
ZfB	Zeitschrift für Betriebswirtschaft
ZfbF	Zeitschrift für betriebswirtschaftliche Forschung
ZGR	Zeitschrift für Unternehmens- und Gesellschaftsrecht
Ziff.	Ziffer
z.T.	zum Teil
zw.	zwischen
z.Zt.	zur Zeit

1. Einführung und Gang der Untersuchung

Die deutschen Diözesen der Katholischen Kirche sehen sich gegenwärtig infolge der rückläufigen Geburtenraten, der Steuergesetzgebung[1], der angespannten gesamtwirtschaftlichen Lage und des Mitgliederrückgangs mit deutlich rückläufigen Einnahmen konfrontiert.[2] Gleichzeitig bleiben die Fixkosten auf konstantem Niveau oder steigen, vor allem im Bereich der Personal- und Sachkosten[3] wie Priesterversorgung und die Erhaltung historischer Gebäude[4]. Diese Entwicklung zwingt viele Diözesen zu drastischen Konsolidierungsmaßnahmen.[5] Berichtet wird z.b. über die Schließung von kirchlichen Einrichtungen[6], Freisetzung von Mitarbeitern[7] und die Zusammenlegung von Pfarrgemeinden.[8] Am schwierigsten ist gegenwärtig die wirtschaftliche Lage des Erzbistums Berlin[9] mit einem Schuldenstand zum 31.12.2002 in Höhe von 148 Mio. Euro. Davon sind 85 % Verbindlichkeiten gegenüber Kreditinstituten und 22 Mio. Euro Unterdeckung des Pensionsfonds.[10] Per Beschluss der deutschen Bischöfe vom 31.05.2003 werden Schulden in Höhe von 50 Mio. Euro durch Darlehen an die Erzdiözese Berlin aufgefangen.[11]

Der gegenwärtige Dompropst und ehemalige Generalvikar der Erzdiözese Köln, FELDHOFF, bemerkt im Zusammenhang mit der angespannten wirtschaftlichen

---

[1] Siehe zum Einfluss der Steuergesetzgebung auf das Kirchensteueraufkommen Leimkühler (2004), S. 25 ff.

[2] Vgl. Leimkühler (2004), S. 1 ff.; Geschäftsbericht Bistum Hildesheim (2004), S. 2 f. u. 24.; Hasse (2002), in: Die Welt vom 18.11.2002; OV (2004), in: Die Welt vom 30.12.2004; Mußler (2005), in: FAZ vom 16.04.2005.

[3] Vgl. das Interview des ehemaligen Generalvikars des Erzbistums Köln Norbert Feldhoff, in: Gehlen (2004): in: Der Tagesspiegel vom 24.03.2004.

[4] Vgl. Zydra (2003), in: Süddeutsche Zeitung vom 24./25./26.12.2003.

[5] Vgl. Leimkühler (2004), S. 2 f.; Gehlen/Keller (2004): in: Der Tagesspiegel vom 02.03.2004; Esser (2004): in: Aachener Zeitung vom 16.05.2004; Facius (2003), in: Die Welt vom 10.03.2003; Zu den einzelnen Konsolidierungsmaßnahmen im Erzbistum Hamburg vgl. www. erzbistum-hamburg.de. (Stand 27.08.2005).

[6] Vgl. Spörle (2004), in: Die Zeit, 36/2004.

[7] Vgl. Esser (2004), in: Aachener Zeitung vom 16.05.2004; O.V. (2003), in: Die Welt vom 05.06.2003.

[8] Vgl. dazu den Risikobericht im Geschäftsbericht des Erzbistums Hamburg 2003, S. 7 ff.; O.V. Hamburger Abendblatt vom 13.08.2004; O.V (2004), in: Neue Kirchenzeitung vom 11.08.2004; O.V. (2004): in: FAZ, vom 30.09.2004.

[9] Vgl. FN 2.

[10] Vgl. das Pressegespräch am 10.06.2003 mit Erzbischof Georg Kardinal Sterzinsky unter http:// www.kath.de/bistum/berlin/verlaut/index.htm (Stand 20.06.2003).

[11] Vgl. die Erklärung des Berliner Generalvikars Peter Wehr beim Pressegespräch am 13. März 2003 unter http://gcjm.dyndns.org/kathdatberlin/presse/pm20030313.htm (Stand 13.03.2003).

Lage der Deutschen Diözesen: „Einige Bistümer hätten die kritische Situation, in der sie heute stecken, früher erkennen müssen."[12] Die Schuldenlage des Erzbistums Berlin und die angespannte wirtschaftliche Lage weiterer deutscher Diözesen lässt Fragen aufkommen, z.b. nach einer transparenten Rechnungslegung, die eine derartige Entwicklung frühzeitig hätte sichtbar machen können. Auch in anderen westlichen Industrieländern sehen sich einzelne Diözesen mit Finanzierungsschwierigkeiten konfrontiert. So stehen in den USA die Diözesen Tucson (Arizona), Spokane (Washington State) und die Erzdiözese Portland (Oregon) unter dem Chapter 11 des US-amerikanischen Bankrupcy Code. Nach diesem Code ist das Kirchenvermögen der Diözese während der Konsolidierungsphase, die unter der Aufsicht des „Federal Court" steht, dem Zugriff der Schuldner entzogen.[13]

In den Medien wird vielfach die Meinung vertreten, dass die wirtschaftliche Lage der Kirche intransparent sei.[14] Diese Ansicht scheint auch in kircheninternen Kreisen zu bestehen. Aus dem Generalvikariat der Erzdiözese Hamburg wurde die Kritik geäußert, „dass in den Kirchen vielfach Unkenntnis über die eigene Vermögens- und Ertragslage herrsche".[15]

Bezogen auf das Rechnungswesen der Katholischen Kirche in Deutschland im Allgemeinen und der Rechnungslegung der deutschen Diözesen im Besonderen ist eine wissenschaftliche Auseinandersetzung, vor allem hinsichtlich spezieller Bilanzierungsthemen, bislang weitgehend unterblieben. Eine Arbeit von LEIMKÜHLER (2004) befasst sich mit der Unternehmensrechnung und ihrer Anwendbarkeit in der Kirchenverwaltung aus Sicht der Katholischen Kirche in Deutschland. Die Arbeit ist breit angelegt und behandelt das Rechnungswesen als Ganzes. Dabei geht es um die Entwicklung eines grundlegenden Gestaltungskonzeptes der Unternehmensrechnung, welches teilweise die Rechnungslegung in den Teilkirchen der Katholischen Kirche in der Bundesrepublik Deutschland umfasst.

---

[12] Vgl. FN 2.
[13] Vgl. die Stellungnahme von Bischof William S. Skylstad unter: http://www.dioceseofspokane .org/BW_2004/chapter11.htm (Stand: 11.09.2005) und http://www.bishop-accountability.org/ bankrupt/2004-09-20-Kornman-TucsonDiocese.htm (Stand: 11.09.2005).
[14] Vgl. Wensierski (2001): Der Spiegel vom 03.12.2001; Frerk (2002), und zur Publikation von Frerk die Rezension des ehemaligen Kölner Generalvikars Norbert Feldhoff vom 10.06.2002 unter http://www.erzbistum-Koeln.de/opencms/opencms/erzbistum/dokumente/generalvikar/gvf _020610frerkbilanz.pdf. (Stand 20.01.2005); Dowideit (2005): in: Die Welt vom 18.08.2005; Schwarz (2005), S. 55.; Sauer (2003), in: Süddeutsche Zeitung vom 24./25./26. 12.2003.
[15] Äußerung der Finanzdirektorin des Erzbistums Hamburg, Leimkühler, vgl. O.V. (2004): in: Neue Kirchenzeitung vom 12.12.2004.

LEIMKÜHLER macht Vorschläge für ein Gestaltungskonzept in kirchlichen Verwaltungen und für ein den Bedingungen kirchlicher Verwaltungen angepasstes Kosten- und Ressourcenmanagement. Die Autorin kommt u.a. zu dem Schluss, dass die in der Erwerbswirtschaft eingesetzten Instrumente der Unternehmensrechnung grundsätzlich auch auf die kirchlichen Rechtspersonen übertragbar und die handelsrechtlichen Abbildungsregeln für die Überprüfung und Kontrolle der Finanzierungsziele der Kirche geeignet seien.

Dem Rechnungswesen nahe steht das Controlling. Hier ist die Arbeit von MERTES (2000) zu nennen, die sich mit dem Controlling in der Kirche auseinander setzt und die erörterten Steuerungsinstrumente am Beispiel der Diözese Münster diskutiert. Fragen zur Rechnungslegung behandelt diese Arbeit themenbedingt nur am Rande.

Zum Kirchenvermögen finden sich Arbeiten im Bereich des Kanonischen Rechts. Diese konzentrieren sich auf die Kommentierung der einschlägigen Rechtsnormen zum Kirchenvermögen und dessen Verwaltung. Die Autoren erörtern jedoch weniger wirtschaftliche als (kirchen)rechtliche Zusammenhänge. Eine Arbeit von WERNEKE (1998) befasst sich mit der Verbindung zwischen Gesamt- und Teilkirche und konkretisiert dies am Beispiel des kanonischen Vermögensrechts. Darin wird auch kurz Bezug auf die Rechnungslegung aus kanonischer Sicht genommen.

Aus dem zweiten Vatikanischen Konzil der Katholischen Kirche (11.10.1962 - 8.12.1965) – kurz: zweites Vatikanum – entwickelte sich der Communio-Gedanke, d.h. die geistige Gemeinschaft der Kirche als ein zentrales Element ihres Selbstverständnisses. Diese Gemeinschaft ist nicht nur „irgendein unbestimmtes Gefühl, sondern eine organische Wirklichkeit, die eine rechtliche Gestalt verlangt [...]"[16]. Das Communio-Verständnis bezieht sich im Kern auf eine geistige Gemeinschaft der Gläubigen im umfassenden Sinne, die sich auch auf wirtschaftliche Belange auswirkt. Die Katholische Kirche verfügt über ein gesamtkirchliches Recht, den Codex Iuris Canonici (CIC) von 1983. Der CIC von 1983 ist das nachkonziliare Gesetzbuch und das heute geltende Recht aller Einheiten der lateinischen Kirche weltweit (c. 1 CIC)[17]. Durch das zweite Vatikanum wurde die Communio zum Strukturprinzip des kanonischen Rechts, „an dem sich die

---

[16] Werneke (1998), S. 23, zitiert aus: Nota explicativa praevia (Nexp), 2,3.
[17] Im Folgenden wird auf den Zusatz ‚CIC' verzichtet, da der Verweis auf dieses Gesetz bereits durch die Angabe ‚c.' vor der jeweiligen Gesetzesnummer deutlich wird.

innerkirchlichen Rechtsbeziehungen zwischen den verschiedenen Rechtssubjekten auszurichten haben"[18]. Der Codex ist unterteilt in sieben Bücher. Davon umfasst eines, das V. Buch, das Recht über das Kirchenvermögen. Die Rechtsnormen zum Kirchenvermögen müssen auch im *Geiste* des Communio-Prinzips ausgelegt werden. Das Konzil stellt das Kirchenvermögen in den Kontext dieser Gemeinschaft.[19] Nach dem Grundgedanken des zweiten Vatikanums steht das Kirchenvermögen im Dienst der Communio und muss als Ausdruck der geistigen Gemeinschaft geteilt werden. Dies umfasst vor allem den Austausch des Kirchenvermögens unterhalb der Teilkirchen entsprechend den jeweiligen Bedürfnissen und Fähigkeiten. Die wichtigste Form der Teilkirche ist die (Erz-) Diözese, welche gemäß c. 369 von einem (Erz-) Bischof in Zusammenarbeit mit den Priestern geleitet wird. Gleichzeitig steht der Bischof in einer Communio mit den Bischöfen in der ganzen Welt und mit dem Papst. Das Bischofamt ist nach der Lehre der Kirche das Bindeglied zwischen Teil- und Gesamtkirche. Der Bischof fördert das Zusammenwachsen der Teilkirchen sowohl in Form des geistigen als auch des materiellen Austausches.[20] Die Finanzkrise des Erzbistums Berlin und der Finanzausgleich unterhalb der deutschen Diözesen zeigen die praktische Relevanz dieser Gemeinschaft auch in wirtschaftlicher Hinsicht.

Mit dem Vermögensrecht, dessen Wertmaßstab die kirchliche Lehre ist, wird eine Harmonisierung im Umgang mit dem Kirchenvermögen und die Förderung des Austausches des Kirchenvermögens innerhalb der Einheiten der Katholischen Kirche angestrebt, um einem willkürlichen Umgang mit dem Kirchenvermögen entgegenzuwirken.[21] WERNEKE verlangt in diesem Zusammenhang, dass die Transparenz, Durchschaubarkeit und Nachvollziehbarkeit der Vermögensverwaltung unbedingt gewährleistet sein müsse.[22] Ferner fordert er die Formulierung von allgemeinen Prinzipien und Grundsätzen zur Herstellung eines einheitlichen Verständnisses über die kirchliche Vermögensverwaltung.[23]

Im Vermögensrecht (V. Buch des CIC) wird der Vermögensverwalter einer kirchlichen Rechtsperson durch c. 1284 § 2 Nr. 8 und c. 1287 § 1 zur jährlichen Rech-

---

[18] Riedel-Spangenberger (2000), Stichwort: Communio, in: LfKS, S. 356. Im Originalzitat werden die Begriffe „zwischen" mit „zw" und „verschiedenen" mit „versch." abgekürzt.

[19] Vgl. Pree (1999), § 99, S. 1043.

[20] Vgl. Werneke (1998), S. 292 f. verweist auf die Aussagen des Konzils „Lumen Gentium" (LG): 13, 3; 23, 3; CD 6, 2; PC 13, 5; PO 21, 1; GS 88.

[21] Vgl. Werneke (1998), S. 303.

[22] Vgl. Werneke (1998), S. 312.

[23] Vgl. Werneke (1998), S. 305.

nungslegung über die Vermögensverwaltung bzw. das Kirchenvermögen verpflichtet. Konsequenterweise müsste auch eine Harmonisierung der Rechnungslegung angestrebt werden, wenn das Vermögensrecht des CIC, in dem die Rechnungslegungspflicht enthalten ist, das Ziel einer Harmonisierung verfolgt. Insbesondere die wirtschaftliche Verflechtung der Diözesen und des gemeinschaftlichen Dienstes macht eine transparente Darstellung und Vergleichbarkeit der finanziellen Situation der Diözesen und damit eine harmonisierte Rechnungslegung erforderlich. Eine harmonisierte Rechnungslegung kann durch Rechnungslegungsgrundsätze erreicht werden, welche als eigenständiges kodifiziertes oder nicht kodifiziertes Ordnungssystem für die Teilkirchen anwendbar sind. In der kanonischen Literatur finden sich Hinweise auf die Anwendung von Rechnungslegungsgrundsätzen. ALTHAUS verweist in seinem Kommentar zum c. 1284 auf allgemeine buchhalterische Grundsätze.[24] Was genau darunter zu verstehen ist, bleibt offen.

Als eines der ersten Bistümer in Deutschland legte das Bistum Hildesheim für das Geschäftsjahr 2004 einen Geschäftsbericht vor, welcher u.a. den Jahresabschluss beinhaltet, der die beiden rechtlich selbstständigen Körperschaften des öffentlichen Rechts, Diözese und Bischöflicher Stuhl, umfasst.[25] Als Bestandteile des Jahresabschlusses werden im Bestätigungsvermerk des Wirtschaftsprüfers die Bilanz und die GuV genannt[26], welche auf der Grundlage der „doppelten kaufmännischen Buchführung"[27] entwickelt wurden. Im Prüfvermerk des Wirtschaftsprüfers wird bestätigt, dass die Buchführung, die Gewinn- und Verlustrechnung (GuV) sowie die Bilanz den „Grundsätzen ordnungsmäßiger Rechnungslegung", die im Bistum z.Zt. angewandt werden, entspricht.[28] Im Geschäftsbericht werden keine Angaben darüber gemacht, welche Rechnungslegungsnormen und damit welche Ansatz-, Bewertungs- und Ausweisregeln zu Grunde gelegt werden, so dass die Interpretierbarkeit des Jahresabschlusses insgesamt als problematisch zu bezeichnen ist. So weist die Bilanz z.B. keine Sachanlagen aus, wohl aber Beteiligungen und Wertpapiere, so dass auf die Darstellung eines Teiles des Vermögens der Diözese im Geschäftsbericht verzichtet wird. In der GuV der Diözese wird keine Residualgröße ausgewiesen, sondern es wird die Summe der Erträge in einer den Aufwendungen entsprechenden Höhe genannt. Daraus kann geschlossen werden, dass offenbar das einem kaufmännischen Jahrabschluss zu Grunde lie-

---

[24] Vgl. Althaus (1997), in: MKzCIC, c. 1284, Rn 10, S. 14.
[25] Vgl. Bistum Hildesheim: Geschäftsbericht 2004, S. 40.
[26] Vgl. ebenda
[27] Vgl. Bistum Hildesheim: Geschäftsbericht 2004, S. 3.
[28] Vgl. Bistum Hildesheim: Geschäftsbericht 2004, S. 40.

gende Prinzip der Periodenabgrenzung nicht angewandt wurde. Diese Beispiele zeigen, dass dem Rechenschaftsbericht die zu Grunde gelegten Rechnungslegungskonventionen nicht entnommen werden können. Folglich erschließt sich dem Jahresabschlussadressaten nicht, was als eine ordnungsmäßige Rechnungslegung zu verstehen ist. Es ist daher zu fragen, welche Rechnungslegungsgrundsätze für eine ordnungsmäßige Rechnungslegung heranzuziehen sind und was als eine ordnungsmäßige Rechnungslegung vor dem Hintergrund der Rechnungszwecke und -ziele der Kirche anzusehen ist. Hierbei stellt sich zunächst die Frage, welches Rechnungslegungskonzept zu Grunde zu legen ist, um den Anforderungen einer transparenten Rechnungslegung gerecht zu werden.

Das Rechnungswesen der Deutschen Diözesen ist derzeit überwiegend orientiert an dem im öffentlichen Rechnungswesen verbreiteten System der Kameralistik, das der Gruppe der Geldverbrauchskonzepte zuzuordnen ist. Dabei hat sich bei jeder Diözese ein eigenes System der Verwaltungsbuchführung entwickelt. Das Hauptinstrument der Informationsvermittlung stellen dabei die Haushaltspläne und -rechnungen dar.[29] Die traditionellen Geldverbrauchskonzepte, die im öffentlichen Sektor vorzufinden sind, weichen zunehmend Ressourcenverbrauchskonzepten. Nach herrschender Auffassung wird die traditionelle Kameralistik den heutigen Informationsanforderungen nicht gerecht.[30] Im öffentlichen Sektor gewinnt die integrierte Verbundrechnung an Bedeutung.[31] Diese Konzeption umfasst – in Anlehnung an die kaufmännische Rechnungslegung – eine Vermögens-, Finanz- und Ertragsrechnung als integriertes System und bildet Vermögen, Schulden, Ressourcenverbrauch, Kapitalfluss und erwirtschaftetes Ergebnis vollständig ab. Darüber hinaus wird eine Kostenrechnung durchgeführt.[32]

Positiv wird an dieser Konzeption bewertet, dass sie eine Konsolidierung von öffentlichen Verwaltungseinheiten erlaubt. Damit ergeben sich Fragen in Bezug auf Harmonisierungsbestrebungen von Rechnungslegungskonzepten und -vorschriften im öffentlichen Sektor. Kommunen und Länder unterhalten eine Reihe von Betrieben in privaten Rechtsformen, wie z.B. Krankenhäuser und Hafenbetriebe, die im Falle eines Konzernabschlusses entsprechend den Beteiligungsverhältnissen zu konsolidieren wären.

---

[29] Vgl. Leimkühler (2004), S. 5.
[30] Vgl. Srocke (2004), S. 6; Budäus/Srocke (2003b), S. 211; Budäus/Behm/Adam (2005), S. 52.; Brede (2005), S. 195; Gornas (1999), 315 f. u. 319.; Lüder (1999), S. 344; Streim (1999), S. 321, allerdings erfüllt das „Full-Accural-Accounting" nach der Auffassung von Streim nicht vollständig die Informationsbedürfnisse der Adressaten von Gebietskörperschaften.
[31] Vgl. Lüder (2001), S. 15 f.; Gornas (1999), S. 319.
[32] Vgl. Budäus (2000) S. 305 ff.

Vereinzelt trifft man schon heute auf öffentliche Unternehmen, die ihren Konzernabschluss nach International Financial Reporting Standars (IFRS) aufstellen.[33]

Für den Ansatz, die Bewertung und den Ausweis der Vermögens-, Finanz- und Ertragslage sind Rechnungslegungsvorschriften erforderlich, die eine normierte und intersubjektiv nachvollziehbare Rechnungslegung erlauben. Soweit für den öffentlichen Sektor keine abweichenden Regelungen bestehen, gilt gegenwärtig das HGB als Referenzkonzept. Begründet wird dies damit, dass für bekannte Sachverhalte keine neuen Regelungen, die mit denen im privaten Sektor vergleichbar wären, geschaffen werden müssen. Durch die Anwendung des HGB oder eines anderen kaufmännischen Rechnungslegungsstandards wird die Vergleichbarkeit mit anderen Unternehmen sowie die Konsolidierung ermöglicht.[34] BUDÄUS/SROCKE (2003) vertreten die Ansicht, dass das HGB als Referenzmodell für ein kaufmännisches Rechnungswesen im öffentlichen Sektor angesichts von Internationalisierungstendenzen weniger geeignet sei als die IFRS.[35] Ferner seien die IFRS für eine Harmonisierung von internem und externem Rechnungswesen besser geeignet.[36]

Diese Entwicklung zeigt, dass eine kaufmännische Rechnungslegung auch im öffentlichen Sektor als informativer und transparenter als das kameralistische System angesehen wird. Deutlich wird dies auch bei der Rechnungslegung von Parteien. Das Grundgesetz gebietet in Art. 21 Abs. 1 die Rechnungslegung über die Parteifinanzen. Danach müssen Parteien „über die Herkunft und Verwendung ihrer Mittel sowie über ihr Vermögen öffentlich Rechenschaft geben". Nach dem Parteiengesetz kann Transparenz mit Hilfe einer Vermögensbilanz und einer Einnahmen-Ausgabenrechnung hergestellt werden. Die Bilanz umfasst nach diesem Gesetz „Besitzposten", „Schuldposten" und Posten, welche die Reinvermögensänderung ausweisen (§ 24 Abs. 6 PartG). In seinem Gutachten zur Bewertung von Parteivermögen nach dem Parteiengesetz im Auftrag des Deutschen Bundestages empfiehlt SCHRUFF die Anwendung der Doppik i.S.d. §§ 238 Abs. 1 Satz 1, 242 HGB. Hiernach seien die Definition des Vermögensbegriffs und damit der Ansatzvorschriften sowie die Bewertung des Parteivermögens, aber auch die Gliederung der Vermögensrechnung und der Ausgabenrechnung auf der Basis des HGB vorzunehmen, soweit das Parteiengesetz nichts anderes vorsieht. Hinsichtlich der

---

[33] z.B. die MVV Energie AG in Mannheim, vgl. Srocke (2004), S. 5.
[34] Vgl. Srocke (2004), S. 4, Kämpfer (2000), S. 333.
[35] Vgl. Budäus/Srocke (2003a), S. 143; zu den Gründen für eine Harmonisierung mittels der IPSAS vgl. Adam (2005), S. 423; Lüder/Kampmann (1995), S. 63.
[36] Vgl. Budäus/Srocke (2003), S. 146.

Vermögensbewertung sei jedoch auf die handelsrechtlichen Wahlrechte sowie auf die aus der einkommensteuerlichen Umkehrung der Maßgeblichkeit resultierenden Sonderregelungen zu verzichten. Damit würde man der Transparenz und der Vergleichbarkeit der Rechnungslegungsberichte aller Parteien gerecht.[37] Ferner empfiehlt der Gutachter die Bewertung des Parteienvermögens zu Zeitwerten, die in einer Nebenrechnung darzustellen sei.[38]

Seit mehreren Jahren ist auf internationaler Ebene eine Harmonisierung der Rechnungslegungsvorschriften im öffentlichen Sektor zu beobachten. Das „Public Sector Accounting Standards Board" (IPSASB) (vormals: Public Sector Committee (PSC)), ein ständiger Fachausschuss der „International Federation of Accountants" (IFAC), hat auf den IAS/IFRS basierende Rechnungslegungsstandards, die „International Public Sector Accounting Standards" (IPSAS), aufgestellt, die speziell für die „Rechnungslegung von Verwaltungseinheiten ohne eigene Rechtspersönlichkeit und mit Leistungsaufträgen gegenüber der Bevölkerung und Politik"[39] konzipiert sind. Mit den IPSAS wird eine Verbesserung des Finanzmanagements und eine transparente Rechnungslegung der öffentlichen Hand sowie die Förderung der Vergleichbarkeit von Jahresabschlüssen angestrebt.[40] Heute enthalten die IPSAS zweiundzwanzig Standards.[41] Soweit Fragen der Rechnungslegung des öffentlichen Sektors nicht durch die IPSAS geregelt werden, sind die entsprechenden Standards der IFRS anzuwenden.[42] Somit können die IPSAS als speziell für den öffentlichen Sektor aufgestellte und die IAS/IFRS ergänzende Standards aufgefasst werden. Die Verbindung zu den IFRS kommt besonders dadurch zum Ausdruck, dass die IPSAS noch nicht über eigene Rahmenprinzipien verfügen. Geplant ist jedoch die Entwicklung eines eigenen Rahmenkonzeptes. Ein erster Entwurf ist für 2006 vorgesehen.[43]

Die Rechnungslegungsgrundsätze (Rahmenprinzipien) der IFRS liegen auch den IPSAS zu Grunde und werden durch die einschlägigen Standards der IPSAS ergänzt. Mit der Referenz zum IFRS-Framework liegt auch den überwiegenden IPSAS das „accrual accounting" zu Grunde.

---

[37] Vgl. Schruff (2000), Zusammenfassung S. I – III.
[38] Vgl. Schruff (2000), S. 6, zur Rechenschaftslegung und Prüfung von Parteien siehe auch Schruff (1996), S. 951 ff.
[39] Matthes/Lehmann/Bergmann/Gamper (2002). S. 694.
[40] IFAC (2004b), S. 13; IFAC (2004), S. 1 ff.
[41] Einschließlich Cash Basis IPSAS; diese sind über www.ifac.org/PublicSector/ verfügbar (Stand 27.08.2005).
[42] Vgl. Srocke (2004), S. 4; Schedler/Knechtenhofer (2002), S. 687; Adam (2005), S. 399 f.
[43] Vgl. IFAC (2004a), S. 3; Adam (2005), S. 402.

Nur ein Standard behandelt das Geldverbrauchskonzept „Cash Basis IPSAS: Financial Reporting under the Cash Basis of Accounting".

Eine wissenschaftliche Auseinandersetzung mit der Rechnungslegung im öffentlichen Sektor, besonders mit den IPSAS, ist erst seit Kurzem zu registrieren. Neben einigen Symposien[44] ist als erste umfangreiche Auseinandersetzung jene von ADAM (2004) zu nennen, welche die IPSAS einer kritischen Erörterung in Bezug auf die Anwendbarkeit in Deutschland unterzieht. Die Arbeit von SROCKE (2004) beschäftigt sich mit der Konzernrechnungslegung in der öffentlichen Verwaltung, welche im Kontext des HGB, der IAS/IFRS und der IPSAS erörtert wird.

Nicht nur im öffentlichen Gemeinwesen, sondern auch im privaten, aber nicht gewinn-orientierten Sektor sind Entwicklungen hin zu einem kaufmännischen Rechnungslegungskonzept zu beobachten. Einen Beitrag auf diesem Gebiet stellen die Arbeiten von SANDBERG dar, die sich mit der Rechnungslegung von gemeinnützigen Stiftungen befassen. SANDBERG stellt heraus, dass die Zwecke und die Ziele der Rechnungslegung von Stiftungen eher der Generalnorm des „true and fair view" nach angelsächsischer Prägung bzw. dem Verständnis der IAS/IFRS nahe kommen als dem des HGB.[45]

LÖWE (2003) untersucht die Rechnungslegung von Non-Profit-Organisationen (NPO) und erörtert die Anforderungen und Ausgestaltungsmöglichkeiten unter Berücksichtigung der Regelungen in Deutschland, USA und Großbritannien. Als Referenzmodell dient das HGB. Die Arbeit schließt mit dem Ergebnis, dass der wesentliche Zweck der Rechnungslegung die Informationsfunktion und eine weitgehende Anwendung des HGB für Kapitalgesellschaften vertretbar sei. Hinsichtlich der Informationsanforderungen erscheine das HGB jedoch „nicht immer optimal".[46]

In der Entwicklung der Rechnungslegung im nicht erwerbswirtschaftlichen Sektor lassen sich also zwei Tendenzen erkennen:

---

[44] So gab es am 5. Februar 2004 einen Expertenworkshop zum Thema "Internationaler Stand und Entwicklungsperspektiven der Reform des öffentlichen Haushalts- und Rechnungswesens" in Hamburg. Am 06.11. und 07.11.2004 fand in Berlin ein IDW-Symposium zum Thema: „Reform der Rechnungslegung der öffentlichen Verwaltung - Reform of Public Sector Accounting" statt.

[45] Vgl. z.B. Sandberg (1999), S. 199 ff.

[46] Vgl. Löwe (2003), S. 305.

a) Die Rechnungslegung im nicht gewinnwirtschaftlichen Sektor nähert sich der Rechnungslegung des gewerblichen Sektors an.

b) Im nichtgewinnwirtschaftlichen Sektor geht die Entwicklung der Rechnungslegungsvorschriften hin zu einer transparenten und auf die Vermittlung betriebs-wirtschaftlich relevanter Informationen ausgelegten Rechnungslegung.

Mit einem kaufmännischen Rechnungslegungskonzept werden Informationen über die Vermögens-, Finanz- und Ertragslage vermittelt. Die Gesetze bzw. Standards einer kaufmännischen Rechnungslegung sind dabei Teil eines finanzwirtschaftlichen Gesetzesplans bzw. Normenkonzepts. Die Besonderheit der Auslegung der kanonischen Rechtsnormen ist, dass die Normen im Lichte der katholischen Theologie zu interpretieren sind. Deshalb enthält das Recht der Kirche rechtstheologische Elemente. Zur Herstellung einer ordnungsmäßigen Rechnungslegung treffen somit rechtstheologische und betriebswirtschaftliche Betrachtungsweisen aufeinander, die es in dieser Arbeit zu einem Sinnganzen zusammenzuführen gilt.

Das Spannungsfeld zwischen rechtstheologischer und betriebswirtschaftlicher Betrachtungsweise wird besonders bei der Versorgungsverpflichtung gegenüber dem Klerus deutlich. Die Besonderheit dieser Berechtigungsgruppe ist, dass ihrem Beschäftigungsverhältnis ein theologischer Zweck zu Grunde liegt, der sich auch auf die materielle Versorgung auswirkt. Dem Klerus kommt in der Katholischen Kirche in Fragen der Kirchenleitung, der Kirchenlehre und der Religionsausübung eine zentrale Rolle zu. Nach dem Selbstverständnis der Kirche können ihre drei Zielkategorien („Caritas", „Eucharistie", „Verkündigung") ohne die geweihten Ämter nicht vollständig verwirklicht werden. Für seine lebenslange Verfügbarkeit für die Kirche hat der Klerus gemäß c. 281 einen Anspruch auf eine lebenslange Versorgung, die auch die Altersversorgung umfasst. Die hohe Bedeutung des Unterhalts geht besonders aus c. 1254 § 2 hervor. Hier werden die vier Hauptzwecke genannt, für die das Kirchenvermögen ausschließlich bestimmt ist. Dazu gehört auch der angemessene Unterhalt des Klerus. Die Bedeutung der Versorgungsverpflichtungen wird auch quantitativ deutlich. Im Gebiet der deutschen Bischofskonferenz sind rund 14.000 Priester in den 27 deutschen Diözesen inkardiniert und damit grundsätzlich lebenslang versorgungsberechtigt.[47]

Im Bistum Hildesheim beliefen sich die Versorgungsrückstellungen für Geistliche zum 31.12.2004 auf 37 Mio. Euro (Vorjahr: 33 Mio. Euro). Bei einer im Geschäftsbericht ausgewiesenen Bilanzsumme zum Abschlussstichtag 2004 von

---

[47] Vgl. DBK (2004), Tabelle 2.

83 Mio. Euro (Vorjahr 93 Mio. Euro) beläuft sich der Anteil der ausgewiesenen Versorgungsrückstellungen für Geistliche auf 45 % (Vorjahr: 40 %).

Hier stellen sich Fragen nach Art und Umfang der Versorgungsverpflichtung, der Zusageform, ob und zu welchem Zeitpunkt die Verpflichtung verursachungsgerecht im Jahresabschluss anzusetzen ist, welche Bewertungsparameter heranzuziehen sind und schließlich wie die Verpflichtungen im Jahresabschluss sachgerecht auszuweisen sind. Es stellt sich die Frage nach einer ordnungsmäßigen Abbildung der Versorgungsverpflichtung in einem kaufmännischen Jahresabschluss, welche die rechtstheologische und die betriebswirtschaftliche Betrachtung in eine Mittel-Zweck-Relation stellt und zu einem Sinnganzen zusammenführt, so dass eine sachgerechte Abbildung der Pensionsverpflichtung im Jahresabschluss erreicht wird. Diese Fragestellungen werden speziell für die Pensionsverpflichtungen gegenüber Priestern erörtert.

Zusammenfassend lässt sich der Gegenstand dieser Arbeit als die Bestimmung einer *ordnungsmäßigen* Rechnungslegung der Katholischen Kirche auf der Grundlage der Betriebswirtschaft und des Kanonischen Rechts beschreiben. Die sich daraus ergebenden Besonderheiten werden am Beispiel der Pensionsverpflichtungen gegenüber Priestern dargestellt.

Ermittelt werden *Grundsätze einer ordnungsmäßigen Rechnungslegung (GoR) für ein gesamtkirchliches Recht.* Es wird die Frage erörtert, inwieweit sich solche Grundsätze in die Konzeption des Codex Iuris Canonici einfügen und welche Funktionen sie im gesamtkirchlichen Recht einnehmen können. Hierbei werden die Generalnorm und die dieser Norm entsprechenden Rahmengrundsätze behandelt, welche für den Ansatz, die Bewertung und den Ausweis heranzuziehen sind. Bei der Erarbeitung von Rechnungslegungsgrundsätzen geht es um die Erarbeitung kaufmännischer Grundsätze, mit dem Ziel, dass diese dem kanonischen Gesetzesplan entsprechen und für die Diözese anwendbar sind. In diesem Zusammenhang werden auch die Zwecke und Ziele des Jahresabschlusses einer Diözese ermittelt, denn Jahresabschlüsse sind Mittel zur Erfüllung bestimmter Rechungszwecke und -ziele.

Zu Grunde gelegt wird das Konzept der kaufmännischen Rechnungslegung, also der Rechnungslegung nach dem Prinzip der Periodenabgrenzung, bestehend aus Bilanz, Erfolgsrechnung und Anhang. Mit Blick auf die Forderung nach einer transparenten Rechnungslegung wird die These untersucht, *dass der Jahresabschluss auf die Vermittlung entscheidungsrelevanter Informationen auszurichten und der Transparenz eine dominierende Rolle beizumessen sei.* Als rechnungslegende Einheit wird die Diözese betrachtet, insbesondere deshalb, weil die Diözese nicht nur die bedeutendste Form der Teilkirche ist, sondern auch den größten In-kardinationsverbund (Dienstherr) von Priestern darstellt und insoweit entsprechend hohe Pensionsverpflichtungen trägt. Am Beispiel dieser Verpflichtung, die eine Diözese gegenüber Priestern eingeht, sollen ausgehend von den Grundsätzen ordnungsmäßiger Rechnungslegung die Besonderheiten der Rechnungslegung der Kirche dargestellt werden.

Priester der Katholischen Kirche haben aus kanonischer Sicht weltweit die gleiche Rechtsstellung. Daher sollen die Pensionsverpflichtungen gegenüber Priestern auf der Basis des gesamtkirchlichen Rechts erörtert werden. Vor diesem Hintergrund identifiziert diese Arbeit die *Besonderheiten* der Pensionsverpflichtungen gegenüber katholischen Priestern aus gesamtkirchlicher Sicht und untersucht die Möglichkeiten einer sachgerechten Abbildung dieser speziellen Pensionsverpflichtung im Jahresabschluss einer Diözese. Die Besonderheiten werden sodann am Beispiel der deutschen Diözesen verdeutlicht. Die Implikationen für die lebenslange Versorgung des Klerus werden anhand der Pensionsverpflichtung nach den Bereichen Ansatz, Bewertung und Ausweis erörtert. Zum Klerus gehören in der hierarchischen Abstufung das Episkopat, das Presbyteriat und das Diakonat. Diese Arbeit beschränkt sich jedoch auf Presbyteriat und Episkopat, weil das Diakonat gegenüber dem Episkopat und dem Presbyteriat Besonderheiten aufweist, wie z.B. die Möglichkeit der Eheschließung und die nebenberufliche Ausübung des Amtes, die eine separate Erörterung erfordern würden.

Erörtert werden die Fragestellungen unter Berücksichtigung von HGB und IFRS, da diese beiden Regelwerke starke Unterschiede aufweisen, insbesondere im Verständnis der jeweiligen Generalnorm, welche die Vermittlung eines den Tatsachen entsprechenden Bildes der Vermögens-, Finanz- und Ertragslage regelt. Durch den Bezug zum HGB und IFRS soll herausgearbeitet werden, welches der beiden Rechnungslegungswerke den Jahresabschlusszwecken einer Diözese eher gerecht wird. In diesem Zusammenhang werden Vergleiche zu erwerbswirtschaftlichen Unternehmen hergestellt, um die Besonderheiten der Rechnungslegung der Kirche sichtbar zu machen. Da für die IPSAS das Framework der IFRS anzuwenden ist, bestehen bei der Ermittlung von Grundsätzen ordnungsmäßiger Rechnungslegung für die Kirche kaum Bezugspunkte zu den IPSAS. Da die IPSAS derzeit über keinen dem IAS 19 vergleichbaren Standard zu Pensionsverpflichtungen verfügen, wird hier insbesondere IAS 19 zu Grunde gelegt. Hinsichtlich IFRS und HGB wird von den Abbildungsregeln großer Kapitalgesellschaften ausgegangen, wobei der Lagebericht unberücksichtigt bleibt.

Um die zuvor skizzierten Fragestellungen zu erörtern, wurde folgende Gliederung gewählt:

Die Arbeit hat drei Kapitel. In dem ersten Kapitel werden die Grundlagen für die folgenden Kapitel gelegt. Hier werden Grundlagen zum Verständnis und zur Anwendung des Kanonischen Rechts erörtert, woraus das Zielsystem der Kirche abgeleitet wird.

Im zweiten Kapitel geht es um die Rechnungslegung der Katholischen Kirche. Zu Beginn werden die Grundlagen der Rechnungslegung der Kirche erörtert. Hier werden zunächst der dieser Arbeit zu Grunde liegende Begriff sowie die Aufgabe der Rechnungslegung erarbeitet und im Anschluss daran die grundlegenden Unterschiede zwischen Geld- und Ressourcenverbrauchskonzepten aufgezeigt. Danach wird aus der hierarchischen Konstitution der Katholischen Kirche heraus die Diözese als rechnungslegende Einheit begründet. Im Anschluss daran wird auf der Grundlage der Rechtsstellung der Diözesen gegenüber dem Staat untersucht, inwieweit sich nach staatlichen Rechtsnormen eine Rechnungslegungs- und Prüfungspflicht ergibt.

Den Abschluss dieses Grundlagenteils bildet eine Untersuchung über das Kirchenvermögen als Gegenstand der Rechnungslegung einer Diözese. Im Kern geht es hierbei um die Frage, inwieweit Kirchenvermögen die Voraussetzungen für eine Bilanzierungsfähigkeit erfüllt. Dabei wird in einem ersten Schritt das Kirchenvermögen nach dem Verständnis der Kanonistik ausgelegt. In einem zweiten Schritt wird der ‚abstrakte' Vermögensbegriff nach dem HGB und den IFRS/IPSAS bestimmt. Hieraus wird dann eine Abgrenzung dahingehend vorgenommen, welches Kirchenvermögen in einer kaufmännischen Rechnungslegung wie einzubeziehen ist.

Im nächsten Abschnitt werden die Grundsätze einer ordnungsgemäßen Rechnungslegung erörtert. Um die Frage zu beantworten, inwieweit Rechnungslegungsgrundsätze zum gesamt-kirchlichen Recht passen und welche Aufgaben sie erfüllen können, werden auf Basis der handelsrechtlichen Grundsätze ordnungsmäßiger Buchführung und der Rahmenprinzipen der IFRS Rechnungslegungsgrundsätze typisiert.

Grundlage der Ermittlung von Rechnungslegungsgrundsätzen sind die Zwecke des Jahresabschlusses. Hier stellt sich das Problem der Ermittlungsmethode. Nachdem festgelegt wird, auf welcher Basis die Zwecke des Jahresabschlusses einer Diözese zu ermitteln sind, werden die Hauptzwecke des Jahresabschlusses einer Diözese erörtert und zu einem Zwecksystem verdichtet. Auf der Grundlage des Zwecksystems werden die Ziele, d.h. die Erfolgsgrößen des Jahresabschlusses ermittelt. Hierbei wird die Erfolgsgröße in einem ersten Schritt bestimmt und in einem zweiten Schritt auf der Grundlage der nach HGB und IFRS möglichen Kapitalerhaltungskonzepte bewertet. Den Abschluss des zweiten Hauptteils bildet die Auswahl von allgemeinen kaufmännischen Rechnungslegungsgrundsätzen und deren Interpretation auf Basis des Zweck- und Zielsystems des diözesanen Jahresabschlusses.

Im letzen Kapitel werden die Besonderheiten der Rechnungslegung der Kirche am Beispiel der Pensionsverpflichtung gegenüber Priestern nach den Bereichen Ansatz, Bewertung und Ausweis behandelt. Hierfür werden die zuvor erörterten GoR herangezogen. Zu Beginn werden der Begriff Pensionsverpflichtung sowie die staatlichen und kanonischen Rechtsquellen, die für die Altersversorgung von Priestern maßgeblich sind, erörtert. Im nächsten Schritt wird der Begriff, Verpflichtung' definiert und durch die Verpflichtung im Kontext der Inkardination konkretisiert. Daraus werden die Pensionsverpflichtungen und die Zusageform bestimmt. Mittels der Ansatzvoraussetzungen nach HGB und IFRS werden die entsprechenden *Ansatz*voraussetzungen der Pensionsverpflichtung konkretisiert. Sodann wird das Grundverständnis, das der Priesterversorgung zu Grunde liegt, erörtert. Auf dieser Basis wird schließlich der Verursachungs- und damit der Ansatzzeitpunkt der Pensionsverpflichtung bestimmt.

Der Abschnitt *Bewertung* ist im ersten Teil nach der zeitlichen Reihenfolge gegliedert, beginnend mit dem Eintritt und dem Austritt aus dem klerikalen Stand, gefolgt von einer Erörterung über den Eintritt des Versorgungsfalls. Dann werden die Grundsätze der Altersversorgung sowie die relevanten Rechnungsgrößen für die Gesamtverpflichtung erörtert. Nachfolgend werden die Besonderheiten des Priesterstatus für die Ermittlung der Sterbewahrscheinlichkeiten untersucht sowie die Notwendigkeit einer Diskontierung. Am Schluss dieses Abschnittes wird das Verfahren bestimmt für die Bewertung von Pensionsverpflichtungen gegenüber Priestern und die Verteilung auf die Zeit der Anwartschaft sowie für die Behandlung von versicherungsmathematischen Gewinnen und Verlusten und von Rentenanpassungen.

Den Abschluss der Arbeit bildet der *Ausweis* der Pensionsverpflichtung, welcher in der Reihenfolge Bilanz, Gewinn- und Verlustrechnung und Anhang erörtert wird.

Insbesondere in Deutschland verfügen die Diözesen infolge ihrer öffentlichen Rechtsstellung über eine weitreichende Unabhängigkeit vom Staat. Auf Grund ihrer Rechtsstellung gestalten die Diözesen ihr Recht weitgehend unabhängig von staatlichen Vorschriften. Im Rahmen der Regelungen des CIC kann grundsätzlich jede Diözese ihr Recht unabhängig von anderen Diözesen setzen. Hinsichtlich der Regelungstiefe besteht weder auf der Ebene der Gesamtkirche noch auf der Ebene der Diözese ein dem HGB oder den IFRS vergleichbares Recht. Was eine Diözese als eine ordnungsmäßige Rechnungslegung ansieht, leitet sich auch aus den unbestimmten Rechtsbegriffen des CIC und aus der gängigen Praxis, d.h. aus Gewohnheiten ab. Speziell für den Bereich der Rechnungslegung sowie der Priesterversorgung nebst der verschiedenen Durchführungsformen existiert auf der Ebene der Diözesen kaum zugängliches Datenmaterial, wie Gesetze, Verordnungen oder Rechtsprechung. Um diese Informationslücken zu verringern, wurde im Rahmen dieses Projektes eine empirische Bestandsaufnahme unternommen. Anhand eines Fragebogens wurden insgesamt 352 Diözesen aus den Ländern USA, Großbritannien, Niederlande, Belgien, Frankreich, Österreich, Dänemark, Schweden, Finnland sowie alle 27 deutschen Diözesen zum Rechnungswesen und zur Priesterversorgung befragt. Es konnten lediglich 8 (entsprechend 2,3 %) gültig ausgefüllte Fragebögen aus Frankreich, Österreich, Großbritannien und Belgien gewonnen werden, so dass mangels hinreichenden Rücklaufs auf eine Darstellung der Ergebnisse verzichtet wird. Besonders hinsichtlich der Abbildung der Pensionsverpflichtungen von Priestern wird man daher akzeptieren müssen, dass teilweise eine Beschränkung auf grundsätzliche Erörterungen, d.h. allein auf der Basis des CIC und seiner Kommentierung erfolgen muss.

2 Grundlagen der Untersuchung

2.1 Kanonische Rechtsquellen

2.1.1 Geschichtliche Grundlagen des kanonischen Rechts

Zur Beantwortung der Frage, inwieweit sich ein gesamtkirchliches GoR-Konzept in das Recht der Katholischen Kirche einfügt, werden das geltende kanonische Recht charakterisiert und die Auslegungsmethoden dargestellt. Zur Herstellung eines besseren Verständnisses des kanonischen Rechts werden zunächst die wesentlichen Stationen seiner Entstehungs- und Entwicklungsgeschichte skizziert.

Das kanonische Recht entwickelte sich aus dem Bestreben, mehr Rechtssicherheit zu schaffen. Ursprünglich gab es eine Vielzahl von Rechtsnormen und Dekreten aus verschiedenen Pontifikaten, die teilweise widersprüchliche Aussagen enthielten. Es fehlte an Rechtskontinuität und verbindlichen Aussagen über die Anwendung von konkreten Rechtsnormen. Schon früh wurden die von den kirchlichen Autoritäten erlassenen Rechtsnormen zunächst in privaten, später auch in amtlichen Sammlungen chronologisch zusammengestellt. Mit der „Concordia discordantium canonum", später kurz als „Decretum" bezeichnet, wurde im Jahre 1140 der entscheidende Schritt in Richtung einer Harmonisierung und Systematisierung der Rechtsnormen getan, so dass eine systematische und einfachere Durchdringung des Rechtsstoffes ermöglicht wurde. Dieses von Magister Gratian in Bologna publizierte Werk stellt die bedeutendste Arbeit dieser Art dar. Es diente als Grundlage für die Systematisierung der im 12. Jh. einsetzenden, ausgeprägten Rechtssetzungstätigkeiten der Päpste in Form von Dekreten sowie für die Begründung der Wissenschaft des Kirchenrechts (Kanonistik) durch Gratian und seine Schüler.[48]

Das Dekretum und die folgenden Rechtssammlungen führten zum „Corpus Iuris Canonici".
In der Bulle „Cum pro munere", welche Papst Gregor XIII. (1572-1585) am 1. Juli 1580 erließ, wurde der Corpus Iuris Canonici erstmalig amtlich verwendet und für die Lehre und Praxis empfohlen. Der Corpus Iuris Canonici umfasste das[49]:

- Decretum Gratiani, die Dekretalen Gregors IX. („Liber Extra"),
- den „Liber Sextus" Bonifaz VIII.,

---

[48] Vgl. Gerosa (1995), S. 73 f.; Schmitz (1999), § 5, S. 50.
[49] Vgl. Schmitz (1999), § 5, S. 50; Gerosa (1995), S. 73 f.

• die Clementinen Klemens des V. und die zwei Privatsammlungen „Extravagantes Joannis XXII" und „Extravagantes Communes".

Der Corpus war zwar noch nicht verbindlich, gleichwohl galt der Corpus Iuris Canonici zusammen mit der Sammlung der päpstlichen Bullen (z.B. „Bullarium Magnum Romanum") bis 1917 als die Hauptquelle des kanonischen Rechts.[50]

Bereits im Ersten Vatikanischen Konzil (1869-1870) wurde die unpraktische Handhabung der Rechtssammlung bemängelt. Vornehmlich der große Umfang und die unterschiedliche Rechtsgeltung der einzelnen Teile der Sammlung führten zu Unzufriedenheit. Dem Bestreben einer verbesserten Rechtssicherheit und Praktikabilität wurde noch nicht in zufriedenstellender Weise entsprochen.[51]

Eine Reform des kanonischen Rechts leitete Papst Pius X. (1903-1914) im März 1904 ein. Im Jahre 1917 wurde der „Codex Iuris Canonici" unter der Leitung des Kardinals Pietro Gaspari, der zusammen mit Justinian Séredi von 1884 bis 1924 die gesamten Quellen für einen Codex in neun Bänden zusammengestellt hatte[52], abgeschlossen und durch Papst Benedikt XV. (1914-1922) als ein universalkirchliches und verbindliches Gesetz des lateinischen Rechtskreises promulgiert.[53] Bis zu diesem großen Schritt waren jedoch erhebliche Unsicherheiten zu überwinden, so hatte man sich z.B. über die von einigen befürchtete Zunahme des Bürokratismus und der Starrheit eines verbindlichen Codex hinwegsetzen müssen.[54] Papst Benedikt XV. setzte jedoch im September 1917 eine Kardinalskommission ein, welche die Aufgabe hatte, Änderungen und Ergänzungen der Normen in den CIC aufzunehmen.[55] Der seinerzeit geltende Codex von 1917 umfasst 2.414 Canones, welche in fünf Bücher gegliedert sind.[56]

Der Codex wurde den an ihn gestellten Anforderungen, wie der Herstellung von Überschaubarkeit und Vereinheitlichung des bis dahin bestehenden unübersichtlichen Rechtsstoffs, allerdings nicht vollständig gerecht. Der Codex war zwar sprachlich kurz und prägnant, jedoch ließ seine Terminologie Raum für Unklarheiten und Mehrdeutigkeiten. So wurden beispielsweise unterschiedliche Begriffe

---

[50] Vgl. Gerosa (1995), S. 73 f.
[51] Vgl. ebenda
[52] Vgl. Riedel-Spangenberger (2000), Stichwort: Codex Iuris Canonici (CIC), in: LfKS, S. 345.
[53] Vgl. Schmitz (1999), § 5, S. 51. Der Begriff meint veröffentlichen, bekannt geben, z.B. eines Gesetzes, vgl. Duden.
[54] Vgl. Gerosa (1995), S. 75 FN 7, zitiert aus: Ruffini, F (1936), I, S. 59-97 (zum L-Anhang).
[55] Vgl. Riedel-Spangenberger (2000), Stichwort: Codex Iuris Canonici (CIC), in LfKS, S. 345.
[56] Vgl. Gerosa (1995), S. 75.

für dieselben Bedeutungszusammenhänge verwandt. Inkonsistenzen ergaben sich auch dadurch, dass sich der Gesetzgeber nicht immer an seine eigenen Definitionen hielt, wodurch bei der Auslegung der Gesetze auf jeglichen Formalismus verzichtet werden musste und es stets erforderlich war, den Geist und den Sinn des Gesetzes zu beachten. In Zweifelsfragen galt die authentische Interpretation, welche durch eine speziell für diese Zwecke eingerichtete Kardinalskommission vorgenommen wurde. Diese Interpretation hatte Gesetzeskraft und wurde in der „Acta Apostolicae Sedis" veröffentlicht.[57]

Hinsichtlich der Auslegungsmethodik fehlte es an geschichtlichem Bezug der Norm zum geltenden Recht, so dass eine historische Auslegung nicht möglich war. Der Codex von 1917 setzte nämlich vorherige Gesetzessammlungen außer Kraft und fügte, ohne Bezug auf frühere Rechtsquellen, eine Vielzahl von Canones ein. Dabei ist zu beachten, dass ein großer Teil des früheren Rechtskorpus immer noch die Substanz des CIC begründete.[58]
Ferner wurde der Codex von 1917 nicht konsequent fortgeschrieben, so dass die Gesetzte, die nach 1917 erlassen wurden, bis auf wenige Ausnahmen nicht enthalten waren. Somit enthielt der Codex nicht alles geltende Recht.[59]

Der CIC von 1917 hat zu einem Paradigmawechsel des Kirchenrechts geführt. Neben der Verbindlichkeit für alle Einheiten der katholischen Kirche des lateinischen Rechts löste der CIC erstmals die Kompilationsmethode des Corpus Iuris Canonici und andere päpstliche und gerichtliche Rechts- und Entscheidungssammlungen ab. Der CIC ist im Unterschied zu den vorangegangenen bloßen Rechtsnormsammlungen das erste richtige Gesetzbuch in Form einer amtlich erlassenen Kodifikation von Rechtsnormen.[60]

Insgesamt wurde der Codex von 1917 als ein bedeutender Fortschritt und allgemein als positiv bewertet.[61] Gleichwohl führte die bestehende Kritik in Bezug auf die Methodik, seine Systematik und seine geringe Anpassungsfähigkeit an die nationalen Gegebenheiten zu weiteren Veränderungen.

Nach 24 Jahren wurde im Rahmen der Diözesansynode und eines ökumenischen Konzils durch Papst Johannes XXIII. (1958-1963) der Prozess einer Überarbei-

---

[57] Vgl. Gerosa (1995), S. 76 f.
[58] Vgl. Gerosa (1995), S. 77.
[59] Vgl. Schmitz (1999), § 5, S. 52.
[60] Vgl. Riedel-Spangenberger (2000), Stichwort: Codex Iuris Canonici (CIC), S. 345.
[61] Vgl. Gerosa (1995), S. 77, Schmitz (1999), § 5, S. 51.

tung des Codex in Gang gesetzt, um das Kirchenrecht an die Anforderungen der heutigen Zeit anzupassen.[62] Für die Reform des Codex setzte Papst Johannes XXIII. die „Pontificia Commissio Codici Iuris Canonici Recognoscendo" ein. Diese Kommission bestand zunächst nur aus Kardinälen. Erst unter Papst Paul VI. (1963-1978) erfuhr die Kommission durch die Einbeziehung von Experten und Beratern aus der ganzen Welt eine wesentliche Erweiterung. Die Ausdehnung des Konsultatoriums bezweckte die Stärkung der Identifikation des Adressatenkreises mit dem CIC, um dadurch der Gefahr einer Entfremdung von der weltweiten praktischen Anwendung zu begegnen.[63]

Die Reform des CIC von 1917 löste jedoch im Rahmen des zweiten Vatikanischen Konzils einen „antijuridischen"[64] Protest aus. Es wurde die Befürchtung geäußert, der Glaube und die Kirche werde verrechtlicht. Da es der unmissverständliche Auftrag des zweiten Vatikanums war, die Konzilsbeschlüsse in anwendbares Recht umzusetzen, nahmen die kanonischen Texte bewusst die pastorale Sprache der Konzilsbeschlüsse an. Die nachkonziliaren Gesetzgeber hatten versucht, auf der Basis der vom zweiten Vatikanum getroffenen Grundentscheidungen nicht nur juristisch richtige, sondern auch theologisch interpretierbare Gesetze zu schaffen.[65] Die kanonischen Normen sind daher nicht mehr vornehmlich rational und systematisch, sondern vor dem Hintergrund der entsprechenden Glaubensinhalte formuliert worden.[66]

Die Überarbeitung des Codex von 1917 kam schließlich durch die Promulgierung des neuen CIC am 25. Januar 1983 durch Papst Johannes Paul II. (1978-2005) zum Abschluss. Insgesamt erstreckte sich der Revisionsprozess des CIC von 1917 und die Umsetzung der konziliaren Vorgaben über einen Zeitraum von über 20 Jahren.[67]

Der reformierte CIC hat gegenüber seinem Vorgänger (CIC 1917) weniger Canones, jedoch mehr Bücher. Ferner wurden weitere wichtige Bereiche, wie z.B. die römische Kurie betreffende Normen, gänzlich weggelassen. Das neue Gesetzbuch von 1983 macht stattdessen reichlich Gebrauch von Verweisen auf Gewohnheiten

---

[62] Vgl. Gerosa (1995), S. 78; Schmitz (1999), § 5, S. 52.
[63] Zu den Phasen, vgl. Schmitz (1999), § 5, S. 55 f.; Gerosa (1995), S. 78 f.
[64] Vgl. Schmitz (1999), § 5, S. 52.
[65] Vgl. Schmitz (1999), § 5, S. 53.
[66] Gerosa (1995), S. 81.
[67] Vgl. Riedel-Spangenberger (2000), Stichwort: Codex Iuris Canonici (CIC), S. 346.

und partikulare Rechtsnormen, womit der CIC für weitergehende Veränderungen gut ausgerichtet ist. [68]

In Bezug auf das Vermögensrecht, welches eine wesentliche Grundlage dieser Arbeit darstellt, ist zu bemerken, dass schon der Codex von 1917 Gesetze enthielt, die das Kirchenvermögen betrafen. Das Problem einiger Normen bestand jedoch darin, dass sie die Gesamtkirche, d.h. auch die nationalen Teilkirchen, ohne Berücksichtigung des Rechts auf nationaler Ebene banden. Die Gründe dieser Diskrepanz lagen einerseits in den soziokulturellen Veränderungen und andererseits in der Zusammenhanglosigkeit der Normen, die sich über den gesamten Codex verteilten. Selbst wohlwollende Ausleger des CIC bezeichneten das Vermögensrecht des CIC von 1917 als verfehlt und weitgehend nicht anwendbar. Aus diesem Missstand heraus kam es im Zuge der Reform des CIC von 1917 auch zu einer Revision des Vermögensrechts.[69] In den CIC von 1983 wurde das V. Buch über das Kirchenvermögen eingefügt, das die nationalen Besonderheiten berücksichtigt und die Normen in einen sachlichen Zusammenhang stellt.[70]

2.1.2 Rechtsquellen des heutigen Kirchenrechts und Auslegung der Kirchengesetze

Jede bedeutsame Anordnung, die das äußere und innere Wirken der Kirche regelt, wird durch Gesetze bestimmt. Somit kommt Gesetzen im Kirchenrecht eine herausragende Bedeutung zu. „Das Gesetz bildet das zentrale Mittel zur Leitung der Universalkirche, der Teilkirche und deren Untergliederungen und der teilkirchlichen Verbände."[71]

Im Allgemeinen wird ein Gesetz als die „von einem Organ des Gemeinwesens gesetzte Regel verstanden, die rechtsverbindlich und zukunftsgerichtet das Zusammenleben ordnet". Ein typisches Merkmal eines Gesetzes ist „die Allgemeinheit, d.h. die abstrakte Formulierung der Regel für unbestimmt viele Sachverhalte und Personen"[72].

Weder der Codex von 1917 noch der CIC von 1983 enthält eine Definition darüber, was unter einem Gesetz im Kirchenrecht zu verstehen ist. Stattdessen über-

---

[68] Vgl. Gerosa (1995), S. 80.
[69] Vgl. Schulz (1983), S. 859 f.
[70] Vgl. Werneke (1998), S. 252.
[71] Listl (1999), § 8, S. 103.
[72] Brockhaus-Enzyklopädie: Stichwort „Gesetz".

lässt der kanonische Gesetzgeber die Typologie der Gesetze der Kirchenrechtswissenschaft, der Rechtsphilosophie und der Rechtstheologie.[73]

Anders als der Codex von 1917 enthält der Codex von 1983 eine klare, systemati-
sche Typologie der unterschiedlichen objektiven Rechtsnormen, „die ein Tun und
Unterlassen gebieten"[74]. Zwischen dem Charakter des weltlichen und kirchlichen
Gesetzes bestehen grundlegende Unterschiede. Im Gegensatz zum staatlichen
Recht ist das Kirchengesetz nicht vom freiheitlichen Demokratieverständnis ge-
kennzeichnet, welches das Verhältnis zwischen der Volksvertretung und dem
Volk prägt. Die Gesetzgebung basiert nicht auf einer durch die Volksvertretung
zustande kommenden und durch die Verfassung vorgeschriebenen Gesetzgebung.
Vielmehr ist das Kirchengesetz durch das Prinzip der Gewalteneinheit geprägt.[75]
Kirchengesetze werden dabei nicht in einem formellen Verfahren und in einer
bestimmten Form erlassen, sondern erhalten ihre Gültigkeit auf Grund des Erlas-
ses durch die zuständige Autorität. Die Begriffsbestimmung des Gesetzes im Sinne der Kirche geht auf den Theologen, Philosophen und Kirchenlehrer Thomas
von Aquin (1224/25-1274)[76], der seine Definition auf der Grundlage von Aristote-
les entwickelte, sowie auf den spanischen Theologen, Philosophen und Rechtsge-
lehrten Francisco Suárez (1548-1617) zurück. Sie ist allgemein gehalten und trifft
auch auf die staatlichen Gesetze zu. Ein Gesetz ist nach Thomas von Aquin eine
„vernunftgemäße Anordnung, die von der zuständigen Autorität zum Zwecke der
Verwirklichung des Gemeinwohls erlassen und verkündet worden ist"[77]. Suárez
definiert im gleichen Sinn ein Gesetz als "allgemeine Anordnung, die zur Verwirklichung der Gerechtigkeit auf Dauer erlassen und hinreichend verkündet worden ist"[78]. Daraus leitet LISTL den Begriff Kirchengesetz ab; ein Kirchengesetz
ist hiernach „jede von der zuständigen kirchlichen Autorität zum Wohle der Kirche für eine gewisse Dauer erlassene, allgemeine (generelle) und meistens eine
unbestimmte Vielzahl von Fällen regelnde (abstrakte), nicht selten auch nur für
einen Einzelfall (z.B. Errichtung einer Diözese) geschaffene Norm des freien

---

[73] Vgl. (1999), § 8, S. 103.
[74] Listl (1999), § 8, S. 103.
[75] Vgl. ebenda
[76] Vgl. Höffe (2001), S. 120.
[77] Listl (1999), § 8, S. 103, zitiert aus: Thomas von Aquin, S. theol I-II, qu 90 art. 4 Lex est „quae-
dam rationis ordinatio ad bonum commune et ab eo, qui curam communitatis habet, promulga-
te"; vgl. Mörsdorf (1964), S. 83.
[78] Listl (1999), § 8, S. 103 f., zitiert aus: Francisco Suarez, De leg. 1. I c. 12. 5.; vgl. Mörsdorf
(1964), S. 83.

Handelns, die eine untergebene Gemeinschaft verpflichtet, sofern sie in der gesetzlich vorgeschriebenen Form als Gesetz verkündet ist"[79].

Der Wesensunterschied zwischen einem staatlichen und einem Kirchengesetz liegt weniger in dem Grundverständnis über ein Gesetz, sondern vielmehr in dem Wesensunterschied zwischen dem Staat und einer Religionsgemeinschaft. Die Kirchengewalt geht im Unterschied zur Staatengewalt nicht vom Volk, sondern von dem Begründer der Kirchengemeinschaft, Jesus Christus, aus. Der „Geltungsgrund, d.h. der verpflichtende Charakter und der Zweck (ratio legis) jedes kirchlichen Gesetzes können daher letztlich nur im Glauben an Jesus Christus und an das Mysterium der von ihm gestifteten Kirche erkannt werden"[80]. Die oben angeführte Definition von Thomas von Aquin ist insoweit eng, als dass sich der „Geltungszweck des Staatenrechts aus der Verpflichtung der naturrechtlichen Institution des Staates zur Gemeinwohlverwirklichung ergibt und der natürlichen ratio in vollem Umfang zugänglich sind..."[81] Dies bedeutet, dass die Bestimmung des Begriffs Kirchengesetz in der Weise erweitert werden muss, dass es als „eine von der vom Lichte des Glaubens erleuchteten Vernunft getroffene Anordnung"[82] verstanden werden muss. Zwischen Kirchen- und Staatsgesetz bestehen hinsichtlich des Zustandekommens und des Vollzugs zahlreiche Parallelen. Der Grund liegt darin, dass die Kirche wie der Staat auch eine institutionelle Größe und ein soziologisches Gebilde darstellt, das aus Menschen besteht, die als „rechtlich strukturierter und hoheitlicher Herrschaftsverband"[83] existieren.

Das eigentliche Ziel der Interpretation von Gesetzen ist: den Sinn im Zusammenhang mit der im Gesetz enthaltenen Wertungen und Weisungen zu verstehen. Dabei ist der Existenzgrund und der Zweck aller Kirchengesetze die Förderung des kirchlichen Auftrags entsprechend des theologischen Selbstverständnisses der Kirche.[84] In diesem Zusammenhang bemerkt LISTL: „Der Sinn und die Aufgabe des Kirchenrechts erschließt sich in vollem Umfang nur demjenigen, der sich nicht mit der Kenntnis des Buchstabens der Gesetze allein begnügt, sondern darüber hinaus auch bemüht ist, die Notwendigkeit des Rechts als eines Wesensmerkmals der Kirche im Dienste ihrer Heilsaufgabe für den Menschen zu begrei-

---

[79] Vgl. Listl (1999), § 8, S. 104.
[80] Listl (1999), § 8, S. 106.
[81] Vgl. Listl (1999), § 8, S. 107.
[82] Vgl. ebenda
[83] Vgl. Listl (1999), § 8, S. 107.
[84] Vgl. Socha (1990), in: MKzCIC, c. 17, Rn 7, S. 4 u. Rn 10, S. 7.

fen und im Lichte dieses der Kirche von ihrem Herrn Jesus Christus erteilten Auftrags den Sinn der einzelnen Gesetze zu verstehen."[85]

Das kanonische Recht betrachtet danach zwei Ebenen, welche ein normatives Sinnganzes ergeben. Auf der einen Ebene ordnet es die Beziehungen der Menschen untereinander zur Schaffung eines sozialen Gemeinwohls und auf der anderen Ebene betrachtet es den Menschen - im Unterschied zum staatlichen, säkularen Recht - als ein „Ebenbild und Geschöpf Gottes"[86]. Es stellt damit einen theologischen Begründungszusammenhang dieses Gemeinwohls her, in welchem der Mensch vor Gott sein *Tun und Unterlassen* zu verantworten hat. Die Aufgabe, das *Recht* als ein Ordnungsinstrument des Gemeinwohls in einen theologischen Begründungszusammenhang i.s. der Communio zu bringen, wird der Rechtstheologie zugeordnet. Die Rechtstheologie sucht den theologischen Gesetzessinn im kanonischen Recht.[87]

Bei der Auslegung der Gesetze des CIC wird zwischen methodischer Auslegung und Auslegung nach der Verbindlichkeit unterschieden. Die methodische Auslegung der Kirchengesetze, die nach Mittel und Zweck unterscheidet, sieht die in der Theologie und Jurisprudenz gängige Methode der Hermeneutik vor (grammatikalische, logisch-teleologische Interpretation, systematische, historische und analoge Auslegung).[88]
Ferner sind bei der Auslegung unter Wahrung der kanonischen Billigkeit die allgemein angewandten Rechtsprinzipien des katholischen Kirchenrechts sowie „die Rechtsauffassung und Rechtspraxis der römischen Kurie" und der Fachwissenschaft hinzuzuziehen.[89]
In Bezug auf die Verbindlichkeit der Kirchengesetze wird die authentische und die gewohnheitsmäßige Auslegung unterschieden.[90] Die authentische Interpretation ist gemäß c. 16 § 1 ausschließlich Sache des Gesetzgebers und der hierzu Bevollmächtigten. Sie wird in Form eines Gesetzes dargelegt und hat dieselbe verpflichtende Wirkung wie das betreffende Gesetz selbst (c. 16. § 2).[91] Die authenti-

---

[85] Vgl. Listl (1999), § 8, S. 113 f. der Autor verweist in FN 34 auf die folgenden Quellen: Michiels, Normae generales, S. 471 ff; Mörsdorf Lb. I, S. 105 ff.; Holböck I, S. 140 ff.
[86] Vgl. Graulich (2004), in: LfKS, S. 387.
[87] Vgl. Graulich (2004), in: LfKS, S. 387 f.
[88] Vgl. Heimerl/Pree (1983), S. 44.; Listl (1999), § 8, S. 114; Socha (1990), in: MKzCIC, c. 16, Rn 3, S. 2 sowie c. 17, Rn 4 ff., S. 2 ff.
[89] Vgl. Listl (1999), § 8, S. 114; c. 19.
[90] Vgl. Heimerl/Pree (1983), S. 43.; Socha (1990), in: MKzCIC, c. 16 Rn 3, S. 3; Socha (1990), in MKzCIC, c. 17, Rn 14, S. 10.
[91] Vgl. Listl (1999), § 8, S. 114 f.; Socha (1990) in: MKzCIC, c. 16 Rn 2, S. 1.

44

sche Auslegung durch richterliches Urteil oder durch Verwaltungsverfügung, welche auf einen konkreten Fall bezogen ist, hat gemäß c. 16 § 3 keine Gesetzeswirkung. Vielmehr bezieht sich die Verbindlichkeit nur auf den konkreten Sachverhalt und eine bestimmte Person. Richterrecht hat demnach im Kirchenrecht über den konkreten Sachverhalt hinaus keine weitergehende Rechtswirkung. Allerdings wird der ständigen Rechtsprechung der obersten Kirchengerichte im Wege der „Gewohnheit" eine normsetzende Bedeutung beigemessen.[92]

Die *wissenschaftliche Auslegung (doktrinelle Interpretation)*[93] hat „nur jenen Wert, der den Argumenten, auf die sie sich stützt, zukommt"[94]. Gemäß c. 19 hat die von der Mehrheit vertretene Schulmeinung den Rang einer „Vermutung der Richtigkeit"[95].

Die *gewohnheitsmäßige Auslegung* hat keinen höheren Rang als die wissenschaftliche Auslegung. Jedoch wird diese Form der Auslegung durch c. 27 als die beste Form der Interpretation ausgewiesen. Sie kann zur Klarheit und Eindeutigkeit des Gesetzes verhelfen, da sie dem Gesetz nichts Neues hinzufügt. Ferner kann diese Form der Auslegung zweifelhafte Aspekte des Gesetzes klären helfen.[96] Gewohnheit kann nicht nur zur Auslegung der Kirchengesetze herangezogen werden, sondern bildet neben den Gesetzen eine eigenständige Rechtsquelle.[97] Der CIC verweist an einigen Stellen auf die Anwendung oder Aufhebung des Gewohnheitsrechts. So stellt z.B. c. 1287 § 1 heraus, dass unter Verwerfung jeder entgegenstehenden *Gewohnheit* die Vermögensverwaltung verpflichtet ist, dem Ordinarius jährlich Rechenschaft abzulegen. Gewohnheitsrecht kann nur entstehen, wenn „zur tatsächlichen und ununterbrochenen gewohnheitlichen Übung die ausdrückliche oder stillschweigende, vorausgehende oder nachträglich erteilte Zustimmung des Gesetzgebers hinzutritt"[98]. C. 24 stellt heraus, dass die Gewohnheit mit der Theologie und insoweit mit den Zielen der Kirche harmonieren muss, um die Kraft eines Gesetzes zu erlangen. Ebenso wie das Gesetz muss die Gewohnheit auf der Grundlage der Vernunft basieren. Dies bedeutet, dass sie der Rechtsordnung entsprechen muss. Steht der Gewohnheit ein Gesetz entgegen, so ist der Tatbestand der Vernunft nicht gegeben (c. 24 § 2). Gewohnheitsrecht kann sowohl

---

[92] Vgl. Listl (1999), § 8, S. 114 f.; Heimerl/Pree (1984), S. 50 f.
[93] Vgl. Socha (1990), in: MKzCIC, c. 16, Rn 3, S. 3.
[94] Listl (1999), § 8, S. 115.
[95] Vgl. Listl (1999), § 8, S. 115.; Heimerl/Pree (1983), S. 43.
[96] Vgl. ebenda
[97] Vgl. cc. 23 bis 28.
[98] Listl (1999), § 8, S. 116.

auf gesamtkirchlicher Ebene als auch auf der Ebene der Teilkirchen (Kirche am Ort) entstehen.[99]

Für die Auslegung der Canones für diese Arbeit wird im Wesentlichen auf die einschlägigen Kommentare des Codes Iuris Canonici zurückgegriffen.

Die Katholische Kirche besteht aus zwei Dimensionen: die eine ist die Gesamtkirche, die andere bilden die Teilkirchen. Entsprechend dieser beiden Dimensionen bestehen zwei Rechtskreise, die eng miteinander verbunden sind.

2.1.3 Das Verhältnis zwischen universellem und partikularem Recht

Bevor auf das Verhältnis zwischen Partikular- und Universalrecht eingegangen wird, ist eine terminologische Abgrenzung nach der territorialen Gliederung der Kirche notwendig. Unterschieden werden Teil- und Gesamtkirche. Eine Unterscheidung zwischen Gesamt- und Teilkirche wird durch ein inneres und ein äußeres Element beschrieben. Das innere Element bedeutet, dass die Gesamtkirche *in* den Teilkirchen besteht, womit die Gesamtkirche in den Teilkirchen ihre konkrete Gestalt findet, denn in den Teilkirchen wird der Auftrag der Kirche konkret. Die Teilkirche ist gleichzeitig die sichtbare Gestalt der Gesamtkirche. Hieraus erklärt sich auch das äußere Element. Das äußere Bild der Gesamtkirche verändert sich mit der Struktur der Teilkirchen.

Beide Elemente gehören nach dem katholischen Verständnis untrennbar zusammen. Das Verbindende dieser beiden Elemente ist das Prinzip der „Communio Ecclesiarum", das durch das Bischofsamt verwirklicht wird.[100] Betrachtet man das Verhältnis zwischen Gesamt- und Teilkirche allein aus dem inneren Element, so „löst sich die Gesamtkirche in die Teilkirchen hinein auf"[101]. Es entsteht ein Kirchenverständnis, das die Teilkirche als eine vollkommen autonome und damit als ein *in sich* gekehrtes Konstrukt erscheinen lässt. Die Gesamtkirche wäre somit als die Summe von Teilkirchen interpretiert, die sich „zur blosen Idee verflüchtigt"[102]. Würde man nur das äußere Element betrachten, so käme man zu einem einseitigen Kirchenverständnis, in das sich die Teilkirche in die Gesamtkirche auflöst. AYMANS bemerkt zu einer einseitigen Betrachtung: „Die Teilkirche erscheint

---

[99] Vgl. Listl (1999), § 8, S. 117.
[100] Vgl. Kremsmair (2002), Stichwort: Gesamtkirche, in: LfKS, S. 92 f.; Werneke (1998), S. 20; Aymanns (1999), S. 315.
[101] Aymans (1999), § 26, S. 317.
[102] ebenda

nicht mehr von ihrem theologischen Wesen her als eine notwendige Repräsentanz der Gesamtkirche, die letzten Endes in dem persongebundenen Wesen der Sendung in Wort und Sakrament wurzelt; die Teilkirche wird so allein aus praktischen, organisatorischen Gründen notwendig und insoweit zum bloßen Verwaltungsbezirk der Gesamtkirche herabgewürdigt"[103]. Aus kanonischer Sicht wird die Gesamtkirche aus den Teilkirchen aufgebaut und ist in ihr durch das Communioprinzip gleichzeitig enthalten. Eine Priorität oder Vorrangstellung einer dieser Elemente ist mit dem Prinzip der „Communio Ecclesiarum" nicht vereinbar. Die Gesamtkirche ist vielmehr „die organische Entfaltung der vorgegebenen Kircheneinheit"[104]. Teilkirchen sind keine Untergliederung der Gesamtkirche, sondern sind „selber wahrhaft" Kirche. Aus der Sicht des zweiten Vatikanum besteht die Kirche „in und aus" diesen zwei Elementen.[105]

Es bestehen verschiedene Formen der Teilkirchen, wie Gebietsprälaturen und Gebietsabteien. Im eigentlichen Sinne sind jedoch nur die Diözesen mit der Bezeichnung „Teilkirche" gemeint.[106] „Unter Teilkirche – Bistum (oder Eparchie) – versteht man die Gemeinschaft von Christen, die mit ihrem in der apostolischen Sukzession stehenden Bischof im Glauben und in den Sakramenten vereint ist."[107] Mehrere benachbarte Diözesen können wiederum eine globalere Teilkirche bilden, welche im kanonischen Recht als Kirchenprovinz bezeichnet wird.[108]

Das Communioprinzip, welches die Verbindung zwischen Teil- und Gesamtkirche herstellt, hat seinen rechtlichen Ausdruck im CIC von 1983 gefunden.[109]

Als Universalrecht oder gesamtkirchliches Recht wird das „für die ganze Kirche geltende gesatzte wie nicht gesatzte, primäre und sekundäre Recht, unabhängig davon, ob einzelne Normen aus der Natur ihres Regelungsinhaltes alle Gläubigen oder einen spezifischen Personenkreis betreffen"[110], bezeichnet. Das universale Recht umfasst sämtliche für die Gesamtkirche, d.h. für die lateinische Kirche (c. 1), erlassenen Gesetze. Diese gelten weltweit für alle, für die sie erlassen worden sind (c 12 § 1).[111] Danach ist das Universalrecht (lex universalis) ein allge-

---

[103] ebenda
[104] Aymans (1999), § 26, S. 318.
[105] Vgl. Kremsmair (2002), Stichwort: Gesamtkirche, in: LfKS, S. 92.
[106] Vgl. Kalde (1999), S. 420.
[107] Kalde (1999), S. 420.
[108] Vgl. Maritz (1999), § 36, S. 415.
[109] Vgl. Aymans (1999), § 26, S. 318.
[110] Werneke (1998), S. 71; vgl. Mörsdorf (1964), S. 97.
[111] Vgl. Heimerl/Pree (1983), S. 41.

meines, „gesamt-lateinisches" Recht. Es umfasst zwei Arten von Gesetzen. Die Einen gelten überall und für alle (lex universalis generalis) und die Anderen für einen bestimmten Personenkreis (lex universalis specialis). Der letztere Gesetzes-typ gilt für einen bestimmten Personenkreis unabhängig von der Teilkirche. Viel-mehr gelten diese Gesetze der Sache nach nicht für alle Christen, sondern für ei-nen bestimmten Kreis von Christen, z.B. nur für Kleriker.[112] Erlassen werden Uni-versalgesetze vom Papst und dem Bischofskollegium.[113]

Im Gegenzug zum universellen Recht wird das Partikularrecht als das nicht für die ganze Kirche geltende Recht bezeichnet, „sei es aufgrund territorialer oder perso-naler oder zugleich aufgrund territorialer und personaler Beschränkung"[114]. Die territoriale Begrenzung des Partikularrechts, im Sinne der Teilkirche, ist der Re-gelfall.[115] Zum Partikularrecht gehören im Wesentlichen Gesetze des Apostoli-schen Stuhls (für die Teilkirchen), Dekrete der Bischofskonferenz und die Rechtsnormen, die der Diözesanbischof oder ihm Gleichgestellte erlassen haben. Ferner gehören dazu die kanonisch für verbindlich erklärten Rechtsnormen außer-kirchlicher Gesetzgeber wie z.B. der Staat (c. 22) oder andere Religionsgemein-schaften[116]. Weitere partikulare Rechtsnormen sind Privilegien (c. 76), Dispense (c. 85) und das Gewohnheitsrecht. Verträge gehören nur dann zum Partikular-recht, wenn die Vereinbahrung auf öffentlich-rechtlicher Ebene (wie Konkordate und andere Kirchenverträge) geschlossen werden. Allgemeine Geschäftsbedin-gungen gehören hingegen nicht zum Partikularrecht.[117]

Der Gesetzgebungsakt durch eine bestimmte legislative Autorität lässt keine zwingenden Rückschlüsse auf teil- oder gesamtkirchliches Recht zu, denn auch teilkirchliches Recht kann zu Universalrecht werden. Dies erfordert jedoch die Anerkennung der gesamtkirchlichen Autorität, wobei die geistige Urheberschaft bei der teilkirchlichen Autorität liegt. Universelles Recht erfordert stets die In-kraftsetzung durch die gesamtkirchliche Autorität. Das partikulare Recht hingegen kann neben der teilkirchlichen Autorität auch durch die gesamtkirchliche Autori-tät Geltung erlangen.[118] Hierdurch kommt die „Communio-Struktur der Kirche und die synodale Dimension der in ihr ausgeübten geistigen Vollmacht" zum

---

[112] Vgl. Socha (1990), in: MKzCIC, c. 12, Rn 4, S. 2.
[113] Vgl. Socha (1990), in: MKzCIC, c. 12, Rn 3, S. 1.
[114] Werneke (1998), S. 72; vgl. Mörsdorf (1964), S. 97.
[115] Vgl. Werneke (1998), S. 72; Socha (1990), in: MKzCIC, c. 12, Rn 4, S. 2.
[116] z.B. Regelungen für überkonfessionelle Eheschließungen.
[117] Vgl. Wenner (2004), Stichwort: Partikularrecht, in: LfKS, S. 156.
[118] Vgl. Werneke (1998), S. 73.

Ausdruck.[119] Allerdings erscheint die Teilhabe der partikularen Autorität an der gesamtkirchlichen Gesetzgebung auf Grund der vollen, höchsten und unmittelbaren Gewalt des Papstes[120] eher als ein Vorschlagsrecht. GEROSA und RATZINGER[121] sprechen „vorsichtig von einer moralischen Bindung des Papstes an die Stimme der Bischöfe."[122]

Bei der Bestimmung des Verhältnisses zwischen universellem und partikularem Recht spielt weniger die Hierarchie der Normen eine Rolle, als vielmehr die Hierarchie der legislativen Autoritäten („communio hierarchica").[123] Die Kompetenz zum Erlass von Kirchengesetzen liegt beim Papst und beim Bischofskollegium. Diese Kompetenz bezieht sich sowohl auf die Gesamtkirche als auch auf die Teilkirche. Für die Teilkirchen liegt die Gesetzgebungskompetenz beim jeweils verantwortlichen Diözesanbischof.[124]

Bemerkenswert ist, dass zwischen universellem und partikularem Recht keine Vorrangstellung besteht. Vielmehr handelt es sich um „sich wechselseitig durchdringende Dimensionen der einen Kirche. Ein Kirchenverständnis, das diese beiden Elemente als zwei voneinander getrennte, miteinander konkurrierende Größen auffasst, greift insoweit zu kurz"[125]. Der Bischof trägt die Sorge über beide Dimensionen, also sowohl über die Teil- als auch die Gesamtkirche. In Ausübung seiner Funktion als sog. *homo apostolicus* verwirklicht der Bischof die Immanenz[126] der Gesamtkirche in der Teilkirche. Umgekehrt realisiert der Bischof als *homo catholicus* im Rahmen seiner Einbindung in das gesamtkirchliche Bischofskollegium die Immanenz der Teilkirche in der Gesamtkirche.[127] Der Bischof ist danach verantwortlich für die eine, gesamte Römisch-Katholische Kirche, welche aus beiden Dimensionen besteht. Eine Konkurrenz zwischen universellem und partikularem Recht soll es auf Grund der Communioprägung des kanonischen Rechts nicht geben.[128]

---

[119] Vgl. Werneke (1998), S. 73.

[120] Vgl. c. 331.

[121] der gegenwärtige Papst Benedikt XVI.

[122] Werneke (1998), S. 74 FN 30.

[123] Vgl. Werneke (1998), S. 73 zitiert aus: Guering, J.O.: Las caracteristicas juridicas de los estatutos segun el. c. 94, in Akten VI IKKR, 313 – 319, S. 478.

[124] Vgl. Listl (1999), § 8, S. 108.

[125] Werneke (1998), S. 79.

[126] Bedeutet: in etwas bleiben (Innenbleiben). Im Bereich der Metaphysik wird damit das Verbleiben Gottes in allen Dingen assoziiert, vgl. Bucher (1996), Stichwort: Immanenz, in: LTK, S. 429. In diesem Zusammenhang drückt dieser Begriff die Einheit zwischen Teilkirche und Gesamtkirche aus, deren Verbindung im Wesentlichen durch den Bischof hergestellt wird.

[127] Vgl. Werneke (1998), S. 79.

[128] Vgl. Werneke (1998), S. 80.

WERNEKE spricht jedoch von einem qualitativen, nicht quantitativen „Höherrang der universalkirchlichen Vollmachtausübung durch den Papst *oder* das Bischofskollegium in Gemeinschaft mit dem Papst als dessen Haupt"[129]. Die universalkirchliche Vollmacht „entfaltet sich nicht in additiver, konkurrierender Zuständigkeit zum Wirken des einzelnen Bischofs, sondern als der letztgültige Dienst der Wahrung der Einheit, der Communio oder sonstiger in der göttlichen Offenbarung verankerter Grundsätze und Elemente"[130]. Mit dem Verzicht auf den Höherrang des Universalrechts vor dem Partikularrecht soll dem Grundgedanken der Communio-Struktur der Kirche, nämlich der ‚Einheit in Vielheit' entsprochen und der ursprüngliche Gegensatz beider Dimension überwunden werden.[131] Der qualitative Höherrang ergibt sich aus der Stellung des Papstes. Die beabsichtigte Immanenz beider Dimensionen zeigt sich derzeit daher eher noch als Leitbild.[132]

2.1.4 Das Vermögensrecht des Codex Iuris Canonici von 1983

Der Vermögenserwerb und die Vermögensverwaltung erfolgt vornehmlich auf der Ebene der Teilkirche. Daher stellt sich die Frage, ob ein gesamtkirchliches Vermögensrecht und damit auch ein gesamtkirchliches GoR-System grundsätzlich sinnvoll ist.

Diese Frage wird hinsichtlich eines gesamtkirchlichen Vermögensrechts in der Literatur eindeutig bejaht[133], indem herausgestellt wird, dass die Kirche für die Durchführung ihres Auftrags Vermögen benötigt. Sie muss als Vermögensträgerin sicherstellen, dass dieses Vermögen stets zweckgebunden für die kirchliche Sendung verwendet wird. Dies kann die Kirche nur selbst regeln.[134] Der Bischof als Bindeglied zwischen Gesamt- und Teilkirche dient der Förderung des Zusammenwachsens der Teilkirchen.[135] Dies umfasst sowohl die Förderung des geistigen als auch des materiellen Austausches. Daher steht die Vermögensverwaltung unter der Autorität des Diözesanbischofs, womit sie in das „Communio-Gefüge der Kirche eingebunden [ist] und damit kirchlich bleiben soll"[136].

---

[129] Vgl. ebenda
[130] Vgl. ebenda
[131] Vgl. Werneke (1998), S. 318.
[132] Vgl. Werneke (1998), S. 319.
[133] Vgl. Werneke (1998), S. 255; Pree (1999), § 99, S. 1041; Schulz (1983), S. 860 f.
[134] Vgl. Werneke (1998), S. 255.
[135] Vgl. Abschnitt 2.1.3.
[136] Werneke verweist auf Rovera, der den Diözesanbischof in diesem Zusammenhang als „promotore di una amministrazione ecclesiale" bezeichnet, vgl. Werneke (1998), S. 239, FN 88. In diesem Kontext ist der Bischof der Förderer einer Kirchenverwaltung, die in die Gemeinschaft

Das jeweilige nationale Rechtssystem reflektiert eine Wertauffassung, die auch durch den nationalen sozialökonomischen Geschäftsverkehr geprägt ist. Die Diözese nimmt als Teil der nationalen Gesellschaft an diesem Geschäftsverkehr teil, welcher mit einem bestimmten Menschen- und Gesellschaftsbild verbunden ist, das nicht notwendigerweise mit dem des Christentums übereinstimmt. Mit einem einheitlichen Vermögensrecht, dessen Wertmaßstab die kirchliche Lehre ist, kann die nationale Willkür hinsichtlich der Vermögensverwaltung begrenzt werden, soweit die Anwendbarkeit des Kirchenrechts nicht durch das nationale Recht eingeschränkt wird. Insbesondere in Ländern, wo das nationale Recht den Geschäftsverkehrs nicht hinreichend regelt, kommt dem gesamtkirchlichen Vermögensrecht die Funktion zu, die Willkür der Vermögensverwaltung zu begrenzen.[137]

Um die Zweckbindung des Kirchenvermögens zu gewährleisten, bedarf die Vermögensverwaltung einer Normierung. Durch die Immanenz von Universalität und Partikularität einerseits und den einheitlichen Dienst der Kirche andererseits besteht auch ein wechselseitiger Austausch von Kirchenvermögen, wie z.B. bei diversen Missionswerken[138] oder dem Finanzausgleich unter den Diözesen (c. 1274 § 3). Somit erhält das Kirchenvermögen auch eine gesamtkirchliche Bedeutung, die einer gesamtkirchlichen Regelung bedarf.[139]

Die Vielfalt der Vermögensträger mit ihren speziellen kirchlichen Aufgaben in den Teilkirchen bildet bis heute das Fundament des lateinischen Vermögensrechts. Betrachtet man die gesamtkirchlich bindende Sendung im Zusammenhang mit den zahlreichen Vermögensträgern mit ihren vielfältigen Aufgaben auf teilkirchlicher Ebene sowie die soziokulturellen und sozioökonomischen Gegebenheiten vor Ort, so reflektiert ein gesamtkirchliches Vermögensrecht auch die „Einheit in Vielfalt" der Kirche.[140] Aus der Einbindung des Vermögensrechts in die „Einheit in Vielfalt" wird deutlich, dass sich der Begriff „Communio", durch welchen die Verbindung von universeller und partikularer Dimension zum Ausdruck kommt, zwangsläufig auch auf das Vermögensrecht auswirkt.[141]

Ein gesamtkirchliches Vermögensrecht muss so konzipiert sein, dass die Normen auf Diözesanebene ausfaltbar sind, so dass den Umständen vor Ort, d.h. den konkreten Aufgaben, den unterschiedlichen Vermögensträgern und dem nationalen

---

eingebunden ist.
[137] Vgl. ebenda
[138] z.B. Bonifatiuswerk oder das Ansgarwerk.
[139] Vgl. Werneke (1998), S. 256.
[140] Werneke (1998), S. 256 f.
[141] Vgl. Werneke (1995), S. 257.

Rechtssystem Rechnung getragen wird.[142] Deshalb wurde das gesamtkirchliche Vermögensrecht als Rahmenregelwerk konzipiert.[143]

Dem Kirchenvermögen widmet der Codex Iuris Canonici von 1983 erstmals ein eigenes Buch. Das Buch über das Kirchenvermögen ist nach dem Erwerb, dem Besitz und der Veräußerung von Kirchenvermögen gegliedert.[144] Darin einbezogen sind auch die Rechnungslegungspflicht sowie Grundsätze für eine ordnungsgemäße Vermögensverwaltung, die nicht nur einige wenige Grundsätze über das Führen von Büchern, sondern auch Bestimmungen über den Zweck und den Umgang mit Kirchenvermögen umfassen.

2.2 Ermittlung des Zielsystems der Katholischen Kirche

2.2.1 Der Zusammenhang zwischen Theologie und Betriebswirtschaft

Gegenstand der kaufmännischen Rechnungslegung ist die Darstellung der Vermögens-, Finanz- und Ertragslage einer Organisation. Demgemäß geht es um die Beurteilung wirtschaftlichen Handelns. Wirtschaftliches Handeln ist stets zielgerichtet; ohne die Vorstellung von Zielen erscheint wirtschaftliches Handeln sinnlos. Wirtschaftliches Handeln zur Verfolgung bestimmter Zwecke hat seine Quelle im Rationalitätsprinzip (Wirtschaftlichkeitsprinzip).[145] Das Wirtschaftlichkeitsprinzip ist in seinen zwei Formen jedoch noch abstrakt und bedarf eines Kontextes, aus dem heraus wirtschaftliches Handeln interpretiert werden kann. In diesem Sinne definiert und bewertet die Wirtschaftswissenschaft nicht die originären Ziele einer Organisation, sondern bewertet die Zielerreichung im Bereich ihres wirtschaftlichen Handelns. Eine sachgerechte Erörterung des wirtschaftlichen Handelns der Katholischen Kirchen kann nicht losgelöst von ihrem Gegenstand und ihren Zielen erfolgen. Betrachtete man die Katholische Kirche ohne ihre Ziele und ihr Selbstverständnis, so würde der eigentliche Grund ihrer Existenz ignoriert werden. Dies hätte nicht nur zur Folge, dass die Auslegung der Kirchengesetze vor ihren Glaubensinhalten unmöglich wäre[146], sondern auch, dass der Zweck ihres wirtschaftlichen Handelns unberücksichtigt bliebe. Bei einer um ihre Welt-

---

[142] Vgl. Werneke (1998), S. 256, vgl. auch zu den Anforderungen an Kirchengesetze im CIC Abschnitt 2.1.2.

[143] Vgl. Leimkühler (2004), S. 4.

[144] Vgl. Schulz (1983), S. 860 f.

[145] Hiernach soll ein bestimmter Erfolg mit möglichst geringen Mitteln erreicht werden (Minimalprinzip) bzw. mit gegebenen Mitteln der größtmögliche Erfolg erzielt werden (Maximalprinzip); vgl. Kreis (1998), S. 32.

[146] Vgl. Abschnitt 2.1.2.

anschauung bereinigten Betrachtung des wirtschaftlichen Handelns der Kirche besteht die Gefahr, dass der Betrachter den Zweck ihres wirtschaftlichen Handelns nach subjektivem Ermessen festlegt oder sie mit anderen Organisationen, z.B. mit gewinnwirtschaftlichen Unternehmen gleichsetzt. Eine derartige Betrachtungsweise würde einen ausgeprägten Ermessensspielraum eröffnen und Potenzial für Willkür bieten. Bei der Herstellung eines Zusammenhangs zwischen Theologie und Betriebswirtschaft geht es weder darum, wirtschaftliches Handeln theologisch zu begründen, noch wirtschaftliches Handeln losgelöst davon zu betrachten. Das Verhältnis zwischen der Theologie, die sich mit dem Begreifen des Glaubens befasst[147] und in der Wissenschaftssystematik nach Raffée der Metaphysik zugerechnet wird[148] und der Betriebswirtschaft, ist als wirtschaftliches Handeln vor dem Hintergrund kirchlicher Ziele, die theologischen Ursprungs sind, in einer Mittel-Zweckrelation zu betrachten.

Die Mittel-Zweck-Beziehung, in der das betriebswirtschaftliche Handeln als Mittel steht, wird anhand einer Zielsystemanalyse präzisiert. Das Zielsystem der Kirche soll ihr religiöses und damit auch ihr wirtschaftliches Handeln verstehbar machen. Dabei ist herauszuarbeiten, in welchem Rahmen sich betriebswirtschaftliches Handeln der Kirche bewegt. Das Zielsystem wird aus ihrem Selbstverständnis entwickelt, dessen Grundlage wiederum das kanonische Recht und ihr theologisches Selbstverständnis ist.

2.2.2 Charakterisierung der Katholischen Kirche

2.2.2.1 Selbstverständnis der Kirche

Im „großen Glaubensbekenntnis"[149] wird die Kirche als die „eine, heilige, katholische und apostolische Kirche" bezeichnet. Das Selbstverständnis der Kirche lässt sich durch die einzelnen Bestandteile ihrer Bezeichnung erörtern.

Der Begriff „Katholizität" leitet sich aus dem griechischen Wort „katholon" ab und bedeutet das Ganze betreffend oder „allumfassend"[150]. Es bezieht im Wesentlichen die Aspekte der Ganzheit, Vollständigkeit, Einheit mit ein.[151] Durch diese

---

[147] Vgl. Ratzinger (2004), S. 62.
[148] Vgl. Raffée (1979), S. 23.
[149] Vgl. Gotteslob (1997), Tz 356, S. 377; Benedictus PP XVI (2005), S. 37.
[150] Vgl. Benedictus PP XVI (2005), Tz 166, S. 73.
[151] Vgl. Wenzel (1996), Stichwort: Katholisch, in: LfTK, S. 1345; Vorgrimler (2000), Stichwort: Katholisch.

Eigenschaft sieht sich die Kirche allen Völkern zu aller Zeit zugewandt.[152] In der Antike wurde dieser Begriff für „Ganzheiten" im Unterschied zu Teilen verwandt.[153] Die Katholizität der römischen Kirche hat ihre Wurzeln im vierten und fünften Jh. während der Pontifikate von Papst Julius I. (337-352) und Papst Innozenz I. (402-417): Begründet wurde ihre Katholizität i.S. von Rechtsgläubigkeit damit, dass: „die Ortskirche Roms die Mutter (die ja Jerusalem war) u. das Haupt aller anderen Ortskirchen [sei]".[154]

Die Römisch-Katholische Kirche[155] versteht sich heute als Vermittlerin zwischen Gott und der gesamten Menschheit, unabhängig von ihrer Rasse, Religion, Kultur oder sozialen Stellung.[156] Damit bringt die Kirche ihren katholischen Wesenszug zum Ausdruck, nämlich ihre Öffnung gegenüber Nichtkatholiken und Nichtchristen. „Methoden der Selbstbewahrung und Selbstverteidigung werden abgelöst durch die Wahrnehmung christlicher Weltverantwortung gemeinsam mit anderen"[157]. Nach dem katholisch-theologischen Verständnis meint der Begriff auch die bischöflich verfasste Kirche und die Notwendigkeit der Einheit der Bischöfe weltweit mit dem Papst. Dabei steht die bischöfliche Verfassung im Hintergrund als Mittel der Einheit in Vielheit.[158] In der bischöflichen Verfassung und der Gemeinschaft mit dem Papst besteht ein wesentlicher Unterschied z.B. zu den protestantischen Kirchen.

Nach dem Glaubensbekenntnis sieht sich die Kirche als *heilige* katholische Kirche. Heiligkeit bedeutet, dass Gott Urheber der Kirche ist und der Heilige Geist sie mit Liebe belebt. Gleichzeitig verbindet sich mit der Heiligkeit der Kirche eine Berufung all ihrer Glieder, worauf die Ziele ihrer Aktivitäten ausgerichtet sind.[159] Das zweite Vatikanum spricht angesichts der historischen Irrtümer auch von der Sündhaftigkeit der Kirche. RATZINGER kritisiert sogar, dass das Vatikanum die Sündigkeit der Kirche noch zu zaghaft betone. Das Wort „heilig" ist nicht als eine Heiligkeit der Menschen, die mit und in ihr leben und Dienst tun, zu verstehen, „sondern verweist auf die göttliche Gabe, die Heiligkeit schenkt inmitten der menschlichen Unheiligkeit"[160]. Die Heiligkeit der Kirche besteht in der Ausübung

---

[152] Vgl. Benedictus PP XVI (2005), Tz 166, S. 73.
[153] Vgl. Vorgrimler (2000), Stichwort: Katholisch.
[154] Vorgrimler (2000), Stichwort: Katholisch.
[155] im Folgenden als Kirche bezeichnet.
[156] Vgl. Maier (1996), Stichwort: Katholizismus, in: LfTK, S. 1369.
[157] Maier (1996), Stichwort: Katholizismus, in: LfTK, S. 1369.
[158] Vgl. Ratzinger (2005), S. 327.
[159] Vgl. Benedictus PP XVI (2005), Tz 165, S. 73.
[160] Ratzinger (2005), S. 322 f.

der Heiligung, „die Gott trotz der menschlichen Sündigkeit ausübt"[161]. In Jesus Christus hat sich Gott an die Menschen gebunden und sich durch den Menschen binden lassen. Die Heiligkeit ist der Ausdruck „der Liebe Gottes, die sich durch die Unfähigkeit des Menschen nicht besiegen lässt, sondern ihm dennoch und immer wieder von neuem gut ist, die ihn gerade als den Sündigen immer wieder annimmt, sich ihm zuwendet, ihn heiligt und ihn liebt"[162]. RATZINGER bemerkt: „Eben in ihrer paradoxalen Struktur aus Heiligkeit und Unheiligkeit ist die Kirche die Gestalt der Gnade in dieser Welt"[163].

Nach dem katholischen Selbstverständnis hat Gott durch Jesus Christus einen neuen Bund mit den Menschen geschlossen. Die *Kirche* wird als das sichtbare Zeichen dieses Bundes gesehen, sozusagen Kirche als „Leib Christi".[164] *Kirche* bezeichnet das Volk Gottes über alle Landesgrenzen und Kulturen der Erde hinweg. Das Volk Gottes bildet eine Gemeinschaft, deren Mitglieder „durch den Glauben und die Taufe Kinder Gottes, Glieder Christi und Tempel des Heiligen Geistes werden"[165]. Der Begriff *Kirche* kann für diese Themenabgrenzung in zweifacher Hinsicht verstanden werden. Im zweiten Vatikanum wird die Kirche „in Christus gleichsam das Sakrament, d.h. Zeichen und Werkzeug für die innigste Vereinigung mit Gott wie für die Einheit der ganzen Menschheit" bezeichnet (LG Art. 1). Hieraus leiten sich zwei Dimensionen ab. Zum einen sieht sich die Kirche als Sakrament und zum anderen als Gemeinschaft (Communio Ecclesiarum).

Die *Kirche als Sakrament* ist nach der Lehre der Kirche weder eine „irdisch-soziologische", noch eine rein „irdisch-spirituelle" Größe, sondern eine „Synthese aus göttlicher und menschlicher, aus natürlicher und übernatürlicher Wirklichkeit"[166]. Im Wortlaut des zweiten Vatikanums ist sie „eine einzige komplexe Wirklichkeit, die aus menschlichem und göttlichem Element zusammenwächst" (LG Art. 8)[167]. Die zeichenhafte Verbindung zwischen göttlichem und menschlichem Element wird in *Sakramenten* ausgedrückt. Nach dem Katechismus der Katholischen Kirche sind Sakramente wahrnehmbare und wirksame Zeichen der Gnade, die von Christus eingesetzt und der Kirche anvertraut sind und durch wel-

---

[161] Ratzinger (2005), S. 323.
[162] ebenda
[163] Ratzinger (2005), S. 324.
[164] Vgl. Aymans (1999), § 26, S. 4 ff.; Benedictus PP XVI (2005), Tz 156, S. 71.
[165] Vgl. Benedictus PP XVI (2005), Tz 147, S. 69.
[166] Hartelt (2002), Stichwort: Katholische Kirche, in: LfKS, S. 402.
[167] Hinzen (1999), S. 30; vgl. auch Friedrich (1978), S. 36.

che das „göttliche Leben gespendet wird"[168]. Sie stellen ein geistiges Siegel der Verbindung zwischen Gott und den Menschen dar.[169] Sie kommen von Christus und werden durch die Kirche vermittelt, sozusagen „im Tun der Kirche selbst heilbringend gegenwärtig"[170]. Sie sind „Zeichen und Mittel, durch die Glaube ausgedrückt und bestärkt, Gott Verehrung erwiesen und die Heiligung der Menschen bewirkt wird" (c. 840). Ferner wird durch Sakramente die kirchliche Gemeinschaft gebildet, gestärkt und dargestellt (c. 840). Die Feier der Sakramente ist „niemals privates Tun der einzelnen Gläubigen, sondern Darstellung und Ausdrucksform der Kirche selbst, die das Sakrament der Einheit ist"[171]. Die Kirche wird so zu einem sichtbaren Zeichen für die Gegenwart Christi.[172] Der Ursprung der Sakramentalität der Kirche geht zurück auf die Vorstellung von Jesus Christus als Mensch gewordener Gottessohn. In Jesus Christus ist das menschliche und göttliche Element verbunden. Christus wirkt in der Kirche durch den Heiligen Geist in verschiedener Form, womit die Kirche selbst als ein Sakrament gesehen wird. In der katholischen Theologie wird die Kirche auch als „Grund- und Wurzelsakrament" bezeichnet.[173] Kirche als Sakrament bedeutet, diese von Gott her zu begreifen. Das göttliche Element rückt damit in das Zentrum der kirchlichen Komplexität. Das menschliche Element hingegen ist das göttliche Zeichen und Mittel der Erde. Der Mensch hat hierbei eine ausschließlich dienende Funktion. „Nicht die Kirche, nicht ihre Amtsträger oder die durch sie vollzogenen Riten bewirken das Heil, sondern Gott schenkt sein Heil durch die Kirche. Dass die Kirche trotz aller menschlichen Unzulänglichkeit[en] und Sünde[n] dennoch Zeichen und Mittel des göttlichen Heils sein kann, verdankt sie allein Gott, der die Kirche trägt und erhält gemäß der Verheißung des Herren, dass die Mächte der Unterwelt sie nicht überwältigen werden".[174]

Die Sakramentalität der Kirche kommt konkret durch sieben Sakramente zum Ausdruck. Diese sind das Sakrament der Taufe, der Eucharistie, der Ehe, der Krankensalbung, der Weihe, der Firmung und der Buße.[175]

Die *Kirche als Communio* beschreibt die innerkirchliche Gemeinschaft der Menschen untereinander und als Gemeinschaft mit Gott. Durch die Gemeinschaft mit

---

[168] Vgl. Benedictus PP XVI (2005), Tz 224, S. 94.
[169] Vgl. Katechismus der Katholischen Kirche (2005), Tz 227 ff., S. 95.
[170] Krämer (2004), Stichwort: Sakramente, in: LfKS, S. 479.
[171] Krämer (2004), in: LfKS, S. 480.
[172] Vgl. Krämer (2004) in: LfKS, S. 480.
[173] Vgl. Hinzen (1996), S. 30.
[174] Hintzen (1999), S. 31; vgl. auch Matthäusevangelium, 16, 18.
[175] Vgl. Buch IV CIC.

Gott wird die Gemeinschaft unter den Menschen verwirklicht.[176] „Indem Gott die einzelnen in Gnade mit sich verbindet, verbindet er sie auch untereinander zu einer großen Familie Gottes"[177]. Aus diesem Selbstverständnis heraus kann Kirche wie folgt definiert werden: *„Kirche ist das Sakrament der Communio Gottes mit den Menschen"*[178]. Communio wird als das vom zweiten Vatikanum verwendete Leitmotiv des Kirchenverständnisses aufgefasst. Es soll den gemeinschaftlichen und sozialen Aspekt der Kirche ausdrücken und benennt somit das kircheninnere Beziehungsgefüge. Kirche kann aus dieser Sicht beschrieben werden als „eine organisch gegliederte Communio, die sich verbunden im Glaubensbekenntnis, in den Sakramenten und in der Gemeinschaft mit dem Papst, den Bischöfen und der gesamten Kirche als sichtbarer Verband der katholischen Kirche verwirklicht (c. 205), so dass es innerhalb der Communio keine Trennung zwischen Gläubigen und Hirten geben kann"[179]. Die Communio prägt das Kirchenrecht auf der Grundlage der vom zweiten Vatikanum erlassenen Grundprinzipien. Sie soll gegenüber einem rein naturrechtlich und soziologisch begründeten Kirchenverständnis „Strukturelemente der Kirche juristisch greifbar"[180] machen, die theologischen Ursprungs sind.

Die Communio lässt sich nicht von der Hierarchie der Kirche trennen. Die Communio zwischen Mensch und Gott wird durch die Kirche als Sakrament vermittelt. Der Papst leitet die Kirche in Gemeinschaft mit den Bischöfen, welche gleichzeitig die Gemeinschaft der Apostel zum Ausdruck bringt (c. 330). Die Hierarchie in Gestalt der geistlichen Ämter und den damit verbundenen Vollmachten bilden die hierarchische Konstitution als Communiostruktur.[181]

Aus *hierarchischer* Sicht ist die Kirche eine Episkopalkirche. Der Begriff *Hierarchie* entstammt dem griechischen Ausdruck „Hierarchia". Er besteht aus dem Begriffsteil *hierós*, welcher mit „heilig" und aus *archè*, der im Allgemeinen mit „Herrschaft", also „heilige Herrschaft"[182] oder „Priesteramt"[183], übersetzt wird. Nach katholischem Verständnis ist Hierarchie jedoch nicht nur i. S. einer gestuften Ordnung sozusagen von ‚oben nach unten' zu verstehen, sondern muss im

---

[176] Vgl. Hintzen (1999), S. 32 f.
[177] Hintzen (1999), S. 32 f.
[178] Hintzen (1999), S. 30.
[179] Riedel-Spangenberger (2000), Stichwort: Communio, S. 356; Abkürzungen im Original sind ausgeschrieben.
[180] Riedel-Spangenberger (2000), Stichwort: Communio, S. 355.
[181] dazu später eingehender.
[182] Brockhaus-Enzyklopädie (1996), Stichwort: Hierarchie, Bd. 10, S. 67.
[183] Meyers-Lexikon (1995), Stichwort: Hierarchie, Bd. 9, S. 276.

Zusammenhang mit ihrer Eigenschaft als Sakrament gedeutet werden. Die Hierarchie der Kirche hat ihren Ursprung im Sakrament der Weihe, d.h. in der Anwesenheit des geistlichen Amtes, welches in der Nachfolge der durch Christus berufenen Apostel und der Berufung des Petrus zum Hirtenamt steht. Der Begriff *archè* ist nach katholischem Verständnis i.S. von „Ursprung" zu deuten, so dass Hierarchie gleichsam als „Heiliger Ursprung" bezeichnet werden kann.[184] RATZINGER bemerkt in diesem Zusammenhang: Kirche „lebt nicht aus dem bloßen Kontinuum der Generationen, sondern aus der immer neuen gegenwärtigen Quelle selbst, die sich durch das Sakrament immer wieder vermittelt". Aus hierarchischer Sicht entspringt Kirche danach dem Hirtenamt und versteht sich nicht in erster Linie als ein Herrschaftsgebilde. Wenn das Priester-, Bischofs und Papstamt in erster Linie als Herrschaftsamt begriffen wird, so ist das nach RATZINGER „verdreht und entstellt"[185]. Der Papst bildet das Oberhaupt der Römisch-Katholischen Kirche. Der Pontifex Maximus, d.h. oberster Brückenbauer, wird als Nachfolger des Apostels Simon-Petrus gesehen, der im Evangelium von Jesus Christus als Erbauer seiner irdischen Kirche berufen wurde. Nach der katholischen Theologie wurde Petrus von Jesus Christus an die Spitze der übrigen Apostel gestellt.[186] Der Papst ist Stellvertreter Christi und Hirte der Gesamtkirche auf Erden.[187] Der Apostolische Stuhl genießt die oberste, volle, unmittelbare und universelle Vollmacht über die Kirche. Er kann diese Vollmacht stets frei ausüben.[188] *Oberste Gewalt* meint, dass der Papst seine Autorität unmittelbar von Gott erhält und nicht von einer irdischen Gewalt. Die *volle Gewalt* bedeutet, dass dem Papst die ganze Gewalt, die Christus seiner Kirche auf Erden übertragen hat, obliegt. Dies umfasst die gesamte kirchliche Sendung in Form des dreifachen Amtes, bestehend aus Lehren, Heiligen und Leiten. Die *universelle Gewalt* erstreckt sich auf die gesamte territoriale und personelle Ebene. Die *unmittelbare Gewalt* bedeutet, dass der Papst überall und zu jeder Zeit unmittelbar in die Kirche eingreifen darf.[189] Der Papst ist nicht nur Träger des obersten Hirtenamtes, sondern

---

[184] Vgl. Erdö (2002), Stichwort: Hierarchie, in LfKS, S. 239.

[185] Vgl. Ratzinger (2004), S. 203 f.

[186] Die Stellung des Papstes hat eine wesentliche theologische Rechtfertigung im Matthäus Evangelium, in dem es heißt: „Du bist Petrus und auf diesen Felsen werde ich meine Kirche bauen und die Mächte der Unterwelt werden sie nicht überwältigen. Ich werde Dir die Schlüssel des Himmelreichs geben; was Du auf Erden binden wirst, das wird auch im Himmel gebunden sein, und was Du auf Erden lösen wirst, das wird auch im Himmel gelöst sein [...] (Petrus = Felsen), Mt, 16, 18 u. 19. Eine weitere wesentliche Rechtfertigung für das Papsttum entstammt dem Johannes Evangelium: Darin hat Jesus zu Petrus dreimal gesprochen „[...] weide meine Lämmer [...]" Johannesevangelium, 21,15.,vgl. Fuhrmann (2004), S. 49.

[187] Vgl. Schwendenwein (1999), § 28, S. 331.

[188] ebenda

[189] Vgl. Schwendenwein (1999), § 28, S. 333 f.; cc. 330-333.

auch „das Prinzip und das Fundament der Glaubenseinheit und der Gemeinschaft"[190]. Die Stellung des Papstes wurde auf Grund verschiedener Teilungen der römischen Kirche im Laufe des 11. bis 20 Jahrhunderts immer wieder gestärkt.[191] Diese Episkopalkirche hat ihr Zentrum in der Stadt Rom.

Die Katholische Kirche versteht sich als *Apostolische* Kirche, was bedeutet, dass sie von geweihten Ämtern, primär durch das Bischofs- und Papstamt geleitet wird. Die geistlichen Ämter haben ihren Ursprung in der Berufung der Apostel, die einen Heiligungs-, Lehr- und Leitungsdienst umfass(t)en.[192] Die Bischöfe und der Papst der katholischen Kirche stehen in einer ununterbrochenen Kette in der Nachfolge der Apostel. Dies wird mit dem Ausdruck „Apostolische Sukzession" oder „Apostolische Nachfolge" bezeichnet.[193] In diesem Sinne lebt Kirche aus der „Identität aller Generationen"[194] heraus und steht insofern in einer gewissen Kontinuität ihres Selbstverständnisses.[195] Die Apostolische Sukzession wird durch Handauflegung eines anderen legitimierten Amtsträgers vollzogen.[196] Vor dem Hintergrund der Apostolizität der Kirche besteht zwischen ihrer hierarchischen Konstitution und ihrer Communioprägung insoweit ein Zusammenhang, als die Leitung der Teilkirche durch das Bischofsamt vollzogen wird und die Gesamtkirche durch den Papst in Gemeinschaft mit den Bischöfen in der ganzen Welt.
Die Kirche wird als *eine* Kirche bezeichnet, weil sie die Einheit eines Gottes in drei Personen (Vater, Sohn, Heiliger Geist) sieht und weil in Jesus Christus die Einheit aller Völker wiederhergestellt wird. Ferner vertritt die Kirche nur einen Glauben und nur ein sakramentales Leben und akzeptiert nur eine apostolische Sukzession.[197]

Zur hierarchischen Konstitution der Kirche bemerkt RATZINGER[198]: „Die Kirche ist nicht von ihrer Organisation her zu denken, sondern die Organisation von der Kirche her zu verstehen." Die Kirche ist mehr als Organisation, denn sie versteht sich als die konkrete Einheit eines gemeinsamen Glaubens, der den wesentlichsten

---

[190] Vgl. Schwendenwein (1999), § 28, S. 331, zitiert aus: Art. 18 VatII. LG.
[191] Vgl. Vorgrimler (2000), Stichwort: Katholisch.
[192] Benedictus PP (2005), Tz 174, S. 75.
[193] Vgl. Wentink (2000), in: LfKS, S. 133; Benedictus PP XVI (2005), Tz 176, S. 76.
[194] Ratzinger (2004), S. 201.
[195] Vgl. Ratzinger (2004), S. 201 f.
[196] Vgl. Wentink (2000), in: LfKS, S. 133.
[197] Vgl. Benedictus XVI (2005), Tz 161, S. 72.
[198] Ratzinger (2005), S. 328.

Teil der sichtbaren Kirche darstellt.[199] „Nur als *katholische*, das heißt in der Vielheit dennoch sichtbar eine, entspricht sie der Forderung des Bekenntnisses".[200]

Zu den sieben Sakramenten der Kirche gehört das Sakrament der Weihe. Es bezieht sich auf die apostolischen Ämter der Kirche. Der Untersuchungsgegenstand dieser Arbeit ist im Hauptteil auf die Pensionsverpflichtungen gegenüber den geweihten, apostolischen Ämtern beschränkt. Daher werden für diese Themenabgrenzung von den sieben Sakramenten das Sakrament der Weihe und die daraus resultierenden, geweihten Ämter näher erörtert.

2.2.2.2 Das Sakrament der Weihe

2.2.2.2.1 Die Kleriker

Durch das Sakrament wird die Bindung zwischen Mensch und Gott hergestellt und damit das Wirken der Kirche begründet.[201] Dies geschieht über die geweihten Ämter, die im Folgenden als Klerus bezeichnet werden. Gem. c. 207 § 1 sind Kleriker „ministri sacri", d.h. kraft göttlicher Weisung zu geistigen Amtsträgern berufen. „Sie handeln in der Person Christi, und zwar vor allem bei der Feier der Sakramente, insbesondere der Eucharistie, und sie handeln im Namen des Gottesvolkes."[202] Der Dienst des Klerus ist sakramental und die Amtsbefähigung wird durch das Weihesakrament begründet.[203] Das Weihesakrament bezeichnet die Sendung, die Christus seinen Aposteln und deren Nachkommen (apostolische Ämter) bis zum Ende der Zeiten übertragen hat.[204] Hierdurch wird die Bedeutung des Priesteramtes für die Kirche deutlich. Das Wirken der Kirche ist ohne die Sendung Christi und damit das geweihte Amt nicht möglich. Daher wird das Kirchenamt und damit das Priesteramt als ein Dienst mit geistiger Zielsetzung aufgefasst.[205]

Die Weihe ist zwingende Voraussetzung für das Priesteramt, wodurch erst die Weihe die Rechte und Pflichten des Priesters begründet (cc. 208 bis 223). Nach c. 281 § 2 zählt zu den Rechten des Klerus auch die Altersversorgung, die sich gegen den jeweiligen Bischof richtet, in dessen Verantwortung der Klerus steht. Dies resultiert daraus, dass das zweite Vatikanum den Gedanken der Zugehörig-

---

[199] Vgl. Ratzinger (2005), S. 328.

[200] Ratzinger (2005), S. 328.

[201] Vgl. Abschnitt 2.2.2.1.

[202] Ahlers (1999), § 17, S. 231; vgl. Hirnsperger (1999), S. 867 f.

[203] Vgl. Ahlers (1999), § 17, S. 232.

[204] Vgl. Benedictus PP XVI (2005), Tz 322, S. 119.

[205] Vgl. Aymans/Mörsdorf (1991), S. 447.

keit des priesterlichen Dienstes zum Dienst des Bischofs wiederbelebte. Die besondere Verbindung zwischen Klerus und Priester umfasst seither auch die besondere Verpflichtung des Bischofs zur wirtschaftlichen Absicherung des in seinem Dienst stehenden Klerus.[206]

Die dogmatische Konstitution ‚Lumen Gentium' über die Kirche von 1964 unterscheidet den Klerus vom Laien. Priester ist nach der Lehre der Katholischen Kirche ein Oberbegriff für „das Volk Gottes". Dies wird aus dem 2. Kapitel (LG) über „das Volk Gottes"[207] deutlich. Hier wird Christus als Priester Gottes dargestellt. In Hebr. 5,1-5 heißt es: „Christus der Herr, als Priester aus den Menschen genommen, hat das neue Volk zum Königreich und zu Priestern für Gott und seinen Vater gemacht."[208] Dies bedeutet, dass jeder Gläubige einen priesterlichen Dienst ausübt.[209] Hier ist jedoch zwischen dem Amtspriester (Klerus) und dem Laienpriester zu unterscheiden. Der erstgenannte bildet das priesterliche Volk Gottes heran und leitet es. Der Amtspriester führt in der Person Christi das eucharistische Sakrament durch. Die Gläubigen hingegen wirken kraft ihres „königlichen"[210] Priestertums an der Eucharistie mit, indem sie ihr Priestertum durch den Empfang der Eucharistie, das Gebet, die Danksagung und im Zeugnis eines heiligen Lebens durch Selbstverleugnung und tätige Liebe ausüben. Über den Amtspriester sagt das Konsistorium: „Wer sodann unter den Gläubigen die Auszeichnung der heiligen Weihe empfängt, wird im Namen Christi dazu eingesetzt, die Kirche durch das Wort und die Gnade Gottes zu weiden."[211]

Dieses Verständnis des Klerus macht die besondere Stellung dieser Beschäftigtengruppe in der verfassten Kirche deutlich. Der Amtspriester ist der Überbringer der sieben Sakramente.[212] Er nimmt gleichzeitig auch, entsprechend seiner hierarchischen Stellung, eine leitende Funktion innerhalb der Amtskirche ein. Der Gläubige tritt unmittelbar durch die Diakonweihe in den Stand des Klerus ein (c. 266 § 1).

In der Kirche aus hierarchischer Sicht, lebt das Volk Gottes in einer hierarchischen Ordnung. May betont, dass „sich der Rang und die Würde der Kirchenämter

---

[206] Vgl. Werneke (1998), S. 290.
[207] Ziff. 10.
[208] Vgl. Friedrich (1978), 36, zitiert aus: Apk, 1, 6; 5,9.10.
[209] Vgl. Friedrich (1978), S. 37.
[210] Vgl. ebenda
[211] Friedrich (1978), S. 37.
[212] Taufe (cc. 849-878), Ehe (cc. 1055-1165), Krankensalbung (cc. 998-1007), Buße (cc. 959-997), Firmung (cc. 879-896), Priesterweihe (cc. 1008-1054), Eucharistie (cc. 879-958).

nach dem Vorhandensein und der Intensität der Repräsentation Christi, die durch den Empfang des Weihesakraments und der Übertragung von Hirtengewalt geschaffen wird", bestimmt.[213] Daher wird das Weihesakrament als Ausdruck des Ranges und der Würde des Priesters näher erörtert und systematisiert.

2.2.2.2.2 Formen der Weihe

Das katholische Kirchenrecht kennt drei Weihestufen, die in der theologischen Literatur auch als Weihe-Trias bezeichnet werden. Hierzu gehören gemäß dem zweiten Vatikanum (Art. 28a VatII LG) das Episkopat, das Presbyteriat und das Diakonat.[214] Mit dieser Trias verbinden sich gleichzeitig eine Hierarchie und bestimmte Kompetenzen bei der Spendung der Sieben Sakramente. Das Episkopat umfasst das Bischofsamt. Dieses Amt stellt die primäre und umfassende Amtsordination dar. Das Episkopat ist die höchste Weihestufe innerhalb des Klerusstandes.[215] Über das Presbyterium sagt das zweite Vatikanum: „Die Ordination zum Presbyter dagegen beinhaltet nicht die höchste Stufe der priesterlichen Weihe (Art. 28a VatII LG), gleichwohl überträgt auch sie wahres Dienstpriestertum, das die Presbyter mit den Bischöfen in der priesterlichen Würde verbindet und durch ein besonderes Prägemahl dazu befähigt, in der Person Christi, des Hauptes, zu handeln."[216]

Das Diakonat hingegen vermittelt sakramentale Gnade, jedoch „nicht zum Priestertum, sondern zur Dienstleistung"[217], welche aber in der Gemeinschaft des Bischofs und des Presbyteriums steht (Art. 29a VatII LG).[218] Insoweit kann nicht nur eine hierarchische Dreiteilung innerhalb des Klerus vorgenommen werden, sondern darüber hinaus eine übergeordnete hierarchische Zweiteilung, nämlich in die des Amtspriestertums und des Diakonats. Das Amtspriestertum teilt sich in zwei hierarchische Weihestufen, nämlich die des Presbyteriums und des Episko-

---

[213] May (1999), § 13, S. 176.

[214] Vgl. Hirnsperger (1999), S. 867.

[215] Vgl. Hirnsperger (1999), S. 867; Müller (1983), § 79, S. 716.

[216] Müller (1983), § 79, S. 716; vgl. Hirnsperger (1999), S. 867.

[217] Die Dienstleistung bezieht sich aus kirchenrechtlicher Sicht auf seine Aufgabe. Dem Diakon kommt im Wesentlichen die Aufgabe zu, dem ranghöheren Klerus bei liturgischen Handlungen zu assistieren. Ferner hat er u.a. die Befugnis, die Spendung der Taufe und Kommunion zu erteilen, Predigt und Wortgottesdienst zu halten sowie den eucharistischen Segen zu erteilen, vgl. Weiher (1995), S. 182 f. Worin sich das Diakonat von den übrigen Klerusgruppen unterscheidet, wird anhand der Spendung der Sakramente erklärt. Dies erfolgt im Verlauf dieses Abschnitts.

[218] Vgl. Hirnsperger (1999), S. 867 f.; Müller (1983), § 79, S. 716.

pats. Diese Einteilung ist für diese Arbeit von Bedeutung, da sich hieraus ihr Untersuchungsgegenstand ergibt.

Aus der Weihetrias leitet sich ein hierarchischer Aufbau des Klerus ab. Die katholische Kirchengewalt unterscheidet zwischen der „potestas ordinis seu ad sanctificandum", welche das Recht zum Spenden der Sakramente meint, und der „potestas iurisdictionis seu ad regendum", die sich auf die Regierungsgewalt bezieht. Hiermit ist gleichzeitig eine hierarchische Ordnung verbunden, nämlich die „hierarchia ordinis" und die „hierarchia iurisdictionis". Die erste Hierarchie führen sowohl die Bischöfe und die Amtpriester als auch die Diakone aus. Die Regierungsgewalt hingegen üben nur der Papst und die Bischöfe aus.[219]

Um die Abgrenzung zwischen den o.g. Hierarchien zu verdeutlichen, werden die geweihten Ämter anhand der Sakramentalkompetenz systematisiert, da die sieben Sakramente der Kern des Heilslehre der katholischen Kirche sind.[220] Der Klerus unterscheidet sich vom Laien insbesondere durch die Befähigung zur Spendung der Sakramente. Die nachfolgende Übersicht stellt die Kompetenzen den drei Weihestufen gegenüber.

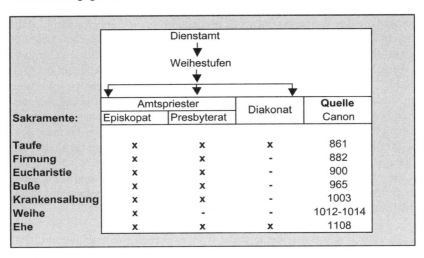

Dienstamt ↓ Weihestufen ↓			
Amtspriester		Diakonat	Quelle
Sakramente:	Episkopat	Presbyterat		Canon
Taufe	x	x	x	861
Firmung	x	x	-	882
Eucharistie	x	x	-	900
Buße	x	x	-	965
Krankensalbung	x	x	-	1003
Weihe	x	-	-	1012-1014
Ehe	x	x	x	1108

Abbildung 1: Hierarchie des Klerus

---

[219] Vgl. Friedrich (1987), S. 39.
[220] Vgl. Hintzen (1999), S. 30 i.V.m. S. 35.

Darüber hinaus ziehen die Weihestufen weitere, im CIC kodifizierte Aufgaben nach sich, welche für die vorliegende Themenabgrenzung jedoch nicht von Bedeutung sind und daher nicht weiter erörtert werden sollen.

Die Weihekompetenz obliegt ausschließlich dem Episkopat.[221] Innerhalb des Episkopats hat der Bischof von Rom (Papst) das alleinige Recht, die Bischofsweihe entweder persönlich oder durch einen päpstlichen Gesandten vorzunehmen. Wenn sich auch die Ernennungs-verfahren innerhalb des Episkopats unterscheiden, so verbleibt die Weihekompetenz von Bischöfen beim Papst (c. 377 §§ 1-4).[222] Die Weihe zum Diakon und Priester hingegen erfolgt durch einen geweihten Bischof (c. 1012).

Die Beschäftigung als Kleriker in der Katholischen Kirche ist, anders als im säkularen Verständnis, eben nicht nur ein bloßes Verpflichtungsverhältnis im Sinne eines gegenseitigen Leistungstransfers, wie der Unterhalt für eine geschuldete Arbeitsleistung, sondern auch eine religiöse Bindung zwischen der Kirche und dem Gläubigen. Aus diesem Verständnis heraus muss auch der Dienst des Klerus interpretiert werden.

Die Spendung des Weihesakraments ist als „unumkehrbar" zu betrachten. Weder die kirchliche Autorität noch der Geweihte selbst kann die Weihe auflösen. Die Unumkehrbarkeit der Weihe leitet sich aus dem in c. 1008 dargelegten Charakter des Weihesakramentes ab. In dem Canon heißt es: Durch das Sakrament der Weihe werden kraft göttlicher Weisung aus dem Kreis der Gläubigen einige mittels eines untilgbaren Prägemahls, mit dem sie gezeichnet werden, zu geistigen Amtsträgern bestellt; sie werden ja dazu geweiht und bestimmt." Gemeint ist hier die Berufung zum Amtspriester durch Gott, so dass keine irdische Gewalt diese göttliche Weisung umzukehren vermag. Die Berufung durch Gott und damit die Vermeidung irdischer Einflussnahme soll u.a. durch c. 1026 gefördert werden, welcher die Freiheit eines Kandidaten zum Empfang der Weihe herausstellt. Denn nach diesem Kanon ist es „streng verboten", jemanden zum Empfang der Weihe zu zwingen oder einen kanonisch Geeigneten davon abzuhalten.

Die Unauslöschbarkeit der Weihe findet ihren expliziten Niederschlag in c. 290, welcher festlegt, dass die einmal empfangene Weihe „niemals"[223] ungültig sein kann.

---

[221] Vgl. Abbildung 1.
[222] Vgl. Schmitz (1999): § 38, S. 427.
[223] Vgl. Schwendenwein (1999), § 22, S. 283.

Der aus dem Stand des Klerus entlassene Priester verliert alle dem klerikalen Stand eigenen Rechte und ist von seinen Pflichten entbunden. Ihm ist ferner verboten, seine Weihegewalt auszuüben (c. 292). Damit wird der entlassene Kleriker als Laie angesehen und behandelt.[224]

Das Diakonat ist zwar eine Voraussetzung für das Priesteramt, jedoch führt das Diakonat nicht notwendigerweise zum Priesteramt. Es bleibt dem Diakon überlassen, die nächste Weihestufe, d.h. die des Priesters zu erreichen oder sich für das ständige Diakonat, welches keine eigene Weihestufe begründet, zu entscheiden.[225] Vom Diakonat abzugrenzen ist das Priesteramt (also Presbyterium und Episkopat). Diesem Klerusstand obliegt in Abhängigkeit von der jeweiligen Weihestufe die Spendung der Sakramente. Zum Priestertum gehören in hierarchischer Sicht die folgenden Ämter: Vikar, Kaplan, Pfarrer, Dekan/Erzpriester, Bischof (Weihbischof, Suffraganbischof, Erzbischof, Kardinal[226] und Papst).

Die folgende Abbildung verdeutlicht die beschriebene Abgrenzung innerhalb des Priesterbegriffs.

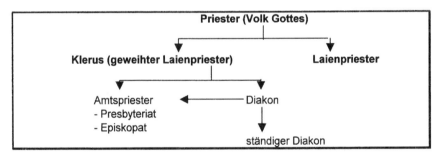

Abbildung 2: Abgrenzung des Begriffs Priester

---

[224] Vgl. Fahrnberger (1999) § 23, S. 283.
[225] Vgl. Weiß (1999), S. 300 ff.
[226] Der Kardinalstatus unterscheidet 3 Kardinalsstufen: 1. Kardinalbischof, 2. Kardinalpriester und 3. Kardinaldiakon. Die Kardinäle bilden das Kardinalskollegium, vgl. Leisching (1999), § 31, S. 360 u. c. 350 § 1.

2.2.2.2.3 Abgrenzung des betrachteten Personenkreises nach der Weihestufe

Gemäß c. 277 § 1 gilt für den Klerus grundsätzlich der Zölibat. Gemäß c. 236 besteht jedoch bei denjenigen Männern, die bereits verheiratet sind, die Möglichkeit der Diakonweihe.[227] Diese können allerdings nur den Weg des ständigen Diakons gehen. Die Priesterweihe ist auf Grund ihres Lebensentwurfes ausgeschlossen. Ständige Diakone haben in Deutschland einen relativ geringen Anteil am Bestand des Gesamtklerus. So belief sich der Anteil der ständigen Diakone am Gesamtklerus im Jahre 2004 auf 13%.[228] Ferner kann der Diakon, anders als die übrigen Kleriker, sein Amt auch nebenberuflich ausüben. Vom Gesamtbestand der ständigen Diakone üben allein 48% einen Zivilberuf aus.[229] Da sich der Lebensentwurf eines Diakons von dem des Priesters unterscheidet sowie auch seine Funktion und Bedeutung, wird diese Personengruppe in der Untersuchung nicht berücksichtigt. Der betrachtete Gegenstand umfasst das Presbyteriat und das Episkopat.

2.2.3 Betriebswirtschaftliche Grundlagen zur Zielsystemanalyse

KREIKEBAUM unterscheidet die Begriffe „Absichten und Ziele"[230]. Absichten beschreiben die langfristige Ausrichtung einer Unternehmenspolitik und können sich auf Ökonomie, Technologie und Soziales beziehen. Die ökonomischen Absichten können unterteilt werden in marktbezogene, ergebnisbezogene und finanzwirtschaftliche Absichten.[231] Nach ihrem Geltungsbereich werden generelle und spezielle Absichten unterschieden. Generelle Absichten werden in der Literatur auch als Unternehmensphilosophie beschrieben, aus denen die Unternehmensgrundsätze hervorgehen. Die generellen Absichten legen die Grundeinstellung zu der Umwelt fest, in der eine Organisation agiert.[232]

Spezielle Absichten leiten sich aus den generellen Absichten ab und liefern Aussagen über den Zielinhalt. Absichten können somit als eine Ausrichtung, die durch Ziele zu konkretisieren ist, verstanden werden. Der Zielinhalt wiederum umfasst Details über die Art der Ziele (auch als Zielgrößen bezeichnet) und deren

---

[227] Vgl. Reinhardt (1994), in: MKzCIC, c. 236, Rn 1, S. 1.
[228] Vgl. DBK (2004), Tabelle 2 ermittelt.
[229] Vgl. ebenda
[230] Vgl. Kreikebaum (1993), S. 49 f.
[231] Vgl. Kreikebaum (1993): S. 48.
[232] Vgl. Kreikebaum (1993), S. 49.

Ausrichtung.[233] Hieraus kann abgeleitet werden, dass Ziele ihre Quelle in den Absichten haben und diese konkretisieren.

BIDLINGMAIER definiert ein Ziel als „einen vorgestellten und gewollten zukünftigen Vorgang oder Zustand, d.h. eine antizipierte Vorstellung der Wirkung unseres Handelns"[234]. Man kann ein Ziel auch als ein angestrebtes Ereignis oder einen angestrebten Zustand auffassen.[235]

In der Literatur finden sich hinsichtlich der Systematisierung von Zielen verschiedene Vorschläge. So werden Ziele nach dem Subjekt in Individualziele (originäre Ziele) und Ziele der Organisation (derivative Ziele) eingeteilt. Die derivativen Ziele können ferner als ökonomische und nicht-ökonomische Ziele unterschieden werden. Ökonomische Ziele differenzieren sich wiederum in Sach- und Formalziele. In der Literatur besteht eine Vielzahl unterschiedlicher Auffassungen, wie Ziele eingeteilt werden können.[236] Dies hängt im Wesentlichen mit dem Organisationstyp und dem Unternehmensgegenstand zusammen.
Im Rahmen dieser Arbeit wird sich grundsätzlich an das von MERTES erarbeitete Zielsystem der Kirche angelehnt. MERTES versteht unter Sachziele in Anlehnung an BERTHEL[237] alle leistungswirtschaftlichen Zielkategorien wie Marktanteile, Qualität, Produktions- und Absatzmengen in Form von Art und Struktur des Leistungsprogramms, während Formalziele alle Erfolgs- und Liquiditätsziele umfassen.[238]

Bezogen auf die Kirche unterscheidet MERTES Ober-, Zwischen- und Unterziele. Oberziele sind danach durch die Sendung der Kirche formuliert. Zwischenziele werden durch die entsprechenden nationalen bzw. lokalen Ebenen (Bischofskonferenz, Diözesen) benannt. Die Unterziele entstehen nach MERTES Verständnis auf Gemeindeebene.[239]

---

[233] Vgl. ebenda
[234] Bidlingmaier (1973), S. 28; vgl. Lange (1971), S. 13.
[235] Vgl. Brede (2005), S. 18.
[236] Schierenbeck (2000), S. 62, ordnet den Sachzielen die Finanzziele und u.a. die Liquidität zu. Hamel (1992), Stichwort: Ziele, in HdO, Sp. 2638: Verwendet Formal- und Sachziele als oberste Einteilung und teilt sämtliche nicht-ökonomischen Ziele den Formalzielen zu. Raffée hingegen fasst Formalziele als abstrakte Ziele auf und die Sachziele als konkrete Ziele, vgl. Raffée (1974), S. 123.
[237] Vgl. Berthel (1995): Stichwort: Ziele, in: LdB, S. 1073.
[238] Vgl. Mertes (2000), S. 36; Günther/Niepel/Schill (2002), S. 223.
[239] Vgl. Mertes (2000), S. 37 f.

Da eine Organisation i.d.R. verschiedene Ziele formuliert, die miteinander verbunden sind, spricht man auch von einem Zielsystem.[240]

2.2.4 Ableitung eines Zielsystems für die Kirche

Die Kirche versteht sich als Vermittler zwischen Gott und Menschen. Im CIC werden weder der Begriff ‚Absicht' noch ‚Ziele' verwendet. Stattdessen findet sich der Begriff „Sendung", der sich an ihr Selbstverständnis anlehnt, dass Gott seinen Sohn Jesus Christus in die Welt gesandt, die Kirche begründet und die irdische Nachfolge seinen Aposteln übertragen hat.[241] Die Sendung kann daher als Absicht der Kirche verstanden werden und als das, woraus die Ziele der Kirche hervorgehen.[242]

MERTES bezieht die Sachziele auf die Zwecktrias[243] der Kirche und die Formalziele auf das Vermögensrecht, d.h. MERTES verbindet die Formalziele mit den im kanonischen Recht benannten Zielen: „Wie ein guter Hausvater" bzw. „Liquiditätssicherung".[244] Ferner stellt er fest, dass die Sachziele im kirchlichen Zielsystem dominieren.

Betrachtet man den Hauptgegenstand der Kirche, nämlich die *Absicht* der Religionsausübung, so lassen sich die Ziele der Kirche in Ober- und Unterziele einteilen. Die Oberziele sind die eigentlichen Ziele, welche die Begründung der Kirche darstellen. Aus ihnen leiten sich die übrigen Ziele ab. Die Unterziele dienen nicht dem eigentlichen Auftrag der Kirche, sondern stellen Mittel zur Erfüllung der Oberziele dar. Dies sind die wirtschaftlichen Ziele.

Zwar sind die Sachziele dominanter, jedoch bedeutet dies nicht, dass sie auch bedeutsamer als die Formalziele sind, weil beide sich wechselseitig bedingen. Ohne die Formalziele könnten die Sachziele nicht realisiert werden und umgekehrt wäre die Verfolgung von Formalzielen ohne Sachziele obsolet. Die Dominanz der Sachziele gibt damit einen Parameter an, nach dem wirtschaftliches Handeln und damit die Formalziele der Kirche ausgerichtet sind. Dominieren hingegen die Formalziele, wie dies bei erwerbswirtschaftlichen Unternehmen in Form des Ge-

---

[240] Vgl. Wild (1974), S. 53.

[241] Vgl. Johannesevangelium, 20,21 und LG Art. 17.

[242] Mertes versteht die Begriffe Sendung und Ziele synonym, vgl. Mertes (2000), S. 36.

[243] Die Zwecktrias bildet das Apostolat, die Nächstenliebe und der Gottesdienst. Nähere Erläuterungen folgen.

[244] Vgl. Mertes (2000), S. 39.

winnstrebens zum Zwecke der Einkommenserzielung der Anteilseigner der Fall ist, so richten sich die Sachziele nach den Formalzielen aus.[245]

Um die Hierarchie der Ziele hervorzuheben, werden die Ziele der Kirche als Ober- und Unterziele unterschieden. Aus diesem Grund soll in der Darstellung von MERTES geringfügig abgewichen werden. Die Oberziele stellen die aus der Sendung der Kirche hervorgehenden Ziele, welche die Zwecktrias zum Ausdruck bringt, dar. Aus der Sendung leiten sich verschiedene spezielle Ziele und Zwecke ab, die als Konkretisierung der Zwecktrias verstanden werden können. Die Oberziele stellen somit das Leistungsprogramm, die leistungswirtschaftlichen Zielkategorien der Kirche dar.

Die wirtschaftlichen Ziele sind Unterziele, da diese zur Verwirklichung der Oberziele dienen. Das *Mittel zum Zweck* stellt somit das Kirchenvermögen dar. Da das Kirchenvermögen der Verwirklichung der Sachziele dient, sind die wirtschaftlichen Ziele als Formalziele aufzufassen. Die Formalziele der Kirche können die Ressourcenerzielung, Mittelverwendung, Kostenwirtschaftlichkeit, Zahlungsfähigkeit u.a. darstellen. Da die Unterziele auf die Oberziele ausgerichtet sind, gilt es zuerst die Oberziele zu konkretisieren.

Ausgangspunkt der Erörterung ist zunächst das theologische Selbstverständnis der Kirche. Die Kirche versteht sich in ihrer sakramentalen und gemeinschaftlichen Existenz als Vermittler zwischen Mensch und Gott. Mithin ist sie nicht Selbstzweck, sondern hat die Aufgabe, das Heil Gottes den Menschen zu überbringen. Die Oberziele werden in cc. 222 § 1 und 1254 wie folgt kategorisiert:

- Gottesdienst
- Werke des Apostolats (Verkündigung der frohen Botschaft)
- Caritas (tätige Nächstenliebe)
- angemessener Unterhalt des Klerus und anderer Kirchenbediensteter

Den beiden erstgenannten Zwecken ist ein eigener Abschnitt gewidmet (Liber III und IV). Die Ausübung der Caritas wird in c. 222 und 1254 ausdrücklich als Zweck ausgewiesen. Ferner ergibt sich dieser Zweck aus dem Evangelium, in dem das Apostolat als Sendung dargestellt wird, d.h. dem Auftrag der Apostel und deren Nachfolger, die frohe Botschaft zu verkünden.[246] Der angemessene Unter-

---

[245] Vgl. Achleitner/Thommen (2003), S. 100.
[246] Vgl. Lukasevangelium 9, 1-6.

halt der Beschäftigten der Kirche, als Überbringer der christlichen Botschaft, ist ebenfalls in den o.g. Canones als ausdrücklicher Zweck kodifiziert.

In der Literatur findet sich häufig die Bezeichnung „Zwecktrias". Die Zwecktrias wurde bereits im CIC von 1917 ausdrücklich festgelegt, dies jedoch im Kontext des kirchlichen Abgabenanspruchs in c. 1496. Erst im zweiten Vatikanum wurden diese Zwecke für die Begründung von Kirchenvermögen im V. Buch hervorgehoben.[247] Unklar erscheint jedoch, aus welchen Gründen hier die Bezeichnung „Zweck-Trias" gewählt wird: „[...] kirchlichen Vermögensrechts zu der klassischen Zweck-Trias Gottesdienst, Unterhalt des Klerus und der anderen Beschäftigten sowie apostolische und caritative Werke [...]".[248]

Es erscheint hier angebracht, entweder nicht von „Trias" zu sprechen oder die Zwecke in drei Hauptzwecke und einen daraus ableitbaren Nebenzweck zu verdichten, nämlich den Unterhalt des Klerus und der anderen Kirchenbeschäftigten. Für die Ausübung der Sendung spielt das Priesteramt eine zentrale Rolle. In ihm sind die Leitungskompetenz und das Lehramt sowie die volle Kompetenz zur Spendung der Sakramente vereint. Diese Funktionen kommen in der Zwecktrias „Ausübung des Apostolats, des Gottesdienstes und der Caritas" zu Ausdruck. Auch wenn dem Priesteramt für die Ausübung der Sendung eine zentrale Rolle zukommt, so ist gerade die wirtschaftliche Versorgung kein Selbstzweck, sondern Mittel zur Verfolgung der drei Oberziele. Die Aufzählung der Zwecke erfolgte jedoch im Kontext des Vermögensrechts. Daraus ist zu schließen, dass der kanonische Gesetzgeber insbesondere die Bedeutung des Priesteramtes und damit die Sicherung der Finanzierung der Priesterversorgung und der übrigen Beschäftigten hervorzuheben beabsichtigt. Insoweit kann die Besoldung des Klerus und der übrigen Beschäftigten als einen vornehmlich wirtschaftlichen Zweck der Kirche aufgefasst und damit den Unterzielen zugerechnet werden.

Die Darstellung auf der folgenden Seite fasst die Zusammenhänge im Zielsystem der Katholischen Kirche zusammen und weist darin die Oberziele aus.

---

[247] Vgl. Werneke (1998), S. 275.
[248] Werneke (1998), S. 275.

	Sachziele
Oberziele	**Sendung:** Verkündigung, Eucharistie, Caritas; Aus der Sendung abgeleitete spezielle Ziele.
Unterziele	**Formalziele** ▲
	wirtschaftliche Ziele

Abbildung 3: Zielsystem der Kirche – Oberziele

2.2.5 Die wirtschaftlichen Ziele der Kirche

Im V. Buch des CIC (Kirchenvermögen) wird die Katholische Kirche ermächtigt, für ihre Zwecke Vermögen zu erwerben, zu verwalten und zu veräußern (c. 1254). C. 1254 stellt die Vermögensfähigkeit der Kirche heraus: „Die katholische Kirche hat das angeborene Recht, unabhängig von der weltlichen Gewalt Vermögen zur Verwirklichung der ihr eigenen Zwecke zu erwerben, zu besitzen, zu verwalten und zu veräußern." C. 1254 § 2 legt fest, für welche Zwecke die Kirche nach dem kanonischen Recht vermögensfähig ist, nämlich für alles, was im Zusammenhang mit der Erreichung der Oberziele steht. Solange das Kirchenvermögen den Oberzielen dient, ist das Eigentum bzw. der Besitz daran gerechtfertigt.[249] Mit dem Zweckbindungsgebot sind gleichzeitig auch die Grenzen der wirtschaftlichen Betätigung der Kirche umschrieben.[250] Im Rahmen dieser Grenzen besteht an der Notwendigkeit zum wirtschaftlichen Handeln mit den der Kirche zur Verfügung stehenden knappen Gütern kein Zweifel.

Da die Sachziele die wirtschaftlichen Absichten konkretisieren, können unter den wirtschaftlichen Zielen alle Ziele verstanden werden, die der Erhaltung bzw. Steigerung der Handlungsfähigkeit der Kirche dienen. Dies bedingt die *Erzielung von Ressourcen* z.B. aus den Beiträgen der Kirchenmitglieder und aus Vermögen sowie die *Liquiditätserhaltung*. Die Erzielung von Erträgen zur Bedarfsdeckung geht aus c. 1260 bis 1263 hervor. In c. 1260 heißt es: „Die Kirche hat das angeborene Recht, von den Gläubigen zu fordern, was für die ihr eigenen Zwecke not-

---

[249] Vgl. Werneke (1998), S. 274 ff.
[250] So auch Leimkühler (2004), S. 91.

wendig ist." Dabei gehört es gemäß c. 222 § 1 zu den Aufgaben der Gläubigen, für die Oberziele der Kirche die finanziellen Mittel bereitzustellen. Der Diözesanbischof ist gemäß c. 1261 § 2 gehalten, die Gläubigen an ihre Pflicht zu erinnern.

Da eine gewisse Abhängigkeit zwischen der Verfolgung der Sachziele und den wirtschaftlichen Zielen der Kirche besteht, können Formalziele durch Rentabilitätsgrößen, die sich auf Reinvermögensveränderungen beziehen, ausgedrückt werden. Eine solche Größe ist der Gewinn.[251] Bei erwerbswirtschaftlichen Unternehmen ergibt sich der Periodenerfolg, wenn die Erträge die Aufwendungen einer Periode übersteigen, wobei Erträge, die durch den Absatz der betrieblichen Leistungen entstehen, regelmäßig über den Preis einen Gewinnteil enthalten. Gewinn ist daher eine Überschussgröße, worin der Erfolg gewerblicher Unternehmen zu sehen ist. Im theologisch-biblischen Sinne meint Gewinn „heilbringend". In Phil. 1,21/22 sagt Paulus: „Für mich ist Christus das Leben und Sterben Gewinn. Wenn ich aber weiterleben soll, bedeutet das für mich fruchtbare Arbeit". Heilbringend bedeutet in diesem Sinne ein Streben nach dem Glauben an Christus, welches in der Katholischen Theologie durch die Verfolgung der Oberziele der Kirche zum Ausdruck kommt, d.h. die Feier der Eucharistie, die Nächstenliebe (Caritas) und die Verkündigung. Papst Pius X. (1903-1914)[252] hat sinngemäß einmal gesagt: „[...] das *Gut* der Kirche ist wichtiger als ihre Güter. Wir geben die Güter weg, weil wir das Gut verteidigen müssen".[253] Die Kirche ist der Überzeugung, dass es ihre Aufgabe ist, „das Elend der Leiden, ob nah oder fern, nicht nur aus dem Überfluss, sondern auch aus dem Notwendigen zu lindern"[254]. Das Kirchenvermögen dient auch oder vor allem diesem christlichen Zweck (Zielkategorie Caritas). Aus diesem Grunde sieht sich die Kirche auch nicht zur Armut verpflichtet. Allerdings verbietet sie die Gewinnerzielung zum Aufbau von materiellem Reichtum. Daraus wird deutlich, dass es im Wesen der kirchlichen Finanzwirtschaft liegt, *Bedarfswirtschaft* und nicht *Erwerbswirtschaft* zu betreiben.[255] Gewinnerzielung im Sinne von Überfluss kann demnach kein Formalziel der Kirche sein. Ein Überschuss kann, muss aber keinesfalls mit Überfluss verbunden werden. Er kann auch eine Erfolgsgröße i.S. der Kostenwirtschaftlichkeit darstellen, so dass mit den zur Verfügung stehenden Mitteln ein möglichst hoher Sacherfolg erreicht wird. Aus dieser Sicht wäre ein unwirtschaftlicher Umgang mit den Ressourcen

---

[251] Rentabilität ist das Verhältnis zwischen Gewinn und Kapital des Betriebes, vgl. Wöhe/Döring (2002), S. 47.

[252] Vgl. Fuhrmann (2004), S. 286.

[253] Ratzinger (2004), S. 185.

[254] Hommens (2002), in: LfKS, 137, zitiert aus: Enzyklika „Sollicitudo Rei Socialis" vom 30.12.1987.

[255] Vgl. Hommes (2002), Stichwort: Gewinn, in: LfKS, S. 137.

der Kirche als eine Zweckentfremdung und damit als ein Verstoß gegen das Zweckbindungsgebot zu interpretieren. *Gewinnstreben* ist im Kontext der wirtschaftlichen Ziele der Kirche folglich ein Streben nach Wirtschaftlichkeit.

Wirtschaftlichkeit beschreibt in der allgemeinen Betriebswirtschaftslehre die Relation zwischen der „günstigsten und der tatsächlich erreichten Kostensituation"[256]. Dabei wird der Ertrag zum Aufwand ins Verhältnis gesetzt, wobei die Wirtschaftlichkeit eine dimensionslose Zahl ist; beträgt sie 1, wird weder ein Gewinn noch ein Verlust erzielt.[257] Wo mit kappen Gütern bestimmte Ziele erreicht werden sollen, findet Wirtschaftlichkeit unabhängig von einer bestimmten (politischen/weltanschaulichen) Zielsetzung einer Organisation Anwendung.[258] Wirtschaftlichkeit wird daran gemessen, dass mit den vorhandenen Ressourcen ein größtmöglicher Erfolg oder ein bestimmter Erfolg mit möglichst geringem Ressourceneinsatz erreicht wird.[259] Die erste Ausprägung von Wirtschaftlichkeit wird häufig mit Effizienz gleichgesetzt[260], Letztere auch als Sparsamkeit bezeichnet.[261] Wirtschaftlichkeit wird von einigen auch weiter gefasst, als die Reduzierung auf bloße, in Geldeinheiten ausgedrückte, relationale Zahlen.[262] Da es in dieser Arbeit um ein kaufmännisches Rechnungslegungsmodell geht, welches mittels der Bilanz und GuV die wirtschaftliche Lage abbilden soll, wird sich hier auf den monetär messbaren Teil von Wirtschaftlichkeit beschränkt. Wirtschaftlichkeit wird in Bezug auf die Diözese insbesondere erreicht, wenn diejenigen Kosten, die nicht unmittelbar der Leistungserstellung dienen, wie Verwaltungskosten, minimiert werden, so dass möglichst viele Ressourcen für die originären Zwecke der Kirche zur Verfügung stehen. Ein so verstandener Erfolg kann als Erfolgsprämie für einen wirtschaftlichen Verwaltungs- und Ressourcenprozess interpretiert werden[263] und bringt damit eine Steuerungsgröße in der Weise zum Ausdruck, dass die Ressourcen nicht durch einen unwirtschaftlichen Umgang zweckentfremdet werden. Damit wird der Gewinn als ein Ausdruck des kirchlichen Zweckbindungsgebotes aufgefasst.

---

[256] Vgl. Wöhe/Döring (2002), S. 47.
[257] Vgl. Thommen/Achleitner (2003), S. 105; Witte (2000), S. 33; Schierenbeck (2000), S. 4.
[258] Vgl. Vgl. Clausius (1998), S. 52.
[259] Vgl. Kreis (1998), S. 32; Arens-Fischer/Steinkamp (2000), S. 372.
[260] Vgl. Brede (2005), S. 115.
[261] Vgl. Brede (2005), S. 115, zitiert aus Wiesner, Herbert: Öffentliche Finanzwirtschaft, 10. völlig neubearbeitete Auflage, Heidelberg 1997, S. 97 f.; Goldbach (2005), S. 8; Clausius (1998), S. 52.
[262] Vgl. exemplarisch Brede (1968) und Goldbach (2005).
[263] Vgl. dazu auch zum strategischen Bemühen um Effizienz im öffentlichen Sektor, Brede (1999), S. 365.

Die folgende Abbildung vervollständigt das Zielsystem der Kirche.

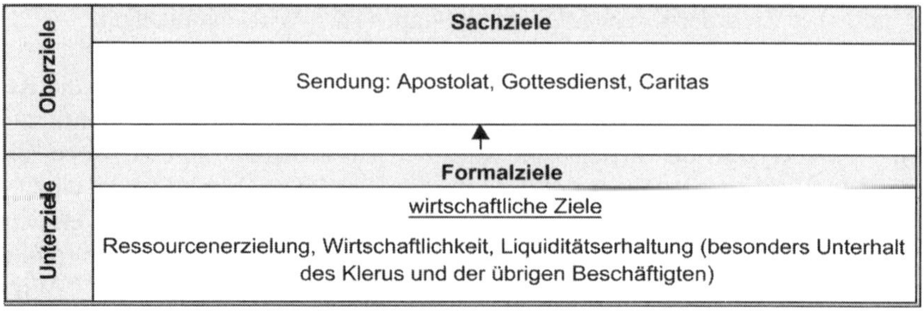

Oberziele	**Sachziele**
	Sendung: Apostolat, Gottesdienst, Caritas
	▲
Unterziele	**Formalziele**
	wirtschaftliche Ziele
	Ressourcenerzielung, Wirtschaftlichkeit, Liquiditätserhaltung (besonders Unterhalt des Klerus und der übrigen Beschäftigten)

Abbildung 4: Zielsystem der Kirche

Aus dem Zielsystem geht hervor, dass im Unterschied zu den erwerbswirtschaftlichen Unternehmen die Sachziele dominieren und die wirtschaftliche Betätigung an der Bedarfsdeckung zur Verfolgung der Sachziele orientiert sind. Ferner ist die Gewinnerzielungsabsicht im Unterschied zu erwerbswirtschaftlichen Unternehmen bei der Kirche nicht dominierend. Die erzielten Gewinne werden im Unterschied zu erwerbswirtschaftlichen Unternehmen nicht im Rahmen einer Gewinnausschüttung an ihre Mitglieder verteilt, sondern zur Förderung eines religiösgesellschaftlichen Gemeinwesens verwendet. Typischerweise werden diese Merkmale Non-Profit-Organisationen (NPO) zugeschrieben.[264]

---

[264] Vgl. Löwe (2003), S. 9 ff. und S. 39 ff.; Burla (1989) 72 f.

3 Rechnungslegung der Katholischen Kirche

3.1 Grundlagen

3.1.1 Abgrenzung Rechnungslegung

3.1.1.1 Begriff und Aufgabe der Rechnungslegung

Rechnungslegung ist von „Rechenschaft" abgeleitet. Rechenschaft beschreibt SCHNEIDER als die Übermittlung von „nachprüfbarem Wissen über die Erfüllung übernommener Aufgaben"[265]. Dem liegt der Grundsatz des deutschen Rechts zu Grunde, vor allem § 666 BGB, wonach der Beauftragte bei der Beauftragung mit fremden Angelegenheiten oder mit Angelegenheiten, welche sowohl fremde als auch eigene sind, über seinen Auftrag Rechenschaft ablegen muss.[266] Die Rechnungslegung kann daher als ein Instrument zur Verringerung von Informationsasymmetrien verstanden werden.[267] Die Rechenschaft liegt im Interesse desjenigen, der die Aufgabe übertragen hat,[268] und im Interesse des Rechenschaftspflichtigen, insoweit er sich durch die Rechnungslegung entlasten kann.[269] Die Verringerung von Informationsasymmetrien wird nur dann erreicht, wenn sie frei von Manipulation und materiellen Fehlern ist. Deshalb bedarf es einer Rahmenanforderung, wie sie im § 264 Abs. 2 Satz 1 HGB geboten ist. Danach hat die Rechnungslegung anhand des Jahresabschlusses „unter Beachtung der Grundsätze ordnungsmäßiger Rechnungslegung ein den tatsächlichen Verhältnissen entsprechendes Bild der Vermögens-, Finanz-, und Ertragslage" zu vermitteln. Wird diese Anforderung nicht erreicht, so gebietet Satz 2 dieses Paragraphen, weitere Angaben im Anhang zu machen. Daher verringert eine Rechnungslegung nur dann Informationsasymmetrien, wenn sie ordnungsgemäß ist. Was als ordnungsgemäß gilt und damit den tatsächlichen Verhältnissen entspricht, kommt im HGB und IFRS durch Rechnungslegungsgrundsätze zum Ausdruck, welche wiederum auf den Zwecken der Rechnungslegung basieren.[270]

Eine Definition des Begriffes Rechnungslegung liefert das Bürgerliche Gesetzbuch (BGB): Nach § 666 BGB ist „der Beauftragte [...] verpflichtet, dem Auftrag-

---

[265] Schneider (1997), S. 7 f.

[266] Vgl. Schruff (2000), S. 2 f; dabei wird auf die folgenden Quellen verwiesen: RGZ Bd. 73, S. 286, 288, Bd. 110, S. 1, 16, Bd. 164, S. 348, 350; BGHZ Bd. 10, S. 385, 386 f.; BGH in NJW 1959, S. 1963; S. 2 f.; Creifelds (2000), S. 1058.

[267] Vgl. Coenenberg (2000), S. 1074.

[268] Vgl. Schneider (1981), S. 93.

[269] Vgl. Schneider (1981), S. 405.

[270] Vgl. für das HGB Leffson (1987), z.B. S 63 ff., Baetge (1976), S. 13 ff. und für die IFRS das Rahmenkonzept.

geber die erforderlichen Nachrichten zu geben, auf Verlangen über den Stand des Geschäfts Auskunft zu erteilen und nach der Ausführung des Auftrags Rechenschaft abzulegen". Dieser Paragraph enthält keine Aussage über den Gegenstand der Rechnungslegung. Dieser wird in § 259 Abs. 1 BGB beschrieben. Dort heißt es: „[...] hat dem Berechtigen eine die geordnete Zusammenstellung der Einnahmen oder Ausgaben enthaltende Rechnung mitzuteilen und, soweit Belege erteilt zu werden pflegen, Belege vorzulegen". Demnach ist Rechnungslegung im Allgemeinen die systematische Zusammenstellung der Einnahmen und/oder Ausgaben zum Zwecke der Berichterstattung. Weitere Paragraphen, die im BGB die Rechenschaft gebieten, sind § 675 (Rechenschaft im Rahmen einer Geschäftsbesorgung), § 681 (Rechenschaft der Geschäftsführung) sowie §§ 713, 716 Abs. 1 BGB (Rechenschaftspflicht der geschäftsführenden Gesellschafter). Die Definition im Speziellen hingegen, d.h. für erwerbswirtschaftliche Unternehmen, lässt sich aus dem Handelsgesetzbuch (HGB) ableiten. Darin wird die Rechnungslegung zwar nicht explizit definiert, jedoch lässt sie sich durch die Buchführungspflicht, das Instrument und den Gegenstand der Rechnungslegung sowie die Offenlegungspflicht beschreiben. Nach § 238 Abs. 1 Satz 1 HGB ist jeder Kaufmann verpflichtet, Bücher zu führen und „in diesen seine Handelsgeschäfte und die Lage seines Vermögens nach den Grundsätzen ordnungsmäßiger Buchführung ersichtlich zu machen". Diese muss so beschaffen sein, dass sich ein sachverständiger Dritter innerhalb einer angemessenen Zeit einen Überblick über die wirtschaftliche Lage des Unternehmens verschaffen kann (§ 238 Abs. 1, Satz 2 HGB). Das Instrument der Rechnungslegung ist der Jahresabschluss, der die Vermögens- und Schuldenverhältnisse (§ 242 Abs. 1 Satz 1 HGB) sowie die Aufwendungen und Erträge (§ 242 Abs. 2 HGB) des Kaufmanns darstellen muss. Die Rechnungslegung erfüllt nur dann ihren Zweck, wenn sie dem Adressaten zugänglich ist. So haben z.B. Kapitalgesellschaften - soweit sie nicht von der Offenlegung befreit sind (§ 325 Abs 2b HGB) - ihren Jahresabschluss gemäß § 325 HGB Abs. 1 beim Handelsregister einzureichen[271] sowie die Einreichung im Bundesanzeiger bekannt zu geben. Danach lässt sich die Rechnungslegung durch *Aufstellung* und *Bekanntgabe* des Jahresabschlusses an *Dritte* charakterisieren.

In der Betriebswirtschaftslehre ist die Rechnungslegung ein Teil des betrieblichen Rechnungswesens.[272] Nach Eschenbach/Horak ist das betriebliche Rechnungswesen „ein Verfahren zur planvollen, systematischen Erfassung und Beurteilung quantifizierbarer Beziehungen, Vorgänge, Mengen und Werte des Unternehmens

---

[271] Vgl. auch § 9 Abs. 1 PublG.
[272] Vgl. Wöhe/Döhring (2002), S. 824; Schneider (1997), S. 29 f.; Achleitner/Thommen (2001), S. 383.

zu Zwecken der Planung, Führung und Überwachung des betrieblichen Geschehens".[273]

Das Rechnungswesen lässt sich in einen internen und einen externen Rechnungskreis einteilen.[274] Diese zwei Rechnungskreise verfolgen grundsätzlich unterschiedliche Aufgaben. Das externe Rechnungswesen dient in erster Linie dazu, Unternehmensexterne, bei denen Informationsasymmetrien bestehen, entsprechend ihren Bedürfnissen Informationen bereitzustellen.[275] Das interne Rechnungswesen dient der unternehmensinternen Informationsvermittlung zum Zwecke der Planung und Steuerung. Ihm kommt die Aufgabe zu, entscheidungsrelevante Informationen für das Management zu vermitteln.[276] Das interne Rechnungswesen ist im Unterschied zum externen Rechnungswesen weitgehend unternehmensspezifisch ausgerichtet.[277]

Im Schrifttum findet sich die Unterscheidung zwischen der externen und internen Rechnungslegung. Die externe Rechnungslegung ist vornehmlich an Unternehmensexterne gerichtet, um dadurch Informationsasymmetrien zu verringern. Die interne Rechnungslegung hingegen dient mehr der Selbstinformation über die finanzwirtschaftliche Lage des Unternehmens.[278] In der Literatur ist die Selbstinformation als Funktion der Rechnungslegung jedoch umstritten. Die Ablehnung wird damit begründet, dass das Leitungsorgan über mehr Informationen verfügt, als durch die Instrumente der externen Rechenschaftsinstrumente (z.B. den Jahresabschluss) vermittelt wird und Informationsasymmetrien insoweit weniger bestehen.[279] Die interne Rechnungslegung erscheint somit eher als ein Instrument des internen Rechnungswesens. Da Informationsasymmetrien in erster Linie bei den Externen entstehen, soll Rechnungslegung als Instrument des externen Rechnungswesens verstanden werden.[280] So wird das externe Rechnungswesen begrifflich oft synonym mit der Rechnungslegung gebraucht.[281] Zwischen der Selbstin-

---

[273] Eschenbach/Horak (1999), S. 330.
[274] Vgl. LfRWC (1993), S. 352; Wöhe/Döhring (2002), S. 824; Schneider (1997), S. 29 f.; Achleitner/Thommen (2001), S. 383.
[275] Vgl. Eschenbach/Horak (1999), S. 331; Achleitner/Thommen (2001), S. 383.
[276] In angelsächsischen Ländern wird das Interne Rechnungswesen auch als Management Accounting bezeichnet, vgl. z.B. Atkinson/Kaplan/Young (2004).
[277] Vgl. Achleitner/Thommen (2001), S. 383.
[278] Vgl. Löwe (2003), S. 60.
[279] Vgl. Löwe (2003), S. 60; Volk (1990), S. 32.
[280] Vgl. Wöhe/Döhring (2002), S. 824; Schneider (1997), S. 29 f.; Achleitner/Thommen (2001), S. 383.
[281] Vgl. LfRWC (1993), S. 351.

formation und der Rechenschaft bestehen jedoch nicht zwingend Widersprüche. Die International Financial Reporting Standards (IFRS) sind darauf ausgelegt, Informationen zu vermitteln, die für wirtschaftliche Entscheidungen nützlich sind (R 12). Sie haben eine stärkere betriebswirtschaftliche Zielrichtung als das HGB. Somit nehmen die IFRS einen Teil der Informationen, die in einem deutschen Jahresabschluss nicht enthalten, sondern im internen Rechnungswesen ausgelagert sind, in das externe Rechnungswesen auf.[282] Die IFRS stehen als Überbegriff für den gesamten Standard[283] und umfassen das Rahmenkonzept (R), die jeweiligen *International Financial Reporting Standards* (IFRS),[284] die *International Accounting Standards* (IAS)[285] und die Interpretationen des *International Financial Reporting Interpretations Committee (IFRIC)* bzw. seines institutionellen Vorgängers, des *Standing Interpretations Committee (SIC)*.

Nach dem Verständnis einer *nachprüfbaren* Rechenschaftslegung muss die Rechnungslegung objektiv sein. Zur Gewährleistung der Nachprüfbarkeit von Informationen basiert die Rechnungslegung auf Normen und ist somit der normierte Teil des Rechnungswesens. Die Normierung hat dabei eine Schutzfunktion gegenüber den Adressaten. Die Normen der Rechnungslegung kommen in Deutschland im Wesentlichen in Gesetzen zum Ausdruck, nach den IFRS hingegen durch die IFRS bzw. IAS sowie durch Rahmengrundsätze.[286]

Wird Rechnungslegung aus dem betrieblichen Rechnungswesen abgeleitet, so erfasst die Rechnungslegung allein quantitative Sachverhalte. Die Rechnungslegung kann jedoch weiter gefasst werden. Die kaufmännische Rechnungslegung erfasst neben den quantitativen Informationen der Bilanz sowie der Gewinn- und Verlustrechnung auch qualitative Informationen. Diese beziehen sich auf die Erläuterungen des Zahlenwerks sowie auf wesentliche Informationen über das Unternehmensgeschehen, die im Lagebericht enthalten sind und im Rahmen der Geschäftsberichte offen gelegt werden. Insbesondere in Rechnungslegungswerken, in denen keine strengen Objektivierungsmaßstäbe angesetzt werden, können qua-

---

[282] Vgl. Sandberg (1999), S. 206.

[283] Vgl. Wagenhofer (2003), S. 42.

[284] Es handelt sich um diejenigen Standards, die nach der Neuorganisation des International Accounting Standards Committee (IASC) von dem International Accounting Standards Board (IASB) als Standardsetter herausgegeben wurden. Die ersten neuen Standards wurden 2003 veröffentlicht, vgl. Wagenhofer (2003), S. 42 f.; IFRS (2004), S. XV.

[285] Es handelt sich um die bisherigen, noch vom alten IASC herausgegebenen Standards, vgl. IFRS (2004), S. XV.

[286] Vgl. Wagenhofer (2003), S. 61.

litative Erläuterungen die Objektivierungsschwächen ausgleichen.[287] Die Rechnungslegung stellt weit mehr dar als die Übersicht von betrieblichen Zahlen. Untersuchungen haben gezeigt, dass Informationen z.b. zu den Themen Umwelt und Soziales oder auch zu Forschung und Entwicklungen auf den internationalen Kapitalmärkten an Bedeutung gewinnen und als freiwillige Angaben in den Lagebericht oder als separater Teil in den Geschäftsbericht einbezogen werden.[288] Seit jüngster Zeit wird die Einbeziehung intellektueller, kaum monetär messbarer Ressourcen in Form von Wissensbilanzen im Anhang diskutiert.[289] Daher wäre es unvollständig, den Begriff Rechnungslegung allein aus dem monetär basierten Rechnungswesen abzuleiten.

Das Verständnis des Begriffs Rechnungslegung richtet sich nach den Informationsanforderungen, die an die Rechnungslegung zu stellen sind. Diese wiederum hängen von dem Normzweck der Rechnungslegungsvorschriften und den Adressaten und damit von den Zwecken und Zielen des Jahresabschlusses ab. Auf Grund der Struktur der Gruppe der Informationsberechtigten kann es zu Zielkonflikten kommen, vor allem zwischen den internen und externen Informationsberechtigten sowie den Investoren und den Gläubigern eines Unternehmens. Diese Konflikte sind bei HGB-Bilanzierenden erwerbswirtschaftlicher Unternehmen mehr, bei IFRS-Bilanzierenden weniger stark ausgeprägt, da ein handelsrechtlicher Jahresabschluss einen weniger kalkulatorischen Charakter aufweist als ein Jahresabschluss nach IFRS. Die Interessenlage der dominierenden Informationsberechtigten kann daher zu mehr oder weniger ausgeprägten Überschneidungen zwischen dem internen und externen Rechnungswesen führen.

Mit dem deutschen Ausdruck Rechnungslegung wird anderes assoziiert als mit dem englischen Ausdruck „accounting/reporting". Denn die Interessen der hauptsächlich zu schützenden Adressaten eines deutschen Jahresabschlusses und damit seine dominierenden Zwecke und Ziele sind zumindest aus historischer Sicht andere als die der Hauptadressaten eines nach IFRS aufgestellten Jahresabschlusses.[290] Aus Sicht des HGB kommt durch den Begriff Rechnungslegung gleichzeitig die Hauptfunktion zum Ausdruck, nämlich eine eher vergangenheitsbezogene

---

[287] Vgl. Moxter (2003), S. 78.

[288] Vgl. Meek/Roberts/Gray (1995), S. 555 ff.; IDW (2000) S., F 563 u. F 802; Nobes/Parker (1995), S. 84 ff.

[289] So hat der DRSC Konzernen empfohlen, intellektuelles Kapital in Form eines „Intellectual Capital Statement" im Anhang aufzunehmen, vgl. Federkeil/Leitner (2004), S. 4. Ferner gehört zu den künftigen Aufgaben des IASB die Abbildung von intellektuellem Kapital, vgl Wagenhofer (2003), S. 55.

[290] Vgl. Achleitner/Behr (2003), S. 11 f.; Castan (1993), S. 17 f.

Rechenschaftslegung und weniger eine betriebswirtschaftlich orientierte Entscheidungs- und Informationsfunktion, wie dies für die IFRS eher gilt. Da die Rechnungslegung nach IFRS eine andere Hauptfunktion wahrnimmt als nach dem HGB, muss der Begriff weiter gefasst werden. Auch wenn Rechnungslegung im Zusammenhang mit Rechenschaftslegung steht, so kann daraus nicht zwingend die im deutschen Sprachgebrauch damit assoziierte Hauptfunktion des Jahresabschlusses, nämlich die Rechenschaftsfunktion und der damit verbundene ausgeprägte Vergangenheitsbezug, abgeleitet werden. Diese Auffassung wird in der wissenschaftlichen Literatur gestützt. So ist die Bezeichnung „Internationale Rechnungslegung", welche verschiedene Rechnungslegungsauffassungen mit entsprechend unterschiedlichen Hauptfunktionen umfasst, gegenwärtig eine allgemein gängige Ausdrucksweise in der deutschen Fachsprache.[291]

Auf Grund der Zusammenführung der oben aufgeführten Merkmale der Rechnungslegung wird für den Zweck dieser Arbeit die folgende Definition zu Grunde gelegt: *Die Rechnungslegung ist eine ordnungsmäßige - den tatsächlichen Verhältnissen entsprechende - systematische und normierte Darstellung und Bekanntgabe der entstandenen quantitativen und qualitativen Informationen von finanz- und leistungswirtschaftlichen Sachverhalten einer Organisation in einer Periode gegenüber den Informationsberechtigten zur Verminderung von Informationsasymmetrien.*

Die Rechnungslegung kann in unterschiedlicher Form und in einem unterschiedlichen Umfang sowie über unterschiedliche Instrumente erfolgen.

3.1.1.2 Form und Umfang der Rechnungslegung

Die derzeit in der rechnungslegenden Praxis herrschenden Rechnungskonzepte sind die Kameralistik[292] und die kaufmännische Finanzbuchführung. Der Kameralistik, die z.Zt. in den deutschen Diözesen am verbreitetsten ist, liegt eine einseitige Buchungstechnik zu Grunde. Sie erfasst Einnahmen und Ausgaben, d.h. reine Geldbewegungen und wird daher auch als Geldverbrauchsrechnung bezeichnet.[293] Das Rechenschaftsinstrument ist die Jahresrechnung, welche eine Einnahmen-/Ausgabenrechnung und eine mengenmäßige Vermögensübersicht umfasst. Die kaufmännische Finanzbuchführung, der eine zweiseitige Buchungstechnik (Dop-

---

[291] Vgl. z.B. Haunerdinger (2004); Pellens (2001); Klein (2003); LfRWC (2003); Selchert. (2003); Buchholz (2003); Kremin-Buch (2003); Achleitner/Behr (2003), S. 10 ff.
[292] zu den Abteilungen der Kameralistik vgl. Brede (2005), S. 190.
[293] Vgl. Srocke (2004), S. 1.

pik) zu Grunde liegt, beinhaltet hingegen über die reinen Geldbewegungen hinaus in Geldeinheiten bewertetes Vermögen und Schulden sowie Aufwendungen und Erträge. Vermögen bzw. Erträge stellen Ressourcen dar, Schulden bzw. Aufwendungen dagegen einen Ressourcenverzehr. Deshalb wird die kaufmännische Finanzbuchführung als Ressourcenverbrauchskonzept bezeichnet.[294] Das Instrument einer kaufmännischen Rechnungslegung ist der Jahresabschluss, der je nach Größe und Rechtsform die Bilanz, die Gewinn- und Verlustrechnung (GuV), den Anhang und nach HGB auch den Lagebericht umfasst.[295] Die IFRS erfordern darüber hinaus eine Kapitalflussrechnung und eine Eigenkapitalveränderungsrechnung, während der Lagebericht kein Bestandteil des Jahresabschlusses ist (IAS 1.7 ff).

Die Rechnungslegung i.S.d. § 259 Abs. 1 BGB umfasst Einnahmen und Ausgaben. Die Kameralistik versteht unter Einnahmen und Ausgaben Vorgänge, die zu einem Zufluss bzw. Abfluss von Geldmitteln führen (Kassen- oder Buchgeld). Sie sind daher gleichbedeutend mit Einzahlungen bzw. Auszahlungen.[296]

Im kaufmännischen Rechnungswesen hingegen wird weiter differenziert. Während Ein- und Auszahlungen nur den reinen Zu- bzw. Abfluss von liquiden Mitteln umfassen, beinhalten die Einnahmen und Ausgaben darüber hinaus noch die Vorgänge, die zu Forderungen und Verbindlichkeiten führen.[297]

In der Verwaltungskameralistik werden Einnahmen und Ausgaben den Einzahlungen bzw. Auszahlungen gleichgesetzt, da die Erfassung von Verbindlichkeiten und Forderungen grundsätzlich nicht Gegenstand einer kameralen Rechnungslegung sind.[298] Diese werden allenfalls in anderen Büchern oder Übersichten erfasst.

Die kameralistische Jahresrechnung bildet typischerweise ausschließlich diejenigen Sachverhalte ab, die in einem unmittelbaren Zusammenhang mit den Zahlungsbewegungen stehen. Zahlungs- und Ressourcenbewegungen fallen wert- und zeitmäßig zusammen. Gemäß dem pagatorischen Prinzip werden auch in der kaufmännischen Finanzbuchhaltung all diejenigen Sachverhalte erfasst, die in einem Zusammenhang mit Zahlungsbewegungen stehen. Nach diesem Prinzip sind „sämtliche Vermögensgegenstände, Schulden und sonstigen Bilanzposten nur

---

[294] Vgl. z.B. Srocke (2004) S. 1, im Englischen entspricht dieser Begriff ‚accrual accounting', Bals/Reichard (2000), S. 208.
[295] Vgl. § 264 Abs. 1 HGB; IAS 1.7. u. 1.8.
[296] Vgl. Schuster (2001), S. 13.
[297] Vgl. Wöhe (1998) in: LdRA, S. 666.
[298] Vgl. LfRWC (1993), S. 131.

mit Rechnungsgrößen abzubilden, die letztlich auf tatsächliche Zahlungsvorgänge zurückzuführen sind"[299]. Die Zahlungen werden in der Finanzbuchführung auf Grundlage des Prinzips der Periodenabgrenzung nach Ressourcenverbräuchen und -entstehung erfasst, d.h. nach ihrer wirtschaftlichen Verursachung und nicht nach ihrer Geldbewegung.[300] Problematisch ist jedoch festzulegen, was eine wirtschaftliche Ursache im Einzelnen ist. Die Ursache ist in dem letzten Glied einer Ursachenkette zu suchen. Im Allgemeinen sind Wertzugänge und Wertabgänge in ihrem letzten Glied auf eine Leistung zurückzuführen[301], z.B. durch die Arbeitsleistung und die Nutzung von Gütern. Geld- und Ressourcenbewegungen fallen in der Finanzbuchführung zeitlich i.d.R. nicht zusammen, d.h. ein Ausgleich von Reinvermögenssalden und den Salden der Zahlungsmittel wird erst über mehrere Perioden hinweg erreicht. Dies hat zur Folge, dass in wertmäßiger Hinsicht Zahlungs- und Ressourcenbewegungen unterschiedlich sein können, nämlich dann, wenn die Bewertung von Vermögen und Schulden durch Annahmen beeinflusst wird, z.B. bei Rückstellungen.

Weil die Rechnungslegung auf der pagatorischen Finanzbuchführung basiert, kann das Pagatorische Prinzip durch den Zahlungsbezug als Objektivierungsgrundsatz und damit als Rahmenprinzip einer objektiven Rechnungslegung aufgefasst werden. Dies bedeutet: Je mehr die Bewertungsregeln auch die Einbeziehung von Annahmen erlauben, desto weniger objektiv ist der Jahresabschluss in wertmäßiger Hinsicht, weil sie auf die wahrscheinliche Realisierung abzielen und nicht auf die tatsächliche. Sowohl der Jahresabschluss nach HGB als auch jener nach IFRS basierten auf der pagatorischen Finanzbuchhaltung. Beiden liegt grundsätzlich die nominelle Kapitalerhaltung zu Grunde[302], die eine Geldkapitalerhaltungskonzeption ist und insoweit eine pagatorische Ausrichtung hat. Das Pagatorische Prinzip lässt sich aus dem Grundsatz der Periodenabgrenzung ableiten. Nach Handelsrecht geht es aus § 252 Abs. 1 Nr. 5 HGB[303] und im IFRS-Framework aus R 22 hervor. In R 22 heißt es: „Abschlüsse, die nach dem Konzept der Periodenabgrenzung erstellt sind, bieten den Adressaten nicht nur Informationen über vergangene Geschäftsvorfälle einschließlich geleisteter und erhaltener Zahlungen, sondern sie informieren auch über künftige Zahlungsverpflichtungen

---

[299] Baetge/Kirsch/Thiele (2003), S. 114, im Folgenden zitiert als ‚Baetge et al'.

[300] Vgl. Baetge et al (2003), S. 111; ADS (1995), § 252, Rn 94 f.; R 22.

[301] Vgl. Selchert (1995), in: HdR, § 252, Rn 94, S. 860 f.

[302] In RN 102 wird herausgestellt, dass die meisten Unternehmen bei der Aufstellung ihrer Abschlüsse einen nominellen Ansatz (finanzwirtschaftliches Konzept) anwenden, vgl. zu der nominellen Kapitalerhaltung Wagenhofer (2003), S. 132. Auf die Kapitalerhaltungskonzepte wird im Abschnitt 3.2.5.4.2 näher eingegangen.

[303] Baetge et al (2003), S. 114 f.

sowie Ressourcen, die in der Zukunft zu Zahlungsmittelzuflüssen führen." Die Nähe zum Pagatorischen Prinzip unterscheidet sich in HGB und IFRS auf Grund des unterschiedlichen Ausmaßes der Objektivierungsstrenge hinsichtlich der Ansatz- und Bewertungsregeln. Für einen Jahresabschluss nach HGB gelten, anders als für einen Jahresabschluss nach IFRS, die Anschaffungs- und Herstellungskosten als strenge Wertobergrenze. Ein handelsrechtlicher Jahresabschluss ist daher strenger am Nominalwertprinzip orientiert und entspricht insoweit eher dem Pagatorischen Prinzip als ein Jahresabschluss nach IFRS, welcher unter bestimmten Voraussetzungen auch eine Bewertung zum beizulegenden Wert erlaubt (z.b. IAS 16.31).[304] Rechnungslegungssysteme, welche einen engen pagatorischen Bezug aufweisen, wie z. B. das HGB, sind zwar wertmäßig objektiver, dafür jedoch stärker vergangenheitsbezogen. Sie sind durch den Vergangenheitsbezug nicht in dem Maße transparent wie Konzepte, die weniger streng pagatorisch sind, wie die IFRS. Sie eignen sich daher weniger zur Vermittlung von Informationen für betriebwirtschaftliche Entscheidungen. Weniger pagatorisch ausgelegte Rechnungslegungskonzepte sind zwar in wertmäßiger Hinsicht weniger objektiv, aber dafür nicht streng vergangenheitsorientiert und geben daher einen transparenten Einblick in die *aktuelle* Vermögens-, Finanz- und Ertragslage des Unternehmens. Der pagatorische Bezug muss daher im Sinne eines *wahrscheinlichen*, d.h. eines beabsichtigten Ausgleichs von Reinvermögenssalden und den Salden der Zahlungsmittel aufgefasst werden. Allerdings zeigt sich auch, dass dem HGB zwar eine ausgeprägte Objektivierungsstrenge zu Grunde liegt, es jedoch mehr Wahlrechte als die IFRS enthält. Damit erlaubt das HGB größere Unterschiede von Jahresabschlüssen gleichartiger Unternehmen als Jahresabschlüsse nach IFRS. Jahresabschlüsse nach IFRS sind demgegenüber wertmäßig weniger objektiv, insgesamt jedoch einheitlicher.

Das Pagatorische Prinzip hat zur Folge, dass Ressourcen, die keinen Zahlungsbezug haben und damit nicht objektiv in Geldeinheiten bewertbar sind, wie intellektuelle Ressourcen eines Unternehmens, nicht als Ressourcen in der Bilanz erfasst werden.[305] Das Pagatorische Prinzip gibt somit den Gegenstand der Rechnungslegung an, nämlich Vorgänge, die einen Zahlungsbezug haben.

In einem pagatorisch basierten kaufmännischen Jahresabschluss werden Zahlungen in Erfolgszahlungen (Erfolgseinnahmen und -ausgaben) und Finanzzahlungen (Finanzeinnahmen und -ausgaben) unterschieden. Erfolgszahlungen haben Aus-

---

[304] Vgl. Baetge/Matena/Zülch (2002), S. 73 ff.
[305] zur Einbeziehung von intellektuellen Ressourcen vgl. z.B. Edvinsson (2002), S. 9, Altenburger (2002), S. 54-62.

wirkungen auf den Gewinn und Verlust, die Finanzzahlungen hingegen nicht.[306] Der Periodengewinn errechnet sich in einem kaufmännischen Jahresabschluss durch Erträge abzüglich der Aufwendungen einer Periode. Dabei stellen Ertrag bzw. Aufwand eine *periodisierte* Erfolgseinnahme bzw. Erfolgsausgabe dar.

Die Trennung zwischen Aufwand und Ertrag einerseits sowie Ausgaben und Einnahmen andererseits hat Konsequenzen für die Erfassung von Geschäftsvorfällen. Ein Rechnungswesen, welches ausschließlich Finanzeinnahmen und -ausgaben erfasst, würde z.b. eine Pensionszusage und die damit verbundene Pensionsverpflichtung erst mit dem Eintreten des Versorgungsfalls berücksichtigen. Eine Verpflichtung würde somit nicht angesetzt. Ein Rechnungswesen, welches auch Aufwand und Ertrag berücksichtigt, erfasst die Pensionszusage entsprechend der Arbeitsleistung in jeder Periode. Sie berücksichtigt diese Zusage nicht erst, wenn der Versorgungsfall eintritt in Form eines Mittelabflusses, sondern periodisiert sie vielmehr sukzessive als Aufwand, wenn die Arbeitsleistung erbracht ist. Diese Periodenerfassung hat zur Folge, dass eine Verpflichtung ausgewiesen wird, die sich mit dem Eintreten des Versorgungsfalls, also der Finanzausgabe, jährlich reduziert.

Unter Berücksichtigung der im vorherigen Abschnitt vorgenommenen Begriffsbestimmung kann die Rechnungslegung wie folgt systematisiert werden:

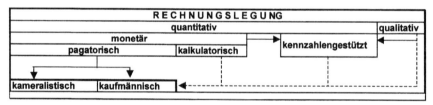

Abbildung 5: Systematisierung der Rechnungslegung

3.1.2 Ermittlung der rechnungslegenden Einheit

Die Kirchenverfassung ist geprägt von zwei Elementen, dem Primat des Papstes und dem Bischofsamt. Das zweite Vatikanum stellte die Kollegialität des Episkopats heraus.[307] Die Leitung der *Gesamtkirche* obliegt in personeller Hinsicht dem Papst und dem Bischofskollegium, dessen Haupt wiederum der Papst ist. Ent-

---

[306] Vgl. Schuster (2001), S. 13.
[307] Vgl. Schlief (1994), S. 356.

scheidungen des Bischofskollegiums kommen ohne den Willen des Papstes nicht zustande (cc. 330, 331, 336). Die Leitung und Verwaltung der Gesamtkirche geht institutionell und organisatorisch vom Vatikan mit seinen Behörden (Dikasterien) aus. Der Vatikan ist als Staat völkerrechtlich allgemein anerkannt, wenngleich er nicht Vollmitglied der Vereinigten Nationen (UN) ist, sondern lediglich Beobachterstatus besitzt. Ferner ist der Vatikan Mitglied verschiedener Sonderorganisationen der UN und der OSZE. In Bezug auf das Staatswesen kommen dem Papst als Souverän des Vatikanstaates die uneingeschränkte Legislative, Judikative und Exekutive zu.[308]

Die Teilkirche ist i.d.R. ein territorial abgegrenztes Gebiet, welches die in diesem Gebiet lebenden Gläubigen umfasst.[309] Zwischen Teil- und Gesamtkirche besteht in theologischer Hinsicht eine Gleichordnung. In juristischer und organisatorischer Hinsicht hingegen ist die Teilkirche der Gesamtkirche untergeordnet (im Sinne ihrer rechtlich konstituierten Hierarchie). Diese Über- und Unterordnung zieht sich durch die gesamte organisatorische Struktur bis hin zu den Gemeindeeinheiten durch.[310] Neben der territorialen Teilkirche bestehen Personal-Teilkirchen. Der c. 327 nennt als Kriterium den Ritus der Gläubigen oder vergleichbare Kriterien. Als Personal-Teilkirche kommen z.B. die Militärseelsorge und andere Seelsorgebereiche in Betracht.[311]

Die Diözesen als Teilkirchen besitzen eigene Rechtspersönlichkeit und sind aus staatsrechtlicher Sicht vollrechtfähige Körperschaften des öffentlichen Rechts. Aus innerkirchlicher Sicht sind sie „öffentliche, nichtkollegiale juristische Personen des kanonischen Rechts".[312] Die Diözese ist die wichtigste territoriale Einheit auf Teilkirchenebene. Sie wird als die zentrale organisatorische Einheit der Kirche angesehen. Die Diözese wird in c. 369 definiert als „der Teil des Gottesvolkes, der dem Bischof in Zusammenarbeit mit dem Presbyterium zu weiden anvertraut wird [...]". Die territoriale Dimension der Diözese legt c. 732 § 1 fest. Danach gilt die Regel, dass der Teil des Gottesvolkes, der eine Diözese bildet, gebietsmäßig genau abgegrenzt ist, so dass er alle dem Gebiet wohnenden Gläubigen umfasst.

Der Diözese steht ein Diözesanbischof vor. Nach c. 381 § 1. kommt dem Diözesanbischof „in der ihm anvertrauten Diözese alle ordentliche, eigenberechtigte

---

[308] Vgl. Schwendenwein (1999), § 28, S. 340; Maritz (1999), § 34, S. 393 ff.; Mertes (2000), S. 41.
[309] Vgl. Kalde (1999), § 37, S. 424.
[310] Vgl. Aymans (1999), § 26, S. 318 ff.
[311] Vgl. Kalde (1999), S. 424 f.
[312] Vgl. Kalde (1999), FN 36, S. 425.

und unmittelbare Gewalt zu, die zur Ausübung seines Hirtendienstes erforderlich ist". Ihm steht gem. c. 391 § 1 nach Maßgabe des Rechts die legislative, judikative und exekutive Gewalt in seiner Diözese zu.[313] Der Diözesanbischof vertritt und verantwortet die Diözese in allen Rechtsgeschäften der Diözese (c. 393).

Innerhalb der verschiedenen Teilkirchenebenen besteht eine mit der Hierarchie zwischen Gesamt- und Teilkirche vergleichbare Über- und Unterordnung. Wenn auch die Diözese die wichtigste territoriale Einheit der Kirche ist, so existiert auf Teilkirchenebene eine der Diözese übergeordnete organisatorische Einheit: die Kirchenprovinz. C. 431 § 1 beschreibt die Kirchenprovinz als eine Verbindung von Nachbardiözesen. Der Zweck dieser Verbindung ist die Förderung des gemeinsamen pastoralen Vorgehens sowie die Pflege der Beziehungen der Diözesanbischöfe untereinander. Der c. 431 fordert, dass das Territorium der Kirchenprovinz ein genau umschriebenes Gebiet umfassen muss. § 2 hebt hervor, dass es exemte Diözesen künftig nicht geben soll, d.h., dass jede Diözese einer Kirchenprovinz angehören muss.

C. 432 § 1. legt die Leitungsvollmacht der Kirchenprovinz fest. Danach steht die Leitungsvollmacht einem Provinzialkonzil und dem Metropolit zu. C 432 § 2 stellt heraus, dass die Kirchenprovinz von Rechts wegen Rechtspersönlichkeit besitzt. Kirchenprovinzen verfügen nach deutschem Staatsrecht hingegen nicht über eigene Rechtspersönlichkeit.
Der Metropolit als Oberhaupt der Kirchenprovinz ist Erzbischof in der Diözese, in welcher er zugleich Diözesanbischof ist. Ihm kommen im Wesentlichen bestimmte Aufsichtsrechte im Hinblick auf seine Kirchenprovinz zu (c. 436). Entsprechend des Status des Metropoliten wird die Diözese, in der der Metropolit Diözesanbischof ist, als Erzdiözese bezeichnet, während die übrigen Diözesen Suffragandiözesen genannt werden.

In Deutschland existieren 27 Diözesen, die in 7 Kirchenprovinzen aufgeteilt sind. Die Kirchenprovinzen sind: Bamberg, Berlin, Freiburg, Hamburg, Köln, München-Freising und Paderborn.

Die Übersicht[314] auf der folgenden Seite stellt die territoriale Aufteilung der deutschen Diözesen dar:

---

[313] Vgl. Schlief (1994), S. 369.
[314] Quelle: Fischer (1994).

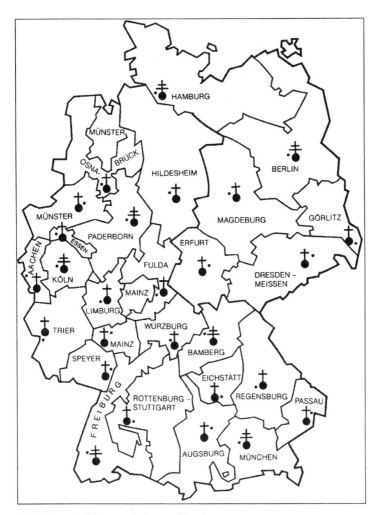

Abbildung 6: Diözesen in Deutschland

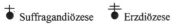 Suffragandiözese ✚● Erzdiözese

Die Diözesen sind gemäß c. 374 § 1 in Pfarreien gegliedert. Die Pfarrei ist gemäß
c. 515 § 1. „eine bestimmte Gemeinschaft von Gläubigen, die in einer Teilkirche
auf Dauer errichtet ist". Die Seelsorge steht unter der Autorität des Diözesanbi-

schofs und ist einem Pfarrer als dem Leiter der Pfarrei anvertraut. Der Pfarrer ist dem Diözesanbischof untergeordnet. Er handelt demzufolge im Auftrag des Diözesanbischofs (c. 273).[315] Die Pfarrei verfügt von Rechts wegen gemäß § 3 über eine eigene Rechtspersönlichkeit und ist damit der unterste rechtlich selbstständige Teilverband der Kirche. Gemäß c. 518 ist die Pfarrei in aller Regel territorial abgegrenzt und umfasst alle Gläubigen dieses Gebietes. Pfarreien besitzen gemäß Art. 140 GG i.V.m. Art. 137 Abs. 5 WRV und Art. 13 des Reichskonkordates den Status von Körperschaften des öffentlichen Rechts und sind Gebietskörperschaften. Dies bedeutet, dass jedes Kirchenmitglied auf Grund seines Wohnsitzes einer bestimmten Pfarrei zugeordnet ist.[316] Der Handlungsspielraum der Pfarreien wird durch Kirchenvermögensverwaltungsgesetze (KVVG) und Geschäftsanweisungen begrenzt. So bedürfen bestimmte Rechtsgeschäfte der Genehmigung des bischöflichen Generalvikariats.[317]

Ähnlich wie beim Zusammenschluss benachbarter Diözesen zu einer Kirchenprovinz können, um die Seelsorge durch gemeinsames Handeln zu fördern, mehrere benachbarte Pfarreien zu einem Dekanat vereinigt werden (c 374 § 2). Dekanate verfügen aus staatsrechtlicher Sicht über keine eigenständige Rechtspersönlichkeit. Sie sind rechtlich unselbstständige Verwaltungseinheiten einer Diözese.[318]

Im Gegensatz zu den nicht in bischöflicher Kollegialität geleiteten Diözesen, bestehen überregionale, kollegial ausgerichtete Institutionen wie die nationale Bischofskonferenz. Die Bischofskonferenz ist gemäß c. 447 als ständige Einrichtung anzusehen. Sie ist der Zusammenschluss der Bischöfe einer Nation oder eines bestimmten Gebietes. Sie hat die Aufgabe, bestimmte pastorale Aufgaben für die Gläubigen ihres Gebietes nach Maßgabe des Rechts gemeinsam auszuüben. In Deutschland ist die Bischofskonferenz ebenso wie die Kirchenprovinz eine öffentliche juristische Person des kanonischen Rechts. Außerhalb des kanonischen Rechts verfügen beide Institutionen über keine eigenständige Rechtspersönlichkeit. Um als weltlich-rechtliche Rechtspersönlichkeit zu handeln, wurde 1968 der Verband der Diözesen Deutschlands (VDD) gegründet.[319] Er ist der „vertragliche Zusammenschluss der zur DBK gehörenden"[320] Diözesen. Dieser übernimmt die rechtlichen und wirtschaftlichen Aufgaben des Zusammenschlusses der Deut-

---

[315] Vgl. Schlief (1994), S. 375.
[316] Vgl. Schlief (1994), S. 375 f.
[317] Vgl. z.B. § 16 der KVVG/GAKV der Diözese Osnabrück (2000).
[318] Vgl. Kleindienst/Binder (1999), S. 198.
[319] Vgl. Statut der DBK Art 40 Abs. 2., zum VDD vgl. Mertes (2000), S. 51, zitiert aus: Kräßig, S. 5-43: Der Verband der Diözesen Deutschlands, Pfaffweiler 1995.
[320] Turowski (2004), Stichwort: Verband der Diözesen Deutschlands (VDD), in: LfKS, S. 746.

schen Diözesen.[321] Anlass dieser Gründung war die Schaffung eines Rechtsträgers nach staatlichem Recht, da die DBK zu dieser Zeit noch keine Körperschaft des kanonischen Rechts war. Ferner sollte die DBK, die vornehmlich pastorale Aufgaben wahrnimmt, von Verwaltungs- und Finanzangelegenheiten entlastet werden.[322] Der VDD ist eine Körperschaft des öffentlichen Rechts i.S.d. Art. 140 GG i.V.m. Art. 137 Abs. 5 WRV. Da die Institution des VDD im Gegensatz zur Bischofskonferenz im kanonischen Recht nicht vorgesehen ist, werden dem VDD die Aufgaben durch die Bischofskonferenz zugewiesen.[323] Insofern besteht zwischen beiden Institutionen eine enge Verflechtung. Dies wird in personeller Hinsicht dadurch deutlich, dass alle Diözesanbischöfe Mitglieder der Vollversammlung des VDD sind. Der Vorsitzende der Deutschen Bischofskonferenz ist zudem gleichzeitig Vorsitzender der Vollversammlung des VDD.[324]

Auf europäischer Ebene besteht die „COMMISSIO EPISCOPATUUM COMMUNITATIS EUROPENSIS" (COMECE). Die COMECE ist eine Kommission, die sich aus den nationalen Bischofskonferenzen der Europäischen Union (EU) zusammensetzt. Das ständige Sekretariat der COMECE hat seinen Sitz in Brüssel. Aus den Bischofskonferenzen in der EU kommen 21 delegierte Bischöfe: Belgien, Deutschland, England und Wales, Frankreich, Irland, Italien, Griechenland, Litauen, Luxemburg, Malta, die Niederlande, Österreich, Polen, Portugal, Schottland, Skandinavien, Slowakei, Slowenien, Spanien, die Tschechische Republik und Ungarn. Die Bischofskonferenzen der Schweiz sind assoziiertes Mitglied der COMECE. Die Aufgaben und Ziele der COMECE sind nach eigenen Angaben:

- Die Beobachtung und Analyse der Entwicklungen in der Europäischen Union.
- Innerhalb der Kirche über die Entwicklungen der EU-Politik und -Rechtssetzung zu informieren und Interesse dafür zu wecken.
- Auf der Grundlage der kirchlichen Soziallehre die Reflektion über die Herausforderungen der Europäischen Union zu fördern.

Die Vollversammlung, die sich zweimal im Jahr trifft, legt die Grundlinien der Arbeit der COMECE fest. Sie wählt den Exekutivausschuss, der aus dem Präsi-

---

[321] Vgl. Schlief (1994), S. 365 f.; Turowski (2004), Stichwort: Verband der Diözesen Deutschlands (VDD), in: LfKS, S. 746.

[322] Vgl. Turowski (2004), Stichwort: Verband der Diözesen Deutschlands (VDD), in: LfKS, S. 746 f.

[323] Vgl. Satzung VDD § 3.

[324] Vgl. Schlief (1994), S. 366.

denten, den beiden Vizepräsidenten und dem Generalsekretär besteht. Das ständige Sekretariat unter der Leitung des Generalsekretärs sichert die Kontinuität der Arbeit. Die COMECE wird im Wesentlichen von den beteiligten Bischofskonferenzen der Europäischen Union finanziert.[325]

Aus dem hierarchischen Aufbau und der organisatorischen Abgrenzung der Einheiten der Kirche lässt sich die für diese Themenabgrenzung relevante rechnungslegende Einheit bestimmen: C. 1255 spezifiziert den Rechtsträger des Kirchenvermögens, wonach u.a. die Teilkirche als Rechtsträger ausgewiesen wird.[326] Die wichtigste organisatorische Einheit auf der Ebene der Teilkirche ist die Diözese. Sie ist die Einheit, in der das Kirchenvermögen entsteht, verwaltet und verwendet wird.

Die bedeutendste rechnungslegende Einheit auf der Ebene der Diözese ist die Diözesanverwaltung. Sie ist die übergeordnete Verwaltungsbehörde einer Diözese und damit des Diözesanbischofs, weshalb sie im deutschsprachigen Raum als (Erz-)Bischöfliches Generalvikariat bzw. Ordinariat bezeichnet wird. Ihr steht der Generalvikar, gemäß c. 134 § 1 Teil des diözesanen Ordinarius ist, vor.[327] Die wirtschaftliche Fürsorgepflicht und damit die Altersversorgung des Priesters liegt beim Diözesanbischof als dem verantwortlichen seiner Diözese.[328] Das Generalvikariat als (Erz-)Bischöfliche Verwaltungsbehörde ist diejenige Verwaltungseinheit, deren Verantwortungsbereich die Altersversorgung der Priester zuzuordnen ist. Für diese Arbeit stellt daher die Diözesanverwaltung die rechnungslegende Einheit dar.

Die Bedeutung der Diözesen als Teilkirchen kommt für die Katholische Kirche in Deutschland vor allem durch ihre staatsrechtliche Stellung als Körperschaft des öffentlichen Rechts und die damit verbundenen Freiheiten, besonders die der Selbstverwaltung, zum Ausdruck.

---

[325] Vgl. http://www.comece.org/comece.taf?_function=who&id=1&language=de (Stand 27.08.2005)

[326] Darüber hinaus weist der Canon die Gesamtkirche, den Apostolischen Stuhl und die öffentlichen wie privaten juristischen Personen kirchlichen Rechts als Rechtsträger kirchlichen Vermögens aus.

[327] Vgl. Hierold (1995), Stichwort: Generalvikar, in: LfTK, S. 448 f.

[328] Vgl. Abschnitt 2.2.2.2.1.

3.1.3 Rechtsquellen der Rechnungslegung nach staatlichem Recht

3.1.3.1 Die staatsrechtliche Stellung der Kirche in Deutschland

Inwieweit staatliche Rechtsquellen in Bezug auf die Rechnungslegung der Diözese als Rechnungslegende Einheit bestehen bzw. auf die Kirche Anwendung finden können, ist von dem Rechtsverhältnis zwischen Staat und Kirche abhängig. Aus diesem Grunde wird zunächst die staatsrechtliche Stellung der Kirchen in Deutschland erörtert.

Die Träger der Glaubensfreiheit sind juristische Personen und andere Vereinigungen mit dem Zweck, die Pflege oder Förderung eines religiösen oder weltanschaulichen Bekenntnisses oder die Verkündigung des Glaubens ihrer Mitglieder zu institutionalisieren.[329] Auf Grund der Neutralität des Staates vor Glaubensgemeinschaften schützt das Grundgesetz nicht eine spezielle konfessionelle Prägung.

In Deutschland besteht seit der Einführung des Art. 137 der Weimarer Reichsverfassung keine Staatskirche mehr (Art. 137 Abs. 1). Das deutsche Grundgesetz schützt in Art. 4 die freie Religionsausübung und stellt mit dieser Autonomie die Trennung zwischen Staat und Kirche heraus.[330] Aus der Autonomie resultiert das Selbstbestimmungsrecht, welches in Art. 140 GG i.V. mit Art. 137 Abs. 3 grundgelegt ist. Darin heißt es: „Jede Religionsgemeinschaft ordnet und verwaltet ihre Angelegenheiten selbstständig innerhalb der Schranken der für alle geltenden Gesetze. Sie verleiht ihre Ämter ohne Mitwirkung des Staates oder der bürgerlichen Gemeinden."

Art. 140 GG i.V. mit Art. 138 Abs. 2 WRV stellt das Eigentums- und Selbstverwaltungsrecht der Kirche über ihr Vermögen heraus. In Art. 138 Abs. 2 heißt es: „Das Eigentum und andere Rechte der Religionsgesellschaften und religiösen Vereinen an ihren für Kultus-, Unterrichts- und Wohltätigkeitszwecken bestimmten Anstalten, Stiftungen und sonstigen Vermögen werden gewährleistet." Das Recht zur Selbstverwaltung umfasst das gesamte kirchliche Vermögensrecht sowie der „Rechte zur Organisation und Ausgestaltung der Vermögens- und Finanzverwaltung durch den Erlass von generell-abstrakten Normen sowie Einzelfallregelungen über Inanspruchnahme, Gebrauch und Unterhaltung von Vermögensgegenständen"[331].

---

[329] Vgl. Jarass (2000) in: GBDK, Rn 28, S. 155 f., zitiert aus: BVerfGE 19, 129/132; 24, 236/246f; 70; 138/160 f.

[330] Vgl. Morlok (2004) in: GGK, Artikel 4, Rn 12, S. 491; Jarass (2000) in: GBDK, Rn 4, S. 145.

[331] Leimkühler (2004), S. 13, zitiert aus: RGZ 129 72 (78); von Campenhausen (1996), S. 319; Etzel, G. (1994), S. 177: „Der Diözesanvermögensverwaltungsrat", Echter 1994; (Forschungen zur Kirchenrechtswissenschaft, Bd. 19),; zugl. Paderborn, Univ., Diss. 1992/93.

Der Art. 138 Abs. 2 WRV zielt darauf ab, den Schutz vor Säkularisation und säkularisationsähnlichen Akten zu garantieren. Dieser Schutzgarantie, die als Kirchengutsgarantie bezeichnet wird, liegt der Gedanke zu Grunde, dass die religiöse Freiheit von der materiellen Ausstattung maßgeblich abhängt.[332] Die Kirchengutsgarantie gilt unabhängig vom Status einer Körperschaft des öffentlichen Rechts für alle Religions- und Weltanschauungsgemeinschaften.[333] Allerdings findet die Freiheit der Vermögensverwaltung in den für alle geltenden Gesetzen ihre Grenzen.[334] Zusätzlich zu dem verfassungsrechtlichen Schutz ist das Kirchengut durch Verträge (z.B. Konkordate) gesichert. Das Kirchenvermögen wird vom BGB nicht ausgenommen. Auch Polizei-, Bau- und Planungsrecht gelten hier. Das für alle geltende Gesetz kann z.b. der allgemeinen Gefahrenabwehr, dem Emissionsschutz, dem Denkmalschutz oder Naturschutz dienen. Mit diesem Schutz wird ein umfassender Funktionsschutz der Kirchen erreicht, so dass die Kirchengutsgarantie das Selbst-bestimmungsrecht der Kirchen insoweit ergänzt.[335] Wesentlich ist, dass die Kirchengutsgarantie in einem engen Zusammenhang mit der Gewährleistung des kirchlichen Selbstbestimmungsrecht und dem Grundrecht der Religionsfreiheit gesehen werden muss.[336] Der in Art. 138 II WRV verwendete Ausdruck „Eigentum und andere Rechte" umfasst alle kirchlichen Vermögensrechte und schützt das gesamte Religions- und Kirchengut und zwar „sowohl was an beweglichem und unbeweglichem sonstigen Vermögen im Eigentum der Religionsgemeinschaften selbst steht als auch Vermögen ihrer öffentlich-rechtlichen Körperschaften, Anstalten und Stiftungen, schließlich Rechte der Religionsgemeinschaften an solchen Sachen, die ihnen nicht gehören, also fremd sind, die aber religiösen Zwecken dienen oder gewidmet sind"[337]. Zu der letzten Gruppe werden Nutzungsrechte an Grundstücken und Gebäuden gezählt.[338]

Die Schutzfunktion des Art. 140 GG i.V. m. Art. 138 II WRV gilt jedoch nicht im gleichen Maße für alle Kirchengüter. Sie nimmt in dem Maße ab, wie die Nähe zur speziellen kirchlichen Funktion abnimmt. Bei Vermögen, welches unmittelbar kirchlichen Zwecken dient, wie z.B. Pfründe und Kirchenstiftungen, besteht eine stärkere Schutzwürdigkeit als bei Vermögen, aus dem zusätzliche Erträge erwirt-

---

[332] von Campenhausen (1996), S. 310.
[333] Vgl. von Campenhausen (1996), S. 310.
[334] siehe Näheres bei Leimkühler (2004), S. 14 ff.
[335] Vgl. von Campenhausen (1996), S. 311.
[336] Vgl. von Campenhausen (1996), zitiert aus: BVerwG JZ 1991, 616. (619) m. Anm. von Bachof, S. 621 f.
[337] von Campenhausen (1996), S. 311.
[338] Vgl. von Campenhausen (1996), S. 312.

schaftet werden.[339] Zum Verständnis der verfassungsrechtlichen Kirchengutsgarantie ist entscheidend, dass sie sich hierbei auf jede Art von entschädigungsloser Entziehung durch die öffentliche Gewalt bezieht und die Funktion des so umschriebenen Gutes gegen jede Antastung durch die öffentliche Gewalt absichert.[340]

Die Katholischen Diözesen in Deutschland besitzen den Status einer Körperschaft des öffentlichen Rechts. Dieser Status geht aus Art 140 GG i.V. mit 137 Abs. 5 WRV hervor: „Die Religionsgemeinschaften bleiben Körperschaften des öffentlichen Rechtes, soweit sie solche bisher waren". Allerdings ist diese Rechtsform anders ausgestaltet, als es der Körperschaft des öffentlichen Rechts üblicherweise zu Eigen ist. Anders als gewöhnlich, entfällt bei den Deutschen Diözesen die Rechtsaufsicht durch den Staat sowie die Eingliederung in das Staatswesen.[341] Die Kirche wird mit dieser Rechtsform nicht gänzlich dem öffentlichen Recht zugeordnet. Nur dort, wo die Kirchen mit dem Staat kooperieren, erkennt der Staat das Wirken der Kirche als öffentlich-rechtlich an. Grundsätzlich unterliegen sie ihrem jeweiligen Kirchenrecht.[342] Mit dieser Ausgestaltung ihres körperschaftlichen Status wird der in Art. 4 des GG verankerten Religionsfreiheit Rechnung getragen. Die deutschen Diözesen sind somit in hohem Maße vom Staat unabhängig. Durch die Ausgestaltung dieser Rechtsform bieten sich die folgenden Rechte:

- Organisationsgewalt: Die Kirchen haben die Befugnis, weitere organisatorische Einheiten mit ebenfalls garantiertem öffentlich-rechtlichem Status zu bilden. Dies ermöglicht es, die Gemeinden sowie den Verband Deutscher Diözesen mit Körperschaftsstatus zu führen.[343]
- Dienstherrenfähigkeit: Als Körperschaft des öffentlichen Rechts ist es der Kirche möglich, Arbeitsverhältnisse mit beamtenähnlichem Status einzugehen. Diese sind in Bezug auf das Arbeitsrecht und die Sozialversicherungspflicht rechtlich ungebunden.[344] Dieses Recht hat die Konsequenz, dass die dienstrechtlichen Bestimmungen der Kirche auf Grund der staatlich gewährleisteten Dienstherrenfähigkeit auch im weltlichen Bereich anerkannt werden, samt den mit dem im öffentlichen Dienst verbundenen Konsequenzen.[345]

---

[339] Vgl. von Campenhausen (1996), S. 317.
[340] Vgl. von Campenhausen (1996), S. 318.
[341] Vgl. Listl/Hollerbach (1999), S. 1279 f.; von Campenhausen (1996), S. 359 f.
[342] Vgl. von Campenhausen (1996), S. 142.
[343] Kirchhof (1994), S. 679.
[344] Vgl. von Campenhausen (1996), S. 289; Mertes (2000), S. 46.
[345] Vgl. von Campenhausen (1996), S. 289; Kirchhof (1994), S. 671.

- Öffentlich-rechtliche Rechtsetzungsbefugnis: Der Kirche kommt das Recht zu, innerhalb bestimmter Grenzen autonom eigenes Recht zu setzen und zu vollziehen.[346]
- Parochialrecht: Die Zugehörigkeit zu einer Gemeinde wird allein durch den Wohnsitz des Gläubigen bestimmt. Somit ist der Beitritt zu einer Gemeinde, z.B. bei einem Wohnortswechsel, nicht erforderlich.[347]
- Steuererhebung: Nach Art. 137 Abs. 6 WRV wird der Kirche das Recht eingeräumt, auf Grund der bürgerlichen Steuerlisten nach Maßgabe der landesrechtlichen Bestimmungen Steuern zu erheben und diese durch staatliche Organe und mit deren Zwangsmitteln einzufordern.[348]
- Steuerbefreiung: Da Körperschaften des öffentlichen Rechts stets öffentliche und gemeinnützige Aufgaben wahrnehmen[349], sind diese nicht körperschaftsteuerpflichtig, soweit sie nicht Betriebe gewerblicher Art unterhalten.[350]

Ferner genießen Diözesen als juristische Personen des öffentlichen Rechts nach einem Urteil des BGH[351] Namensschutz i.S.d. § 12 BGB. Dieser Schutz beschränkt sich nicht nur auf den Namen, den eine Diözese als Körperschaft des öffentlichen Rechts führt (z.B. Erzbistum Hamburg), sondern ihr stehen namensrechtliche Ansprüche auch hinsichtlich der Begriffe „katholisch" oder „catholica" zu. Dies gilt jedoch nur dann, wenn die Begriffe „katholisch" oder „catholica" der Kennzeichnung der Zugehörigkeit von Einrichtungen und Veranstaltungen dienen. Kein Namensschutz in Bezug auf die Begriffe „katholisch" oder „catholica" besteht hingegen, wenn es um die Kennzeichnung bestimmter Glaubensinhalte geht.

Die Insolvenzfähigkeit von öffentlich-rechtlichen Religions- und Weltanschauungsgemeinschaften ist verfassungsrechtlich ausgeschlossen. Mit der Eröffnung des Insolvenzverfahrens würden der Kirche ihre Verfügungs- und Verwaltungsbefugnisse weitgehend entzogen und auf einen Insolvenzverwalter übertragen. Dies würde die Umsetzung des kirchlichen Auftrags unmöglich machen und damit die verfassungsrechtlich gewährte Autonomie einschränken. Ein Insolvenzverfahren ist daher mit Art. 140 GG i.V. mit Art. 137 Abs. 3 und 5 WRV nicht vereinbar.[352]

---

[346] Vgl. von Campenhausen (1996), S. 287 ff.; Kirchhof (1994), S. 671.
[347] Vgl. Kirchhof (1994), S. 671 f.
[348] Vgl. Kirchhof (1994), S. 672 f.
[349] Vgl. Erichsen (1998), § 52, Rn 12.
[350] Vgl. Beck`sche Steuerrichtlinien (2001): zu § 4 KStG, S. 7, dies wird dadurch deutlich, dass § 1 KStG diese nicht erwähnt.
[351] Vgl. BGH-Urteil vom 02.12.2004 (Az.: I ZR 92/02).
[352] Vgl. BVerfGE 66, 1 (19); Lindner (2002), S. 137 f.

Die Insolvenzunfähigkeit ergibt sich somit unmittelbar aus dem Grundgesetz.[353] Dies bedeutet, dass über die Auflösung einer kirchlichen Körperschaft nicht ein Konkursverfahren entscheidet, sondern nur die Kirche selbst.[354] Das Bundesverfassungsgericht stellt hierzu fest: „Würde bereits der Konkurs zur Aufhebung dieses Status führen, so wäre der Verstoß gegen Art. 140 GG in Verbindung mit Art. 137 Abs. 5 WRV offenkundig. Hätte der Konkurs nicht unmittelbar diese Folge, so führte er jedenfalls noch zu einer Beeinträchtigung der Dispositionsbefugnis der Religionsgesellschaften über ihre Mittel und damit zu einer Behinderung der Erfüllung ihrer öffentlichen Aufgaben. Er wäre deshalb mit Sinn und Zweck der in Art. 137 Abs. 5 WRV gegebenen Garantie, aber auch mit dem in Art. 137 Abs. 3 WRV gewährleisteten Selbstbestimmungsrecht der Religionsgesellschaften, nicht vereinbar."[355] Nach Kirchenrecht kann nur die höchste Autorität eine Diözese auflösen. Dieses Recht obliegt allein dem Apostolischen Stuhl (c. 373).

Auf Grund der weitgehenden Unabhängigkeit der Kirche vor und von dem Staat stellt sich die Frage, inwieweit die Kirche als Religionsgemeinschaft und als Körperschaft des öffentlichen Rechts an die staatlichen Vorschriften zur Rechnungslegung und Rechnungsprüfung gebunden ist.

3.1.3.2 Rechnungslegung und Rechnungsprüfung nach staatlichen Vorschriften

Durch den öffentlich-rechtlichen Status der deutschen Diözesen wird eine weitreichende Autonomie gegenüber dem Staat einräumt. Diese Autonomie vor dem Staat ist Folge des verfassungsrechtlich geschützten Rechts der freien Religionsausübung (Art 4 II GG) und des kirchlichen Selbstbestimmungs- und Selbstverwaltungsrechts (Art. 140 GG i.V.m. Art. 137 III WRV). Vor diesem Hintergrund unterliegen die Diözesen keiner gesetzlichen Rechnungslegungspflicht.[356]

Mit dem öffentlich-rechtlichen Status ist jedoch grundsätzlich eine staatliche Rechnungsprüfung verbunden.[357] Diese bezieht sich in erster Linie auf die Haushalts- und Wirtschaftsführung des Staates. Hierbei geht es um die Prüfung der wirtschaftlichen Effizienz der Vergabestellen, nicht jedoch um die Prüfung des

---

[353] Vgl. BVerfGE 66, 1 (25).
[354] Vgl. Leimkühler (2004), S. 20.
[355] BVerfGE 66, 1 (10).
[356] Vgl. Leimkühler (2004), S. 359.
[357] Vgl. Mertes (2000), S. 46; von Campenhausen (1996), S. 359 i.V. mit Art. 140 GG und mit Art. 137 III WRV.

Verhaltens privater Zuwendungsempfänger. Dennoch können Gründe bestehen, eine Prüfung der Auswirkungen auch bei den Zuwendungsempfängern vorzunehmen.[358] Die Ermächtigung zur Rechnungsprüfung geht aus § 91 I Nr. 3 BHO sowie aus den jeweiligen Vorschriften des Landesrechts hervor. Der Umfang wird in § 91 II BHO geregelt.

Gerade der körperschaftsrechtliche Status als ein Ausdruck der Trennung zwischen Staat und Kirche soll die Kirchen vor staatlicher Beeinflussung schützen. Dennoch ist eine staatliche Rechnungsprüfung grundsätzlich verfassungskonform, weil der Staat auf die Kontrolle über die Verwendung staatlicher Mittel nicht verzichten kann.[359] Der Umfang staatlicher Rechnungsprüfung wird nicht einseitig von den Rechnungshöfen festgelegt, sondern ist eine Folge aus der Abwägung der beiderseitigen Rechte. Auf Kirchenseite ist zu beachten, dass das Selbstbestimmungsrecht in Form der freien Vermögensverwaltung sowie der Organisations- und Personalhoheit nicht verletzt werden darf. Auf der Seite des Staates ist die Sicherung der Staatsfinanzen, das parlamentarische Budgetrecht sowie das allgemeine Informationsinteresse der Öffentlichkeit über den Umgang mit öffentlichen Mitteln zu berücksichtigen. Diese Abwägung hat dazu geführt, dass kirchliche Einrichtungen eine beschränkte Kontrolle des Staates in Bezug auf die ordnungsmäßige Verwaltung und Verwendung von Zuwendungen gem. § 91 II S. 1 BHO akzeptieren müssen. Allerdings gilt dies nur eingeschränkt. Die Prüfung der wirtschaftlichen Verwaltung und die Verwendung von Zuwendungen gemäß § 91 II S. 1 BHO ist problematisch. Denn dies würde bedeuten, dass die staatliche Vorstellung von Wirtschaftlichkeit bei der Prüfung von staatlichen Zuwendungen an die Kirche angesetzt würde, was einen deutlichen Eingriff in die Freiheit der kirchlichen Vermögensverwaltung sowie die Organisations- und Personalhoheit bedeutete. Die Garantie der Selbstbestimmung der Kirche umfasst auch die Anerkennung der Zielvorstellung des kirchlichen Zuwendungsempfängers. Die Wirtschaftlichkeitsprüfung erscheint daher nur in engen Grenzen zulässig.[360] Da die Zielrichtungen der kircheneigenen und der staatlichen Rechnungsprüfung nicht identisch sind, kann die staatliche Rechnungsprüfung nicht vollständig durch die kirchliche Prüfung ersetzt, wohl aber entlastet werden. Es wird als ausreichend angesehen, wenn der staatliche Rechnungshof den Teil des kirchlichen Prüfberichtes zur Kenntnisnahme bzw. Prüfung erhält, der sich auf die (staatlichen)[361] Zuwendungen

---

[358] Vgl. von Campenhausen (1996), S. 359.

[359] Vgl. von Campenhausen (1996), S. 360.

[360] Vgl. von Campenhausen (1996), zitiert aus: Mainusch, R.: Staatliche Rechnungsprüfung gegenüber kirchlichen Einrichtungen, NVwZ 1994, S. 793.

[361] Im Originalzitat wird nur von Zuwendungen gesprochen. Gemeint scheinen jedoch ausschließlich staatliche Zuwendungen zu sein, da im Vorhergehenden gesagt wird, dass der Staat die

bezieht. Die Prüfung der sonstigen, in § 91 II S. 2 BHO vorgesehenen, Haushalts- und Wirtschaftsführung ist in Bezug auf die verfasste Kirche hingegen unzulässig.[362]

Dieser Abschnitt zeigt, dass die Kirche besonders in Fragen der Wirtschafts- und Verwaltungsführung weitgehend unabhängig von staatlicher Beeinflussung ist. Regelungen zur Rechnungslegung finden sich daher weniger im Bereich der staatlichen, sondern in den kircheneigenen Gesetzen.

3.1.4 Kirchenvermögen als Gegenstand der Rechnungslegung

3.1.4.1 Grundsysteme der Kirchenfinanzierung auf der Ebene der Diözese

Im Gemeinwesen gehört die Abgabepflicht zu den traditionellen Pflichten der Bürger. Dem liegt der Gedanke zu Grunde, dass jedes Mitglied Beiträge entrichten muss, damit die Ziele der Gemeinschaft erfüllt werden können.[363] So gehört es auch zu den Pflichten der Kirchenmitglieder, für die Erfordernisse der Kirche, d.h. für die Erfüllung der kirchlichen Oberziele, entsprechende Abgaben zu leisten.[364] Die Abgaben der Kirchenmitglieder stellen die finanzielle Basis für das Wirken der Kirche dar. Der Diözesanbischof hat dabei die Kirchenmitglieder an diese Pflicht zu erinnern und in geeigneter Weise auf ihre Erfüllung zu drängen (c. 1261 § 2).

Der CIC legt nur einen allgemeinen Rahmen in Bezug auf die Art der Abgaben fest, wie erbetene Unterstützung (c. 1262), Steuern (c. 1263), Gebühren für Akte der freiwilligen Verwaltung (c. 1264), der streitigen Rechtspflege (c. 1649), Messstipendien (cc. 945-958), Stollgebühren (c. 1264 Nr. 2) sowie verschiedene Abgaben z.B. für die Versorgung der Kirchenbediensteten (c. 281 § 2 i.V. m c. 1274 § 2). Ferner nennt der CIC freiwillige Abgaben wie Spenden und Sammlungen (c. 1265 f.) oder fromme Verfügungen (cc. 1299-1302) und Stiftungen i.S. von cc. 1303-1310.[365] Die bedeutendsten Abgaben stellen die in cc. 1262 und 1263 genannten Steuern, Beiträge und Spenden dar.

Verwendung von nicht öffentlichen Mitteln für kirchliche Zwecke nicht zu bewerten hat.

[362] Vgl. von Campenhausen (1996), S. 362.
[363] Vgl. Hollerbach (1999), § 101, S. 1078.
[364] Diese Verpflichtung der Kirchenmitglieder kommt durch c. 222 § 1 zum Ausdruck.
[365] Vgl. Hollerbach (1999), § 101, S. 1079 f.

Die Abgabenform wird vom Verhältnis zwischen Kirche und Staat beeinflusst. Auf Grund der geschichtlichen Entwicklung des Verhältnisses zwischen Kirche und Staat haben sich in Europa verschiedene Abgabensysteme herausgebildet.[366] Hierbei gibt es folgende Grundformen:

- das Kirchensteuersystem
- das Kirchenbeitragssystem und
- das Spenden- und Kollektensystem.

Hinzu kommen, ähnlich dem staatlichen Abgabesystem, Gebühren für spezielle Amtshandlungen bzw. für die Gewährung von Vergünstigungen.[367]

In der Praxis finden sich Kombinationen aus den o.g. drei Finanzierungssystemen, wobei jedoch eines der drei Abgabesysteme dominiert.

Das *Kirchensteuersystem* wird durch den öffentlich-rechtlichen Status der deutschen Diözesen legitimiert und stellt das Hauptabgabensystem dar. Die Rechtsgrundlage dafür ist Art. 140 GG i.V.m. Art. 137 Abs. 6 WRV, wonach die Kirchen das Recht haben, die Kirchensteuer auf der Grundlage der bürgerlichen Steuerlisten zu erheben. Die weitere Gestaltung des Kirchensteuerrechts basiert auf Staats-Kirchenverträgen auf der Ebene der Länder und des Bundes, sowie auf Landesgesetzen und auf Steuerordnungen nebst Hebesatzbeschlüssen der Kirchen.[368] Der Begriff Kirchensteuer lässt sich aus dem allgemeinen Begriff „Steuern" ableiten. Steuern sind gem. § 3 Abs. 1 AO „Geldleistungen, die nicht eine Gegenleistung für eine besondere Leistung darstellen und von einem öffentlich-rechtlichen Gemeinwesen zur Erzielung von Einnahmen allen auferlegt werden, bei denen der Tatbestand zutrifft, an den das Gesetz die Leistungspflicht knüpft; die Erzielung von Einnahmen kann Nebenzweck sein."

Die Kirchensteuer stellt eine Geldleistung des Kirchenmitgliedes dar, die nicht an eine bestimmte Gegenleistung gebunden ist. Sie wird von den Diözesen zur Erzielung von Einnahmen zum Zwecke der Aufgabenerfüllung ihres Gemeinwesens auferlegt. Steuergläubiger sind danach die Diözesen. Steuerpflichtig und damit Steuerschuldner sind die Kirchenmitglieder. Die Steuerpflicht endet mit dem Tod oder dem Austritt, der mit bürgerlicher Wirkung gegenüber den staatlichen Be-

---

[366] Vgl. Hollerbach (1999), § 101, S. 1079; Branahl/Fuest (1995), S. 24.
[367] Vgl. Hollerbach (1999), § 101, S. 1079.
[368] Vgl. Leimkühler (2004), S. 25.

hörden zu erklären ist.[369] Das Recht, Kirchensteuern zu erheben und zu verwalten, steht den Diözesen zu. Hinsichtlich des Einzugsverfahrens bestehen Kooperationen mit dem Staat. So werden die Kirchensteuern gegen eine Gebühr von den staatlichen Finanzämtern eingezogen. Von dieser Möglichkeit haben mit Ausnahme der bayerischen Diözesen alle anderen deutschen Diözesen Gebrauch gemacht. Den Kirchen steht es nach den Kirchensteuergesetzen der Länder frei, eine eigene Bemessungsgrundlage für die Kirchensteuer zu bestimmen. Sie können die Kirchensteuer als Zuschlag zu bestimmten staatlichen Steuern, z.B. zur Lohn- und Einkommensteuer oder Vermögen- und Grundsteuer, erheben. Derzeit wird die Kirchensteuer in allen deutschen Diözesen auf die Lohn- und Einkommensteuer erhoben.[370] Der Kirchensteuersatz beträgt in einigen Bundesländern 8 % und in anderen 9 %.

Mit der Bindung Kirchensteuerpflicht an die Mitgliedschaft und der Erhebung auf die Lohn- und Einkommensteuer sind die Kirchenfinanzen von der demographischen Entwicklung, der kulturellen Bindung zwischen Gesellschaft und Kirche, der Steuerpolitik und der Konjunkturlage abhängig.

Die Kirchensteuer ist mit Abstand die wichtigste Einkunftsquelle der Diözesen. In Deutschland haben die Kirchensteuereinnahmen einen Anteil von durchschnittlich etwa 80% an den Gesamteinnahmen einer Diözese.[371]

Das *Kirchenbeitragssystem* beruht auf kircheneigenen Beitragsordnungen. Die Beiträge werden anders als im Kirchensteuersystem durch eigene Verwaltungsverfahren erhoben. Die gesamte Erhebung und Verwaltung ist in der Diözese angesiedelt und somit von der staatlichen Finanzverwaltung getrennt.[372]

Schließlich findet auch in Deutschland das *Spenden- und Kollektensystem* in Form freiwilliger Zahlungen Anwendung. Im Spenden- und Kollektensystem obliegt es der persönlichen Gewissensentscheidung, ob und in welcher Höhe der Gläubige seine Kirche finanziell unterstützt. Ein solches System dominiert vornehmlich in

---

[369] Vgl. von Campenhausen (1996), S. 165.

[370] Vgl. Leimkühler (2004), S. 26; Branahl/Fuest (1995), S. 18 f.; Hollerbach (1999), § 101, S. 1087.

[371] Vgl. Leimkühler (2004), S. 24: da kein Rechenwerk über die Höhe der Einnahmen aller kirchlichen Haushalte und über die Anteile der Einnahmearten existiert, verwendet die Autorin, die Finanzdirektorin des Erzbistums Hamburg ist, eine Stichprobe auf der Basis der Haushaltsdaten 2002 der Bistümer Hildesheim, Osnabrück und Hamburg; siehe zum Anteil der Kirchensteuer auch Branahl/Fuest (1995), S. 18 f.

[372] Vgl. Branahl/Fuest (1995), S. 26 f.

Ländern mit einer traditionell strikten Trennung zwischen Staat und Kirche wie in Frankreich.[373] Sie haben einen Anteil von rund 3 % an den Gesamteinnahmen.[374]

Infolge des Reichsdeputationshauptschlusses von 1803 zählen zu den weiteren Einnahmequellen der deutschen Diözesen Staatsleistungen, die aus praktischen Gründen noch nicht durch eine Ablöse ersetzt wurden. Weitere Staatsleistungen betreffen Baulasten, insbesondere wenn es sich um die Erhaltung von Denkmälern handelt. Zu den Staatsleistungen zählen auch verschiedene Dotationspflichten, wie beispielsweise Zuschüsse zu den Gehältern von kirchlichen Amtsträgern.[375] Staatsleistungen haben bei den deutschen Diözesen einen Anteil an den Gesamteinnahmen von rund 4 %. Der wesentliche Teil des Kirchenvermögens besteht aus Objekten, aus denen keine Erträge erzielt werden können, z.b. Kirchen, Pfarrhäusern, Gemeindezentren, Kindergärten, Schulen, Bildungshäusern, Altenheimen oder Friedhöfen.[376]

Darüber hinaus schöpfen die Diözesen Erträge aus ihren Vermögensgütern, z.B. aus Grund und Boden, Beteiligungen, Gebäuden.[377] Diese Erträge haben bei den deutschen Diözesen einen Anteil von rund 7 %.[378]

Das Finanzierungsportfolio der Diözesen in Europa werden von Kleindienst/Binder in drei Säulen eingeteilt:

1. Abgaben der Kirchenmitglieder: Freiwillige und verbindliche Abgaben, wie Spenden, Beiträge und Kirchensteuer.
2. Vermögenserträge: aus Immobilien, Mobilien und Forderungsverhältnissen
3. Indirekte und direkte Staatsleistungen

Die auf der Folgeseite stehende Übersicht[379] fasst die Finanzierungsquellen der Diözesen zusammen:

---

[373] Vgl. Branahl/Fuest (1995), S. 26.
[374] Vgl. Leimkühler (2004), S. 24.
[375] Vgl. Robbers (1995), S. 72 f.; Art. § 7 des Vertrages zwischen dem Land NRW und dem Heiligen Stuhl über die Errichtung des Bistums Essen von 1956.
[376] Vgl. Leimkühler (2004), S. 23 f.
[377] Vgl. Branahl/Fuest (1995), S. 25 f.
[378] Vgl. Leimkühler (2004), S. 24.
[379] Erstellt auf der Basis von Kleindienst/Binder (1999), S. 210.

		Immobilien
		-Vermietung und Verpachtung
		-Erbbauzinsen
	Vermögenserträge	**Mobilien**
		-Orgelkonzert
		-Opferkerzen
		-Schriftenstand
		Forderungen
		-Bankguthaben
		-Wertpapiere
		-Reichnisse
Finanzquellen der Kirche (Erz-/Diözesen)	**(Ab-)Gaben der Gläubigen**	**freiwillige Gaben**
		-Spenden
		-Kollekten (freie, gebundene)
		-sonstige Zuwendungen unter Lebenden und von Todes wegen
		verbindliche Gaben
		-Verwaltungsgebühren
		-Benutzungsgebühren
		-Beiträge
		-Steuern
	Staatsleistungen	**direkte**
		-Dotationen
		-Subventionen
		indirekte
		-Gewährung individueller und korporativer Religionsfreiheit
		-Gewährung abgabenrechtlicher Vergünstigungen der Kirche

Abbildung 7: Finanzquellen der Diözesen

Das Finanzportfolio zeigt, dass die Kirche ihre Mittel nicht vorwiegend über den Prozess der Leistungserstellung erzielt. Daher ist es bei dem weit überwiegenden Teil der Erträge (mindestens 80%) nicht möglich, sie den Leistungseinheiten der Kirche zuzuordnen, d.h. es besteht kein unmittelbarer Zusammenhang zwischen den Leistungseinheiten und den Erträgen der Kirche. Soweit es sich nicht um Spenden für einen speziellen Zweck handelt (z.B. für Drittweltleistungen), besteht aber ein abstrakter Zusammenhang, denn die Kirche verwendet die erzielten Einnahmen für ihre Leistungen, d.h. die Verwendung der Einnahmen ist auf die Sachziele ausgerichtet.[380] Der abstrakte Zusammenhang zwischen den Erträgen

---

[380] Die Höhe der Kirchensteuer bemisst sich nicht nach dem Ermessen des Steuerpflichtigen. Ge-

und den Leistungen der Kirche hat zur Folge, dass sich von der Veränderung der Erträge einer Periode nicht ohne Weiteres auf die Leistungsdynamik der Kirche schließen lässt. Das Kirchensteueraufkommen wird von den Einkommensverhältnissen der steuerpflichtigen Kirchenmitglieder, der Steuergesetzgebung und der Zahl der steuerpflichtigen Kirchenmitglieder beeinflusst.[381] Auf Grund des Fehlens eines unmittelbaren Zusammenhangs zwischen der Leistungsperformance und dem Ertragsaufkommen der Kirche verhalten sich die Erträge relativ träge zu den Leistungen der Kirche. Das Ertragsvolumen der Diözese allein ist mithin kein hinreichendes Maß zur Beurteilung der tatsächlichen Leistung der Diözese.

3.1.4.2 Das Kirchenvermögen

3.1.4.2.1 Kirchenvermögen aus kanonischer Sicht

3.1.4.2.1.1 Charakterisierung des Kirchenvermögens

Damit das Kirchenvermögen im bilanziellen Sinne erörtert werden kann, erfolgt zunächst eine Abgrenzung der unterschiedlichen Arten von Kirchenvermögen aus kanonischer Sicht.

Das V. Buch des CIC trägt den Titel „De Bonis Ecclesiae Temporalibus". Übersetzt wird diese Bezeichnung als „Kirchenvermögen". Zerlegt man die Bezeichnung in *Bonis Ecclesiae* und *Temporalibus*, so kann sie differenziert ausgelegt werden. Der erste Teil *Bonis Ecclesiae* heißt übersetzt *Kirchengüter*[382] oder *Kirchenvermögen* und umschreibt Ressourcen, welche in der Verfügung einer kirchlichen Rechtsperson stehen. Durch das Adjektiv *Temporalibus* kommt zum Ausdruck, dass es sich um weltliche oder vergängliche[383] Güter handelt. Deutlich wird dies in c. 1254 § 1, worin es heißt, dass die Kirche für die Erfüllung ihrer Sendung Vermögen erwerben, besitzen, verwalten und veräußern darf. Diese vier Kategorien spiegeln sich auch in der Systematik des V. Buches wider. Es ist unterteilt in Vermögenserwerb (Titel I), Vermögensverwaltung (Titel II), Verträge, insbesondere Veräußerung (Titel III) und fromme Stiftungen/Verfügungen (Titel IV). Nach c 1254 dient Kirchenvermögen ausschließlich dazu, die Zwecke der Kirche zu verwirklichen (c. 1254, § 1). Der Begriff *temporalibus* kann in diesem Zusammenhang auch im Sinne wirtschaftlicher Nutzung für die Zwecke der Kirche interpretiert werden. In diesem Sinne stellen die weltlichen Güter vor allem die

---

meint ist in diesem Zusammenhang das Ermessen über die Mitgliedschaft.
[381] Vgl. Leimkühler (2004), S. 2 f.
[382] Vgl. Langenscheidt (2005): Grundform Bonus.
[383] Vgl. Langenscheidt (2005): Grundform Temporalis.

wirtschaftliche Grundlage für das Handeln der Diözese dar und weisen daher grundsätzlich einen wirtschaftlichen Nutzen auf.

Neben den weltlichen Güter, nennt das Kirchenrecht auch nicht-weltliche Güter. Dies sind Gegenstände, die nicht zur Veräußerung vorgesehen sind und keinen wirtschaftlichen Zweck zu erfüllen haben. Deren Wert ist in erster Linie kultureller, religiöser und spiritueller Art. Dieses sind beispielsweise Gegenstände zur Verehrung von Heiligen, Bilder und Reliquien (bona eccleasiar), welche in Buch IV, Titel IV, cc. 1188-1190 beschrieben sind. Zu den nicht weltlichen Gütern können auch künstlerische bzw. kulturelle Güter gehören (c. 1189). Im Folgenden werden die nicht weltlichen Güter als Heiligen-, Sakral- und Kulturgüter, kurz „HSK-Güter", bezeichnet.

Auch wenn das V. Buch den Titel „De Bonis Ecclesiae Temporalibus" trägt und mit dem Ausdruck „Temporalibus" die weltlichen Güter anspricht, so scheint der kanonische Gesetzgeber das V. Buch nicht konsequent auf weltliche Güter zu beschränken. Denn c. 1269 hat in Bezug auf den Vermögenserwerb auch „heilige Sachen", also nicht-weltliche Güter zum Gegenstand. Ferner dürfte auf Grund des vornehmlich religiösen und künstlerischen Wertes eine ausreichende Sicherung der HSK-Güter[384], wie dies in c. 1284 § 2 gefordert wird, oder die Führung eines Bestandsverzeichnisses (c. 1283, Nr. 2) auch oder insbesondere für die HSK-Güter gelten, da sie auf Grund ihres religiösen Wertes im besonderen Maße der Zweckbindung unterliegen. Doch existieren für diese Gütergruppe keine eigenständigen Verwaltungsvorschriften, so dass das V. Buch nur mit Einschränkung auf die HSK-Güter angewandt werden kann, während es auf weltliche Güter vollständig bezogen werden kann. Das heißt, dass die Vorschriften über die weltlichen Güter nur insoweit auf die HSK-Güter Anwendung finden, als sie den c. 1188-1190 im V. Buch nicht entgegenstehen, wie z.B. der Veräußerung, oder soweit die Vorschriften des V. Buches ausdrücklich die HSK-Güter benennen. Daher wäre es nahe liegend, auch HSK-Güter unter den Begriff *Kirchenvermögen* zu subsumieren.

SCHULZ hingegen verwendet den Begriff *Kirchenvermögen* in Anlehnung an die deutsche Übersetzung des lateinischen Titels des V. Buches synonym für die welt-

---

[384] Der Schadensbegriff wird nicht näher konkretisiert. Da jedoch der Schadensbegriff nicht auf ein bestimmtes Vermögen beschränkt wird und insoweit das gesamte Vermögen gemeint ist, kann davon ausgegangen werden, dass der Schaden sowohl den physischen Eingriff als auch den Eingriff in den wertmäßigen Bestand umfasst.

lichen Güter[385], denen er einen wirtschaftlichen Zweck beimisst. Dies wird durch seine Definition deutlich: „Kirchenvermögen ist die Gesamtheit der einer öffentlichen juristischen Person in der Kirche gehörenden oder zugeordneten *geldwerten* Rechte zur *Bestreitung der Aufwendungen* für die geordnete Durchführung des Gottesdienstes, die Sicherung des angemessenen Unterhalts des Klerus und anderer Kirchenbediensteter sowie zur *Finanzierung* der Werke des Apostolates und der Caritas."[386] Die Eingrenzung des Begriffs Kirchenvermögen auf die weltlichen, d.h. wirtschaftlichen Güter erscheint eng. Die Bezeichnung *Temporalibus* weist auf eine Abgrenzung zu einem anderen, nicht weltlichen bzw. nicht wirtschaftlichen Vermögenstyp wie HSK-Güter hin, so dass *Bonis Ecclesiae* als allgemeine Bezeichnung für Vermögen, das in der Verfügungsgewalt der Kirche steht, zu deuten ist. In diesem Sinne umfasst Kirchenvermögen sowohl weltliche Güter als auch HSK-Güter. HSK-Güter stellen auch eine (religiöse) Ressource dar. Sie stehen in der Verfügungsgewalt der Kirche und weisen, soweit mit ihrer Beschaffung oder Erstellung eine Vermögensbelastung verbunden ist, einen Geldwert auf.

Für die Subsumierung der HSK-Güter unter das Kirchenvermögen, d.h. für ein umfassendes Verständnis des Begriffs *Kirchenvermögen,* spricht auch die kanonische Schutzkonzeption, der das Kirchenvermögen unterliegt und die Kirchengutsgarantie:

Die Zweckbindung des Kirchenvermögens, die in c. 1254 § 2 zum Ausdruck kommt, ist Teil der Schutzkonzeption, in die das Kirchenvermögen eingebunden ist. Dies wird auch durch den in der Tradition der Kirche verankerten Grundsatz deutlich: Was für kirchliche Zwecke bestimmt ist, darf diesem Zweck nicht wieder entzogen werden.[387] Diese Veräußerungsrestriktion ist jedoch nicht im Sinne eines Veräußerungsverbotes von Kirchenvermögen zu interpretieren, sondern drückt eine verschärfte Kontrolle bei Veräußerungsgeschäften durch das Aufsichtsorgan aus. Danach sollen bestimmte Rechtsgeschäfte an kircheneigene Regelungen gebunden werden. Dies bedeutet, dass das Aufsichtsorgan bei der Erteilung von Genehmigungen nicht frei ist. Diese Veräußerungskontrolle bezieht sich auf die HSK-Güter und das Stammvermögen, da sie wegen ihres kulturellen und religiösen Wertes bzw. ihres Sicherungscharakters als besonders schützenswert angesehen werden. Diese Restriktion bezieht sich hingegen nicht auf diejenigen

---

[385] Vgl. Schulz (1996), in: MKzCIC, c. 1257, Rn 5, S. 4.
[386] Schulz (1983), § 95, S. 869 u. Schulz (1996), in MKzCIC, c. 1257, Rn 5, S. 4, die Hervorhebungen sind hinzugefügt.
[387] Vgl. Werneke, S. 280.

Güter, die zum Verbrauch bestimmt sind, weil der Wert dieser Güter gerade in der Möglichkeit der wirtschaftlichen Nutzung, wie der Veräußerung oder dem Verbrauch, liegt.[388]

Das *Zweckbindungsgebot* gilt hingegen nicht nur für die HSK-Güter und für bestimmte Rechtsgeschäfte, sondern auch für die weltlichen Güter, da c. 1254 §§ 1 u. 2, der im V. Buch enthalten ist, auch die weltlichen Güter mit der Zwecktrias verbindet.[389]

Die Zweckbindung ist für das Kirchenvermögen von wesentlicher Bedeutung, da sie seit jeher überhaupt erst das Recht am Besitz und Eigentum rechtfertigt. In diesem Zusammenhang schreibt WERNEKE: „Insofern also kirchliches Vermögen in seiner grundsätzlichen Zweckbestimmung der Sendung der Kirche dient, insofern findet es seine Berechtigung, aber auch seine Begrenzung."[390]

In verfassungsrechtlicher Hinsicht hat sich in der Literatur eine Definition des Begriffs *Kirchengüter* herausgebildet. Die Definition beschreibt dabei, welche Güter dem Schutz vor staatlichen Eingriffen unterliegen[391]. Hierzu gehören HSK-Güter in besonderem Maße, da sie unmittelbar der religiösen Zweckerfüllung dienen. Das Vermögensrecht des CIC ist ebenfalls einem Schutzgedanken unterworfen, der an dem Grundsatz der Zweckbindung orientiert ist und bestimmte Verwendungsrestriktionen umfasst. Im Gegensatz zum verfassungsrechtlichen Begriff *Kirchengut* findet sich derzeit weder in der deutschsprachigen Ausgabe des CIC noch in der Literatur eine umfassende Definition von Kirchengütern, die den kanonischen Schutzgedanken aufgreift. Da das Kriterium des Schutzes vor staatlichen Eingriffen auf kirchlicher Ebene nicht zur Abgrenzung geeignet ist, sollte im Interesse des kanonischen Schutzgedankens auch auf kanonischer Ebene eine Begriffsdefinition vorgenommen werden, nach der all diejenigen Kirchengüter umfasst werden, die der kanonischen Schutzkonzeption unterliegen. Dieser Begriff wäre dann weiter zu differenzieren nach wirtschaftlichem und religiösen Kirchenvermögen. Für die Zwecke dieser Arbeit soll Kirchenvermögen sowohl die weltlichen als auch HSK-Güter umfassen, wobei den weltlichen Gütern vornehmlich ein wirtschaftlicher und den HSK-Gütern vornehmlich ein religiöser und/oder kultureller Nutzen zukommt.

---

[388] Vgl. Puza (1999), § 103, S. 1104.
[389] Vgl. Werneke, S. 280. I.V. mit c. 1254 §1 u. 2.
[390] Werneke (1998), S. 275 zitiert aus: Schulz, W: Der Entwurf des Vermögensrechts, in AfkKR 147 (1978), S. 140.
[391] Vgl. Abschnitt 3.1.3.1.

Das Vermögensrecht des CIC nennt Grundsätze zur treuhänderischen Vermögensverwaltung für den besonderen Schutz dieser Güter.[392] Diese Grundsätze drücken sich beispielsweise im Veräußerungsverbot für HSK-Güter (c. 1190, § 1)
aus. Als weitere Elemente dieser Schutzkonzeption werden Aufsichtsrechte, die
Rechenschaftspflicht über die Vermögensverwaltung, Alienationsbeschränkung
und die Unterscheidung zwischen ordentlicher und außerordentlicher Vermögensverwaltung genannt.[393] Die Schutzkonzeption dient letztlich dazu, dass das Vermögen ausschließlich entweder für religiöse oder wirtschaftliche Zwecke, die den
Sachzielen der Kirche dienen, verwendet wird.

Auf Grund der Sachzweckbindung und der damit verbundenen Uneigennützigkeit,
der das Kirchenvermögen unterliegt, wird nach kanonischem Verständnis alles
Kirchenvermögen als *Treuhandvermögen* bezeichnet.[394] Somit erfolgt die Vermögensverwaltung nach treuhänderischen Grundsätzen. Zu diesen Grundsätzen zählt
SCHMITZ:[395]

- das Risikoverbot
- das Pflichtwidrigkeitsverbot
- das Eigennutzverbot
- die Sorgfaltspflicht
- die Zuverlässigkeitspflicht.

Der Begriff *Treuhandhandvermögen* weist im Zusammenhang mit der Charakterisierung des Kirchenvermögens jedoch Unschärfen auf. Ein Treuhandvermögen
setzt ein Treuhandverhältnis zwischen Treugeber und Treuhänder voraus. ROß
stellt heraus, dass es ‚die' Definition des Begriffs Treuhand nicht gebe, wohl aber
eine „gemeinsame Grundlage aller rechtsgeschäftlichen Treuhandkonstruktio-
nen"[396]. Unabdingbares Kriterium eines jeden Treuhandverhältnisses ist das Handeln im eigenen Namen und für fremde Rechnung. Das Handeln der Treuhänder
für fremde Rechnung meint, dass dem Treugeber die Vor- und Nachteile aus der

---

[392] Vgl. Werneke, (1998), S. 280.
[393] Vgl. Werneke (1998), S. 278.
[394] Vgl. Mörsdorf (1967), S. 521.
[395] Vgl. Werneke (1998), S. 277, zitiert aus: Schmitz, H., S. 28: Das kirchliche Vermögensrecht
als Aufgabe der Gesamtkirche und der Teilkirchen. Kanonistische Fragen zum kirchlichen
Vermögensrecht im Schnittpunkt kirchlicher und weltlicher Rechtsordnung unter besonderer
Berücksichtigung der Kanonisation weltlicher Rechtsordnung als leges canonizatae im Blick
auf die Revision des CIC, in: AfkKR 146 (1977) 3-35; Puza (1999), § 102, S. 1099.
[396] Roß (1994), S. 253.

Treuhandschaft zufallen.[397] Es werden nach dem Grad der Rechtszuständigkeit des Treuhänders und nach dem Grad der Interessenwahrnehmung zwischen uneigennützigen und eigennützigen Treuhandschaften verschiedene Typen von Treuhandverhältnissen unterschieden. Diese Unterscheidung beschreibt die Stellung des Treugebers gegenüber dem Treuhänder.

Zur Annahme eines Treuhandverhältnisses bedarf es der Bestimmung des Verhältnisses zwischen den Kirchenmitgliedern als möglichen Treugebern und der Diözesanverwaltung als Treuhänderin. Dies zeigt, dass es unzureichend ist, den Begriff Treuhandvermögen ohne Beachtung der Rechtsverhältnisse allein durch die Zweckbindung und den Umgang mit dem Kirchenvermögen zu beschreiben.

Zum Kirchenvermögen tragen vornehmlich die Mitglieder der Kirche bei. Steuern im Allgemeinen und die Kirchensteuer im Speziellen stellen eine einseitig auferlegte Abgabe des Steuerpflichtigen für das kirchliche Gemeinwohl dar und sind weder mit einer Haftungspflicht noch mit einem direkten Genussanspruch auf Leistungen verbunden. Dasselbe gilt für Spenden, die eine freiwillige Leistung des Spenders darstellen. Weder die Kirchensteuerpflichtigen noch die Spender als Vermögensgeber sind Träger wirtschaftlicher Vor- und/oder Nachteile, die aus dem Verhältnis zwischen Kirchenmitgliedern und Kirche resultieren. Aus den Pflichten und Rechten der Kirchenmitglieder im Allgemeinen und der Laien im Speziellen, die in den cc. 208 bis 231 festgelegt sind, lässt sich kein Treuhandverhältnis im oben beschriebenen Sinne ableiten. Im Buch über das Kirchenvermögen wird die Körperschaft Kirche als Erwerberin, Verwalterin und Veräußerin ausgewiesen. Soweit keine anderen Verabredungen bestehen, kommen allein der Kirche als Eigentümerin des Kirchenvermögens die Vor- und Nachteile seiner Nutzung zu. Vor dem Hintergrund der dargestellten Zwecke der Kirche ist sie im Interesse der Sachziele und damit (idealtypisch) im Interesse des Geldgebers, jedoch für eigene Rechnung, tätig. Dies zeigt, dass zwischen Kirchenmitgliedern und der verfassten Kirche kein Treuhandverhältnis unterstellt werden kann.

In der Verwendung des Begriffs Treuhandvermögen und besonders im Grundsatz des Eigennutzverbotes kommt die strenge Zweckbindung des Kirchenvermögens an die Sachziele sowie der Schutz vor Veruntreuung und Zweckentfremdung zum Ausdruck. Wenn die Kanonisten dennoch den Begriff Treuhandvermögen verwenden, so ist damit die Schutzkonzeption gemeint, in die das Kirchenvermögen eingebunden ist, mithin ein Treuhandverständnis im kanonischen Sinne. Da die Aufgabenwahrnehmung der Kirche maßgeblich von ihrer Vermögensausstattung

---

[397] Vgl. Roß (1994), S. 253.

abhängt, kann dieser Begriff als Schutz des Geldgebers interpretiert werden, der keine Renditeerwartung hegt, sondern die Sachziele der Kirche verfolgt, wie dies auch c. 222. i.V. mit cc. 1260-1263 zum Ausdruck bringen. Inwieweit ein Treuhandverhältnis und welche Art vorliegt, ergibt sich – wie aufgezeigt – aus dem Rechtsverhältnis, durch welches Vermögen übertragen wird.

Wenn das *weltliche* Kirchenvermögen zur Erfüllung des kirchlichen Auftrages zweckgebunden ist und erst der Zweck den Besitz bzw. das Eigentum daran rechtfertigt, dann umfasst dieses Kirchenvermögen alle Eigentums- und Besitzgegenstände, die der wirtschaftlichen Erfüllung kirchlicher Zwecke dienen. Hierzu zählen die Kanonisten die körperlichen Gegenstände (bona corporalia), die sowohl bewegliche als auch unbewegliche Gegenstände (z.B. Geräte, Fahrzeuge bzw. Immobilien (c. 1270)) umfassen und die nicht körperlichen Gegenstände (bona incorporalia), die von den Kanonisten[398] in dingliche und schuldrechtliche Gegenstände unterteilt werden und als immaterielle Vermögenswerte aufgefasst werden können. Zu den nicht körperlichen Gegenständen werden geldwerte Rechte wie Gebrauchs- oder Besitzrechte sowie Abgaben und Zehnte etc. gezählt.[399]

Hinsichtlich der Verwendung des Kirchenvermögens sei angemerkt, dass die wirtschaftlichen Angelegenheiten ebenso wie die religiöse Dimension in das Communiogefüge der Kirche eingebunden sind. Es dient - soweit die Notwendigkeit besteht – auch dem Vermögensaustausch zwischen den Diözesen.[400] Das Kirchenvermögen steht somit auch im Dienst der Communio und muss „im Dienst dieser kirchlichen Sendung als Ausdruck geistiger Gemeinschaft geteilt werden"[401].

3.1.4.2.1.2 Das Stammvermögen

Die Canones 1285 und 1291 verwenden den Begriff *Stammvermögen*. Der kanonische Gesetzgeber hat diesen Begriff nicht weiter konkretisiert.

ALTHAUS fasst das Stammvermögen als wirtschaftliche Grundlage auf: „Das Vorhandensein ausreichender Mittel zur Erlangung des Zieles einer Rechtsperson,

---

[398] Vgl. Althaus (1996), in: MKzCIC, c. 1254, Rn 2, S. 2; Pree (1999), § 99, S. 1049 f.; Schulz (1983), S. 868 f.;

[399] Vgl. Althaus (1996), in: MKzCIC, c. 1254, Rn 2, S. 2; Schulz (1983),§ 95, S. 868 f.; Pree (1999), § 99, S. 1049 f.; Leimkühler (2004), S. 56.

[400] Ein Beispiel stellt in diesem Zusammenhang die in der Einleitung dargestellte Finanzhilfe der deutschen Diözesen für die Entschuldung des Erzbistums Berlin dar.

[401] Vgl. Werneke (1998), S. 292.

um deretwillen sie ins Leben gerufen wird, ist schließlich ja die Voraussetzung für die Verleihung der Rechtspersönlichkeit."[402] Diese materielle Grundausstattung, so ALTHAUS, gilt es zu schützen, damit die Rechtsperson ihre Aufgabe ausführen könne.[403] WERNEKE bezeichnet das Stammvermögen als „Mindestvermögenssubstanz"[404]. Ähnlich beschreibt LEIMKÜHLER das Stammvermögen als wirtschaftliche Grundausstattung der juristischen Person bzw. als langfristiges Vermögen, welches den Bestand der Rechtsperson sicherstellt, damit sie ihre Ziele verfolgen kann. Nicht zum Stammvermögen gehören „jederzeit verfügbare und für den Verbrauch bestimmte Mittel"[405]. Das Stammvermögen kann somit als „eiserne Reserve"[406], d.h. als Grundsicherung verstanden werden, welches dem Fortbestand der von der Kirche verfolgten Zwecke und ihrer Einrichtungen dient. In welcher Form das Stammvermögen diese Funktion wahrnimmt, wird vom Gesetzgeber nicht näher bestimmt bzw. partikularrechtlichen Regelungen überlassen.

3.1.4.2.2 Kirchenvermögen aus bilanzieller Sicht

3.1.4.2.2.1 Der Vermögensbegriff nach HGB und IFRS

Im Rahmen dieser Arbeit geht es um die Abbildung von Sachverhalten in einem Jahresabschluss, so dass auch „Kirchenvermögen" im bilanziellen Sinne zu erörtern ist. Um Vermögen in bilanzieller Hinsicht qualifizieren zu können, müssen bestimmte Voraussetzungen erfüllt sein, die sich aus der Gesetzeslage, der Rechtsprechung und/oder den Grundsätzen ordnungsmäßiger Rechnungslegung ableiten lassen. Da es um die grundsätzliche Bilanzierungsfähigkeit von Kirchenvermögen geht, werden die abstrakten Maßgaben nach HGB und IFRS/IPSAS dargestellt.

Das HGB definiert nicht explizit, was ein Vermögensgegenstand ist. Über den Begriff besteht auch in der Literatur kein Konsens. Er ist daher als nicht eindeutig geklärt anzusehen.[407] Als Charakteristikum eines ansatzfähigen Vermögensgegenstandes zielt das Handelsrecht nach der h. M. auf die Schuldendeckungsfähigkeit ab. Ein Vermögensgegenstand weist danach „ein wirtschaftlich nutzbares Potential zur Deckung (Begleichung) von Schulden des Unternehmens"[408] auf. Die Verbindung zur Schuldendeckung kommt in erster Linie dem Schutz des Gläubi-

---

[402] Vgl. Althaus (1997), in: MKzCIC, c. 1285, Rn 4, S. 2 f.
[403] Vgl. Althaus (1997), in: MKzCIC, c. 1285, Rn 4, S. 3.
[404] Vgl. Werneke (1998), S. 281.
[405] Leimkühler (2004), S. 50; Puza (1999), § 103, S. 1105.
[406] Bistum Hildesheim: Geschäftsbericht 2004, S. 37.
[407] Vgl. ADS (1998), § 246, Rn 9, S. 183.
[408] Baetge et al (2003), S. 140.

gers zu Gute.[409] Vor diesem Hintergrund muss ein Vermögensgegenstand gegenüber Dritten in Geld bewertbar sein, um die Schuldendeckung zu messen.[410] Daher können nur diejenigen Gegenstände bilanziert werden, die einen realisierbaren Wert haben.[411] Wegen der hohen Nachweis- und Bewertungsanforderungen im Interesse des Gläubigerschutzes wird die Realisierbarkeit an die Wertbestätigung am Markt gebunden.[412]

Zur Konkretisierung der Maßgabe der Geldbemessung wurden verschiedene Vorschläge gemacht. Es hat sich die Auffassung durchgesetzt, die abstrakte Maßgabe der Geldbemessung an die selbstständige Verwertbarkeit zu binden.[413] Dies bedeutet, dass ein Vermögensgegenstand i.S.d. § 246 Abs. 1 HGB ein nach der Verkehrsauffassung individualisierbares Gut darstellt, welches bei wirtschaftlicher Betrachtung einzeln verwertbar ist. Ferner setzt die Bilanzierungsfähigkeit die Bewertbarkeit voraus. Hierfür müssen die Anschaffungs- und Herstellkosten des Gegenstandes bestimmt werden können. Es können jedoch an die Stelle der Anschaffungskosten auch anschaffungsähnliche Vorgänge treten wie Tausch, Einbringung, Umwandlung und unentgeltlicher Erwerb.[414] Die Einzelbewertbarkeit trägt dem Grundsatz der Greifbarkeit Rechnung. Danach muss es sich „um ein Gut handeln, das sich nicht so ins Allgemeine verflüchtigt, dass es nur als Steigerung des *good will* des ganzen Unternehmens in die Erscheinung tritt"[415]. Die Maßgabe der selbstständigen Verwertbarkeit erfordert, dass der Vermögensgegenstand das Potenzial aufweisen muss, dass er außerhalb des Unternehmens durch Verkauf, Tausch oder Inzahlungnahme verwertet werden kann.[416] Die Veräußerbarkeit im Rechtssinne ist dabei nicht entscheidend. Vielmehr wird die wirtschaftliche Übertragbarkeit als ausreichend angesehen. Die Verwertbarkeit außerhalb des Unternehmens kann auch darin bestehen, dass Dritten das Recht eingeräumt wird, den Vermögensgegenstand entgeltlich zu nutzen. Die Verwertung durch Dritte ist ein wichtiges Kriterium bei immateriellen Vermögensgegenstän-

---

[409] Vgl. Baetge et al (2003), S. 140.
[410] Vgl. Baetge et al (2003), S. 140 f.
[411] Vgl. Winnefeld (2000), S. 491.
[412] Vgl. Euler (2002), S. 876.
[413] Vgl. Baetge et al (2003), S. 143; ADS (1998), § 246, Rn 28, S. 189.
[414] Vgl. Winnefeld (2000), S. 491.
[415] Moxter (1993), S. 8 f., zitiert aus: RFH-Urteil vom 21. Oktober 1931 VI A 2002/29, RFHE 30, 142, in: RStBl. 1932, 305; RFH-Urteil vom 27. März 1928 I A 470/27, StuW 1928 II, 705, in: RStBl 1928, 260.
[416] Vgl. Winnefeld (2000), S. 491 f.

den, da sie oft nicht einzeln veräußert werden können z.B. gewerbliche Konzessionen, die nicht übertragbar sind, oder Urheberrechte.[417] Für den Ansatz ist nicht das rechtliche, sondern das wirtschaftliche Eigentum (§ 246 Abs. 1 S. 2 HGB) maßgebend.[418] Die Ansatzkriterien eines Vermögensgegenstandes werden wie folgt zusammengefasst:[419]

- wenn er durch Veräußerung und Nutzungsüberlassung konkret oder abstrakt verkehrsfähig und damit selbstständig verwertbar ist und
- bilanziell greifbar ist, so dass der Gegenstand bei der evtl. Veräußerung des gesamten Unternehmens mit anschließender Fortführung ins Gewicht fällt und sich nicht ins Allgemeine (insbesondere in den Firmen- oder Geschäftswert) verflüchtigt."

Im IFRS wird der Begriff „asset" verwendet oder nach IPSAS 21.16 „cash-generating asset"[420], was dem Charakter eines asset nach IFRS entspricht. In der deutschen Übersetzung wird „asset" nicht als Vermögensgegenstand, sondern als Vermögenswert bezeichnet.[421] Durch diese Bezeichnung soll deutlich werden, dass sich das Vermögensverständnis nach IFRS nicht vollkommen mit dem des HGB deckt.[422] Der Vermögenswert ist u.a. nach R 49a definiert als „eine in der Verfügungsmacht des Unternehmens stehende Ressource, die ein Ereignis von Ereignissen der Vergangenheit darstellt, und von der erwartet wird, dass dem Unternehmen aus ihr [ein] künftiger wirtschaftlicher Nutzen zufließt". Was die Vorschrift unter einem „wirtschaftlichen Nutzen" versteht, bleibt im Framework unbestimmt.[423] Ein wirtschaftlicher Nutzen lässt sich aus der Definition von Erträgen ableiten. Nach R 70a stellen Erträge „...eine Zunahme des wirtschaftlichen Nutzens in der Berichtsperiode in Form von Zuflüssen oder Erhöhungen von Vermögenswerten oder einer Abnahme von Schulden dar, die zu einer Erhöhung des Eigenkapitals führen, welche nicht auf eine Einlage der Anteilseigner zurückzuführen ist". Hieraus wird deutlich, dass ein wirtschaftlicher Nutzen an der Reinvermögensmehrung gemessen wird. Die Gewinnerzielung ist ein typisches Formalziel von erwerbswirtschaftlichen Unternehmen. Zu den Formalzielen gehört

---

[417] Vgl. Winnefeld (2000), S. 492.
[418] Vgl. Schruff (2000), S. 9; Euler (2002), S. 876; Moxter (1999), S. 38 ff.
[419] Vgl. Winnefeld (2000), S. 492.
[420] Der Standard verweist bei dieser Vermögensart auf IAS 36.4.
[421] Vgl. Achleitner/Behr (2003), S. 103.
[422] Vgl. Wagenhofer (2003), S. 129, FN 21.
[423] Vgl Lüdenbach/Hoffmann (2004), in: Haufe IAS-Kommentar, § 1, Rn 110 ff, S. 62.

untrennbar auch die Liquiditätserhaltung.[424] Die Liquidität als Maßstab für den wirtschaftlichen Nutzen geht aus R 53 ff. hervor. R 53 stellt heraus, dass der künftige wirtschaftliche Nutzen das Potenzial repräsentiert, „direkt oder indirekt zum Zufluss von Zahlungsmitteln und Zahlungsmitteläquivalenten" beizutragen. R 54 verbindet den Vermögenswert mit dem Potenzial zur Leistungserstellung, d.h. wofür Kunden bereit sind zu bezahlen. Insofern tragen Vermögenswerte über die Erträge indirekt zum Cash Flow bei. Hinsichtlich der Verfügungsgewalt über den Vermögenswert ist nicht das rechtliche, sondern das wirtschaft liche Eigentum entscheidend (R 57). Da bei erwerbswirtschaftlichen Unternehmen die Formalziele dominieren, erscheint es nahe liegend, dass ein wirtschaftlicher Nutzen dann gegeben ist, wenn der Vermögenswert (wahrscheinlich) einen Erfolgs- und wenigstens mittelbar einen Liquiditätsbeitrag leistet. LÜDENBACH/HOFFMANN[425] bemerken, dass die Ansatzkriterien generell weniger an einem statischen als vielmehr an einem dynamischen Bilanzverständnis orientiert sind.

Neben dem Kriterium des wahrscheinlichen wirtschaftlichen Nutzens, den ein Vermögenswert erbringen muss, „müssen seine Kosten oder sein Wert verlässlich ermittelt werden können."

Die wesentlichen Unterschiede zwischen dem Rahmenkonzept und der handelsrechtlichen Auffassung nach der abstrakten Bilanzierungsfähigkeit lassen sich wie folgt skizzieren:

1. Anders als nach Handelsrecht ist der Nutzen nicht an tatsächliche, sondern an wahrscheinliche Ereignisse/Sachverhalte gebunden.[426] Damit stellen die IFRS nicht nur auf unmittelbar beobachtbare Ereignisse ab, sondern auch auf Absichten, Annahmen, Prognosen und Schätzungen.[427] Quantitative Reichweiten werden im Rahmenkonzept nicht genannt, sondern die Maßgabe wird nur allgemein in R 83 i.V.m. R 29 u. R 30 umschrieben. Es ist dann im Einzelfall zu prüfen, ob eine hinreichende Wahrscheinlichkeit vorliegt. Sie dürfte jedoch in jedem Falle über 50 % liegen.[428]
2. Formal betrachtet ist das handelsrechtliche Kriterium der selbstständigen Verwertbarkeit im Rahmenkonzept nicht enthalten. Insofern erscheint der

---

[424] Vgl. Abschnitt 2.2.5.
[425] Vgl. Lüdenbach/Hoffmann (2004) in: Haufe IAS-Kommentar, § 1, Rn 115, S. 65.
[426] Vgl. Achleitner/Behr (2003), S. 103.
[427] Vgl. Euler (2002), S. 877.
[428] Vgl. Wagenhofer (2003), S. 140.

Kreis der aktivierungsfähigen Posten nach HGB eher kleiner als nach dem Rahmenkonzept.[429]

Vor diesem Hintergrund sind die grundsätzlichen Ansatzkriterien zwischen dem HGB und den IFRS unterschiedlich streng. Dennoch spielt dies für den überwiegenden Teil der Posten praktisch kaum eine Rolle. Die Unterschiede liegen vornehmlich beim immateriellen Vermögen[430] und beim Finanzanlagevermögen. Insgesamt betrachtet ist der Vermögensbegriff nach dem Rahmenkonzept weiter gefasst als nach dem HGB.[431]

3.1.4.2.2.2 Ansatzfähigkeit von Kirchenvermögen

Der kanonische Gesetzgeber erlaubt der Kirche den Besitz oder das Eigentum von Vermögen nur, wenn damit die Erfüllung der Sendung der Kirche verbunden ist. Der Nutzen des Kirchenvermögens bezieht sich damit auf die Verfolgung der Sachziele der Kirche. Die nutzenbezogene Auffassung, wie sie im IFRS vertreten wird, kommt dem Zweckbindungsgrundsatz des Kirchenvermögens grundsätzlich entgegen. Bei erwerbswirtschaftlichen Unternehmen ist der Nutzen entsprechend der Definition von Erträgen und dem Zielsystem auf die Formalziele, d.h. auf die Gewinnerzielung und die Liquiditätserhaltung ausgerichtet. Da die Kirche jedoch in der Hauptsache Sachziele verfolgt, erscheint die Eingrenzung auf die Reinvermögensmehrung und die Liquidität als zu eng. Der Funktion des wirtschaftlichen Kirchenvermögens nach leistet es einen Erfolgs- und/oder Liquiditätsbeitrag und sollte grundsätzlich die Ansatzkriterien nach HGB bzw. IFRS erfüllen.

HSK-Güter dienen weder zur Schuldendeckung noch einem anderen wirtschaftlichen Zweck. Speziell bei Dominanz der Sachziele, wie bei der Kirche, kann der Erwerb von Vermögen, z.B. von HSK-Gütern, zu einer Reinvermögensminderung führen, ohne dass mit diesen Gütern ein wirtschaftlicher Nutzen verbunden ist. Da nach IFRS und HGB eine Aktivierung auf Grund des Fehlens eines nachweisbaren (wahrscheinlichen) wirtschaftlichen Nutzens nicht möglich ist, müssen HSK-Güter im Jahr ihres Zugangs im vollen Umfang als Aufwand erfasst werden, obwohl das Gut langfristig in der Verfügungsgewalt der Diözese liegt und einen Nutzen aufweist. Es ist jedoch fraglich, ob tatsächlich kein *wirtschaftlicher* Nutzen besteht. HSK-Güter tragen insofern zur Verfolgung der Sachziele bei, als sie

---

[429] Vgl. Wagenhofer (2003), S. 141; Lüdenbach/Hoffmann (2004) in: Haufe IAS-Kommentar, §1, Rn 125, S. 65.

[430] Vgl. Schruff (2004a), in: WILEY-Kommentar, S. 386.

[431] Vgl. Schruff (2004a), in: WILEY-Kommentar, S. 386; Wagenhofer (2003), S. 141.

einen Beitrag zur Identität zwischen Glaube, Kirche und Kirchenmitgliedern leisten und ihnen dadurch ein kultureller und religiöser Nutzen zukommt. Glaube und Identifikation mit einer Religion sind das typische Kennzeichen einer Glaubensgemeinschaft. Der Nutzen von HSK-Gütern wird auch im Katechismus der Katholischen Kirche an verschiedenen Stellen beschrieben: „Der religiöse Sinn des christlichen Volkes hat immer unterschiedliche Ausdrucksformen in den mannigfaltigen Frömmigkeitsformen gefunden, die das sakramentale Leben der Kirche begleiten."[432] Dazu gehört z.B. die Verehrung von Reliquien und Heiligenbildern.[433] Die wirtschaftlichen Beiträge der Gläubigen aus denen das Kirchenvermögen hervorgeht, können als Ausdruck der Identifikation der Kirchenmitglieder mit dem Glauben bzw. der Kirche aufgefasst werden. Somit stellen auch HSK-Güter Ressourcen dar, denen zwar kein konkreter, wohl aber ein abstrakter wirtschaftlicher Nutzen zukommt, nämlich mittelbar über die Schaffung von Identität. Soweit mit ihrer Beschaffung ein Ressourcenabschluss verbunden ist, werden HSK-Güter im Jahresabschluss nur als Ressourcenverbrauch erfasst, soweit mit ihrer Beschaffung ein Ressourcenabschluss verbunden ist, und sind in bilanzieller Hinsicht intransparent. Gerade der religiöse Wert kann jedoch einen erheblichen wirtschaftlichen Wert mit sich bringen, ohne dass dies bei der Anschaffung ausdrücklich beabsichtigt ist. Fraglich erscheint daher, ob derartige Güter nicht auch einen wirtschaftlichen Nutzen aufweisen können. Doch ist eine bilanzielle Erfassung problematisch, da ein wirtschaftlicher Nutzen nicht objektivierbar sein dürfte.

Einen Ansatz bieten die IPSAS: Sie folgen grundsätzlich dem Kriterium des wirtschaftlichen Nutzens, geben in IPSAS 17 jedoch auch Vermögen an, dessen Wert nicht mit einem wirtschaftlichen Nutzen verbunden sein muss (Heritage Assets). Hierbei handelt es sich beispielsweise um historische Gebäude, Monumente und künstlerische Werke (IPSAS 17 Nr. 8).
Die Kriterien für den Ansatz von Vermögen nach IPSAS 17 Nr. 13 sind:

1. Es muss einen wahrscheinlichen wirtschaftlichen Nutzen oder *Potenzial für eine Dienstleistung (service potential)* aufweisen.
2. Die Kosten oder der beizulegende Wert (fair value) des Vermögenswertes muss verlässlich bestimmbar sein.

---

[432] Benedictus PP (2004), Tz 353, S. 126; S. 98.
[433] Vgl. Benedictus PP (2004) zu Sakralbauten Tz 244 ff., S. 99; zu Heiligenbildern Tz 240, S.98; Maritz (1999), S. 1021.

Da die HSK-Güter einen religiösen bzw. kulturellen Nutzen für die Kirche aufweisen, dürfte das Kriterium des Potenzials für eine Dienstleistung erfüllt sein. Problematisch erscheint hingegen das Kriterium der Bewertbarkeit: Ein Marktwert kann in vielen Fällen auf Grund der Einzigartigkeit gar nicht ermittelt werden, insbesondere wenn die HSK-Güter zum jeweiligen Bilanzstichtag nicht zur Verkaufsdisposition stehen und deren Eigentum oder Besitz seit mehreren Jahrhunderten besteht. Ferner muss bezweifelt werden, dass der Preis derartiger Güter nicht immer nach Angebot und Nachfrage bestimmt wird. Auch der Anschaffungswert dürfte kein geeignetes Kriterium sein, da er kaum dem tatsächlichen Wert entsprechen dürfte. Es kann auch nicht angenommen werden, dass der Anschaffungspreis dem Potential zur Schuldendeckung oder einem nachweisbaren Ertragspotential entspricht. In Bezug auf religiöse Güter, wie die HSK-Güter, dürfte es schwer fallen, ein objektivierbares Servicepotenzial zu bestimmen. Ebenso besteht bei HSK-Gütern das Problem der Abschreibung. Fraglich ist, ob überhaupt eine Abnutzung unterstellt werden kann. Man denke hier an kulturell bedeutende Gebäude, die zum Weltkulturerbe zählen, wie den Dom zu Köln. Angesichts des dargestellten Bewertungsproblems scheint für Zwecke der Rechnungslegung weder ein religiöser Wert noch ein um den religiösen Wert bereinigter - wirtschaftlicher - Wert objektiv bestimmbar zu sein.

Zu fragen bleibt, ob solche Güter in Form einer ergänzenden – nicht monetär basierten - Berichterstattung in die Rechnungslegung aufgenommen werden können. Ähnliche Bewertungsprobleme finden sich beispielsweise bei der Bewertung von Forschungskosten[434] oder intellektuellem Kapital. Gegenwärtig wird die Rechnungslegung in Bezug auf den letzteren Ressourcentyp in Form einer Wissensbilanz (Intellectual Capital Statement) diskutiert.[435] Denkbar wäre, von derartigen Instrumenten auf die HSK-Güter zu abstrahieren.

Die Erörterung in Bezug auf die Abbildung der HSK-Güter im Jahresabschluss zeigt, dass sie einer speziellen Erörterung bedarf, auf die abgrenzungsbedingt im Rahmen dieser Arbeit nicht näher eingegangen werden soll. Im Folgenden wird sich auf das wirtschaftliche Kirchenvermögen beschränkt.

---

[434] Forschungskosten sind weder nach dem HGB ansatzfähig, weil selbsterstellte immaterielle Vermögensgegenstände nicht ansatzfähig sind (§ 248 Abs. 2 HGB), noch nach IFRS, weil es der IASB für ausgeschlossen hält, dass ein wirtschaftlicher Nutzen nachweisbar ist, vgl. Wagenhofer (2003), S. 206).

[435] Vgl. Schütte (2005), S. 240 ff.; Altenburger (2003), S. 54 ff.

3.2 Grundsätze ordnungsmäßiger Rechnungslegung im gesamtkirchlichen Recht

3.2.1 Rechtsnatur von Rechnungslegungsgrundsätzen

Bevor sich eine Aussage darüber treffen lässt, welche Funktionen Rechnungslegungsgrundsätze im gesamtkirchlichen Vermögensrecht einnehmen können, wird zunächst die Rechtsnatur von Rechnungslegungsgrundsätzen sowie die Funktionen, die sie nach HGB und IFRS einnehmen, erörtert.

Keine Rechtsvorschriften sind in der Lage, jeden denkbaren Einzelfall zu erfassen und zu regeln. Um diese Lücken zu schließen, bedienen sich die Rechtsnormgeber so genannter „unbestimmter Rechts- und Gesetzesbegriffe"[436]. Unbestimmte Rechtsbegriffe sind nach der Rechtslehre „solche, deren Inhalt nicht durch einen fest umrissenen Sachverhalt ausgefüllt werden, sondern bei der Rechtsanwendung auf einen gegebenen Tatbestand im Einzelfall einer Fixierung bedürfen"[437]. Sie umschreiben einen Tatbestand nur sehr allgemein. Hierdurch kann ein Sachverhalt, der nicht durch Einzelvorschriften geregelt ist, durch Auslegung der entsprechenden Grundsätze erfasst werden.[438] Demnach liegt Grundsätzen ein abstrakter Denkansatz zu Grunde. Unbestimmte Rechtsbegriffe werden in allen Ländern zur Rechtsfindung eingesetzt.[439]

Da auch das Handelsgesetzbuch nicht jeden bilanzierungsfähigen und –pflichtigen Sachverhalt im Detail regeln kann, werden die Grundsätze ordnungsmäßiger Buchführung (GoB) als unbestimmter Rechtsbegriff gebraucht.[440] Der Ausdruck *Grundsatz* wird somit als unbestimmter Rechtsbegriff beschrieben und durch Konsensbildung zwischen Rechtsprechung, Fachpraxis und Vertretern der Betriebswirtschaftslehre, also durch Auslegung und Anwendung mit Inhalt gefüllt.[441] Dabei entscheidet in Streitfällen um die Auslegung der GoB letztendlich die Rechtsprechung.[442]

Die handelsrechtlichen GoB werden als „allgemein anerkannte Regeln über die Führung von Büchern...." definiert.[443] Nach CASTAN werden GoB als "bestimm-

---

[436] im Folgenden als unbestimmte Rechtsbegriffe bezeichnet.
[437] Creifelds (2002), S. 1401.
[438] Vgl. Baetge et al (2003), S. 94; Wagenhofer (2005), S. 480.
[439] Vgl. Leffson (1987), S. 23.
[440] Vgl. Coenenberg (2000), S. 82, Leffson (1987), S. 21; Castan (1990), S. 12.
[441] Vgl. Coenenberg (2000), S. 59.
[442] Vgl. Castan (1990), S. 13.
[443] Coenenberg (2000), S. 59.

te Regeln bezeichnet, nach denen rechtsform-, branchen- und größenunabhängig die Bücher zu führen, das Inventar aufzustellen und Abschlüsse anzufertigen sind"[444]. Damit meint der Ausdruck „bestimmt(e)" nicht ganz konkrete, spezielle Regeln, sondern vielmehr eine bestimmte Art von Regeln. Rechtsformspezifische Vorschriften zählen grundsätzlich nicht zu den GoB.[445] Rechnungslegungsgrundsätze können wegen ihres Bezugs zum Jahresabschluss als eine *spezielle* Form von unbestimmten Rechtsbegriffen verstanden werden.

LEFFSON[446] verbindet mit den GoB „Wert- und Ordnungsvorstellungen". Dies zeigen z.b. Aussagen wie „[...] Sorgfalt eines ordentlichen Kaufmanns", „Rechtsgeschäfte, „[...] das gegen die guten Sitten verstößt", „[...] die im Verkehr erforderlicher Sorgfalt [...]"[447] oder auch die Generalnorm des „true and fair view", die eine wahrheitsgemäße Rechnungslegung fordert.

Der in dem Ausdruck GoB enthaltende Begriff *Ordnungsgemäß* (von „ordnungsmäßiger") leitet sich von Ordnung ab und bezeichnet ein System, nach dem Verhaltensweisen und Sachverhalte geregelt werden. In diesem Zusammenhang bemerkt LEFFSON: „Ordnungsmäßig ist nicht identisch mit gesetzmäßig, denn logischerweise kann das Gesetz nicht selbst Gesetzmäßigkeit gebieten"[448]

Die in den deutschen GoB enthaltene Bezeichnung *Buchführung* erscheint irreführend, da es dem Wortlaut nach nur das Führen von Büchern anspricht. Tatsächlich wird aber auch der Jahresabschluss als Rechenschaftsinstrument einbezogen (§ Abs. 2 HGB). Dem Wortlaut nach erinnert *Buchführung* an das Führen von Büchern in Form einer systematischen und technischen Erfassung von Geschäftsvorfällen. Dies war ursprünglich wohl auch so gemeint, denn die Buchführung diente in ihren Anfängen eher zur Selbstinformation des Kaufmanns, damit dieser den Überblick über die finanziellen Vorgänge behielt. Erst im Laufe der Zeit, insbesondere im Laufe der Industrialisierung, nahm die Bedeutung der Adressaten und damit die Bedeutung der Rechenschaft deutlich zu.[449] Die Buchführung im heutigen Sinne erfüllt weitaus mehr Funktionen, als dies ursprünglich gedacht war. Dabei beschränken sich GoB nicht nur auf die Regelung der technischen

---

[444] Castan (1990), S. 11., so auch Batege et al (2003), S. 94.
[445] Vgl. Baetge et al (2003), S. 94.
[446] Vgl. Leffson (1987), S. 22.
[447] Vgl. Leffson (1987), S. 23.
[448] Leffson (1987), S. 19, zitiert aus: Käfer, Karl: Berner Kommentar, Kommentar zum Schweizerischen Privatrecht, Bd. VIII, 2. Abteilung, Erste Lieferung, Grundlagen und Kommentar zu Art. 957, OR, Bern 1976, S. 470/471.
[449] Vgl. Coenenberg (2001), S. 32; Castan (1990), S. 3.

Verfahrensweise der Buchführung bzw. die bloße Dokumentation der Geschäftsvorfälle, sondern umfassen die gesamte Erstellung des Jahresabschlusses.[450] Da sich zwar der Inhalt, offensichtlich aber nicht der Begriff verändert hat, sind hier unter Buchführung alle das Rechnungswesen betreffenden Aufgaben, zu denen auch die Erstellung des Jahresabschlusses zählt, zu verstehen.[451] Da der Gegenstand dieser Arbeit die Rechnungslegung ist, erscheint es sachgerechter, den Begriff *Buchführung* durch den Begriff *Rechnungslegung*, welche das Führen von Büchern als eine Voraussetzung der Rechnungslegung einschließt, zu ersetzen. Im Folgenden wird die Bezeichnung *Grundsätze ordnungsmäßiger Rechnungslegung* (GoR) verwendet. In der Literatur ist diese Bezeichnung gängig.[452]

Durch das Bilanzrichtliniengesetz von 1985 sind einige GoB in das HGB aufgenommen worden, wie der Grundsatz der Klarheit in § 243 Abs. 1 Nr. 2 oder der Grundsatz der Vollständigkeit (246 Abs. 1) und das Verrechnungsverbot (§ 246 Abs. 2). LEFFSON bemerkt hierzu: „Dass der Gesetzgeber Regeln des menschlichen Lebens kodifiziert, die auch ohne Gesetz weitgehend verbindlich sind, etwa auf Grund moralischer Anschauungen, finden wir auf allen Gebieten unserer Rechtsordnung."[453] Demnach sind GoB entweder als kodifizierte oder als nichtkodifizierte Normen rechtsverbindlich.[454] Die GoB unterscheiden sich, soweit sie nicht kodifiziert sind, von den Gesetzesnormen auch dadurch, dass sie sich auf Grund der sich aus der Praxis ergebenden Sachverhalte[455] und auf der Basis einer Konsensbildung zwischen Wissenschaft, Fachpraxis und Rechtsprechung weiterentwickeln. Insoweit ist die Fortentwicklung von nicht kodifizierten GoB unabhängig von einer starren Gesetzgebung.

Die Rechnungslegungsgrundsätze der IFRS sind im „framework" als konzeptioneller Rahmen schriftlich niedergelegt und sind ebenfalls als unbestimmt aufzufassen, denn anders als die IAS beziehen sie sich nicht auf einen Einzelfall oder auf eine bestimmte Jahresabschlussposition, sondern sind fall- und postenübergreifende Regelungen. Dies verdeutlichen Grundsätze wie Verständlichkeit (R 25), Relevanz (R 26 ff.) und Verlässlichkeit (R 31 f.). Ferner wird in R 2 zum Ausdruck gebracht, dass das Framework keine „Grundsätze für bestimmte Fragen der Bewertung oder von Angaben" definiert.

---

[450] Vgl. Baetge et al (2003), S. 85.
[451] Vgl. Leffson (1987), S. 21.
[452] Vgl. z.B Moxter (2003).
[453] Leffson, (1987), S. 27.
[454] Vgl. ebenda
[455] Vgl. Baetge et al (2003) S. 94.

Dadurch, dass die Rahmenprinzipien zum Großteil im Rahmenkonzept, einige auch in IAS 1 schriftlich niedergelegt sind, sind sie hinsichtlich ihrer Weiterentwicklung ähnlich wie Gesetzesnormen davon abhängig, das der IASB Veränderungen vornimmt. Sie unterliegen insoweit einer gewissen Starrheit. Dies kann dazu führen, dass die Harmonie zwischen den jeweiligen IAS/IFRS und den Rahmenprinzipien beeinträchtigt wird. So kommt durch die neueren IAS/IFRS der Bewertung zum beizulegenden Wert eine steigende Bedeutung zu, während diese unter den Wertkonzepten (R 100) nicht aufgeführt wird. WAGENHOFER[456] führt dies auf das Alter des Rahmenkonzeptes und somit auf die unterbliebene Anpassung zurück. Ein weiteres Beispiel ist die Inkonsistenz zwischen dem Framework und den in IAS 18 enthaltenen Regelungen hinsichtlich der Definition einzelner Gewinnkomponenten und der jeweiligen Normen zur Ertragsrealisation. Um diese Inkonsistenzen zu überwinden, besteht derzeit ein Gemeinschaftsprojekt zwischen dem IASB und dem Financial Accounting Standard Board (FASB).[457]

3.2.2 Funktionen von Rechnungslegungsgrundsätzen

Weil Rechts- und Gesetzeslücken aus der Natur der Sache erwachsen und GoB bzw. Rahmenprinzipien u.a. die Funktion haben, Gesetzeslücken zu schließen, stellen sie eine Ergänzung zu den relevanten Gesetzen bzw. IFRS/IAS dar. Rechnungslegungsgrundsätze sind daher ein eigenständiges System von Rechtsnormen.[458]

Unbestimmte Rechtsbegriffe bieten besonders dem Richter eine Leitlinie, wie im Einzelfall nach eigenem Verständnis zu entscheiden ist und inwieweit ein Fall mit der unbestimmten Norm vereinbar ist. Wie die jeweiligen unbestimmten Rechtsbegriffe, d.h. die Rechnungslegungsgrundsätze zu interpretieren sind, wird im Laufe der Zeit durch die Rechtsprechung und entsprechende Kommentierungen bestimmt.[459] Die Rahmenprinzipien werden heute u.a. für die Interpretation der IFRS/IAS verwandt. Diese Aufgabe nimmt das *International Financial Reporting Interpretations Committee* (IFRIC) wahr[460]. Durch die Heranziehung der Rahmenprinzipien zur Interpretation der jeweiligen IAS und die damit verbundenen Erfahrungen werden die Rahmenprinzipien gleichzeitig inhaltlich ausgefüllt. Der IASB

---

[456] Vgl. Wagenhofer (2003), S. 131.
[457] Vgl. Zülch/Willms (1994), S. 2001.
[458] Vgl. Leffson (1987), S. 22; Wagenhofer (2005), S. 481.
[459] Vgl. Leffson (1987), S. 24.
[460] vormals das "Standing Interpretation Committee" (SIC).

bemerkt in diesem Zusammenhang: „Der Board wird das Rahmenkonzept regelmäßig auf der Grundlage der damit gemachten Erfahrungen überarbeiten" (R 4). GoB bzw. Rahmenprinzipien sind keine bloße Sammlung von Einzelgrundsätzen, sondern stellen ein System dar.[461] Je nach Typus können sie über- oder untergeordnete Grundsätze sein, wie z.B. Rahmengrundsätze. Ein Beispiel hierfür ist die Generalnorm, welche die Zielrichtung eines Jahresabschlusses angibt und als übergeordneter Grundsatz den untergeordneten Grundsätzen einen Kontext gibt, innerhalb dessen sie zu interpretieren sind. Systematisiert werden Rechnungslegungsgrundsätze auch nach Funktionen (z.B. Dokumentationsgrundsätze) und/oder Abbildungsbereichen (z.B. Ansatzgrundsätze). Durch die Systematisierung von Rechnungslegungsgrundsätzen kann die Anwendung der Gesetze bzw. IAS strukturiert werden.[462]

Zu den Zwecken des Rahmenkonzeptes und damit der Rahmenprinzipien werden die Förderung der Harmonisierung von Vorschriften, Rechnungslegungsstandards und Verfahren hinsichtlich der Darstellung von Abschlüssen gezählt (R 1b).

Die einzelnen Funktionen der Rahmenprinzipien werden in R 1a-g aufgeführt. Danach haben sie ähnlich wie die GoB die Funktion, konsistente Standards[463] (weiter-) zu entwickeln und als Interpretationshilfe für die bestehenden IFRS/IAS sowie als Richtlinie in Bezug auf Fragestellungen und Sachverhalte, die nicht explizit in den IAS dargelegt sind, zu fungieren.[464] Der IASB betont in R 2, dass die IAS Vorrang vor den Rahmengrundsätzen haben. Ebenso haben auch die in Gesetzen eindeutig festgelegten Normen grundsätzlich Vorrang vor den GoB.[465]

Die Abbildung 8 auf der folgenden Seite fasst die zurvor erörterten Zusammenhänge zwischen dem Wesen und den Funktionen von Rechnungslegungsgrundsätzen, differenziert nach IFRS und HGB, zusammen.

---

[461] Vgl. Baetge et al (2003), S. 100 f.
[462] Vgl. Baetge et al (2003), S. 130.
[463] Vgl. Wagenhofer (2003), S. 119.
[464] Vgl. Coenenberg (2000), S. 77, Wagenhofer (2003), S. 120.
[465] Vgl. Leffson (1987), S. 25.

kaufmännische Rechnungslegungssysteme	
HGB	IFRS
Gesetzeslücken	Rechtslücken
unbestimmter Rechtsbegriff	unbestimmter Rechtsbegriff
GoB	Rahmenprinzipien

Funktionen von Rechnungslegungsgrundsätzen				
Schließung von Rechtslücken; das Recht ergänzende Rechtssätze	Leitfaden für die Judikative und Exekutive	Leitfaden für den Kaufmann und seine Gehilfen	Systematisierung von Vorschriften	Schaffung konsistenter Vorschriften
Harmonisierung der Rechnungslegung				

Abbildung 8: Funktionen der GoB/Rahmenprinzipien nach Rechnungslegungssystemen

3.2.3 Funktionen der GoR und ihre Einbindung im Codex Iuris Canonici

Auf Grund der Communioprägung der Kirche, die den Austausch von Kirchen-vermögen innerhalb der Diözesen ausdrücklich wünscht, so dass auch enge wirt-schaftliche Beziehungen der Diözesen untereinander unterstellt werden können, ist ein einheitliches Verständnis von der Rechnungslegung anzustreben. Das Er-fordernis gesamtkirchlicher GoR lässt sich aus dem Begriff und der Rechtferti-gung eines gesamtkirchlichen Vermögensrechts verstehen: Die Kirche bedarf „ei-nes gesamtkirchlichen Vermögensrechts, um in Grundnormen, die für unabding-bar angesehen werden, die Einheit der kirchlichen Sendung im Umgang mit den weltlichen Gütern zu wahren". Gesamtkirchliche Normierungen sind insoweit notwendig, als der besondere Einheitsdienst der gesamtkirchlichen Autorität dies erfordert"[466]. Die Entwicklung eines gesamtkirchlichen GoR-Systems scheint zu-mindest vor dem Hintergrund des gesamtkirchlichen Zielsystems sinnvoll zu sein. Aus diesem Grund stellt sich die Frage, inwieweit sich die GoR in das gesamt-kirchliche Recht einfügen und welche Funktionen sie erfüllen können.

Der CIC ist ein übergeordnetes Rahmenregelwerk, das danach ausgerichtet ist, dass die Rechtsnormen auf der Ebene der Teilkirchen anwendbar sind. Wegen des Rahmencharakters des CIC verwundert es nicht, dass sich der kanonische Gesetz-geber in ausgeprägtem Maße unbestimmter Rechtsbegriffe bedient. Dies wird z.B. durch Formulierungen wie „gut und treu zu verwalten" (c. 1283 Nr. 1), „ihr Amt mit der Sorgfalt eines guten Hausvaters zu erfüllen" (c. 1284 § 1), „Einnahmen-

---

[466] Werneke (1998), S. 256.

und Ausgabenbücher wohlgeordnet führen" (c. 1284 § Nr. 7), „Kleriker haben ein einfaches Leben zu führen" (c. 282 § 1), „eine Vergütung, die ihrer Stellung angemessen ist" (c. 281 § 1). deutlich. Ferner enthält der CIC eine Reihe von abstrakten Bezeichnungen und Formulierungen wie der „Ökonom", das „Stammvermögen" und „Rechnungslegung", die der Ausfüllung auf Teilkirchenebene bedürfen. Nicht eindeutig festgelegt ist auch, in welcher Form Rechnung zu legen ist und was genau das Stammvermögen oder ein angemessener Unterhalt, der die weltlichen und örtlichen Umstände zu berücksichtigen hat (c. 281 § 1), ist. Ein so konzipiertes Recht entspricht weitestgehend der Rechtsnatur von GoR. Welche Funktionen kann aber ein gesamtkirchliches GoR-System haben?

Ein gesamtkirchliches GoR-Konzept kann die Harmonisierung der Rechnungslegung innerhalb der Kirche fördern, so dass die Jahresabschlüsse innerhalb der Kirche vergleichbar und leichter verständlich sind und den Ermessensspielraum hinsichtlich der Form der Rechenschaftslegung eingrenzen. Somit kann ein GoR-Konzept auch zu einer besseren Kontrolle des Umgangs mit dem Kirchenvermögen beitragen und somit Informationsasymmetrien vermindern helfen. Diese Funktion käme der Schutzkonzeption des Kirchenvermögens entgegen.[467]

Ein gesamtkirchliches GoR-Konzept, dem ähnlich wie dem CIC ein abstrakter Denkansatz zu Grunde liegt, kann ferner als Leitlinie des partikularen Gesetzgebers für die Entwicklung neuer Partikularnormen und für die kanonischen Richter dienen. Des weiteren können GoR dem Vermögensverwalter eine Interpretationshilfe bei der Aufstellung eines Jahresabschlusses liefern, da GoR festlegen, was eine ordnungsmäßige Rechnungslegung im Kontext der Kirche bedeutet. Ferner können partikulare Rechtsnormlücken durch die Interpretation von GoR geschlossen werden.

Dies zeigt, dass sich ein GoR-Konzept nicht nur harmonisch in die Konzeption des CIC einfügt, sondern vor allem den Gedanken einer Harmonisierung der Vermögensverwaltung und damit auch der Rechnungslegung entgegenkommt, insbesondere mit Blick auf die Vielfältigkeit der Vermögensträger, der wirtschaftlichen Beziehungen unterhalb der Diözesen und der Nachvollziehbarkeit der Vermögensverwaltung im Sinne des kanonischen Normzwecks.

Damit GoR rechtlich für alle Teilkirchen gleichsam relevant werden, bedarf es eines Verweises im CIC wie § 238 Abs. 1 HGB. Die GoR existieren somit nicht unabhängig vom kanonischen Recht und können ihre Harmonisierungsfunktion

---

[467] Vgl. Abschnitt 3.1.4.2.1.1.

entfalten sowie ein normatives Sinnganzes mit dem CIC bilden. Ferner müssen sie den wirtschaftlichen Zielen der Kirche gerecht werden, da die kaufmännische Rechnungslegung die wirtschaftliche Lage, hier einer Diözese, abbilden muss. Werden GoR, wie die Rechnungslegungsgrundsätze des IFRS, überwiegend bzw. die handelsrechtlichen GoB teilweise kodifiziert, so wird die Interpretation bzw. die Fortentwicklung der Grundsätze der Kanonistik überlassen. Es besteht die Gefahr, dass die wirtschaftliche Sachlogik vernachlässigt und die praktische Anwendbarkeit auf der Ebene der Diözese gemindert würde.[468] Ohne die kaufmännische Handhabbarkeit erscheint ein gesamtkirchliches GoR-System zwecklos. In diesem Zusammenhang sei darauf hingewiesen, dass die fehlende Einbeziehung der Erfahrung der Ortskirchen in die kanonische Gesetzgebung die lokale Anwendbarkeit von einigen kanonischen Vorschriften praktisch unmöglich machte und dies einer der Gründe war, den CIC von 1919 einer grundlegenden Revision zu unterwerfen. Um die Verbindlichkeit und die kaufmännische Sachlogik mit dem kanonischen Recht zu verbinden, wird vorgeschlagen, einen Verweis auf GoR im Vermögensrecht vorzunehmen, ohne die einzelnen Grundsätze zu kodifizieren. Das System der GoR und die einzelnen Grundsätze können so durch Auslegung und Anwendung fortentwickelt werden und ein zeitgemäßes Ordnungssystem herstellen. Auch wenn das kanonische Recht bislang keinen Verweis auf die Anwendung von Rechnungslegungsgrundsätzen vorsieht, so werden GoR im Folgenden als Rechtsnormen interpretiert.

3.2.4 Gewinnung von Rechnungslegungsgrundsätzen

Im CIC wird die Rechnungslegungspflicht an mehreren Stellen explizit genannt, z.B. in cc. 1287 und 1284 § 2 Nr. 8. Es werden jedoch keine Angaben darüber gemacht, in welcher Form und nach welchen Standards Rechnung zu legen ist. ALTHAUS verweist in seinem Kommentar zum c. 1284 auf die Anwendung der allgemeinen buchhalterischen Grundsätze.[469] Was genau unter allgemeinen buchhalterischen Grundsätzen zu verstehen ist, wird nicht näher erläutert.

Als Möglichkeit zur Gewinnung von GoR könnten die Verkehrsanschauungen und Gewohnheiten von „guten" und „treuen" Vermögensverwaltern (c. 1283 Nr. 1), die gemäß c. 1284 § 1 „ihr Amt mit der Sorgalt eines guten Hausvaters" auszu-

---

[468] Der Nachteil einer vollständigen Kodifizierung von GoR wird im IFRS sichtbar. Dort besteht das Problem, dass das Rahmenkonzept nicht zeitnah an die Neuerungen der IAS bzw. IFRS angepasst wird und infolgedessen zwischen dem Rahmenkonzept und den IAS/IFRS Divergenzen entstehen können.

[469] Vgl. Althaus (1997), in: MKzCIC, c. 1284, Rn 10, S. 14.

führen haben, herangezogen werden. Eine derartige Vorgehensweise würde eine induktive Ermittlung von GoR darstellen. Unter Induktion versteht man die Vorgehensweise, wenn man aus der Summe von beobachteten Einzelfällen auf eine allgemeingültige Regel schließt.[470] Ein Vertreter dieser Methode ist SCHMALENBACH, der die „Ansichten der ordentlichen und ehrenwerten Kaufleute" als Maßgabe für die Ermittlung von Rechnungslegungsgrundsätzen ansieht.[471] Dies würde bedeuten, dass die Ansichten der verschiedenen Vermögensverwalter ermittelt werden müssten, um daraus auf GoR zu schließen. In der Literatur wird die induktive Methode zur Ermittlung von GoR überwiegend abgelehnt.[472] Der Grund wird darin gesehen, dass die Kaufleute zwar sachverständig sein können, jedoch interessensbedingt nicht neutral. Dies könnte zur Folge haben, dass GoR existieren, die den vom Gesetzgeber intendierten Interessen zuwiderlaufen. Ferner wird es als problematisch angesehen, die Ansichten ehrbarer und ordentlicher Kaufleute von denen anderer Kaufleute abzugrenzen.[473] Grundsätze können allerdings auf Gewohnheiten und Handelsbräuchen oder auch auf Verkehrsanschauung von Kaufleuten beruhen. Solche Grundsätze stellen nach KRUSE „mögliche Vorformen gesetzlicher, rechtlicher und vorrechtlicher Regelungen" dar. So kann das Gewohnheitsrecht eine Vorform des gesetzten Rechts sein, der Handelsbrauch eine Vorform des Gewohnheitsrechts und die Verkehrsanschauung wiederum eine Vorform des Handelsbrauchs usw.[474] RAFFÉE sieht die Induktion in Anlehnung an Popper nicht in einem Begründungs-, sondern[475] in einem Entdeckungszusammenhang[476] und misst dieser Methode als Generalisie-

---

[470] Vgl. Felderer/Homburg (1999), S. 8.

[471] Baetge et al (2003), S. 95.

[472] Vgl. zu den jeweiligen Argumenten: Leffson (1989), S.29 ff., 138 f.; Schmalenbach (1933), S. 225. ff. Baetge et al (2003), S. 95 f.; Coenenberg (2000), S. 59; Wöhe (1990), S. 48, Castan (1990), S. 11f.; Busse von Colbe/Pellens (1998), Stichwort: Grundsätze ordnungsmäßiger Buchführung, in: LdRW, S. 324; Moxter (2002), in: HdRP, S. 1042. US-GAAP - Angelsächsischer Rechtsraum: Pellens (2001) S. 117, IAS: Coenenberg (2000), S. 77.

[473] Vgl. Baetge et al (2003), S. 95.

[474] Vgl. Kruse (1976), S. 72.

[475] Nach Popper steht beim Begründungszusammenhang die Begründung und weniger die Entstehung von Hypothesen im Vordergrund der Erkenntnislogik. Diese Form der Erkenntnisbildung geht eher Begründungs und weniger Tatsachenfragen nach, vgl. Popper (1989), S. 112; vgl. auch Kelle (1997), S. 136.

[476] Der Entdeckungszusammenhang bildet nach Friedrichs vor allem den "Anlass" eines Forschungsprojektes. Hier steht die Entstehung von Hypothesen im Vordergrund der Erkenntnislogik. Die hierfür stattfindenden Gespräche, Beobachtungen und Explorationen sollen ein Problem strukturieren; allerdings nur in "impressionistischer" Form, vgl. Kelle (1997), S. 132, zitiert aus: Friedrichs, Jürgen: Methoden empirischer Sozialforschung, Oplanden 1980, S. 50 ff.. Reichenbach sieht im Induktionsschluss die logische Grundlage wissenschaftlicher Entdeckung, indem er den Induktionsschluss als die "Urform der Methode wissenschaftlicher Entde-

rung empirisch beobachteter Einzelfälle in der Betriebswirtschaftslehre eine große heuristische Bedeutung bei.[477]

Vor dem Hintergrund dieser Argumente erscheint die induktive Gewinnung von GoR für ein gesamtkirchliches Recht ungeeignet.

Da die Problemstellung auf der Grundlage des kaufmännischen Jahresabschlusses erörtert wird, lässt sich der Kreis der in Frage kommenden Rechnungslegungsgrundsätze auf die allgemein akzeptierten kaufmännischen Grundsätze eingrenzen. Dadurch entfällt eine Erörterung der verschiedenen Methoden zur Ermittlung von GoR. Angesichts der nicht unerheblichen Unterschiede zwischen HGB und IFRS hinsichtlich der Auffassung, was eine ordnungsmäßige Rechnungslegung ist, erscheint es jedoch fraglich, ob es überhaupt allgemein akzeptierte kaufmännische Rechnungslegungsgrundsätze gibt. Die unterschiedlichen kaufmännischen Grundsätze bzw. Rahmenprinzipien, wie Klarheit, Wahrheit, Vollständigkeit, Objektivität und Vorsicht sind Grundlage einer jeden Rechnungslegung, unabhängig vom Rechnungssystem[478], unterscheiden sich jedoch hinsichtlich ihrer Systematik, Gewichtungen und Auslegung. Dass sich die Grundsätze der kaufmännischen Rechnungslegungswerke weniger in ihrem Bestehen, als vielmehr in ihrer Auslegung unterscheiden, zeigt auch die Fachliteratur, in der Grundsätze bzw. Rahmenprinzipien oft als Kriterium für einen (synoptischen) Vergleich verwendet werden, um das unterschiedliche Verständnis verschiedener Rechnungslegungswerke darzustellen. Dies lässt sich beispielsweise bei der Auslegung des Vorsichtsprinzips sowie der Auffassung eines wahrheitsgemäßen und den Tatsachen entsprechenden Jahresabschlusses beobachten.[479]

Was aber sind die Ursachen für die unterschiedliche Auslegung von Rechnungslegungsgrundsätzen? Aus der Definition des Begriffs Rechnungslegung geht hervor, dass sie ordnungsgemäß sein muss, worauf die GoR abzielen. Die Ordnungsmäßigkeit lässt sich dann bewerten, wenn der Zweck und die Ziele des Jahresabschlusses bekannt sind, denn „Jahresabschlüsse sind Mittel zur Erfüllung bestimmter Zwecke"[480]. Nach herrschender Auffassung sind die Jahresabschluss-

ckung" bezeichnet, vgl. Kelle (1997), S. 135, zitiert aus: Reichenbach (1983): Erfahrung und Prognose (Gesammelte Werke, Bd 4), in: Kamlah, Andreas; Reichenbach, Maria (Hrsg. 1983): Experience and Prediction, S. 228.

[477] Vgl. Raffée (1974), S. 43.
[478] Vgl. IDW (2004): S. 1399.; Lüder (1999), S. 347.
[479] Vgl. Heyn/Waltersee (2003), Kütting (1994) S. 244 ff.; d'Arcy/Ordelheide (2001), S. 10 ff.; Coenenberg (2000), S. 68 ff.
[480] Baetge et al (2003), S. 83.

zwecke und -ziele die Grundlage eines Systems von Rechnungslegungsgrundsätzen.[481] Jahresabschlusszwecke stellen einen Bezugsrahmen dar, innerhalb dessen die geltenden Vorschriften zur Rechnungslegung ausgelegt werden.[482] Das System von Rechnungslegungsgrundsätzen gleicht nach YOSHIDA einem Eisberg, dessen Spitze an der Meeresoberfläche sichtbar ist. Er stellt das ganze System der Rechnungslegungsgrundsätze dar, an dessen tiefstem Punkt der Zweck steht.[483] Die Frage ist dann, auf welcher Basis die Zwecke des Jahresabschlusses einer Diözese ermittelt werden können.

3.2.5 Zwecke und Ziele des Jahresabschlusses

3.2.5.1 Problem der Ermittlungsmethode

Bevor auf das Problem der Ermittlungsmethode von Jahresabschlusszwecken und -zielen eingegangen wird, soll zunächst eine begriffliche Abgrenzung zwischen Jahresabschlusszwecken und Jahresabschlusszielen vorgenommen werden.

Von den Zwecken, welche auch Funktionen genannt werden, sind die Ziele des Jahresabschlusses formal zu trennen. Die Jahresabschlussziele beschreiben, was ein Jahresabschluss abbilden soll, insbesondere die kritische(n) Größe(n). In einem kaufmännischen Jahresabschluss ist die kritische Größe, entsprechend dem zu Grunde gelegten Kapitalerhaltungskonzept, der entziehbare Gewinn. Die Ziele schlagen sich durch die Bestimmung der kritischen Größe direkt im Jahresabschluss nieder.

Die Funktionen liegen hingegen außerhalb des Jahresabschlusses. Sie beschreiben die Aufgaben, die der Jahresabschluss erfüllen soll. Die Funktionen geben dem Jahresabschluss einen Sinn und drücken eine Absicht aus. Sie stehen in einem unmittelbaren Zusammenhang mit den Interessengruppen eines Unternehmens, denn sie legen die „Wissenswünsche von Empfängern des Rechnungswesens"[484] dar. Nach Schneider bestimmt der Rechnungszweck „über das Rechnungziel den Rechnungsinhalt"[485]. Dies bedeutet, dass zuerst die Zwecke, die der Jahresabschluss erfüllen soll, zu ermitteln sind, denn die Ziele übersetzen die Funktionen

---

[481] Vgl. Yoshida (1976), S. 57 f.; Leffson (1987), z.B. S.28 ff., 63 ff. ; Sandberg (2001), S. 65 ff.; Castan (1990), S. 11.
[482] Vgl. Baetge (2003), S. 83.
[483] Vgl. Yoshida (1976), S. 58.
[484] Schneider (1994), S. 29.
[485] Schneider (1997), S. 45.

des Jahresabschlusses in „geeignete Maßgrößen"[486]. Die Ziele können demzufolge als Konkretisierung der Funktionen verstanden werden.

Ein adressatenorientierter Jahresabschluss sollte die Informationsbedürfnisse der Adressaten befriedigen. Aber wer ist überhaupt Adressat und wie lassen sich dessen Informationsbedürfnisse ermitteln? Da nicht immer alle Interessenten hinsichtlich ihres Informationsbedürfnisses befriedigt werden können, richtet sich der Jahresabschluss in erster Linie an einen bestimmten Kreis von Informationsempfängern, welche als Adressaten bezeichnet werden. Dies sind in der handelsrechtlichen Rechnungslegung vor allem diejenigen, welche über ein Informationsrecht verfügen, d.h. welche ihre Informationsinteressen durch Vertrag oder Gesetz durchsetzten können und in deren Interesse Rechnung gelegt wird.[487]

Der deutsche Gesetzgeber hat bislang auf eine *explizite* Nennung der Adressaten verzichtet und strebt einen Interessensausgleich an.[488] Der IASB behauptet in R 10, dass die Informationsbedürfnisse der Investoren den Bedürfnissen der meisten anderen Adressaten entsprechen. Der IASB nennt zwar den Investoren als Adressaten, beabsichtigt damit aber die Befriedigung der Bedürfnisse eines breiten Kreises von Adressaten. Damit sind sowohl das HGB als auch die IFRS wenn auch auf unterschiedlicher Weise auf Kompromissbildung ausgerichtet.[489] Sie richten sich an all diejenigen, die durch die Rechtsnormen befriedigt werden sollen.[490]

Auch wenn das HGB und die IFRS auf Kompromissbildung ausgerichtet sind, so werden jeweils unterschiedliche Adressaten privilegiert. Das HGB ist implizit auf den Schutz der Gläubiger ausgerichtet, während die IFRS vornehmlich auf den Schutz der Investoren abzielen.[491] Damit wird auch eine Aussage getroffen, welche Informationsbedürfnisse die Investoren bzw. Gläubiger haben. Die unterschiedliche Gewichtung (Adressatenprivilegierung) hat historische und kulturelle Gründe, die im Zusammenhang mit dem jeweiligen Rechtssystem und der Finanzierungsstruktur von Unternehmen stehen.[492] In Deutschland erfolgte die Unter-

---

[486] Vgl. Sandberg (2001), S. 65.
[487] Vgl. Moxter (2003), S. 227 f; Moxter (1976), S. 95.; Ballwieser (2002), S. 116.
[488] Vgl. Moxter (2003), S. 223.
[489] Weder das HGB und die Jahresabschlussrichtlinie 78/660/EWG noch die US-GAAP und die IAS beschränken sich *explizit* auf einen Hauptadressaten, vgl. Moxter (2003), S. 223 f.
[490] Vgl. Moxter (2003), S. 224.
[491] Vgl. Kleekämper/Kuhlewind/Alverez (2003), in: RIAS-Kommentar, S. 7.
[492] Vgl. Pellens (2004), S. 34 ff.; Achleitner/Behr (2003), S. 4 ff.; Castan (1993), S. 17.

nehmensfinanzierung traditionell überwiegend über Fremdkapital.[493] Dies hat dazu geführt, dass das Handelsgesetzbuch den Schutz der Gläubiger in den Vordergrund stellt.[494] In den angelsächsischen Ländern, deren Einfluss die IFRS dominieren, erfolgt die Finanzierung traditionell eher über den Kapitalmarkt, so dass die Eigentümerstruktur breit gestreut ist. Die US-amerikanischen und britischen GAAPs sind daher auf den Schutz der Investoren ausgelegt. Die Informationsanforderungen, die an den Jahresabschluss zu stellen sind, beziehen sich daher vornehmlich auf Investorenentscheidungen.[495] Dies zeigt, dass die Zwecke des Jahresabschlusses von HGB und IFRS ihren Ursprung in den Informationswünschen der Adressaten haben und deren Determinanten offenbar bekannt sind.

Hinsichtlich der Jahresabschlusszwecke einer Diözese ist es problematisch, auf die Wissenswünsche der Adressaten zu schließen, da die Determinanten unbekannt sind. Die Übertragung der Wissenswünsche der Investoren und Gläubiger auf die Kirche erscheint nicht ohne Weiteres möglich, da die Finanzierung der Kirche überwiegend über die Kirchenmitglieder, die keine wirtschaftlichen Eigeninteressen verfolgen, erfolgt. Fraglich ist auch, ob die Kirchenmitglieder überhaupt Adressaten des Jahresabschlusses sind. Wenn Investoren- und Gläubigerfinanzierung für die Diözese, falls überhaupt, nur eine geringe Bedeutung haben, dann können die Wissenswünsche von Investoren und Gläubigern auch nicht ohne Weiteres als Grundlage für die Ermittlung von Jahresabschlusszwecken einer Diözese herangezogen werden. Ebenso wenig können die Wissenswünsche anderer Adressaten widerspruchsfrei ermittelt werden, da sie empirisch erhoben werden müssten. Dies würde bedeuten, Aussagen auf induktiver Basis zu treffen. Die Induktion steht jedoch in einem Entdeckungszusammenhang und ist für die Bildung einer begründenden Aussage umstritten.[496]

In der Literatur wird die betriebswirtschaftlich deduktive Methode zur Ermittlung von Jahresabschlusszwecken diskutiert. Hierbei wird nach rein wirtschaftlichen Überlegungen sachlogisch aus den kaufmännischen Rechnungslegungszwecken heraus argumentiert und so werden Aussagen über die Interessen der Adressaten getroffen.[497] Ausgangpunkt dieses Ansatzes ist die kaufmännische Praxis. Man versucht insoweit, aus der Beobachtung der Rechnungslegungspraxis auf die Zwecke der Rechnungslegung zu schließen. Nach dieser Methode werden Jahres-

---

[493] Vgl. Achleitner/Behr (2003), S. 12.
[494] Vgl. ebenda
[495] Vgl. Achleitner/Behr (2003), S. 11.
[496] Vgl. Raffée (1974), S. 43, Leffson (1987), S. 29, 113, Anzenbacher (2002), S. 237.
[497] Vgl. Yoshida (1976), S. 55; Sandberg (2001), S. 69; Baetge/Kirsch (1995), Grundlagen, Fn 249, S. 139.

abschlusszwecke losgelöst von rechtlichen Vorgaben ermittelt.[498] Sie versucht, Aussagen über die Wissenswünsche von Individuen zu treffen, welches aus den zuvor genannten Gründen jedoch abzulehnen ist. Bei Anwendung dieser Methode würde zudem eine Mittel-Zweck-Konstellation akzeptiert, die auch ohne die konstitutiven Ziele der Kirche Gültigkeit hätte. Mit Blick auf das Zielsystem der Kirche, deren wirtschaftliche Ziele Mittel zur Verfolgung der Sachziele sind, findet das wirtschaftliche Handeln in den normativ festgelegten Zielen seine Berechtigung und auch seine Begrenzung. Wirtschaftliches Handeln ist auf den kanonischen Gesetzeszweck - die Zweckbindung des Kirchenvermögens an die Sachziele - ausgerichtet und erfüllt insofern einen bestimmten kanonischen Normzweck. In dieser normativen Zweckbindung im gesamtkirchlichen Recht verfolgt der kanonische Gesetzgeber die Sicherstellung des *Einheitsdienstes* der Kirche, um die nationale Willkür im Umgang mit dem Kirchenvermögen und damit die Gefahr der Zweckentfremdung des Kirchenvermögens zu begrenzen. Durch diese Absicht, die ihren Ausdruck in der Existenz des kanonischen Vermögensrechts findet, wird deutlich, dass Jahresabschlusszwecke, die unabhängig von gesetzlichen Vorgaben angewandt werden, genau den Zweck verfolgen würden, der durch das gesamtkirchliche Vermögensrecht vermieden werden soll, nämlich die Erstellung eines vom kanonischen Recht losgelöst entwickelten Ordnungssystems. Ein rein betriebswirtschaftlich-deduktiver Ansatz, der losgelöst vom kanonischen Gesetzesplan Jahresabschlusszwecke zu ermitteln sucht, würde den Sinn des Jahresabschlusses verfehlen und ist daher abzulehnen. In diesem Zusammenhang wird die Notwendigkeit eines Verweises auf die Anwendung von GoR im CIC deutlich.

Im Handelsrecht hat sich die in der Jurisprudenz gängige Methode der Hermeneutik etabliert.[499] Das HGB ist jedoch nicht maßgebend für kirchenrechtliche Rechnungslegungszwecke. Ferner enthalten die kanonischen Vorschriften keine dem HGB vergleichbaren Vorschriften, die ähnliche oder entsprechende Voraussetzungen zur hermeneutischen Ermittlung von Jahresabschlusszwecken bieten. Eine Besonderheit bei der Auslegung der kanonischen Gesetze ist zudem, dass hier der theologische Sinn der jeweiligen Rechtsnorm sowie der Sinn im theologischen Gesamtkontext der Normen zu beachten ist. Daher muss bei der Ermittlung von Jahresabschlusszwecken der hermeneutische Ansatz an die Struktur und Natur des kanonischen Rechts angepasst werden.

Es müssen die einschlägigen kanonischen Vorschriften zu den Jahresabschlusszwecken aus dem CIC herausgefiltert werden, um eine Auslegungsbasis zu schaf-

---

[498] Vgl. Yoschida (1976), S. 55, Sandberg (2001), S. 69.
[499] Vgl. Baetge et al (2003), S. 96.

fen. Nach der kanonischen bzw. juristischen Methodenlehre (Hermeneutik) erfolgt die Auslegung im Wesentlichen nach fünf Elementen:

1) Auslegung nach dem Wortlaut und Wortsinn einer Vorschrift (grammatische Auslegung),
2) Deutung einer Vorschrift im Kontext, in dem sie steht (systematische Auslegung) und
3) Deutung der Absicht einer Regelung anhand der historischen Entstehung und der Gesetzesmaterialien (historisch-genetische Auslegung).
4) Auslegung unter Hinzuziehung von Interpretationen in ähnlich gelagerten Fällen (analoge Interpretation).
5) Ferner ist der Sinn und Zweck der Vorschrift zu ergründen und zur Auslegung heranzuziehen (teleologische Auslegung).

Das fünfte Auslegungselement unterstellt, dass „ein vernünftiger (widerspruchsfreier) Gesetzesplan"[500] besteht, der unterschiedliche objektiv-teleologische Elemente verbindet, die losgelöst davon sind, ob sich der Gesetzgeber dessen ursprünglich bewusst war oder nicht. Daher sind diese Elemente bei der Auslegung einer Vorschrift zu analysieren.[501]

Für die Auslegung der kanonischen Vorschriften bedeutet teleologische Auslegung, den kanonischen Normzweck zu beachten. Zu der teleologischen Auslegung der kanonischen Gesetze gehören die sachlichen Strukturen des V. Buches über das Kirchenvermögen. Hier ist besonders die Zweckbindung des Kirchenvermögens, die in c. 1254 genannt wird, heranzuziehen. Ferner gehören zu den objektiv-teleologischen Elementen die im V. Buch enthaltenen Prinzipien für eine ordnungsmäßige Vermögensverwaltung sowie die von den Rechtstheologen ausgewiesenen Grundsätze treuhänderischer Vermögensverwaltung (im kanonischen Sinne). Nicht zuletzt ist der Gegenstand und die Natur der *Rechnungslegung*, d.h. die „zweckadäquate Beschaffenheit"[502] der Rechnungslegung einer Diözese zu berücksichtigen.

Gegenstand der Rechnungslegung ist es, die wirtschaftliche Lage einer Organisation auf der Basis der GoR darzustellen. Dazu ist hinsichtlich der Zweckbestimmtheit auch der betriebswirtschaftliche Zweck „innerhalb des bestimmten

---

[500] Vgl. Schneider (1983), S. 148.
[501] Vgl. Sandberg (2001), S. 66.
[502] Kruse (1970), S. 94.

Gesetzesplans" zu suchen.[503] Bei der Ermittlung einer sachlogischen Struktur des diözesanen Jahresabschlusses kommt die rechtliche Auslegung ohne die wirtschaftliche Betrachtung nicht aus.[504] Hierbei sind Erkenntnisse der Betriebswirtschaftslehre heranzuziehen.[505] Damit wird deutlich, dass bei der teleologischen Auslegung des Rechts weder das (kanonische) Recht noch die Betriebswirtschaftslehre allein ausreicht.[506] Damit ist die teleologische Methode zur Ermittlung von Jahresabschlusszwecken einer Diözese interdisziplinär.[507] Im Kern geht es bei der teleologischen Ermittlung von Jahresabschlusszwecken um die Frage nach dem Grundgedanken der im kanonischen Recht enthaltenen, sachgerechten Rechnungslegung. Um eine zweckadäquate Rechnungslegung herzustellen, wird in Anlehnung an das Zielsystem der Kirche bei der Ermittlung von Rechnungslegungszwecken einer Diözese auf der Grundlage der Hermeneutik formal der kanonische und der betriebswirtschaftliche Normzweck unterschieden. Diese formale Unterscheidung erscheint insoweit geboten, als die das Vermögensrecht betreffenden Normen des CIC auf den kirchlichen Sachzweck[508] ausgerichtet und in diesen Grenzen auszulegen sind. Mit der ersten Auslegung kann der primäre teleologische Normzweck der Vorschrift, mit der zweiten der sekundäre, betriebswirtschaftliche Normzweck, der auf den primären Normzweck, d.h. auf den Sinn und Zweck betriebswirtschaftlichen Handelns im kanonischen Kontext, ausgerichtet ist, ermittelt werden. Bei der betriebswirtschaftlichen Auslegung geht es darum, Jahresabschlusszwecke zu ermitteln, welche im Rahmen des Zielsystems den wirtschaftlichen Zielen gerecht werden. Diese Auslegung soll nach Maßgabe der wirtschaftlichen Rationalität dem Jahresabschluss einen wirtschaftlichen Sinn geben. Da die Formalziele der Diözese auf die Sachziele und damit auf den Gesetzeszweck ausgerichtet sind, führen die kanonische und die betriebswirtschaftliche Auslegung nicht zu einander widersprechenden, sondern zu zweckadäquaten Ergebnissen. Hinsichtlich der Ermittlung gesetzlicher Jahresabschlusszwecke suchen beide Auslegungselemente nach der in einer Vorschrift enthaltenen „Mittel-Zweck-Relation"[509]. Mit der Verbindung zwischen dem kanonischen und betriebswirtschaftlich Normzweck soll erreicht werden, dass die Zwecke des Jahresabschlusses und damit der Jahresabschluss einer Diözese ein „normatives Sinnganzes" ergeben, welches von einem Zweck bestimmt wird[510], der aus dem kano-

---

[503] Vgl. Schneider (1983), S. 148.
[504] Vgl. Sandberg (2001), S. 66, Leffson (1987), S. 37, Schneider (1983), S. 144.
[505] Vgl. Sandberg (2001), S. 66.
[506] Vgl. ebenda
[507] Vgl. Kruse (1970), S. 102; Leffson (1987), S. 35.
[508] Vgl. Zielsystem Abschnitt 2.2.4.
[509] Kruse (1970), S. 94.
[510] Beisse (1980), S. 644.

nischen Vermögensrecht abgeleitet werden kann. Ermitteln lassen sich die Rechnungslegungszwecke einer Diözese aus dem Gesetzeszweck, hier dem CIC. Da Jahresabschlusszwecke einerseits nicht losgelöst vom kanonischen Normzweck existieren können, und andererseits für die kaufmännische Praxis sinnvoll sein müssen, sind Jahresabschlusszwecke zu suchen, die sich in der kaufmännischen Praxis bewährt haben und im Einklang mit dem kanonischen Recht stehen. Dieser Anforderung wird in dieser Arbeit entsprochen, indem die in der kaufmännischen Praxis zu Grunde gelegten Rechnungszwecke verwandt und vor dem kanonischen und betriebswirtschaftlichen Normzweck interpretiert werden. Die Anwendbarkeit der kaufmännischen Jahreabschlusszwecke findet daher ihre Zweckmäßigkeit in der Struktur des kanonischen Normbereiches.

Problematisch ist allerdings, widerspruchsfreie kaufmännische Rechnungslegungszwecke zu finden, denn die handelsrechtlichen Funktionen widersprechen zum Teil den Funktionen der IFRS. Konflikte bestehen z.B. in der Dominanz der Rechenschaftsfunktion und der Informationsfunktion.[511] Für die Interpretation der GoR ist jedoch ein dominierender Jahresabschlusszweck erforderlich, aus dem hervorgeht, was eine den Tatsachen entsprechende Darstellung der Vermögens-, Finanz- und Ertragslage bedeutet, d.h. ein Hauptzweck, der die Grundlage für die Bestimmung der Generalnorm eines GoR-Systems darstellt. Es ist bei der Kirche nicht ausgeschlossen, dass ein Zweckpluralismus besteht, so dass das Problem entsteht, die Zwecke zu gewichten. Bei der Gewichtung müssen die Interessen der Adressaten einbezogen werden. Bei gegenläufigen Interessen müssen Werturteile getroffen werden, wem der Vorzug zu geben ist (Adressatenprivilegierung)[512] und damit welchen Jahresabschlusszwecken schließlich der Vorrang zu geben ist. Allerdings kann dies nur im Rahmen des kanonischen Grundgedankens, d.h. im Sinne einer treuhänderischen Vermögensverwaltung, welche ein Eigennutzverbot vorschreibt[513], interpretiert werden. Die Wertung der Hauptzwecke des Jahresabschlusses einer Diözese muss sowohl mit den grundlegenden Werturteilen des kanonischen Rechts und den Grundsätzen einer treuhänderischen Vermögensverwaltung als auch mit der ökonomischen Rationalität harmonieren.[514]

Auf der Basis der vorangegangenen Erörterung werden die Abschnitte zur Ermittlung eines Zwecksystems wie folgt festgelegt: Im ersten Schritt werden auf der Grundlage der kaufmännischen Jahresabschlusszwecke der kanonischen und be-

---

[511] Vgl. dazu genauer Abschnitt 3.1.1.2.
[512] Vgl. Moxter (1976), S. 95.
[513] Vgl. Abschnitt 3.1.4.2.1.
[514] Vgl. Sandberg (2001), S. 73 analog zu gemeinnützigen Stiftungen.

triebswirtschaftliche Normzweck der Rechnungslegung erörtert. In diesem Zusammenhang werden auch die Adressaten ermittelt und deren Beziehung zur rechnungslegenden Einheit erörtert. Die so ermittelten Jahresabschlusszwecke werden gewichtet und zu einem Zwecksystem zusammengefasst. Ferner wird geprüft, inwieweit sich Jahresabschlusszwecke im Zwecksystem widersprechen und ein kaufmännischer Jahresabschluss diese Zwecke erfüllt bzw. um welche Bestandteile er ggf. zu erweitern ist.

3.2.5.2 Kaufmännische Jahresabschlusszwecke

In der Literatur werden die folgenden allgemeinen Funktionen eines kaufmännischen Jahresabschlusses genannt: [515]

- Rechenschaft
- Dokumentation
- Information
- Ausschüttungsbemessung

Diese Funktionen werden von SANDBERG[516] und ORTH[517] für gemeinnützige Stiftungen erörtert. Die Autoren stellen fest, dass sich die Aufgaben des externen Rechnungswesens von Profit- und Non-Profit-Organisationen im Wesentlichen in der Auslegung, nicht jedoch in der Funktion per se unterscheiden. Die o.g. allgemeinen Funktionen ergänzt SANDBERG durch die Funktionen des Haushaltsvergleichs und der Kontrolle der ordnungsmäßigen Mittelverwendung sowie der Kapitalverminderungskontrolle[518]. Auch LEIMKÜHLER zählt zu den Zwecken des diözesanen Jahresabschlusses die vier erstgenannten Zwecke und ergänzt diese um die innerkirchliche Besteuerung und mit Einschränkungen auch um die steuerliche Gewinnermittlung.[519] Aus diesen Feststellungen heraus erscheinen die oben angeführten Funktionen allgemein akzeptiert und sind damit als Grundlage für die Ermittlung von Jahresabschlusszwecken für die Diözese geeignet.

---

[515] Vgl. Kütting/Weber (1994), S. 244 ff.; dÀrcy/Ordelheide (2001); Coenenberg (2000), S. 31 ff.
[516] Vgl. Sandberg (2000), S. 347-354.
[517] Vgl. Orth (1997), S. 1341-1351.
[518] Vgl. Sandberg (2001), S. 101 ff.
[519] Vgl. Leimkühler (2004), S. 94 ff.

3.2.5.3　Jahresabschlusszwecke einer Diözese

3.2.5.3.1　Rechenschaftszweck

3.2.5.3.1.1　Rechenschaftspflicht und -zweck im Kontext der Adressaten

Aus der Funktion „Rechenschaft" leitet sich der Begriff „Rechnungslegung" ab, welche den Kern der Rechenschaftslegung darstellt. LEFFSON bemerkt hierzu: „Rechnungslegung als Ausdruck der Rechenschaft ist so alt wie die Arbeitsteilung unter den Menschen. Wer anderen Aufgaben überträgt, verlangt Rechenschaft über die Ausführung seines Auftrags. Rechnungslegung ist der beste Weg, um über den Verbleib von Geld und Gütern Rechenschaft zu geben."[520] Die Anforderungen, die an die Rechenschaft zu stellen sind, orientieren sich an Objektivität und intersubjektiver Nachvollziehbarkeit.[521] LEFFSON definiert die Rechenschaft als „Offenlegung des [zur] Verwendung anvertrauten Kapitals in dem Sinne, dass dem Informationsberechtigten – das kann auch der Rechenschaftslegende selbst sein – ein so vollständiger, klarer und zutreffender Einblick in die Geschäftstätigkeit gegeben wird, dass dieser sich ein eigenes Urteil über das verwaltete Vermögen und die damit erzielten Erfolge bilden kann."[522] Die Analyse des Rechenschaftszwecks beinhaltet im Wesentlichen die Rechenschaftspflicht als solche sowie die Bestimmung der Adressaten. Welche Informationen zu vermitteln sind, kommt hingegen durch den Informationszweck zum Ausdruck.

Die Rechnungslegungspflicht des c. 1287 bezieht sich auf die Rechnungslegung gegenüber dem Ordinarius, dem Vermögensverwaltungsrat und den Gläubigen. Wie § 259 Abs. 1 BGB i.V.m. § 666 BGB stellt damit auch c. 1284 § 2 Nr. 8 und c. 1287 auf die Rechenschaft als Rechnungslegungszweck ab. Mit dem Ordinarius ist das Leitungsorgan der Diözese gemeint. Hierzu gehören all diejenigen, die in der Teilkirche ordentliche und allgemeine Vollzugsgewalt besitzen. Bezogen auf die Diözesen fällt hierunter in erster Linie der Diözesanbischof. Ferner gehören hierzu auch die General- und Bischofsvikare.[523] Darüber hinaus kann das Dom-bzw. Metropolitankapitel unter den Ordinarius subsumiert werden.

Das Konsultatorenkollegium/das Dom- bzw. Metropolitankapitel ist ein besonderes Gremium des Priesterrates[524], welcher aus mindestens sechs und höchstens

---

[520] Leffson (1987), S. 64.
[521] Vgl. Abschnitt 3.1.1.1.
[522] Leffson (1987), S. 64.
[523] Vgl. Pree (1999), § 12, S. 159.; c. 368.
[524] Der Priesterrat ist eine rechtsverbindliche Institution für jede Teilkirche. Dieses Gremium repräsentiert das Presbyterium der Diözese, welches dem Diözesanbischof als Senat bei der Leitung der Diözese mit beratender Funktion zur Seite steht (vgl. Schmitz (1999), § 40, S. 453

zwölf Personen des Priesterrates bestehen soll. Das Konsultatorenkollegium hat vornehmlich die Stellung des Domkapitels inne und nimmt insbesondere im Falle einer Vakanz des bischöflichen Stuhls (Sedisvakanz) die Leitung wahr, denn c. 502 § 3 überträgt der Bischofskonferenz das Recht, die Aufgaben des Konsultatorenkollegiums dem Domkapitel zu übertragen. Damit ermöglicht es der Gesetzgeber dem Domkapitel[525], eine bedeutende Stellung in der Leitung der Diözese einzunehmen. Die deutsche Bischofskonferenz hat für ihr Zuständigkeitsgebiet von diesem Recht Gebrauch gemacht.[526] Das Domkapitel bzw. Metropolitankapitel ist auf Grund seiner Leitungsvollmacht dem Ordinarius zuzuordnen, dem ein explizites Informationsrecht zukommt.

Ein Diözesanvermögensverwaltungsrat ist für finanzielle und wirtschaftliche Fragen in jeder Diözese einzurichten. C. 1287 § 1 regelt explizit, dass vor dem Ordinarius Rechenschaft abzulegen ist und dass dieser „die Rechnungslegung zur Prüfung dem Vermögensverwaltungsrat zur Prüfung zu übergeben hat". Damit wird der Vermögensverwaltungsrat als ein Prüfungsgremium ausgewiesen, das den Ordinarius diesbezüglich entlasten soll.[527] Er befindet sich damit innerhalb der Diözesankurie und kann als ein Hilfsglied des Ordinarius angesehen werden. Zu den Aufgaben dieses Gremiums gehören die Aufstellung des jährlichen Haushaltsplans der Diözese und die Prüfung und Genehmigung der Jahresrechnung (c. 493), die der Vermögensverwalter vorzulegen hat (c. 494 § 4). In c. 494 § 4 wird der Vermögensverwaltungsrat explizit als ordentlicher Adressat der Rech-

---

sowie c. 495 § 1). Der CIC beschränkt sich auf wenige Hinweise in Bezug auf die näheren Aufgaben des Priesterrates. Lediglich in c. 495 weist der Gesetzgeber darauf hin, dass es Aufgabe des Priesterrates ist, den Diözesanbischof bei der Leitung nach Maßgabe des Rechts zu unterstützen, um damit das pastorale Wohl des ihm anvertrauten Teils des Gottesvolkes so gut wie möglich zu fördern. Im C. 495 wird nur auf die partikularen Statuten verwiesen, welche die nähere Gestaltung der Aufgaben des Priesterrates bestimmen sollen (c. 496, Schmitz (1999) § 40, S. 453 f.). Da der Gesetzgeber den Aufgabenkreis des Priesterrates auf die allgemeine Leitung erstreckt, können zu seiner Aufgabenerfüllung auch wirtschaftliche Informationen benötigt werden (Vgl. Leimkühler (2004); S. 64). Der Priesterrat hat z.B. vor Genehmigung eines Kirchenbaus (c. 1215 § 2) und vor Auferlegung einer Diözesansteuer (c. 1263) ein Anhörungsrecht. Insoweit hat auch der Priesterrat grundsätzlich ein Interesse an der finanziellen Situation der Diözese. Ihm wird jedoch kein explizites Informationsrecht eingeräumt. Ferner erstrecken sich seine Aufgaben hauptsächlich auf pastorale Fragen, und es kommt ihm eine beratende Funktion zu, so dass diese Institution auch nicht implizit als regulärer Adressat anzusehen ist. Bei ihm kann jedoch auf Grund seiner interdisziplinären Aufgabenwahrnehmung ein allgemeines Informationsinteresse angenommen werden, zu dem auch Informationen über die wirtschaftliche Lage gehören können.

[525] In einer Erzdiözese wird das Domkapitel als Metropolitankapitel bezeichnet.
[526] Vgl. Schmitz (1999), § 40, S. 458 i.V. mit c. 502 § 3.
[527] Vgl. Althaus (1997), in: MKzCIC, c. 1287, Rn 8, S. 5.

nungslegung ausgewiesen. Somit ist der Vermögensverwaltungsrat Adressat des Jahresabschlusses der Diözese.

C. 1273 stellt heraus, dass dem Papst die oberste Verwaltung und Verfügung über alle Kirchengüter obliegt. Der Papst ist jedoch nicht als (Ober-)Eigentümer anzusehen, sondern als Verantwortlicher für die Gesamtkirche, um die Einheit der Kirche und ihrer Sendung zu gewährleisten.[528] Die Vorschrift bringt das oberste Aufsichtsrecht des Papstes zum Ausdruck und bestimmt, dass er jederzeit von seinem Eingriffsrecht Gebrauch machen kann, „angefangen von der allgemeinen Normsetzungskompetenz bis hin zu einzelnen konkreten, auch verfügungsmäßigen, Eingriffen"[529]. Zwar sieht der CIC keine explizite Rechenschaftspflicht vor, doch wenn der Papst auf Grund dieser innerkirchlichen Verantwortlichkeit ad-hoc Rechenschaft verlangen kann, besteht ihm gegenüber de facto eine Rechenschaftspflicht. Daher ist er als Adressat anzusehen.

C. 1287 § 2 bezieht sich auf die Rechnungslegung gegenüber den Gläubigen. Darin heißt es: „Über die Vermögenswerte, die der Kirche von Gläubigen gespendet werden, haben die Verwalter den Gläubigen gegenüber Rechenschaft abzulegen gemäß den vom Partikularrecht festzulegenden Bestimmungen." Der Kanon bezieht die Rechenschaftslegung auf die Vermögenswerte, die der Gläubige der Kirche gespendet hat. Da sich das Vermögensrecht nicht ausschließlich auf die wirtschaftlichen Güter beschränkt, ist anzunehmen, dass sich die Rechnungslegung sowohl auf weltliche als auch auf HSK-Güter erstreckt. Die Form der Rechnungslegung erfolgt gemäß dem Kanon nach den partikularrechtlichen Bestimmungen. WERNEKE wertet diese Vorschrift als eine beschränkte Rechenschaftspflicht und vertritt die Ansicht, dass diese nicht ausreiche, da sie nicht der in der „Communio-Struktur grundgelegten gemeinschaftlichen Mitsorge und Mitverantwortung aller Gläubigen für das kirchliche Vermögen" gerecht wird.[530]

Nach dem Wortlaut beschränkt sich die Rechnungslegung gegenüber den Gläubigen jedoch nur auf Spenden, welche eine von drei Abgabenformen der Kirchenfinanzierung darstellt.[531] Vermögensgüter bzw. –werte aus Beiträgen und Kirchensteuern würden dem Wortlaut nach nicht Gegenstand der Rechnungslegung sein, womit der Kreis der Adressaten auf die Spender eingeschränkt würde. In Ländern, in denen das Spendensystem dominiert, wie in den USA, würde der Kreis der Ad-

---

[528] Vgl. Pree (1999), § 99, S. 1057.
[529] Vgl. Werneke (1998), S. 263.
[530] Vgl. Werneke (1998), S. 306.
[531] Vgl. 3.1.4.1.

ressaten weiter sein, während in Ländern, in denen das Kirchensteuersystem oder das Beitragssystem dominiert, wie in Deutschland bzw. Österreich, einen entsprechend engen Kreis von Adressaten aufweisen. Nach der grammatischen Auslegung richtet sich der Adressatenkreis der Rechnungslegung nach der Finanzierungsform der Kirche. Ist dies aber der Sinn dieser Vorschrift? Die Formen der Abgaben durch die Gläubigen sind im Titel I des V. Buches nicht vorgeschrieben. In c. 1263 wird im Zusammenhang mit den Abgaben der Begriff *Steuern* verwendet. Hier kann es sich jedoch um eine unscharfe Übersetzung des Begriffs „tributum" handeln, der i.s. einer Abgabe gedeutet werden kann, ohne eine spezielle Abgabeform zu benennen bzw. zu präferieren. Möglicherweise wurde der Begriff mit Blick auf die in Deutschland dominierende Abgabeform, welche die Kirchensteuer ist, übersetzt. Sachlogisch wäre es nicht nachvollziehbar, warum allein die Abgabeform über den Adressaten der Rechnungslegung entscheidet, wenn nach dem Normzweck Gegenstand der Rechnungslegung ein zweckgerichteter und wirtschaftlicher Umgang mit den Ressourcen ist. Da über Vermögenswerte, die durch Kirchenmitglieder der Kirche zugeführt werden, Rechnung zu legen ist, so sind unabhängig von der Abgabenform alle zahlenden Kirchenmitglieder als Adressaten zu qualifizieren. ALTHAUS vertritt ebenfalls die Ansicht, dass nicht nur gegenüber den Gläubigen, die bestimmte Zuwendungen getätigt haben, Rechenschaft abzulegen ist, sondern gegenüber allen Gläubigen über jedwede Zuwendung.[532] Ihnen kommt durch diese Rechtsnorm ein explizites Informationsrecht über die Verwendung der im weitesten Sinne *gespendeten* Ressourcen zu.

Auf Grund der Größe und gesellschaftlicher Bedeutung der Kirche sowie ihrer Gemeinnützigkeit können zu den Informationsinteressierten alle Gläubigen und die Allgemeinheit, wie die Medien, zählen. Diese Gruppe nimmt jedoch den Rang von Informationsinteressierten ein.

Eine abstrakte Rechenschaftspflicht lässt sich aus der Schutzkonzeption ableiten, die durch die Bezeichnung *Treuhandvermögen* im kanonischem Sinne zum Ausdruck gebracht wird. Da das Kirchenvermögen im kanonischen Sinne als zweckgebundenes Treuhandvermögen zu schützen ist, muss gegenüber den Geldgebern i. S. einer intersubjektiven Nachvollziehbarkeit Rechnung gelegt werden, um diesen die Möglichkeit zu geben, die Einhaltung der Zweckbestimmung zu überprüfen. Die Rechenschaftspflicht zählt WERNEKE zu den Elementen der Schutzkonzeption des Vermögensrechts.[533] Darüber hinausgehend fordert WERNEKE, dass

---

[532] Vgl. Althaus (1997), in: MKzCIC, c. 1287, Rn 12, S. 8; Leimkühler (2004), S. 245.
[533] Vgl. Werneke (1998), S. 278, vgl. auch Abschnitt 3.1.4.2.1.

„als Ausfluss der treuhänderischen Verwaltung die Rechenschaftspflicht aller Vermögensverwaltung normativ festzuschreiben [ist]"[534].

Adressaten der Rechnungslegung sind zusammenfassend der Ordinarius (einschließlich dem Vermögensverwaltungsrat), der Apostolische Stuhl und das zahlende Kirchenmitglied. Hieraus wird deutlich, dass es sich um eine Informationsvermittlung gegenüber Aufsichtsgremien und Dritten handelt. Die Frage ist, wer der Rechnungslegende auf der Ebene der Diözese ist und in welcher Beziehung die Informationsempfänger zum Rechnungslegenden stehen.

3.2.5.3.1.2 Die Beziehung zwischen Rechnungslegenden und Adressaten

Ein entscheidendes Wesensmerkmal der Kirche ist, dass sie sich als Communio, d.h. als Gemeinschaft der Gläubigen versteht, die auch in *wirtschaftlicher* Hinsicht eine Gemeinschaft bilden. Diese Gemeinschaft besteht vornehmlich aus den zum Volk Gottes gehörenden Personen und darüber hinaus aus der Allgemeinheit. Die Gemeinschaft hat insoweit Bestand, wie sich die Mitglieder mit den Sachzielen der Kirche identifizieren.

Das wirtschaftliche Verhältnis zwischen den Mitgliedern und der Kirche kann als Auftragsbeziehung aufgefasst werden. Das Management hat im Interesse der Sachzielverfolgung den Auftrag, das Kirchenvermögen zu verwalten. Das Management ist dabei der Agent und die Mitglieder sind die Auftraggeber (Prinzipale). In der Unternehmenstheorie wird diese Beziehung in der Agency-Theorie untersucht. Eine Annahme dieser Theorie ist, dass der Agent eigene Ziele verfolgt, die den Zielen des Prinzipals entgegenstehen können, eine weitere, dass der Agent über Informationen verfügen kann, die dem Prinzipal vorenthalten sind.[535] Die Rechnungslegung als rechtlich normierter Teil der Prinzipal-Agent-Beziehung kann den unterstellten Informationsasymmetrien entgegenwirken. Der Jahresabschluss als Rechenschaftsinstrument erfüllt dabei eine Informations- und Kontrollfunktion. Dafür sind jedoch Gebote wie Vollständigkeit und Objektivität Voraussetzung.[536]

Grundsätzlich impliziert die Rechenschaftspflicht immer ein mehr oder weniger ausgeprägtes Prinzipal-Agent-Problem, denn wie aus der Begriffsbestimmung der Rechnungslegung hervorgeht, ist die Rechenschaft stets ein Nachweisinstrument. Wer Rechenschaft und damit einen Nachweis verlangt, der erwägt die Möglich-

---

[534] Vgl. Werneke (1998), S. 306.
[535] Vgl. Coenenberg (2000), S. 1074.
[536] Vgl. Coenenberg (2000), S. 1075.

keit, dass Informationsasymmetrien bestehen. Das Ausmaß der Zieldifferenz zwischen dem Agenten und dem Prinzipal hängt auch davon ab, wie das Zielsystem einer Organisation ausgeprägt ist. Bei erwerbs-wirtschaftlichen Unternehmen stehen typischerweise wirtschaftliche Eigeninteressen im Vordergrund.

Wird die Kirche auch in wirtschaftlicher Hinsicht als Gemeinschaft aufgefasst und wird eine Prinzipal-Agent-Beziehung zwischen dem Management und den übrigen Mitgliedern angenommen, so ist der Jahresabschluss ein finanzwirtschaftlicher Rechenschaftsbericht des diözesanen Managements gegenüber den Mitgliedern der Gemeinschaft. Der Jahresabschluss ist ein Instrument, um darüber zu informieren, inwieweit die finanziellen Ressourcen entsprechend den Vorstellungen[537] der Mitglieder bzw. den kanonischen Vorgaben eingesetzt wurden und wie handlungsfähig die Diözese wirtschaftlich ist. Die Frage ist, wer der Agent in der Prinzipal-Agenten-Beziehung auf der Ebene der Diözese ist?

Das kanonische Recht sieht den Ökonomen (c. 494) vor, der im Vermögensrecht auch als Verwalter (z.B. c. 1284) oder Vermögensverwalter (z.B. c. 1286) bezeichnet wird (z.B. c. 1284). Allerdings wird die Bezeichnung Ökonom auf die Verwaltung der Diözese bezogen. Der kanonische Gesetzgeber beabsichtigt offenbar die unterschiedliche Bezeichnung, um den Vermögensverwalter auf der Ebene der Diözese von den übrigen Vermögensverwaltern kirchlicher Einrichtungen abzuheben. Die Bezeichnung Vermögensverwalter scheint allgemein gemeint zu sein und bezieht sich sowohl auf den Ökonom als auch auf den Verwalter anderer kirchlicher Einrichtungen.

Nach c. 494 § 1 muss der Bischof nach Anhörung des Konsultatorenkollegiums und des Vermögensverwaltungsrates einen Ökonom ernennen. Der Ökonom wird für fünf Jahre ernannt und kann nach Ablauf dieser Zeit für weitere fünf Jahre gewählt werden (c. 494 § 2). Die Aufgaben des Ökonomen werden in c. 494 § 3 genannt. Danach soll er „gemäß dem vom Vermögensverwaltungsrat festgelegten Haushaltsplan das Diözesanvermögen unter der Autorität des Bischofs verwalten und aus den festgesetzten Einnahmen der Diözese die Ausgaben [...] tätigen, die der Bischof oder andere von ihm dazu Beauftragte rechtmäßig angeordnet haben".

---

[537] Gemeint sind die Erwartungen, die sich aus dem Zielsystem der Kirche ableiten. Insbesondere bei den Kirchensteuern, mit denen keine spezielle Verwendung verbunden ist, sondern dem Gemeinwohl der Kirche dienen, sind die Erwartungen auf die Zwecktrias bezogen. Bei Spenden bestehen i.d.R. konkretere Erwartungen in der Weise, dass die Ressourcen für einen definierten Zweck verwendet werden.

Am Jahresende hat er über die Einnahmen und Ausgaben gegenüber dem Vermögensverwaltungsrat Rechnung zu legen.

Der Vermögensverwalter kann Kleriker oder Laie sein (c. 1287 § 1).[538] Er muss gemäß c. 494 § 1 in wirtschaftlichen Fragen „wirklich" erfahren sein. Ferner muss der Vermögensverwalter einen Eid ablegen, welcher ihn zu einer guten und gewissenhaften Verwaltertätigkeit verpflichtet (c. 1283 Nr. 1). Eine Nichteinhaltung der Sorgfaltspflichten i.S.d. c. 1284 § 1 kann Haftungsansprüche (c. 1281 § 3, c. 1289 u. c. 1296) begründen oder zur straf- (cc. 1377, 1389 § 2) bzw. disziplinarrechtlichen Verfolgung (c. 1741, 5) des Vermögensverwalters führen.[539] cc. 118 und 1279 schreiben vor, dass im Rahmen des Kirchenrechts jede juristische Person über einen Vermögensverwalter verfügen muss.[540]

Der Ökonom steht unter der Autorität des Diözesanbischofs,[541] dem gegenüber u.a. Rechnung zu legen ist. Auf der Ebene der Bistumsverwaltung nimmt die Aufgabe der Vermögensverwaltung in den deutschen Diözesen das Generalvikariat bzw. das Ordinariat wahr, welches von dem (Erz-)Bischöflichen Generalvikar geleitet wird.[542] Daraus kann jedoch nicht zwingend geschlossen werden, dass der Generalvikar als Ökonom zu qualifizieren ist. Dem Generalvikar kommt gemäß c. 479 § 1 „in der ganzen Diözese die ausführende Gewalt zu, die der Diözesanbischof von Rechts wegen hat, um alle Verwaltungsakte erlassen zu können, jene aber ausgenommen, die sich der Bischof selbst vorbehalten hat oder die von Rechts wegen ein Spezialmandat des Bischofs erfordern". Die Aufgabe des Generalvikars beschränkt sich somit nicht auf die Vermögensverwaltung. Die Unterschiedlichkeit von Ökonom und Generalvikar wird durch die unterschiedliche Amtsdauer und die verschiedenen Formen der Ernennung deutlich. Anders als der Ökonom wird der Generalvikar nur vom Bischof ernannt (c. 475 § 1) und seine Amtszeit endet mit Zeitablauf der Beauftragung, mit Amtsverzicht und mit Abberufung (c. 481 § 1) und nicht automatisch nach einer Fünf-Jahres-Dauer, wie beim Ökonom. Dies schließt jedoch nicht aus, dass der Generalvikar auch Ökonom einer Diözese sein kann. Im Erzbistum Köln z.B. ist der Generalvikar Ökonom der Erzdiözese. Der Vermögensverwalter bzw. Ökonom ist gemäß c. 1284 § 2 Nr. 8 bzw. gemäß c. 494 § 4 der Rechenschaftspflichtige.

---

[538] Vgl. auch Althaus (1997), in: MKzCIC, c. 1283, Rn 2, S. 3.
[539] Vgl. Althaus (1997), in: MKzCIC, c. 1283, Rn 3, S. 4.
[540] Vgl. Puza (1999), § 102, S. 1095.
[541] Vgl. Puza (1999), § 102, S. 1096.
[542] Vgl. Mertes (2000), S. 61.

Überträgt man die Prinzipal-Agenten Theorie auf die Diözese, kann der Generalvikar als Manager (Agent) und der Ordinarius - als Aufsichts- und Verantwortungsorgan - zusammen mit den Geldgebern als Prinzipal angesehen werden. Es stellt sich allerdings die Frage, ob es sich hinsichtlich des Jahresabschlusses auf der Ebene der Diözesanverwaltung bei dem Ordinarius nicht eher um eine Selbstinformation handelt, denn auf Bistumsebene ist die Vermögensverwaltung im Generalvikariat/Ordinariat angesiedelt, dem der Generalvikar vorsteht. Das Generalvikariat/Ordinariat ist die Verwaltungsbehörde einer Diözese. Danach wäre die an den Ordinarius gerichtete Rechnungslegung eine interne - und die an die Geldgeber adressierte eine externe Rechnungslegung. Informationsasymmetrien bestehen vornehmlich bei den externen Adressaten.

3.2.5.3.1.3 Publizität der Rechnungslegung

Die Publizität kann als das Zugänglichmachen von Informationen verstanden werden.[543] Insoweit ist die Publizität eine Voraussetzung für die Rechenschaftslegung. LEIMKÜHLER kommentiert in diesem Zusammenhang: „Akzeptiert man den Gedanken der Notwendigkeit einer Rechenschaftslegung gegenüber den Kirchenmitgliedern, so bleibt im Prinzip nur die öffentliche Rechnungslegung, weil die Kirchenmitglieder sonst nicht erreicht werden"[544]. WERNEKE bemerkt, dass zur Rechenschaftspflicht auch die „allgemeine Offenlegungspflicht des Finanzgebarens gehört", die zusammen mit der Rechenschaftspflicht im CIC normiert werden müsse.[545] Weder zur Publizitätspflicht noch zum Publikationsort der diözesanen Rechnungslegung gibt das V. Buch Hinweise. Die Art und Weise der Rechnungslegung wird durch das Partikularrecht in Abstimmung mit dem nationalen Recht geregelt. Daher ist es nahe liegend, dass auch das Partikularrecht unter Beachtung der nationalen Vorschriften die Publikation der Rechnungslegung regelt.

Zum Publikationsort lässt sich an die Publizität von Kirchengesetzen anknüpfen. Nach c. 7 tritt ein Kirchengesetz ins „Dasein", indem es promulgiert[546] wird. Gemäß c. 8 § 2 wird partikulares Gesetz „auf die vom Gesetzgeber bestimmte Weise promulgiert". In Deutschland werden die Gesetze und Verordnungen sowie andere Verlautbarungen des Diözsanbischofs, zu denen auch die Haushaltsordnung und i.d.R. auch der Haushalt gehören, im Amtsblatt der Diözese veröffentlicht.[547]

---

[543] Vgl. Leimkühler (2004), S. 243.
[544] Leimkühler (2004), S. 243.
[545] Vgl. Werneke (1998), S. 306.
[546] bekannt gegeben.
[547] Vgl. exemplarisch das Amtsblatt des Erzbistums Köln vom 14.03 2002; Kirchliches Amtsblatt

Entsprechend der Gesetzgebungskompetenz auf Diözesanebene obliegt die Kodifizierung der Publizitätspflicht hinsichtlich der Rechnungslegung dem Diözesanbischof. Das Amtsblatt der Diözese kann daher auch für den Jahresabschluss der deutschen Diözesen als das Hauptmedium der Publizität aufgefasst werden. Da die Diözesen in Deutschland keinen gesetzlichen Offenlegungspflichten unterliegen, sind sie diesbezüglich frei, eigenständige Regelungen zu treffen. Alle deutschen Bistümer und nahezu alle Europäischen Diözesen verfügen über eine eigene Homepage, welche Auskunft über die verschiedenen Aktivitäten der Diözese gibt.[548] Das Internet ist mittlerweile für die Diözesen ein bedeutendes Instrument, besonders für die Kommunikation mit der Presse und der allgemeinen Öffentlichkeit geworden. Jede deutsche Diözese verfügt über ein Öffentlichkeitsreferat, mit der per E-Mail Kontakt aufgenommen werden kann. Viele deutsche Diözesen publizieren bereits ihre Einnahmen und Ausgaben über das Internet.

Die Nutzung des Internets trägt zur Verringerung der Kosten bei, besonders auf der Seite der Diözese, da Druckkosten vermieden werden und die Versendung an die Informationsempfänger über den Postweg entfallen kann. Für den Empfänger bietet sich die Möglichkeit, jederzeit den Jahresabschluss über den Download-Vorgang abzurufen, welches zu einer erheblichen Zeitersparnis führt. Problematisch bei der Offenlegung durch das Internet ist jedoch die Sicherheit.[549] Da letztlich die Diözese verantwortlich für den Inhalt ihrer Webseite ist, muss sie sicherstellen, dass die Daten frei von Manipulation durch Dritte sind.

Hinsichtlich des Publikationsortes und der Darstellung sollten Standards aufgestellt werden, so dass der Jahresabschluss ohne großen Zeitaufwand zu finden ist und die Vergleichbarkeit mit den Vorjahresdaten gewahrt wird. Ferner ist anzuregen, ob nicht über die Deutsche Bischofskonferenz oder den VDD einheitliche Regelungen hinsichtlich der Form und des Inhaltes der Darstellung getroffen werden sollten, um die Vergleichbarkeit der Jahresabschlüsse innerhalb der Diözesen einer Bischofskonferenz zu gewährleisten. Die Kirchenmitglieder als Interessierte des Jahresabschlusses sind private Haushalte jeder sozialen Schicht und jeden Alters. Es kann nicht angenommen werden, dass jeder Haushalt auch Zugang zum Internet hat. Daher muss neben dem Internet die Möglichkeit geboten werden, den

---

für die Diözese Fulda vom 11.12.2001; Kirchliches Amtsblatt Bistum Trier 01.02.2002, Nr. 29; Kirchliches Amtsblatt 2000/1 Nr. 18 der Erzdiözese Paderborn; Amtsblatt für die Erzdiözese Augsburg vom 01.03.2002.

[548] Vgl. http://www.katolsk.no/utenriks/europa.htm (Stand 20.08.2005).

[549] Vgl. Schruff/Kayser (2002), S. 355.

Jahresabschluss in der traditionellen Papierform offen zu legen, z.B. in Form von Aushängen im Rahmen von allgemeinen Bekanntmachungen der Diözese.[550]

3.2.5.3.2 Dokumentationszweck

Die Rechnungslegung i.S. des Rechenschaftszwecks setzt die Nachweis- und Nachvollziehbarkeit der Vorgänge voraus.[551] Die Beweis-, Sicherungs- und Informationsaufgaben weist LEFFSON[552] der Dokumentation zu. Da der Jahresabschluss auf dokumentierten Vorgängen beruht, erfüllt er eine Dokumentationsfunktion. Die Nachprüfbarkeit umfasst die Rückverfolgung der im Jahresabschluss abgebildeten Ressourcen und Ressourcenverbräuche bis zu den Einzelnachweisen, die einen Buchungssatz begründen. Daher nimmt die Dokumentation eine Beweisfunktion wahr, die auch die Aufbewahrung der Dokumente umfasst. BAETAGE et al[553] fassen die Dokumentation „im Sinne eines vollständigen, richtigen und systematischen Aufschreibens und Festhaltens der Güterbewegungen und Zahlungsvorgänge" auf. Da der Jahresabschluss auf nachweisbaren Vorgängen beruht und diese systematisch abbildet, nimmt der kaufmännische Jahresabschluss eine Dokumentationsfunktion, bestehend aus einer Ordnungs- und einer Beweisfunktion, wahr.

Die Pflicht zur Dokumentation bringen verschiedene Canones zum Ausdruck. ALTHAUS schließt aus der Formulierung des c. 1284 § 2 Nr. 7, „die Einnahmen und Ausgaben wohlgeordnet führen", die Pflicht zum Nachweis der vorgenommenen Buchungen.[554] C. 1285 § 2 Nr. 9 fordert zudem, Dokumente und Belege, die sich auf vermögensrechtliche Ansprüche der Kirche beziehen, angemessen zu ordnen und zu archivieren. C. 1283 gebietet die Anfertigung oder die Prüfung eines bereits existierenden „genauen und bis ins einzelne gehenden Bestandsverzeichnisses". Es soll Immobilien, beweglichen Sachen, "seien sie wertvoll oder sonst wie den Kulturgütern zuzurechnen" oder anderer Sachen", umfassen. ALTHAUS[555] zählt zu den inventarisierenden Vermögensgütern auch geldwerte Rechte, „seien sie dinglicher oder schuldrechtlicher Art".

---

[550] zu den weiteren Vor- und Nachteilen der Offenlegung von Finanzdaten über das Internet, vgl. Schruff/Kayser (2002), S. 353 ff.

[551] in Bezug auf das HGB, vgl. Baetge et al (2003), S. 85.

[552] Vgl. Leffson (1987), S. 47.

[553] Baetge et al (2003), S. 85 f.

[554] Vgl. Althaus (1997), in: MKzCIC, c. 1284, Rn 10, S. 14.

[555] Vgl. Althaus (1997), in: MKzCIC, c. 1283, Rn 12, S. 9.

Der c. 1283 steht im Zusammenhang mit dem Amtsantritt des Vermögensverwalters. Nr. 3 des Kanons schreibt eine zweifache Aufbewahrung dieses Bestandsverzeichnisses vor: ein Exemplar ist im Archiv der Verwaltung und eines im Archiv der (Diözesan-) Kurie aufzubewahren. In beiden Exemplaren ist „jede Veränderung zu verzeichnen, die das Vermögen erfährt". Insofern handelt es sich nicht nur um eine einmalige Bestandsaufzeichnung beim Amtsantritt des Vermögensverwalters, sondern um eine mit Amtsantritt des Vermögensverwalters fortzuführende Bestandsfortschreibung. Die Bestandsbewegung umfasst nicht nur die physischen Bewegungen, sondern auch Wertveränderungen und jede andere Schlechterstellung, z.b. grundbuchamtliche Belastungen.[556] Das Bestandsverzeichnis ist nicht nur auf Vermögenswerte beschränkt, sondern umfasst auch die Passiva, „da sich die vermögensrechtliche Situation einer juristischen Person auch bei Eintritt irgendeiner Bewegung in den Verbindlichkeiten ändert [...]"[557]. Da nach dieser Vorschrift jeder Vermögensverwalter ein derartiges Bestandsverzeichnis zu führen hat, ist die Amtsübernahme einer bereits bestehenden Vermögensverwaltung als eine Revision der bisherigen Bestandsführung zu deuten.[558] Auch wenn die Vorschrift systematisch nicht direkt im Zusammenhang mit der Rechnungslegung steht, so ist das aufzuzeichnende Vermögen Gegenstand der Vermögensverwaltung und gemäß c. 1284 § 2 Nr. 8 Gegenstand der Rechnungslegung.

Aus einer in dieser Weise kodifizierten Buchführungs- bzw. Aufzeichnungspflicht wird deutlich, dass es dem Gesetzgeber um eine vollständige, systematische und strukturierte Aufzeichnung der Geschäftsvorfälle geht. Bezogen auf einen kaufmännischen Jahresabschluss bedeutet dies, dass er auf nachweisbaren Vorgängen basiert und diese Informationen systematisch und übersichtlich darstellt. Vor diesem Hintergrund erfüllt der Jahresabschluss einer Diözese eine Dokumentationsfunktion, die aus einem Nachweis- und Ordnungszweck besteht.

3.2.5.3.3   Informationszweck

3.2.5.3.3.1   Zweck der Vermögensverwendungskontrolle

Der Jahresabschluss stellt unabhängig von den dominierenden Adressaten immer ein Informationsinstrument dar. Die Informationsfunktion im kaufmännischen Sinne bezieht sich jedoch auf Informationen, die für betriebswirtschaftliche Entscheidungen benötigt werden, um daraus Maßnahmen abzuleiten. Eine so ver-

---

[556] Vgl. Althaus (1997), in: MKzCIC, c. 1283, Rn 14, S. 11 u. Rn 18, S. 14.
[557] Vgl. Althaus (1997), in: MKzCIC, c. 1283, Rn 14, S. 11.
[558] Vgl. Althaus (1997), in: MKzCIC, c. 1283, Rn 8, S. 6.

standene Informationsfunktion beinhaltet Teile, die in Ländern mit einer Gläubigerschutzorientierung dem internen Rechnungswesen zuzuordnen sind. Die Informationsfunktion als Entscheidungsgrundlage setzt eine möglichst realitätsnahe Bewertung und transparente Ergebnisermittlung voraus. Dominiert jedoch der Gläubigerschutzgedanke, so orientiert sich der Bilanzierende vornehmlich an der Erhaltung des nominellen Eigenkapitals. Die Rechenschaftsfunktion im handelsrechtlichem Sinne steht für eine stärker vergangenheitsbezogene Rechnungslegung als die IFRS, die im Konflikt zur Informationsfunktion im betriebswirtschaftlichen Sinne stehen kann. Welcher Informationszweck kommt aber dem Jahresabschluss einer Diözese zu?

Das Rechnungslegungskonzept und das Rechnungslegungsinstrument werden vom kanonischen Gesetzgeber weder vorgegeben noch empfohlen, sondern der Ausgestaltung durch das Partikularrecht überlassen.[559] Aussagen über die Transparenz, ähnlich wie im Art. 21 Abs. 1 und in § 23 ff. PartG., werden im CIC nicht getroffen. ALTHAUS weist jedoch in mehreren Zusammenhängen auf die Verpflichtung zu einer transparenten Rechenschaftslegung hin. So vertritt er die Ansicht, dass ein wichtiger Schritt zu einer transparenten Vermögensverwaltung der Kirche die regelmäßige Offenlegung von Haushaltsplänen bzw. der Jahresrechnungen der Diözesen darstellt.[560] Die Haushaltsplanung dient allerdings in der kaufmännischen Praxis der internen Kommunikation, der Planung und der Steuerung. Sie ist eine reine Vorausschaurechnung und unternehmenssubjektiv ausgelegt. Sie zählt daher zum internen Rechnungswesen und weniger zur Rechnungslegung.[561] Daher wird die Haushaltsplanung nicht zu den Zwecken der Rechnungslegung gezählt und für diese Arbeit nicht weiter betrachtet.

Rechnung zu legen ist nach c. 1284 § 2 Nr. 8 über die Verwaltung, die sich auf die Vermögensverwaltung bezieht. Der Begriff „Vermögensverwaltung" erscheint unbestimmt, denn er sagt nichts über den Zweck der Vermögensverwaltung aus. Der Begriff lässt sich jedoch systematisch auslegen. Das V. Buch enthält zu Beginn des Gesetzes allgemeine Vorschriften zum Kirchenvermögen. Darin stellt c. 1254 § 1 fest, dass die Katholische Kirche das „angeborene" Recht hat, für ihre Zwecke Vermögen zu besitzen, zu verwalten und zu veräußern. § 2 dieses Canons präzisiert die Zwecke, die im Zielsystem der Kirche Gegenstand der Sachziele sind[562]. Der Jahresabschluss muss also Informationen über die Einhaltung der

---

[559] Vgl. Leimkühler (2004), S. 76.
[560] Vgl. Althaus (1997), in: MKzCIC, c. 1287, Rn 12 f., S. 8.
[561] Vgl. Schneider (1997), S. 31.
[562] Eucharistie, Apostolat, Caritas, Unterhalt des Klerus.

Zweckbindung vermitteln. Aus diesem Normzweck folgt ein Hauptelement und ein daraus abgeleitetes Nebenelement. Rechtlich ist das Hauptelement die Zweckbindung an die Sachziele der Kirche, woraus sich die Erhaltung des wirtschaftlichen Kirchenvermögens ableitet.

3.2.5.3.3.2 Zweck der Vermögenserhaltungskontrolle

Die Vermögenserhaltungskontrolle knüpft an den Erhalt der leistungswirtschaftlichen Kapazität einer Diözese an sowie an die Liquidität (vgl. Formalziele der Kirche). Der Erhalt der Leistungswirtschaftlichkeit kommt durch die Kapitalerhaltungskonzepte zum Ausdruck.[563] Die Kapitalerhaltungskonzeptionen befassen sich mit der Fragestellung, wie ein Unternehmen das Kapital definiert, welches es erhalten möchte (R 105). Die Kapitalerhaltung „liefert die Verbindung zwischen den Kapitalkonzepten und den Erfolgskonzepten, denn es liefert den Anhaltspunkt dafür, wie Gewinn bewertet wird" (R 105). Die Kapitalerhaltungskonzepte geben nicht nur die Bewertung des Erfolges[564] an, sondern stehen in einem engen Zusammenhang mit der Vermögens- und Finanzlage, denn durch diese beiden Komponenten erschließt sich die Mittelherkunft und die Mittelverwendung.[565]

Generell gesprochen hat ein Unternehmen sein Kapital erhalten, wenn es am Ende der Periode über genauso viel Kapital verfügt wie zum Periodenbeginn (R 107). Im Framework wird der Gewinn definiert als: „Jeder Betrag, der über denjenigen hinausgeht, der zur Erhaltung des zu Beginn der Periode vorhandenen Kapitals erforderlich ist." Gewinn ist eine Erfolgsgröße, welche dem Unternehmen höchstens entzogen werden kann, ohne dass das Kapital zu Beginn der Periode geschmälert wird. Es werden drei grundlegende Kapitalerhaltungskonzepte unterschieden. Dieses sind die Geldkapitalerhaltung, die Sachkapitalerhaltung und die Erfolgskapitalerhaltung. „Der grundlegende Unterschied zwischen den Kapitalerhaltungskonzepten besteht in der Behandlung der Auswirkungen von Preisänderungen bei Vermögenswerten und Schulden des Unternehmens" (R 107).

Die leistungswirtschaftliche Substanz der Diözese bildet das wirtschaftliche Kirchenvermögen. Das Bestandsverzeichnis, welches der Vermögensverwalter gemäß c. 1283 Nr. 2 fortzuschreiben hat, muss jede wertmäßige Veränderung aufzeigen. Die Rechnungslegung muss daher über den Erhalt des Kirchenvermögens informieren. Vor diesem Hintergrund erfüllt der Jahresabschluss den Zweck der

---

[563] Vgl. Coenenberg (2000), S. 1177.
[564] Vgl. Weber (2004), S. 77.
[565] Baetge et al (2003), S. 89.

Vermögenserhaltungskontrolle. Auf Grund dieser Funktion muss der Jahresabschluss darüber informieren, wie viele Ressourcen die Diözese konsumieren kann, ohne dass die leistungswirtschaftliche Substanz und damit die Nachhaltigkeit ihrer Handlungsfähigkeit gefährdet wird. Für die Kontrolle muss in einem Jahresabschluss die kritische Erfolgsgröße (Nulllinie) bestimmt werden, die Auskunft über den Zuwachs bzw. die Abnahme der wirtschaftlichen Leistungsfähigkeit gibt. Bei erwerbswirtschaftlichen Unternehmen stellt der Jahresabschluss die Grundlage einer Ausschüttungsregelung des erzielten Gewinns dar. In diesem Sinne nimmt der Jahresabschluss eines erwerbswirtschaftlichen Unternehmens eine Ausschüttungsbemessungsfunktion wahr.[566] Auch die gemeinnützige Stiftung verwendet den Jahresabschluss als Ausschüttungsbemessung nach der Maßgabe des Stiftungszwecks.[567]

Auf Grund der Uneigennützigkeit und des Selbstverständnisses der Kirche ist eine Ausschüttung an Anteilseigner nicht möglich. Daher entfällt eine gewerblich verstandene Ausschüttungsbemessungsfunktion. Jedoch resultiert ein vergleichbarer Jahresabschlusszweck im Zusammenhang mit der Kapitalerhaltungskontrolle. Diese betrifft die Verwendung der Residualgröße, die nach der Erhaltung der leistungswirtschaftlichen Substands, d.h. dem Kirchenvermögen, verbleibt. Sie kann als eine Erfolgsprämie für einen wirtschaftlichen Umgang mit den Ressourcen aufgefasst werden, denn Gewinne entstehen nicht nur aus der Absatzsteigerung, sondern auch aus einem wirtschaftlichen Umgang mit den Ressourcen. Dies steht im Zusammenhang mit dem kanonischen Normzweck des Kirchenvermögens, nämlich der Verfolgung der Sachziele der Kirche, woraus sich der betriebswirtschaftliche Normzweck der Wirtschaftlichkeit ableitet. Ein wirtschaftlicher Umgang mit den Ressourcen bedeutet eine höhere Leistungsfähigkeit zur Verbesserung der Sachzielverfolgung - oder anders formuliert bedeutet Unwirtschaftlichkeit eine Zweckentfremdung.[568] Wirtschaftlichkeit hat dabei die Ausprägung Effizienz und Sparsamkeit.

Der Jahresabschluss muss also über die Wirtschaftlichkeit informieren, womit der Jahresabschluss eine *Wirtschaftlichkeitskontrolle* wahrnimmt.

Zu den Formalzielen der Kirche gehört die Liquiditätserhaltung.[569] Das kanonische Vermögensrecht weist die Liquidität nicht explizit als Informationsziel der Rechnungslegung aus. Rechnung zu legen ist über die Vermögensverwaltung. Zu

---

[566] Vgl. Baetge (2003), S. 90; Coenenberg (2000), S. 31 ff.
[567] Vgl. Sandberg (2000), S. 163.
[568] Vgl. Abschnitt 2.2.5.
[569] Vgl. Abschnitt 2.2.5.

einer ordnungsmäßigen Vermögensverwaltung zählt c. 1284 § 2 Nr. 4, dass die „Vermögenseinkünfte und Erträgnisse genau und zur rechten Zeit" einzufordern sind. Einen weiteren Hinweis liefert Nr. 5 dieser Vorschrift, worin herausgestellt wird, dass „Zinsen aufgrund von Darlehen oder Hypotheken in der festgesetzten Zeit [beglichen] und dafür zu sorgen [ist], dass das aufgenommene Kapital in geeigneter Weise getilgt wird"[570]. Die Liquiditätserhaltung wird auch im Zusammenhang mit dem Personal der Kirche deutlich. Das Leistungsprogramm einer Diözese besteht vornehmlich aus Dienstleistungen, die von den Beschäftigten erbracht werden und einen erheblichen Teil des Kirchenvermögens konsumieren. Der c. 1274 § 1-3 zielt auf die Sicherung des Unterhalts der Beschäftigten ab. In c. 1274 § 1 wird eine besondere Einrichtung gefordert, die den Unterhalt des Klerikers sicherstellt. C. § 3 fordert, soweit notwendig, einen Fonds für die Sicherung des Unterhalts der übrigen Beschäftigten. Dies setzt ein entsprechendes Liquiditätsmanagement voraus. Daher muss der Jahresabschluss darüber informieren, inwieweit Zahlungsverpflichtungen bedient werden können. Aus betriebswirtschaftlicher Sicht ist die Liquidität die Voraussetzung für die Handlungsfähigkeit der Kirche, denn Zahlungsunfähigkeit bedeutet die Gefährdung des kirchlichen Auftrages. Daher nimmt der Jahresabschluss die Funktion der Liquiditätskontrolle wahr.

3.2.5.3.4 Zwecksystem des Jahresabschlusses

Die Zwecke des Jahresabschlusses lassen sich auf drei Hauptfunktionen eingrenzen:

- **Dokumentationsfunktion**
- **Rechenschaftsfunktion**
- **Informationsfunktion**

Das Kirchenvermögen ist nach c. 1254 § 2 allein auf die Ausführung der Sendung ausgerichtet. Der Jahresabschluss einer Diözese nimmt im Wesentlichen eine Aufsichts- und Kontrollfunktion wahr. Der Normzweck der Rechnungslegung gegenüber den Adressaten, d.h. dem Ordinarius, dem Vermögensverwaltungsrat sowie dem zahlenden Kirchenmitglied, umfasst im Wesentlichen Informationen über eine zweckgebundene Verwendung des Kirchenvermögens. Unterschieden nach dem kanonischen und betriebswirtschaftlichen Normzweck, lässt sich der Gegenstand der Rechnungslegung in zwei Ebenen, die im Zielsystem der Kirche

---

[570] Die in Klammern gefassten Begriffe sind nicht wortgleich mit dem Originalzitat.

grundgelegt sind, unterscheiden, wodurch die Mittel-Zweck-Beziehung deutlich wird. Die eine Ebene bezieht sich auf die sachliche Verwendung des Kirchenvermögens für die vier Zielkategorien Apostolat, Eucharistie, Caritas, während die andere auf die Kontrolle der Vermögenserhaltung, die betriebswirtschaftliche Betrachtung gerichtet ist. Die Erhaltung des Vermögens umfasst die Wirtschaftlichkeits- und Liquiditätserhaltungskontrolle.

Die folgende Übersicht fasst das Zwecksystem des Jahresabschlusses einer Diözese zusammen:

Information	Rechenschaft	Dokumentation
	Zweckbindungskontrolle	
Sachverwendungskontrolle	Vermögenserhaltungskontrolle	
	Wirtschaftlichkeitskontrolle	Liquiditätskontrolle

Abbildung 9: Zwecksystem des Jahresabschlusses

Es stellt sich bei diesem Zwecksystem die Frage, inwieweit die Zwecke einander ergänzen bzw. widersprechen. Die Rechenschafts- und die Informationsfunktion werden in der kaufmännischen Rechnungslegung als sich teilweise widersprechende Funktionen diskutiert. Während die Rechnungslegung bei der Dominanz der Rechenschaftsfunktion wie im Handelsrecht stark vergangenheitsbezogen ist, ist die Rechnungslegung, bei der die Informationsfunktion dominiert, wie beim IFRS, transparenter und auf entscheidungs-relevante Informationen ausgerichtet. Dominiert die Rechenschaftsfunktion, so hat der Jahresabschluss einen engeren pagatorischen Bezug und ist damit objektiver. Dem gegenüber ist ein auf die Vermittlung von entscheidungsrelevanten Informationen ausgerichteter Jahresabschluss kalkulatorischer und damit weniger objektiv.[571] Besteht auch bei der Kirche dieser kaufmännische Zweckkonflikt, und wenn ja, welcher Funktion ist der Vorrang zu geben?

Eine an der Gelderhaltung orientierte Rechnungslegung entspricht eher der handelsrechtlichen Ausrichtung, während die wertmäßige Vermögenserhaltung eher mit den IFRS erreicht werden kann. Die Verfolgung beider Funktionen erscheint zunächst als Zielkonflikt. Denn zur wertmäßigen Vermögenserhaltung muss die Möglichkeit bestehen, eine Bewertung auch über die Anschaffungs- und Herstellungskosten vorzunehmen, um dadurch z.B. eine Reproduktion des Vermögens zu

---

[571] Vgl. dazu näher in Abschnitt 3.1.1.2.

erreichen.[572] Dies bringt jedoch ein Abrücken von streng vergangenheitsbezogenen Informationen mit sich, d.h. von streng objektiven Bewertungsregeln und kann einer an der Gelderhaltung orientierten Rechnungslegung entgegenstehen. Der bei erwerbswirtschaftlichen Unternehmen bestehende Zielkonflikt zwischen der Rechenschaftsfunktion und der Informationsfunktion liegt im wirtschaftlichen Eigeninteresse der dominierenden Adressaten begründet (Gläubigerinteresse versus Investoreninteresse). Dieses Eigeninteresse besteht bei den Adressaten des diözesanen Jahresabschlusses nicht.[573] Da kein wirtschaftliches Eigeninteresse zu befriedigen ist, ist der Anreiz zu einer optimistischen Darstellung der wirtschaftlichen Lage begrenzt.[574] Dies bedeutet, dass zwischen den Adressaten kein Interessenausgleich herzustellen ist und sich daher Rechenschafts- und Informationsfunktion im Grundsatz nicht widersprechen. Ein Konflikt zwischen der Informations- und der Rechenschaftsfunktion liegt mit Blick auf eine Diözese weniger in den unterschiedlichen Adressaten als vielmehr im Wesen der Rechnungslegung begründet und in den damit verbundenen Anforderungen einer intersubjektiv nachvollziehbaren und objektiven Rechnungslegung. Dies bedeutet einerseits, dass die Vermittlung entscheidungsrelevanter Informationen dort ihre Grenzen findet, wo sie den Anforderungen der Objektivität nicht gerecht wird. Andererseits ist die Rechenschaftsfunktion vor dem Hintergrund der Transparenz i.S.d. Vermittlung betriebswirtschaftlich relevanter Informationen zu interpretieren.

Da die Diözesen in Deutschland infolge ihrer gemeinnützigen Stellung von der Körperschaftssteuer ausgenommen sind,[575] besteht speziell hierzulande keine Veranlassung, die Bilanzpolitik der Diözesen an steuerlichen Motiven auszurichten, die einer transparenten und betriebswirtschaftlich wahrheitsgemäßen Rechnungslegung entgegenstehen könnten.

Im Ergebnis besteht kein ersichtlicher Grund dafür, den Jahresabschluss vornehmlich als ein rein vergangenheitsbezogenes Rechenschaftsinstrument aufzufassen. Er stellt vielmehr auch ein Informationsinstrument zur Vermittlung betriebswirtschaftlich relevanter Informationen dar, das die Ausübung der gemeinschaftlichen Mitverantwortung der Kirchenmitglieder ermöglicht und vor allem der Kontroll-

---

[572] So führen infolge einer Wertsteigerung die höheren Abschreibungen zu einer Refinanzierung, d.h. Wiederbeschaffung des Vermögens. Finanzierungslücken, die durch das strenge Anschaffungs- und Herstellungskostenprinzip leicht entstehen können, werden somit vermieden.

[573] Vgl. Abschnitt 2.2.4.

[574] Vgl. Sandberg (2001), S. 165.

[575] Betriebe gewerblicher Art von juristischen Personen des öffentlichen Rechts sind jedoch unbeschränkt körperschaftsteuerpflichtig, §1 Abs. 1, Nr. 6 KStG, vgl. auch Campenhausen (1996), S. 307.

funktion gerecht wird. Der Jahresabschluss der Diözese ist ein Kontrollinstrument für Zwecke der Steuerung besonders für den Ordinarius, der auf nachweisbaren Informationen beruht. Ein transparenter Ansatz in dieser Weise entspräche eher der Grundidee der Rechnungslegung nach den IFRS.

Was diese hier noch abstrakten Anforderungen hinsichtlich der Rechenschaftsfunktion und der Informationsfunktion bedeuten, wird im Kontext des zu Grunde zu legenden Kapitalerhaltungskonzepts für den diözesanen Jahresabschluss konkretisiert. Zunächst stellt sich jedoch die Frage, inwieweit die im Vorherigen erörterten Jahresabschlusszwecke einer Diözese überhaupt mit einem kaufmännischen Jahresabschluss nach HGB oder IFRS erfüllt werden können.

Auch wenn die kaufmännischen Jahresabschlusszwecke für die Rechnungslegung einer Diözese zu Grunde gelegt wurden, so wurden diese im Zusammenhang mit dem kanonischen und betriebswirtschaftlichen Normzweck erörtert. Es wurde dabei bestimmt, inwieweit die kaufmännischen Zwecke den Jahresabschlusszwecken einer Diözese entsprechen. Dabei hat sich gezeigt, dass der Jahresabschluss Auskunft über die Mittelverwendung zu geben hat. In der Bilanz ist zwar die Mittelherkunft (Passiva) und die Mittelverwendung (Aktiva) ersichtlich, jedoch nicht im Sinne der Sachzielverfolgung, sondern im Sinne von Mittelbindung und Mittelaufnahme. Die Sachziele der Kirche werden in der Bilanz nicht abgebildet; es geht nicht aus ihr hervor, für welche Sachzwecke das Vermögen verwendet wird. Wofür die Ressourcen verbraucht wurden, ist nur mit Einschränkungen anhand der Erfolgsrechnung darstellbar. Der Ressourcenverbrauch kann lediglich auf einem relativ hoch aggregiertem Kontenniveau entweder nach Aufwandsarten (Gesamtkostenverfahren) oder nach Funktionsbereichen (Umsatzkostenverfahren) dargestellt werden. Eine nähere Spezifizierung ist im Rahmen einer Segmentberichterstattung darstellbar, welche die Ressourcenverbräuche nach den vier Zielkategorien, sozusagen die „Geschäftsfelder" der Kirche aufgeschlüsselt haben (siehe Sachziele der Kirche). In der Erfolgsrechnung lassen sich die Ziele von Unternehmen abbilden. Die Erfolgsrechnung kann bezogen auf die Diözese Auskunft über die wirtschaftliche Lage der Diözese, d.h. die Vermögenserhaltung und damit den wirtschaftlichen Erfolg, geben. Hierzu muss (müssen) jedoch die kritische(n) Größe(n) bestimmt und vor dem Hintergrund des Kapitalerhaltungskonzepts interpretiert werden. Die Liquiditätslage lässt sich anhand der Bilanz und Erfolgsrechnung nicht erkennen. Diese Information kann über eine Kapitalflussrechnung gewonnen werden, worauf im Rahmen dieser Arbeit abgrenzungsbedingt nicht eingegangen wird.

Der Jahresabschlusszweck der Vermögenserhaltung und Wirtschaftlichkeit muss in einer Maßzahl, d.h. in Jahresabschlussziele übersetzt werden. Es geht hierbei um die Ermittlung von Erfolgsgrößen, welche den Informationszweck des diözesanen Jahresabschlusses abbildet. Die Erfolgsgröße gibt eine Schwelle an (Nulllinie), die über den Erfolg bzw. Misserfolg Auskunft gibt. Sie kann daher auch als „kritische Größe" bezeichnet werden.

3.2.5.4 Ziele des Jahresabschlusses der Diözese

3.2.5.4.1 Ermittlung der Erfolgsgröße des Jahresabschlusses und Darstellung

3.2.5.4.1.1 Grundlagen

Die GuV hat die Aufgabe, den Periodenerfolg zu ermitteln. Der Erfolg einer Periode wird bei erwerbswirtschaftlichen Unternehmen durch den Periodengewinn zum Ausdruck gebracht. Er wird über die zur Unternehmenstätigkeit benötigten Ressourcen hinaus erwirtschaftet. In einem kaufmännischen Jahresabschluss ist der Erfolg einer Periode i.S.d. GuV-orientierten Erfolgsermittlung rechnerisch definiert als Differenz zwischen *Erträgen* und *Aufwendungen*.[576] Erträge werden in der allgemeinen Betriebswirtschaftslehre als „Wert aller erbrachten Leistungen der Periode" oder als „Erfolgskomponente" bzw. „Wertzuwachs innerhalb einer Periode"[577] beschrieben. RAFFÉE beschreibt den Ertrag als „die an den Einnahmen gemessene betriebliche Güterentstehung"[578]. Damit entstehen Erträge durch die betriebliche Leistungserstellung. Bei erwerbswirtschaftlichen Unternehmen ist in den Erträgen, die durch den Absatz der Unternehmensleistung erzielt werden, grundsätzlich ein Gewinnteil enthalten.[579] Nach IFRS stellen Erträge „eine Zunahme des wirtschaftlichen Nutzens in der Berichtsperiode in Form von Zuflüssen oder Erhöhungen von Vermögenswerten oder die Abnahme von Schulden, die zu einer Erhöhung des Eigenkapitals führen, welche nicht auf eine Einlage der Anteilseigner zurückzuführen ist", dar. Nach dieser Definition werden die Erträge nicht explizit auf die betriebliche Leistungserstellung beschränkt, sondern allgemein als eigenkapitalerhöhend (ohne Einlagen der Eigentümer) charakterisiert. Deutlich wird dies auch in R 74, wo Erträge, die durch die gewöhnliche Tätigkeit des Unternehmens entstehen und „andere Erträge" unterschieden werden. Die Zunahme des wirtschaftlichen Nutzens (Erträge), stellen in der Kirche vornehm-

[576] Vgl. Wöhe/Döring (2002), S. 46., vgl. zur GuV-orientierten Erfolgsermittlung Wagenhofer (2005), S. 469.
[577] Wöhe/Döring (2002), S. 829 und 845.
[578] Raffée (1874), S. 211.
[579] siehe dazu kostenorientierte und gewinnorientierte Preisbestimmung, vgl.Thommen/Achleitner. (2003), S. 229. f.

lich die finanziellen Abgaben der Kirchenmitglieder (Kirchensteuern, Beiträge und Spenden) dar. Diese Erträge resultieren jedoch nicht aus dem Absatz von kirchlichen Leistungen, sondern die Leistungserstellung einer Diözese entsteht vielmehr durch die Abgaben der Kirchenmitglieder. Da diese Erträge nicht leistungsverursacht sind, ist eine Zuordnung der Erträge zu den Leistungen, wie dies bei erwerbswirtschaftlichen Unternehmen gegeben ist, nicht möglich. Ferner beinhalten diese Erträge keinen Gewinnteil. Sie stellen daher keine Erlöse dar. Auch wenn der weit überwiegende Teil der Erträge einer Diözese nicht direkt einer Leistungseinheit zugeordnet werden kann, so wird vorgeschlagen, die Erträge nach ihrer Quelle darzustellen und sie nach ihrer Bedeutung anzuordnen.

Auf Grund des kanonischen Zweckbindungs- und Eigennutzverbots erscheint es nahe liegend, dass es nicht das Ziel des diözesanen Jahresabschlusses ist, das an die Anteilseigner ausschüttbare Potenzial im gewerblichen Sinne zu ermitteln.[580] Ferner sind in den Erträgen keine Gewinnanteile enthalten, so dass ein Erfolg im gewerblichen Sinne, d.h. ein Gewinn, nicht zu ermitteln ist. Der Gewinn stellt jedoch nicht nur das ausschüttbare Potenzial an die Eigenkapitalgeber dar, sondern auch eine Rentabilitäts- und Kontrollgröße zur Bewertung der Wirtschaftlichkeit. Dem liegt der Gedanke zu Grunde, dass Erfolge auch durch Effizienzverbesserung von Prozessen sowie durch einen effizienten Umgang mit Ressourcen erzielt werden können. Erfolge einer Diözese können somit als eine Erfolgsprämie für Prozess- und Ressourceneffizienz aufgefasst werden. Die Wirtschaftlichkeitskontrolle als Jahresabschlusszweck einer Diözese wird daran zu messen sein, dass mit den zur Verfügung stehenden Erträgen eine möglichst hohe Kirchenleistung erbracht und diese nicht durch einen unwirtschaftlichen Umgang zweckentfremdet werden kann. Erfolg drückt sich daher durch Wirtschaftlichkeit aus. Nach R 14 dienen kaufmännische Jahresabschlüsse auch dazu, „die Ergebnisse des Handelns des Managements und dessen Verantwortlichkeit für das ihm anvertraute Vermögen" darzulegen. Ausdrücklich zählen hierzu Informationen, anhand welcher die Qualität und die Effizienz des Managements beurteilt werden kann. In gleicher Weise sieht WAGENHOFER den Periodenerfolg als Indikator für die Wirtschaftlichkeit an.[581] Ferner kommt der Erfolg einer Diözese durch den Erhalt der wirtschaftlichen Substanz zum Ausdruck. Fraglich ist, wie diese Erfolgsgrößen ermittelt und in einer Gewinn- und Verlustrechnung abgebildet werden können.

---

[580] Da nur die Körperschaften des öffentlichen Rechts mit ihren Betrieben gewerblicher Art der Steuerpflicht unterliegen, ist die steuerliche Gewinnermittlung nach Leimkühler nicht der originäre Zweck der kirchlichen Verwaltung, vgl. Leimkühler (2004), S. 102.

[581] Wagenhofer (2005), S. 474.

3.2.5.4.1.2 Ermittlung der Erfolgsgrößen des Jahresabschlusses einer Diözese

Für die Ermittlung einer Erfolgsgröße zur *Vermögenserhaltungskontrolle* können die Ressourcenverbräuche danach unterschieden werden, ob sie infolge der gegebenen Leistungskapazität gebunden sind (z.b. auf Grund eines Arbeitsverhältnisses) oder ob sie ganz oder teilweise im Ermessen der kirchlichen Entscheidungsträger „je nach Kräften" entstehen. Zur ersten Gruppe gehören im Wesentlichen Personalaufwendungen sowie sonstige die Diözesanleitung und -verwaltung betreffenden Aufwendungen. Diese sind die unternehmensnotwendigen Aufwendungen zur Erhaltung des bisherigen Leistungsvermögens der Diözese. Das aus der Verrechnung der Erträge mit diesen Aufwendungen resultierende Ergebnis kann als verwendbarer oder entziehbarer Überschuss aufgefasst werden.

Für die Ermittlung einer kritischen Erfolgsgröße zur *Wirtschaftlichkeitskontrolle*, können die Aufwendungen, die dieses Ergebnis betreffen, weiter nach ihrem Zusammenhang zur Erstellung der Hauptleistung der Diözese unterschieden werden. Die erste Gruppe umfasst Aufwendungen, die nicht unmittelbar der Leistungserstellung zurechenbar sind. Hierzu gehören alle Aufwendungen, die in der Verwaltung (Bürokratie) entstehen. Diese Ressourcenverbräuche gilt es grundsätzlich möglichst gering zu halten, da sie nur in einem mittelbaren Zusammenhang mit den Sachleistungen der Kirche stehen und daher zu minimieren sind. Es gilt im Grundsatz, mit den gegebenen Erträgen einen möglichst hohen Erfolg zu erzielen, der für die originären Zwecke der Kirche verbraucht werden kann. Das Verhältnis zwischen Erträgen und mittelbaren Aufwendungen oder mit anderen Worten der Saldo aus den Erträgen abzüglich der Verwaltungsaufwendungen kann insoweit als eine Wirtschaftlichkeitsgröße in der Ausprägung der *Effizienz* aufgefasst werden (Ergebnis I). Aus dem Ertrag-Aufwand-Verhältnis kann eine Verwaltungsquote als prozentualer Anteil der Verwaltungsaufwendungen an den Gesamterträgen ermittelt werden. Eine Bewertung der Effizienz kann auf der Basis eines Mehrperiodenvergleichs vorgenommen werden, um die Entwicklung des Verwaltungserfolgs transparent zu machen. Sinnvoll können auch Vergleiche zu anderen Diözesen in Form eines Benchmark-Verfahrens sein. Ansätze dieser Art zeigt TOBIAS in seiner Arbeit über Kosteneffizienz von Theatern.[582] Mit derartigen Vergleichen wird eine relative Interpretation von Effizienz in der Weise ermöglicht, so dass der Erfolg nicht absolut an dem Maximalprinzip orientiert ist,

---

[582] Vgl. Tobias (2004).

sondern Verwaltungseffizienz in einem sinnvollen Gesamtzusammenhang unterhalb der Diözesen interpretiert werden kann. Dieser Bereich wird im Folgenden als *Verwaltungsbereich* bezeichnet.

Erfolg lässt sich auch im *Bereich des Finanzmanagements* messen. In diesem Bereich fallen Zinserträge und –aufwendungen aus Wertpapieren und mit sonstigen Finanzanlagen verbundene Erträge und Aufwendungen an. Diese Managementaufgaben sind ebenfalls nicht der unmittelbare Zweck der Kirche, sondern Mittel zur Verfolgung der Sachziele. Insoweit erscheint es sachgerecht, das Finanzergebnis nach dem Verwaltungsbereich auszuweisen. Der Saldo aus dem Ergebnis I und dem Finanzergebnis stellt die Gesamtheit der Mittel dar, die für die Oberziele der Kirche zu verwenden sind.

Die Aufwendungen der zweiten Gruppe sind unmittelbar der Leistungserstellung zuzurechnen und beeinflussen unmittelbar den Leistungsumfang der Kirche. Dieser Bereich wird im Folgenden als *Leistungsbereich* bezeichnet, wobei die Differenz zwischen Ergebnis II und den Aufwendungen dieses Bereichs das Ergebnis III darstellt. Hierzu zählen im Wesentlichen Personalaufwendungen aus der Pastoral wie Klerus, Seelsorger, Lehrkräfte u.ä..

Dieses Ergebnis reflektiert *Sparsamkeit*, denn das Rechnungsziel ist hier die Erhaltung des wirtschaftlichen Leistungsvermögens. Dem Ergebnis II werden diejenigen Ressourcen entzogen, die für das Ziel *Erhaltung der wirtschaftlichen Leistungskapazität* erforderlich sind. Das Ergebnis III drückt aus, welchen Beitrag eine Periode zur Vermögenserhaltung geleistet hat. Ein negatives Ergebnis indiziert, dass die Diözese über ihre wirtschaftliche Leistungsfähigkeit hinaus Ressourcen verbraucht hat, oder mit anderen Worten, den Wert, der zum Erhalt des Kapitals hätte eingespart werden müssen. Ein positives Ergebnis kann als Zielerreichung bzw. -überschreitung, d.h. als Sparsamkeit, gedeutet werden. Bei diesem Überschuss handelt es sich um Ressourcen, die (noch) vom Leistungszweck ungebunden und daher für kirchliche Zwecke verwendbar bzw. disponierbar sind. Sparsamkeit i.S.d. Ergebnisses III ist allerdings nicht, wie es das Minimalprinzip beschreibt, i.S. eines Extrems zu deuten, also ein gegebenes Ziel mit minimalem Mitteleinsatz zu erreichen. Eine Aussage darüber, ob die Aufwendungen zu minimieren sind, hängt auch von deren Leistungsbeitrag ab. Aufwendungen können auf Preissteigerungen oder Gehaltserhöhungen zurückzuführen sein, ohne dass damit eine Steigerung des Leistungspotenzials verbunden sein muss. Sie können aber auch durch Neueinstellungen, die das Leistungspotenzial erhöhen, verursacht sein. Ferner können Ressourcenverbräuche z.B. auf Soforthilfen in Katastrophenregionen oder auf andere karitative Maßnahmen zurückzuführen sein. Aufwandserhöhungen dieser Art deuten auf eine Steigerung der Kirchenleistung hin, die gerade nicht dem Prinzip der Minimierung unterliegen. Zudem ist zu beachten, dass die Aufwendungen des Leistungsbereichs durch ihre Personalintensität zu einem wesentlichen Teil Fixkosten sind. Bei einer Veränderung dieser Aufwendungen kann nicht notwendigerweise auf eine Veränderung des Leistungsvermögens geschlossen werden. Leistungen und Aufwendungen dieses Bereiches verhalten sich träge zueinander.[583] Diese Beispiele zeigen, dass verschiedene Aufwandsarten mit entsprechend unterschiedlichen Ursachen und Wirkungen im Leistungsbereich enthalten sind, so dass eine generelle Aussage über einen Zusammenhang zwischen der Veränderung der Aufwendungen und der Veränderung der Leistungen im Rahmen der Bilanz und GuV nicht getroffen werden kann. Hier wird deutlich, dass mittels der Bilanz und GuV gerade im *Leistungsbereich* der Kirche in Geldeinheiten ausgedrückte wirtschaftliche Effizienz nicht transparent gemacht werden kann.

Vor diesem Hintergrund ist ein Periodenerfolg i.S.d. Ergebnisses III dann gegeben, wenn die Aufwendungen des Leistungsbereichs nicht höher sind als das Ergebnis II. Dadurch wird der Beitrag zur Vermögenserhaltung einer Periode sichtbar.

Die Ergebnisstufen II und III beinhalten unterschiedliche Informationen. Auf der Grundlage der ersten Ergebnisstufe kann die (relative) Effizienz der Verwaltungsführung transparent gemacht werden, während die Dritte Stufe das Ergebnis abbildet, welches entziehbar ist, ohne dass die leistungswirtschaftliche Substanz der Diözese gemindert wird, womit eine Kapitalerhaltungskontrolle erreicht wird. Die Jahresabschlusszwecke der Vermögens-erhaltungs- und Wirtschaftlichkeitskontrolle und damit der Zweckbindungskontrolle i.S. des betriebswirtschaftlichen Handelns einer Diözese werden durch die II. bzw. III. Ergebnisstufe ermöglicht. Für eine sachgerechte Interpretation von Veränderungen in den drei Ergebnisstufen bedarf es entsprechender Erläuterungen im Anhang.

Die oben genannten Informationsanforderungen, die der Jahresabschluss hinsichtlich der kritischen Größe erfüllen muss, werden mit dieser dreistufigen Ergebnisrechnung weitgehend erfüllt.

Das zuvor erörterte Grundkonzept der Ergebnisermittlung wird auf der folgenden Seite in Abbildung 10 dargestellt:

---

[583] Vgl. Abschnitt 3.1.4.1.

Erträge der Diözese		
+ Kirchensteuern		
+ Beiträge		
+ Spenden		
+ sonstige Erträge		
Summe der Erträge		
- Aufwendungen Verwaltungsbereich		
= Ergebnis I		
+/- Finanzergebnis		
= Ergebnis II		
- Aufwendungen Leistungsbereich		
verwendbarer Gewinn/Ergebnis III		

Abbildung 10: Grundkonzeption der Erfolgsermittlung

3.2.5.4.1.3 Darstellung der Erfolgsgröße in der Gewinn- und Verlustrechnung

Fraglich ist, wie diese dreistufige Erfolgsermittlung als Ergebnisrechnung dargestellt werden kann. Das dreistufige Konzept erfordert eine sukzessive Erfolgsrechnung. Grundsätzlich werden bei der Darstellung der GuV die Staffelform und
die Kontoform unterschieden. Bei der Kontoform stehen sich die Aufwendungen
und Erträge gegenüber. Je nach dem, welche Seite am Ende einer Periode über-
wiegt, erscheint auf der Sollseite der Gewinn bzw. auf der Habenseite der Verlust.
Bei der Staffelform hingegen werden die Aufwendungen und Erträge in einer
fortschreibenden Aufstellung dargestellt. Zum Periodenerfolg gelangt man über
mehrere Zwischenergebnisstufen.[584] Hieran wird deutlich, dass das dreistufige
Ergebniskonzept nur in der Staffelform dargestellt werden kann.

Die Erörterung hat ferner gezeigt, dass die Aufwendungen nach ihren Funktionsbereichen untergliedert werden müssen. Dies wird grundsätzlich mit dem Umsatzkostenverfahren erreicht.[585] In § 275 Abs. 3 HGB wird eine im Vergleich zu
den IFRS relativ detaillierte Gliederung vorgegeben. Das Umsatzkostenverfahren
nach IFRS ist flexibler, da es nur den Mindestinhalt vorschreibt (IAS 1.81). Dabei
sind die Funktionsbereiche nicht vorgeschrieben, sondern nur beispielhaft in IAS
1.92 aufgeführt. Ferner wird in IAS 1.83 festgelegt, dass zusätzliche Posten,
Überschriften und Zwischensummen in der GuV darzustellen sind, wenn es von
den IAS gefordert wird *„oder wenn eine solche Darstellung notwendig ist, um die*

---

[584] Vgl. Coenenberg (2000), S. 423.
[585] Vgl. Reuter/Zwirner (2004), S. 636.

Ertragslage des Unternehmens den tatsächlichen Verhältnissen entsprechend darzustellen". Ferner muss auch die Darstellung der Ertragslage der Generalnorm des true and fair view entsprechen. In IAS 30 wird branchenspezifischen Besonderheiten hinsichtlich der GuV-Gliederung Rechnung getragen, um der Generalnorm zu entsprechen. Grundsätzlich ist jede Darstellung möglich, die eine sachgerechte Darstellung „fair presentation" der Ertragslage entspricht.[586] Dies unterstreicht die Bedeutung einer sachgerechten Darstellung der Ertragslage. Typischerweise sind die Funktionsbereiche beim Umsatzkostenverfahren nach ihrer Nähe zu den aufwandsverursachenden Erlösen gegliedert, was für Unternehmen, die ihre Erträge aus dem Absatz ihrer Leistungen erzielen, auch sachgerecht ist. Dabei werden den Erlösen ausschließlich die zur Erzielung der Absatzleistung erforderlichen Ressourcenverbräuche gegenübergestellt, so dass der Periodenerfolg nur die abgesetzten betrieblichen Leistungen reflektiert. Veränderung nicht abgesetzter Erzeugnisse und andere aktivierte Eigenleistungen gehen nicht in die GuV ein.[587] Da der überwiegende Teil der Erträge einer Diözese nur abstrakt aufwandsverursacht ist und sich die jeweiligen Aufwendungen nicht den Erträgen zurechnen lassen[588], ist eine Darstellung der GuV nach dem Vorbild des Umsatzkostenverfahrens, wie es Gewerbebetriebe üblicherweise handhaben, nicht sachgerecht und somit nicht mit dem „true and fair view" i.S.d. Rechnungslegung der Kirche vereinbar.

Durch die geringen Gliederungsvorgaben und die Anforderung einer sachgerechten Darstellung der GuV weisen die IFRS die Flexibilität auf, eine der Diözese sachgerechte, d.h. branchenspezifische Darstellung zu ermöglichen. Auch nach HGB erscheint das kirchenspezifische Konzept umsetzbar: Die handelsrechtliche Gliederung ist eine Vorgabe für Kapitalgesellschaften sowie nach § 264a HGB grundsätzlich auch für Offene Handelsgesellschaften und Kommanditgesellschaften.[589] Für Personengesellschaften, die nicht unter § 264a HGB fallen, bestehen keine besonderen Gliederungsvorgaben.[590] Sie unterliegen den allgemeinen Rechnungslegungsvorschriften und sind damit u.a. den Grundsätzen der Klarheit (§ 243 Abs. 2 HGB) und Vollständigkeit (§ 246 Abs. 1 HGB) verpflichtet. Vielmehr wird von einer ordnungsgemäßen Rechnungslegung eine ausreichend gegliederte GuV verlangt, an die auch Personengesellschaften gebunden sind.[591]

---

[586] Vgl. Reuter/Zwirner (2004), S. 637.
[587] Vgl. Coenenberg (2000), S. 426; Winnefeld (2000), S. 1314; Kütting/Kessler/Gattung (2005), S. 15 ff.
[588] Vgl. Abschnitt3.1.4.1.
[589] zu den Bedingungen, siehe § 264a Absatz 1 und 2 HGB.
[590] Vgl. IDW (2000), S. 332, E 445.
[591] Vgl. Winnefeld (2000), S. 1317 f.

Wegen des rechtlichen Status der Diözesen ist das HGB und sind damit die Gliederungsvorgaben des § 275 HGB nicht bindend. Die Darstellung der drei Erfolgsgrößen ist auch für Diözesen, die ihren Jahresabschluss nach dem HGB aufstellen umsetzbar, da die Ertragslage mit diesem Konzept sachgerechter und damit richtiger dargestellt wird als nach § 275 Abs. 2 HGB.

Aus dem Umsatzkostenverfahren gehen die Aufwandsarten nicht hervor. Dies steht der sachlichen Vermögensverwendungsfunktion des diözesanen Jahresabschlusses entgegen. Das Gesamtkostenverfahren[592] dagegen ist nach den Aufwandsarten gegliedert und zeigt, wofür die Ressourcen verbraucht wurden, jedoch nicht, in welchen Funktionsbereichen sie entstanden sind, und liefert somit nur Informationen über die Art der Mittelverwendung. Das Konzept der diözesanen Erfolgsermittlung kann mit dem klassischen Gesamtkostenverfahren jedoch nicht zufrieden stellend realisiert werden.

Demnach lässt sich das Überschussermittlungskonzept nach beiden Verfahren nicht vollständig umsetzen und bedarf einer Modifizierung. Die Informationsschwächen des Umsatzkostenverfahrens (fehlender Ausweis der Aufwandsarten) müssen sowohl nach HGB[593] also auch nach IFRS (IAS 1.93) durch entsprechende Anhangsangaben ausgeglichen werden, so dass sich aus dem Umsatzkostenverfahren nach IFRS die Mittelverwendung nach Aufwandsarten im Anhang ausweisen lässt. Dies könnte im Rahmen einer Segmentberichterstattung, deren Segmente die vier Sachzielkategorien der Kirche umfassen, dargestellt werden. Die Schwächen des Gesamtkostenverfahrens können ebenfalls durch Anhangsangaben ausgeglichen werden, indem die Funktionsbereiche im Anhang ausgewiesen werden. Die Frage, die sich in diesem Zusammenhang stellt, ist: Welchem Darstellungskonzept ist der Vorzug zu geben? Der GuV kommt vornehmlich die Aufgabe zu, den Periodenerfolg auszuweisen. Eine Darstellung der GuV nach dem Gesamtkostenverfahren würde bedeuten, dass die drei Ergebnisstufen und damit die Erfolgsgrößen nicht vollständig in der GuV, sondern nur als Anhangsangabe ausgewiesen werden. Die GuV würde somit von einer Erfolgsrechnung vornehmlich zu einer Verwendungsrechnung umfunktioniert. Hier würden jedoch nur die primären Aufwandsarten aufgezeigt wie Personalaufwand, Abschreibungen und „sonstige betriebliche Aufwendungen"[594]. Eine Zwischensumme, die das Ergebnis

---

[592] Nach IFRS ist sowohl das Umsatz- als auch das Gesamtkostenverfahren anwendbar (IAS 1.91, 1.92). Ein Gliederungsvorschlag für das Gesamtkostenverfahren wird in IAS 1.91 gemacht.

[593] Nach § 285 Nr. 8 HGB müssen bei Anwendung des Umsatzkostenverfahrens die Materialaufwendungen und die Personalaufwendungen separat im Anhang ausgewiesen werden.

[594] Vgl. Reuter/Zwirner (2004), S. 636.

I darstellt, ist nicht möglich. Der Informationsgehalt dieser Darstellung erfüllt somit nicht den Informationszweck des Jahresabschlusses der Diözese. Daher scheint das Umsatzkostenverfahren als Instrument den Periodenerfolg der Kirche abzubilden, als sachgerechter denn das Gesamtkostenverfahren.

Bei einer Darstellung nach Funktionsbereichen bestehen jedoch Abgrenzungsprobleme, da sich die Aufwendungen nicht immer eindeutig dem Leistungsbereich und dem Verwaltungsbereich zuordnen lassen. Eine näherungsweise sachgerechte Aufwandszuordnung setzt eine Kostenstellenrechnung voraus. Wesentliche Abgrenzungsunschärfen können im Anhang angegeben werden.

Die Bestimmung der kritischen Größe einer Diözese ist im Zusammenhang mit dem Ziel der Erhaltung der wirtschaftlichen Kapazität, welches das wirtschaftliche Kirchenvermögen bildet, zu erörtern. Aus bilanzieller Sicht ist das Ergebnis III die Nulllinie, die vor dem Hintergrund des zu erhaltenden Kapitals interpretiert werden muss.[595] Dabei stellt sich die Frage, welches Kapital, und damit wie der Gewinn nach HGB und IFRS erhalten bzw. bewertet wird.

3.2.5.4.2 Das Kapitalerhaltungskonzept

3.2.5.4.2.1 Kapitalerhaltung nach HGB

Der Kapitalerhaltung liegt der Gedanke zu Grunde, dass nur derjenige Betrag als Gewinn ausgewiesen wird, der über das für die Erhaltung der Leistungsfähigkeit des Unternehmens erforderliche Maß hinausgeht.[596]

Das HGB verfolgt ausschließlich das Ziel der nominellen Kapitalerhaltung, welches im Handelsrecht die Anwendung des Anschaffungskostenprinzips zur Folge hat. Mit dieser Konzeption wird der Jahresabschluss objektiv, d.h. intersubjektiv nachvollziehbar.[597] Das investierte Kapital wird dabei in nominellen Geldeinheiten bewertet. Der Gewinn gilt nach diesem Konzept als erwirtschaftet, wenn der Geldbetrag des Reinvermögens am Ende der Berichtsperiode höher ist als der zu Beginn der Berichtsperiode[598].

---

[595] Vgl. Weber (2004), S. 77.
[596] Vgl. Wagenhofer (2005), S. 475.
[597] Vgl. Baetge et al (2003), S. 91.
[598] nachdem alle Kapitalabführungen an die Anteilseigner und Kapitalzuführungen von den Anteilseignern im Laufe der Periode abgerechnet sind, vgl. Baetge et al 2003), S. 88 ff., und R. 104a.

Die nominelle Kapitalerhaltung nimmt keine Rücksicht auf Preisveränderungen.[599] Da Wiederbeschaffungswerte und Inflationsentwicklungen bei der Bewertung von Vermögen ignoriert werden, entstehen leicht Scheingewinne. Steigen die Preise für einen Vermögensgegenstand bzw. –wert (relative Preissteigerung, z.B. beim Fuhrpark, bei Gebäuden und im Bereich der Finanzanlagen), so führt dies dazu, dass er bilanziell einen niedrigeren Wert aufweist als am Markt realisierbar. Dies hat die Konsequenz, dass – bedingt durch das Anschaffungskostenprinzip und die damit verbundenen geringen Abschreibungen – ein nach HGB ermittelter Gewinn höher ausgewiesen wird als bei einer Bewertung zum Zeitwert. Eine Aufwertung zum Zeitwert erfolgt z.b. beim Sachanlagevermögen grundsätzlich ergebnisneutral gegen das Eigenkapital (vgl. IAS 16.39), so dass die höheren Abschreibungen gewinnmindernd wirken. Das Vermögen reflektiert so die aktuelle Vermögenslage und vermeidet Scheingewinne infolge einer Unterbewertung von Vermögen. Mit der nominellen Kapitalerhaltung würde die Diözese ihre Vermögenslage folglich schlechter und ihre Erfolgssituation grundsätzlich besser darstellen, als dies unter den tatsächlichen Marktverhältnissen unter der Annahme von steigenden Werten der Fall ist. Bei Preisveränderungen bildet das handelsrechtliche Ergebnis ein verzerrtes Bild auf der Vermögens- und somit auch auf der Erfolgsseite ab. Somit wäre die Orientierung an einer Vermögenserhaltung, die eine Bewertung der Anschaffungs- und Herstellungskosten und somit eine Reproduktion nicht vorsieht und die keine Rücksicht auf Preisveränderungen nimmt, kein angemessenes Informationsinstrument. Da bei Scheingewinnen eine Finanzierungslücke entsteht[600], erscheint der strenge nominelle Ansatz für die Kapitalerhaltung der Diözese als ungeeignet.

3.2.5.4.2.2 Kapitalerhaltung nach IFRS

Im Framework der IFRS werden die Finanzwirtschaftliche Kapitalerhaltung (R 104a und R 108) und die Leistungswirtschaftliche Kapitalerhaltung (R 104b und R 109) genannt. Die ‚Finanzwirtschaftliche Kapitalerhaltung' geht von der Erhaltung des investierten Nominalkapitals (Nominelle Kapitalerhaltung) oder der Kaufkraft des investierten Kapitals aus (Reale Kapitalerhaltung).[601] Das Kapital stellt hierbei das Reinvermögen oder das Eigenkapital dar.

---

[599] Vgl. Wagenhofer (2005), S. 475.
[600] Vgl. Sandberg (1999), S. 204.
[601] Vgl. Wagenhofer (2003), S. 132, zitiert: Schildbach, T.: Zeitwertbilanzierung in [den] USA und nach IAS, Betriebswirtschaftliche Forschung und Praxis 1998, S. 585 f.

Die Leistungswirtschaftliche Kapitalerhaltung verfolgt das Ziel, die Leistungsfähigkeit - die Kapazität - des Unternehmens zu erhalten, die WAGENHOFER als
eine Art Substanzwerterhaltung interpretiert.[602] Das zu erhaltene Kapital stellt bei
dieser Konzeption die Gütermengen, d. h. die Produktionskapazität dar und nicht
das vorhandene Kapital.[603] Nach diesem Konzept gilt ein Gewinn als erwirtschaftet, wenn die leistungswirtschaftliche Kapazität eines Unternehmens am Ende der
Periode höher ist als zu Beginn der Periode (R 104b).

Allerdings fehlt es an einer Konkretisierung dieser Konzeptionen, denn es ist z.B.
unklar, ob die Substanzwerterhaltung absolut oder relativ gemeint ist. Ferner wird
nicht auf andere Konzepte wie die Ertragswerterhaltung eingegangen.[604]

Auf eine Präferenz zugunsten eines der Kapitalerhaltungskonzepte hat der IASB
verzichtet. Explizit verlangt das Rahmenkonzept der IFRS kein bestimmtes Kapitalerhaltungskonzept (R 102 ff.).[605] Vielmehr wird in R 103 auf die Informationsbedürfnisse der Adressaten verwiesen. Allerdings stellt der IASB heraus, dass
Jahresabschlüsse i.d.R. auf der „Grundlage historischer Anschaffungs- und Herstellungskosten und dem Konzept der nominellen Kapitalerhaltung aufgestellt"
werden (R-6 Vorwort, R 102). Das Rahmenkonzept wurde jedoch „so entwickelt,
dass es sich auf eine Reihe verschiedener Rechnungslegungsmodelle sowie Kapi-
tal- und Kapitalerhaltungskonzepte anwenden lässt" (R-6: Vorwort). Die zulässi-
gen Bewertungsmethoden werden nur kurz in R 100 genannt. Eine Bewertung
zum Zeitwert wird darin nicht erwähnt. Tatsächlich kommt der Zeitwertbewertung
jedoch eine steigende Bedeutung zu. Dass das Rahmenkonzept diese Methode
nicht aufführt, wird dem Alter des Rahmenkonzeptes zugeschrieben, welches aus
1989 entstammt.[606] In den neueren IAS ist die Bewertung zum Zeitwert jedoch
vorgesehen. So ist die Substanzwerterhaltung bei bestimmten Positionen des An-
lagevermögens als Wahlrecht möglich (IAS 16.29 u. 16.31 ff.).[607]

Hinsichtlich der Kapitalerhaltungskonzeption sind die IFRS offener als das HGB.
Sie erlauben damit eine realitätsnähere Bewertung, die Vermeidung von Gewinn-
verzerrungen und eine Erhaltung der wirtschaftlichen Kapazität der Kirche. Deshalb können sie als Grundlage für betriebswirtschaftliche Entscheidungen dienen.

---

[602] Vgl. Wagenhofer (2003), S. 132.
[603] Vgl. Wagenhofer (2005), S. 476.
[604] Vgl. Wagenhofer (2003), S. 132.
[605] Vgl. Lüdenbach/Hoffmann (2004), in: Haufe IAS-Kommentar, § 1, Rn 167, S. 75.
[606] Vgl. Wagenhofer (2003), S. 131.
[607] Vgl. auch Wagenhofer (2003), S. 363; Lüdenbach/Hoffmann (2004) in: Haufe IAS-
Kommentar, § 1, Rn 144 f., S. 71.

Da das wirtschaftliche Kirchenvermögen ausschließlich dazu da ist, die Leistungsfähigkeit der Kirche zu erhalten,[608] erscheint die Leistungswirtschaftliche Kapitalerhaltung grundsätzlich angemessen. Dabei kann davon ausgegangen werden, dass das Kirchenvermögen vor dem Hintergrund der Ersatzbeschaffung zu erhalten ist. Diese Intention wird mit dem Konzept einer substantiellen Kapitalerhaltung verfolgt.[609] Die substantielle Vermögenserhaltung geht vom Wiederbeschaffungswert (Zeitwert) aus und nimmt somit die Refinanzierung des Vermögens zum Maßstab. Der beizulegende Zeitwert ist nach IAS 16.6 der Betrag, zu dem ein Vermögenswert zwischen sachverständigen, vertragswilligen und voneinander unabhängigen Geschäftspartnern getauscht werden könnte, womit der Zeitwert eine Nutzungsalternative zum Ausdruck bringt.

Die praktische Relevanz einer Zeitwertbewertung für die Diözesen ist im Wesentlichen im Bereich der Gebäude und Grundstücke sowie bei Vorliegen von Stiftungsvermögen[610] zu sehen. Der Zeitwert von Gebäuden und Grundstücken wird i.d.R. durch hauptamtliche Gutachter anhand von Marktdaten ermittelt (IAS 16.32). Der beizulegende Wert wird nach IAS 16.39 grundsätzlich ergebnisneutral im Eigenkapital als Neubewertungsrücklage eingestellt und über die Gewinnrücklage aufgelöst (IAS 16.39 u. IAS 16.41).[611] Die Neubewertungsrücklage kann der Gewinnrücklage erst dann zugeführt werden, sofern diese realisiert ist. Dies ist bei Veräußerung oder Stilllegung des Vermögenswertes der Fall. Allerdings besteht auch die Möglichkeit einen Teil der Neubewertungsrücklage während der Nutzung des Gegenstandes der Gewinnrücklage ratierlich zuzuführen (IAS 16.41). Über die Zeit der Nutzungsdauer besteht der Effekt, dass der betreffende Vermögenswert einen Zeitwert reflektiert und Scheingewinne vermieden werden, da die höheren Abschreibungen ergebniswirksam erfasst werden. Mit der Zuführung zu den Gewinnrücklagen wird die Neubewertungsrücklage dem Ausschüttungspotenzial oder bezogen auf die Diözese dem entziehbaren Potenzial zugeführt. Ein Innenfinanzierungseffekt über die Totalperiode wird damit nicht erreicht. Insofern besteht über die Totalperiode betrachtet kein Refinanzierungseffekt. Um die Reproduktionsfinanzierung zu erreichen, muss die Diözese per Satzung festlegen, dass die gebildeten Neubewertungsrücklagen beim Abgang des Vermögenswertes in eine Vermögensrücklage zur Finanzierung des betreffenden Vermögenswertes

---

[608] Vgl. Abschnitt 3.1.4.2.1.2.

[609] Vgl. hierzu auch Sandberg (1999), S. 204 u. Coenenberg (2000), S. 1080.

[610] Vgl. zur Kapitalerhaltung von Stiftungsvermögen Sandberg (2001) und (1999).

[611] Für den Fall, dass eine Wertminderung eines Vermögenswertes erfasst wurde, muss eine spätere Wertaufholung als Ertrag ausgewiesen werden, vgl. IAS 16.39, und Peemöller (2004), in: WILEY-Kommentar S. 320.

umgewandelt werden. Diese muss dann der Zweckbindung für die Ersatzbeschaffung unterliegen.

Ein künftiger Wiederbeschaffungswert basiert i.d.R. auf Marktwerten und damit auf Schätzungen (IAS 16.31 f.), so dass bei dieser Konzeption Objektivierungsschwächen entstehen. Eine gewisse Objektivierung kann durch die Wiederbeschaffung zu Tageswerten (R 100 u. IAS 16.31) erreicht werden, d.h. durch eine Wiederbeschaffung am Bilanzstichtag. Die Bewertungskonzeption zum Wiederbeschaffungswert weist - ähnlich der organischen Bilanz - somit einen kalkulatorischen Charakter auf. Einer solchen Konzeption ist teilweise Objektivierung entzogen, was einen Ermessensspielraum ermöglicht. Dem kann entgegengehalten werden, dass der Jahresabschluss der Diözese weder die Interessen der Gläubiger noch die eines Investors zufrieden stellen muss, sondern der Zweckerfüllung der Kirche dient. Der Schutz vor einem zu optimistischen Erfolgsausweis, wie ihn das Handelsrecht in diesem Fall verfolgt, ist durch das Fehlen des wirtschaftlichen Eigeninteresses und damit des Fehlens eines äußeren Ergebnisdrucks durch die Adressaten nicht in dem Maße notwendig wie bei erwerbswirtschaftlichen Unternehmen. Daher besteht kein Grund, den Gewinn unter Berücksichtigung der Auswirkungen einer Neubewertung nicht im vollen Umfang zur Verwendung auszuweisen. Ferner kann mit zusätzlichen Erläuterungen zur Bilanz Objektivierungsschwächen begegnet werden.[612]

Die Anwendung strenger Objektivierungsregeln würde die Rechnungslegung auf ein rein rechenschaftsorientiertes Instrument reduzieren und die mit dem Jahresabschluss verfolgten Informationszwecke nicht vollständig erfüllen. Entsprechend der Jahresabschlusszwecke dient der Jahresabschluss einer Diözese vornehmlich der Kontrolle i.S.d. Vermittlung entscheidungsrelevanter Informationen (im betriebswirtschaftlichem Sinne). Das handels-rechtliche Anschaffungswertprinzip kann für die Bewertung des Kirchenvermögens keine dominierende Rolle spielen, da sonst das Ziel, das Kirchenvermögen zu erhalten und Scheinergebnisse zu vermeiden, nicht erreicht wird. Daher erscheint das Rechnungsziel, denjenigen Überschuss zu ermitteln, der höchstens entzogen werden kann, ohne dass der Reproduktionswert des Vorjahres vermindert wird, als grundsätzlich angemessen.

Die reine substantielle Kapitalerhaltung i.S. der organischen Bilanzauffassung erscheint jedoch als eine eher kalkulatorische Rechnung für interne Rechnungszwecke denn als ein Rechenschaftsinstrument. Gerade den unterschiedlichen Geldgebern der Diözese würde eine so wenig objektive Rechnungslegung keine

---

[612] Vgl. Moxter (2003), S. 78.

geeignete Informationsbasis bieten. Das reine Konzept der substantiellen Vermögenserhaltung erscheint wegen der stark kalkulatorischen und geringen pagatorischen Orientierung für Rechenschaftszwecke einer Diözese als ungeeignet.

Der Substanzwerterhaltung birgt zudem einige praktische Nachteile, die das An-
lagevermögen betreffen. Da bei einer Zeitwertbewertung der Wert zum Bewertungsstichtag anzusetzen ist (z.B. IAS 16.31), entsteht in Höhe des jeweils entstandenen beizulegenden Wertes ein Abschreibungsvolumen, welches nicht mehr
über die volle, sondern über eine immer kürzere (Rest-)Nutzungsdauer ergebniswirksam verteilt wird. Bei relativer Preissteigerung werden dadurch tendenziell
spätere Jahre der Nutzungsdauer stärker belastet als frühere. Damit wird das Ergebnis zum Ende der Nutzungsdauer stärker belastet. Bei der Bewertung zu Zeitwerten wird die Ergebnisrechnung schwerer planbar. Nach IAS 16.51 ist die Nutzungsdauer mindestens zum Ende eines jeden Geschäftsjahres zu überprüfen und
anzupassen, wenn die Annahmen über die Nutzungsdauer nicht mehr zutreffen.
Der Anlass einer Neubewertung kann gleichzeitig ein Grund dafür sein, dass auch
die Nutzungsdauer zu verlängern ist, so dass das höhere Abschreibungsvolumen
nicht zwangläufig zu höheren Abschreibungen einer Periode führt. Dies hängt
jedoch vom Einzelfall ab.

Eine Zeitwertbewertung unterliegt mehr oder weniger starken Wertschwankun-
gen, so dass eine regelmäßige Ermittlung von Marktwerten erforderlich wird
(IAS. 16.31. u. 34). Dies kann einen Verwaltungsmehraufwand bedeuten, den es
angesichts der Erfolgsgröße der Kirche (Ergebnis I) zu vermeiden gilt. Besonders
bei der Neubewertung von Gebäuden und Grundstücken wird man auf Gutachten
zurückgreifen (IAS 16.32), die einen Kostenfaktor darstellen. Dies trifft besonders
für spezielle Sachanlagen zu, für die auf Grund ihrer Eigenheit ein Zeitwert
schwer zu ermitteln ist. Durch den substantiellen Ansatz können allerdings Syner-
gien zum internen Rechnungswesen geschaffen werden, die den Verwaltungsmehraufwand neutralisieren können. Die Sinnhaftigkeit der Anwendung einer
Zeitwertbewertung ist vor dem Hintergrund der Vermögensstruktur der Diözese
sowie nach Kosten-Nutzen-Überlegungen zu beurteilen.

Ein Kapitalerhaltungskonzept, welches entscheidungsrelevante Informationen (im
betriebswirtschaftlichen Sinne) vermittelt und dennoch objektiv ist, kann mit einem abgemilderten nominalen Kapitalerhaltungskonzept erreicht werden. Eine
Zeitwertbewertung sollte unter Abwägung von Nutzen und Kosten für bestimmte
Vermögenswerte angewendet werden, z.B. bei Grundstücken und Gebäuden. Ein
derartiges Konzept ist nach IFRS möglich, während es mit dem HGB wegen des
Anschaffungskostenprinzips nicht umgesetzt werden kann.

Auf der Grundlage der kritischen Größe, die durch das Kapitalerhaltungskonzept bewertet wurde, werden im Folgenden die Grundsätze einer ordnungsmäßigen Rechnungslegung für die Kirche bestimmt.

3.2.6 Grundsätze ordnungsmäßiger Rechnungslegung der Kirche

3.2.6.1 Ermittlung von Grundsätzen ordnungsmäßiger Rechnungslegung

Der Ermittlung von GoB im Kontext der Kirche werden kaufmännische Rechnungslegungsgrundsätze zugrunde gelegt, die vor dem Hintergrund der Adressaten sowie der im vorherigen ermittelten Zwecke und Ziele des Jahresabschlusses einer Diözese auszulegen sind, so dass sie für die Kirche anwendbar sind und dem kanonischen Gesetzesplan entsprechen. Grundlagen für die Identifizierung von kaufmännischen Rechnungslegungsgrundsätzen bieten SANDBERG (2001) für gemeinnützige Stiftungen sowie THOMS-MEYER (1996) für die Erörterung von Grundsätzen ordnungsmäßiger Bilanzierung für Pensionsrückstellungen. Das IDW hat sich in einer Stellungnahme zur Rechnungslegung von Vereinen für die Anwendung von kaufmännischen Rechnungsgrundsätzen ausgesprochen. Es stellt fest, dass die nur für Kaufleute gesetzlich vorgeschriebenen Grundsätze einer getreuen Rechenschaft entsprechen und insoweit auch für andere Formen der Rechnungslegung maßgeblich sind.[613] Darüber hinaus erörtert MOXTER (2003) umfassend Grundsätze ordnungsmäßiger Rechnungslegung auch im internationalen Vergleich. Ein synoptischer Vergleich von Rechnungslegungsgrundsätzen lässt sich auch bei HAYN/WALDERSEE (2003) und bei D'ARCY/ORDELHEIDE (2001) finden. Die von diesen Autoren erörterten und vergleichend gegenübergestellten Rechnungslegungsgrundsätze zeigen, dass die Unterschiede eher in ihrer Interpretation denn in den unterschiedlichen Grundsätzen selbst liegen. LEIMKÜHLER[614] leitet aus der Maßgabe „accuratum ac distinctum", die für die Führung eines Inventarverzeichnisses nach c. 1283 Nr. 2 anzuwenden ist, die Grundsätze der Vollständigkeit, Richtigkeit und Genauigkeit ab.

Die für Ansatz, Bewertung und Ausweis übergreifend geltenden Grundsätze sind die Rahmengrundsätze. Hierzu zählen die Grundsätze der Fortführung, der wirtschaftlichen Betrachtung, der Wahrheit sowie der Grundsatz der Pagatorik. Grundsätze, die sich unter Ansatz, Bewertung und Ausweis subsumieren lassen, sind die Grundsätze der Klarheit, Vollständigkeit sowie die Abgrenzungsgrund-

---

[613] Vgl. IDW (2004): S. 1399.
[614] Vgl. Leimkühler (2004), S. 79.

sätze. Diese Grundsätze können, gleichgültig welche Informationsziele verfolgt werden, als allgemeingültig angenommen werden.[615]

Den Grundsätzen steht ein übergeordneter Grundsatz vor, die Generalnorm, „ein den tatsächlichen Verhältnissen entsprechendes Bild"[616]. Sie gibt die grundlegende Ausrichtung der nachgelagerten Grundsätze an. Da das Zwecksystem der Rechnungslegung der Kirche i.S. der Vermittlung von Informationen für betriebswirtschaftliche Entscheidungen interpretiert wird, wird als Generalnorm i.S. einer möglichst aktuellen und den Tatsachen entsprechenden Darstellung der Vermögens-, Finanz- und Ertragslage zu Grunde gelegt, die sowohl den Kirchenmitgliedern als auch dem Ordinarius eine Informationsgrundlage bietet. Dies meint den Vorrang der Informationsvermittlung gegenüber einer allzu vergangenheitsbezogenen, d.h. konservativ ausgerichteten Rechnungslegung. Der IASB vertritt die Ansicht, dass mit der Dominanz der Informationsfunktion nicht nur die Informationsbedürfnisse der Investoren befriedigt werden, sondern auch die der meisten anderen Adressaten (R 9). Insofern dürfte nach dieser Ansicht eine so ausgelegte Rechnungslegung nicht nur den Hauptadressaten des diözesanen Jahresabschlusses berücksichtigen, sondern auch diejenigen, die (nur) als Informationsinteressierte qualifiziert wurden.[617]

Die Dokumentationsgrundsätze werden für diese Problemstellung vernachlässigt, da sie sich nicht speziell auf den Ansatz, die Bewertung und den Ausweis beziehen, sondern eher auf den Nachweis.

3.2.6.2   Rahmengrundsätze

3.2.6.2.1   Grundsatz der Fortführung

Der Grundsatz der Fortführung (Going Concern) stellt die Voraussetzung für andere Rechnungslegungsgrundsätze dar. So ist eine periodengerechte Erfolgsermittlung und damit eine entsprechende Periodenabgrenzung der Aufwendungen und Erträge nur dann sinnvoll, wenn von der Fortführung der Organisation ausgegangen wird. Ferner bedarf es der Annahme der Fortführung bei der Vergleichbarkeit der Abschlüsse im Zeitablauf.[618] Dem Grundsatz der Fortführung kommt

---

[615] Vgl. Moxter (2003), S. 15; Leffson (1987), S. 179; Wagenhofer (2003), S. 122 ff.; Achleitner/Behr (2003), S. 99; Lüder (1999), S. 347.
[616] Vgl. § 264 Abs. 2, Satz 1 HGB; F 46 (IFRS).
[617] Vgl. Abschnitt 3.2.5.3.1.1.
[618] Vgl. Pellens (2001), S. 166.

ferner eine besondere Bedeutung bei der Bewertung von Bilanzposten zu: Bei der Bewertung von Vermögen und Schulden ist von der Prämisse auszugehen, dass die Organisation über den Stichtag hinaus fortgeführt wird.[619] Das Vermögen soll entsprechend des beabsichtigten Zwecks der Organisation in den Leistungsprozess mit seinen genannten Fortführungswerten bewertet werden.[620] Der Fortführungsgrundsatz resultiert aus dem Zweck des Jahresabschlusses, der gemäß dem Grundsatz der Periodenabgrenzung Informationen über einen periodengerechten Erfolg zu vermitteln hat. Ohne die Fortführungsannahme stellt sich die Frage einer Periodisierung nicht. Die Bedeutung der Fortführung wird durch die Abschreibungen deutlich. Der Ressourcenverbrauch wird – verteilt über die geplante Nutzungsdauer - erfolgswirksam erfasst. Das abnutzbare Vermögen weist dabei zum jeweiligen Stichtag Buchwerte aus. Ohne die Fortführungsannahme kann eine bestimmte Nutzungsdauer nicht unterstellt werden. Ferner ist ohne die Fortführungsannahme die Jahresabschlussfunktion der Kapitalerhaltung nicht gegeben.[621] Vor diesem Hintergrund ist zu prüfen, inwieweit die Prämisse der Fortführungsannahme für die Kirche begründet werden kann.

Aus staatsrechtlicher Sicht ist gemäß Art. 137 Abs. 5 S. 2 WRV Voraussetzung für die Verleihung des Körperschaftsstatus, dass die Kirche „durch ihre Verfassung und die Zahl ihrer Mitglieder die Gewähr der Dauer bietet". Allerdings kann die Gewähr der Dauer auch fehlen, wenn die Kirche gemäß ihrer Weltanschauung nur auf eine bestimmte Zeit ausgelegt ist. Dies kann z.B. der Fall sein, wenn die Kirche zu einem absehbaren Zeitpunkt „den Weltuntergang erwartet"[622].

In Deutschland kann nicht der Staat, sondern nur die oberste Autorität der Kirche die Einrichtung und Auflösung einer Diözese vornehmen (c. 373). Daher muss die Annahme der Fortführung aus ihrem Selbstverständnis begründet werden.

Aus der Umschreibung einer Diözese in c. 369 geht nicht explizit hervor, dass sie auf Dauer eingerichtet ist. Bemerkenswert ist, dass demgegenüber die Dauerhaftigkeit explizit bei der Beschreibung der Pfarrei, also bei der einer Diözese unterstehenden Einheit, genannt wird. So ist die Pfarrei gemäß c. 515 § 1 „in einer Teilkirche auf *Dauer* errichtet". Sie wird von einem Pfarrer, der unter der Autorität des Diözesanbischofs steht, geführt. Dabei zeichnet sich jede Diözese dadurch aus, dass sie in Pfarreien aufgegliedert ist (c. 374). Da Pfarreien auf Dauer errichtet werden, muss dies auch für die den Pfarreien übergeordnete Diözese gelten. Die Fortführung einer Diözese lässt sich somit aus kanonischer Sicht aus ihren

---

[619] Vgl. Coenenberg (2000), S. 68.
[620] Vgl. Baetge et al (2003), S. 113 f.
[621] Vgl. Beatge et al (2003), S. 114.
[622] Vgl. Kirchhoff (1994), S. 685.

Untergliederungen herleiten, sozusagen von *unten nach oben*. Analog trifft dies auch auf die Gesamtkirche zu, denn sie besteht aus und in den Teilkirchen (c. 368). Hier besteht eine wechselseitige Durchdringung beider Dimensionen, deren verbindendes Element das Communioprinzip ist.[623]

Aus theologischer Sicht versteht sich die Kirche u.a. als Sakrament Gottes, d.h. als sichtbares Zeichen und Mittel, durch das bzw. Christus wirkt. Ihre Existenz und damit auch ihre Fortführung ist somit auch theologisch begründbar. Über das Ende der Kirche wird in den Evangelien keine konkrete Aussage getroffen. Ein Hinweis lässt sich dem Matthäusevangelium, aus welchem u.a. das Papsttum begründet wird[624], entnehmen. Dort heißt es: „Du bist Petrus und auf diesen Felsen werde ich meine Kirche bauen und die Mächte der Unterwelt werden sie nicht überwältigen. Ich werde dir die Schlüssel des Himmelreichs geben; was Du auf Erden binden wirst, das wird auch im Himmel gebunden sein, was Du auf Erden lösen wirst, das wird auch im Himmel gelöst sein" (Mt, 16, 18 u. 19). Der Papst wird in der Katholischen Kirche als Nachfolger des Apostelfürsten Petrus[625] und als das „immerwährende und sichtbare Prinzip und Fundament für die Einheit der Kirche"[626] angesehen. Das Amt des Papstes kann insoweit als Begründung für die Fortführung der Katholischen Kirche herangezogen werden. Die Kirche rechtfertigt das Papsttum aus historischer Sicht bis heute mit der lückenlosen Aufzeichnung (Annuario Pontificio)[627] aller Päpste, angefangen von Petrus (64/67) bis Papst Benedikt XVI (2005 -).[628] Allein aus kirchenhistorischer Sicht ist daher nicht von einem vorhersehbaren oder vorbestimmten Ende der verfassten Papstkirche, deren Glieder im Wesentlichen die Diözesen sind[629], auszugehen. Vorsehungen über das Ende des Papsttums und das Ende der Kirche, wie die Papstprophetie des Pseudo-Malachias aus dem 16. Jh., nach der der gegenwärtig amtierende Papst Benedikt XVI. der letzte Papst sein wird[630], können keinen Einfluss auf die Fortführungsannahme haben, da sie nicht nachprüfbar sind.

Für Rechnungslegungszwecke kann daher von einer Fortführung der Kirche im Allgemeinen und den Diözesen im Speziellen über einen unbegrenzten Zeitraum ausgegangen werden.

---

[623] Abschnitt 2.1.3.
[624] Vgl. Fuhrmann (1998), S. 49.
[625] Vgl. Fuhrmann (2004), S. 48 f.
[626] Vgl. Benedictus PP XVI (2005), Tz 182, S. 77.
[627] Vgl. Fuhrmann (2004), S. 282.
[628] Vgl. Fuhrmann (2004), S. 283 - 286.
[629] Benedictus PP XVI (2005), S. Tz 167, S. 74.
[630] Vgl. Fuhrmann (2004), S. 234.

Die theologische Fortführungsannahme der Kirche hat zur Konsequenz, dass das Wirken der Kirche und damit ihre Zwecke als Rechtfertigung ihrer Vermögensfähigkeit fortbestehen müssen. Aus wirtschaftlicher Sicht wäre die Kirche nach c. 1254 ohne die Fortführungsannahme langfristig nicht berechtigt, Vermögen zu besitzen, zu verwalten und zu veräußern, da dem Kirchenvermögen kein Zweck zu Grunde läge. Insoweit rechtfertigt dieses Postulat gleichzeitig das langfristige wirtschaftliche Handeln der Kirche. Der Zusammenhang zwischen der theologisch/kanonisch begründeten Fortführung des kirchlichen Auftrags und der wirtschaftlichen Betätigung der Kirche macht deutlich, dass auch der Rechnungslegung der Grundsatz der Fortführung zu Grunde zu legen ist.

Speziell in Deutschland ist die Eröffnung des Insolvenzverfahrens über das Vermögen einer Diözese unzulässig, weshalb die Fortführungsprämisse auch nicht durch die Eröffnung eines Insolvenzverfahrens gefährdet werden kann.[631] Die Insolvenzgefahr besteht jedoch je nach Rechtsstatus der Kirche in anderen Ländern, wie die unter dem Chapter 11 des US-amerikanischen Bancrupcy Code stehenden amerikanischen Diözesen zeigen. Daher ist die Gefährdung der Fortführung aus wirtschaftlicher Sicht für Diözesen der Katholischen Weltkirche grundsätzlich ein zum Abschlussstichtag zu prüfender Tatbestand.

3.2.6.2.2 Grundsatz der wirtschaftlichen Betrachtung

Da das wirtschaftliche Handeln der Diözese zweckgebunden ist und die Jahresabschlusszwecke hermeneutisch interpretiert wurden und Grundlage der GoR sind, kann auch die wirtschaftliche Betrachtung nicht losgelöst vom kanonischen Normzweck erfolgen. Die wirtschaftliche Betrachtung ist daher auch vor dem Hintergrund der rechtlichen Betrachtung zu interpretieren. Vernachlässigt man den Zweck der Gesetzesnormen, so führt dies nach der Auffassung von MOXTER zu „Wunsch-GoB" des jeweiligen Autors.[632] Die wirtschaftliche Betrachtung ist daher an eine formalrechtliche Betrachtungsweise, d.h. an einen Gesetzesplan gebunden. Die Bindung der wirtschaftlichen an die rechtliche Betrachtungsweise bildet einen Schutz vor einer allzu willkürlichen Auslegung der wirtschaftlichen Sichtweise. Durch die rechtliche Einbindung erfüllt die wirtschaftliche Betrachtung den wirtschaftlichen Normzweck.

---

[631] Vgl. Abschnitt 3.1.3.1; BVerfGE 66, 1; Lindner (2002), S. 137.
[632] Vgl. Moxter (2003), S. 15.

Die rechtliche Betrachtung bildet daher die Interpretationsgrundlage für einen wirtschaftlichen Sachverhalt. MOXTER formuliert den Zusammenhang von wirtschaftlicher und rechtlicher Betrachtungsweise wie folgt: „[...] sie besagt in ihrem (an dieser Stelle allein interessierenden) Kern, dass dann, wenn wirtschaftliche Zusammenhänge berührt sind, auf den wirklichen wirtschaftlichen Zweck einer Gesetzesnorm bzw. einer Sachverhaltsgestaltung abzustellen ist". Die Gesetzesnormen sind auf Basis ihrer wirtschaftlichen Betrachtung zu interpretieren, was bedeutet, den wirklichen Zweck der Gesetzesnorm nach der teleologischen Methode auszulegen.[633]

Dies bedeutet für den Grundsatz der wirtschaftlichen Betrachtung im Kontext der Kirche, dass eine richtige und vor Willkür geschützte wirtschaftliche Betrachtungsweise vor dem zu Grunde liegenden kanonischen Normzweck zu interpretieren ist. Die wirtschaftliche Betrachtung der Rechtsansprüche und Verpflichtungen hat den wirklichen Zweck der Rechtsnorm (z.B. Verträge und Kirchengesetze) zu beachten. Dies bedeutet für die Kirche, dass der Zweck des wirtschaftlichen Handelns nicht losgelöst von dem theologischen Gehalt der Rechtsnorm betrachtet werden kann. Dies gilt insbesondere dann, wenn eine Rechtsbeziehung auf kanonischen Gesetzen bzw. Verträge basiert.

Die wirtschaftliche Betrachtung steht hier als Mittel zur Förderung der Sachziele der Kirche. Der Jahresabschluss soll die wirtschaftliche Lage der Diözese zutreffend abbilden, so dass er betriebswirtschaftlich relevante Informationen vermittelt. Dies wird nur dann erreicht, wenn sich die wirtschaftliche Substanz im Jahresabschluss niederschlägt. Vor diesem Hintergrund müssen Sachverhalte nach ihrer wirtschaftlichen Substanz und nicht allein nach ihrer rechtlichen Gestaltung im Jahresabschluss abgebildet werden. Das Verhältnis zwischen wirtschaftlicher und rechtlicher Betrachtung muss in einer Mittel-Zweck-Relation gedeutet werden, so dass ein (normatives) Sinnganzes entsteht.

Ein Sinnganzes besteht dann, wenn das wirtschaftliche Leistungsvermögen, d.h. das Reinvermögen der Diözese erhalten bleibt. Die Veränderung des Reinvermögens und damit der wirtschaftliche Erfolg i.S. der Kapitalerhaltung kommt durch das Ergebnis III zum Ausdruck. Der Grundsatz der wirtschaftlichen Betrachtung muss sich daher an der Reinvermögensveränderung orientieren. Würde der Ansatz von Schulden und Vermögen rein von der formalrechtlichen Betrachtung abhängig gemacht werden, so würde der Jahresabschluss der Kirche seiner wirtschaftlichen Informationsfunktion nicht gerecht.

---

[633] ebenda

3.2.6.2.3 Grundsatz der Wahrheit

Wahrheit[634] bedeutet, „mit den Tatsachen übereinstimmend (mit der Wirklichkeit)"[635]. Da „Wahrheit" immer nur relativ sein kann, wird dieser Begriff nach LEFFSON in einen sachbezogenen und einen personenbezogenen Grundsatz unterteilt, um eine wahrheitsgetreue Rechnungslegung zu gewährleisten. Nach herrschender Auffassung umfasst der Grundsatz der Wahrheit die Grundsätze der Richtigkeit und Willkürfreiheit.[636]

3.2.6.2.3.1 Grundsatz der Richtigkeit

Den Grundsatz der *Richtigkeit* betrifft das Problem, dass es keine einheitliche Auffassung von Richtigkeit gibt. Vielmehr ist der Jahresabschluss nur relativ richtig, d.h. richtig im Kontext der mit dem Jahresabschluss verfolgten Zwecke und der entsprechend angewandten Abbildungsregeln. Reale Sachverhalte müssen nach dem sachbezogenen Grundsatz der Richtigkeit so dargestellt werden, dass ein sachverständiger Dritter in der Lage ist, anhand der Abbildungsregeln die Situation der Organisation als wirklichkeitsgetreu anzuerkennen.[637] Dies bedeutet, dass die Richtigkeit objektivierbar sein muss, so dass eine intersubjektive Nachprüfbarkeit hergestellt wird. Der Grundsatz der Richtigkeit kann daher auch als Grundsatz der Objektivierung bezeichnet werden. Dem Grundsatz der Objektivierung kommt die Aufgabe zu, den Ermessensspielraum des Bilanzierenden einzuschränken. Denn Ermessensspielräume können zu Ermessensmissbräuchen führen. Objektivierung meint eine intersubjektive Überprüfbarkeit. Eine strenge Auslegung der Objektivierung hat die Konsequenz, dass nur diejenigen Ansatz-, Bewertungs- und Ausweisregeln in Frage kommen, die keine intersubjektiven Beurteilungsunterschiede erwarten lassen.[638] Eine an strengen Objektivierungsregeln orientierte Rechnungslegung hätte zur Folge, dass der Inhalt der Bilanz kaum über den Kassen- und Bankbestand hinauskäme. Der Grundsatz der Objektivierbarkeit ist daher nicht absolut zu interpretieren, sondern relativ im Verhältnis zu den Aufgaben des Jahresabschlusses.[639] Der Grundsatz der Objektivierbarkeit erfüllt besonders dort eine Schutzfunktion, wo die Bewertung von Bilanzposten von Prognosen und Annahmen bestimmt wird, wie z.B. bei der Bewertung von Rückstellungen. MOXTER bemerkt hierzu aber: „Man darf sich nicht täuschen lassen

---

[634] Vgl. zu den verschiedenen Auffassungen über Bilanzwahrheit: Leffson (1987), S. 193-195.
[635] Vgl. Leffson (1987), S. 179, 196, 200.
[636] Vgl. Sandberg (2001), S. 162; Leffson (1987), S. 179, 196, 200.
[637] Vgl. Leffson (1987), S. 199.
[638] Vgl. Moxter (2003), S. 15.
[639] Vgl. Moxter (2003), S. 16.

durch den Umstand, dass Gewinnansprüche durch Vergangenheitsgewinne bestimmt werden und dass Rechenschaft über ein zurückliegendes Geschäftsjahr erstattet wird; denn derartige Vergangenheitsgrößen werden wesentlich durch sehr unsichere Zukunftsgrößen bestimmt"[640].

Objektivierung bedeutet jedoch die Standardisierung von Sachverhalten, die eine normierte Überschussermittlung ermöglicht. Ein normierter Überschuss entspricht zwar strengen Objektivierungsanforderungen, jedoch kann dies zu einer Beeinträchtigung des Informationsgehaltes führen. Künftige Ereignisse, die für eine betriebswirtschaftliche Entscheidung notwendig sein können, blieben somit unberücksichtigt. Dies würde dazu führen, dass die eigentlichen Funktionen und Ziele, die ursprünglich mit dem Jahresabschluss verfolgt werden sollten, nicht oder nur unzulänglich erreicht würden. Daher kann der Jahresabschluss der Diözese nur relativ richtig, d.h. zu den ihr zukommenden Zwecken und Zielen sein.

Die Zwecke des Jahresabschlusses der Diözese liegen in der Rechenschaft über die Verwendung der Ressourcen und in der Vermögenserhaltungskontrolle, mit seinen Unterzwecken Wirtschaftlichkeits- und Liquiditätskontrolle. Aus dem Zweck der Vermögenserhaltungskontrolle abgeleitet ist die kritische Größe, d.h. der maximal entziehbare Überschuss (Ergebnis III), so dass eine Wiederbeschaffung des wirtschaftlichen Kirchenvermögens möglich ist. Vor diesem Hintergrund ist der Grundsatz der Richtigkeit zu interpretieren. Das bedeutet, dass der Jahresabschluss die realen wirtschaftlichen Verhältnisse abbilden muss, um daraus wirtschaftlich relevante Entscheidungen ableiten zu können. Dies würde ein Jahresabschluss, der strenge Objektivierungsmaßstäbe gebietet, kaum erfüllen können. Insoweit darf der Jahresabschluss nicht nur auf tatsächlichen Ereignissen beruhen, sondern muss auch Annahmen einbeziehen. Oft sind Fiktionen das einzige Mittel, um überhaupt Bewertungen vorzunehmen, wie z.B. bei Rückstellungen. Hier sind dann Wahrscheinlichkeiten, die naturgemäß nicht streng objektiv sein können, aber durch die Anwendung anerkannter Berechnungsverfahren objektivierbar sind, heranzuziehen.[641]

Durch die Einbeziehung von Annahmen wird dem Jahresabschluss teilweise Objektivität entzogen. Dies erfordert einen Kompromiss zwischen der Objektivität einerseits und dem Informationsgehalt andererseits. Es sind daher Regeln aufzustellen, die eine Objektivierbarkeit ohne eine erhebliche Beeinträchtigung der Informationen ermöglichen. Dies wird hier mit einem gemilderten nominellen Kapi-

---

[640] Moxter (2003), S. 16 f.
[641] Vgl. Leffson (1987), S. 198.

talerhaltungsansatz erreicht. Objektivierungsschwächen kann dadurch begegnet werden, dass zusätzliche Erläuterungen einbezogen werden. Dem liegt der Gedanke zu Grunde, dass nicht auf die *Nachweisbarkeit*, also auf die Einbeziehung nur realisierter Werte, sondern auf die intersubjektive *Nachvollziehbarkeit* abgestellt wird. Die angewandeten Ansatz- und Bewertungsverfahren sowie die Risiken, die Annahmen und Prognosen anhaften, werden durch zusätzliche Erläuterungen für den Informationsempfänger transparent und damit nachvollziehbar dargelegt. Ein Jahresabschluss, der nur auf tatsächlich eingetretene Ereignisse und Sachverhalte abstellt, entzieht dem Jahresabschluss Aktualität und damit relevante Informationen, die für Entscheidungen der Adressaten relevant sind. Der Jahresabschluss würde so auf ein stark vergangenheits-bezogenes Rechenschaftsinstrument reduziert. Ein derartiger Jahresabschluss erfüllte aber nicht die Zwecke des Jahresabschlusses einer Diözese. Richtig ist der Jahresabschluss der Diözese dann, wenn ggf. auch zukünftige Effekte einbezogen werden. Ein so verstandener, *richtiger* Jahresabschluss ist einem an strenge Objektivierungsgrundsätze gebundenen Jahresabschluss vorzuziehen.

3.2.6.2.3.2 Grundsatz der Willkürfreiheit

Ein Jahresabschluss, welcher auch Annahmen zulässt, weist einen Ermessensspielraum auf. Dieser Spielraum wird mit dem Grundsatz der Willkürfreiheit eingeschränkt. Willkürfreiheit meint „subjektive Wahrhaftigkeit"[642] und Verlässlichkeit. Der Grundsatz der Willkürfreiheit bezieht sich auf den Rechenschaftslegenden und sein Handeln nach seiner subjektiv empfundenen Wahrheit. Der Rechenschaftslegende handelt nach seiner inneren Überzeugung, also danach, was er als zutreffend ansieht.[643] Mit dem Grundsatz der Willkürfreiheit gewinnt der Grundsatz der Wahrheit eine auf den Bilanzierenden bezogene, d.h. personenbezogene Seite. Die Forderung nach Willkürfreiheit trägt der Tatsache Rechnung, dass jedes Urteil von subjektiven Elementen beeinflusst wird.[644] Diese naturgegebene Subjektivität der Urteile verstößt weder gegen den Grundsatz der Willkürfreiheit noch gegen den Grundsatz der Richtigkeit, solange sich der Urteilende davon leiten lässt, ein zutreffendes Erwartungsbild dessen, was als eine zweck- und ordnungsgemäße Rechnungslegung aufgefasst wird, zu vermitteln. Der Grundsatz der Willkürfreiheit soll die Brandbreite, die subjektiven Urteilen anhaftet, verringern. Der Grundsatz wird daher auch als das „Prinzip der Ermessensbegrenzung" be-

---

[642] Vgl. Leffson (2001), S. 199.
[643] Vgl. Sandberg (2001), S. 164.
[644] Vgl. Leffson (1987), S. 202.

zeichnet[645] und trägt dem Gedanken Rechnung, dass die Rechnungslegung Informationsasymmetrien ausgleichen soll.[646] „Ohne Willkürfreiheit, als Übereinstimmung von Aussage und Bilanzierendem, ist keine Rechenschaft denkbar."[647] Im Umkehrschluss bedeutet fehlende Wahrhaftigkeit eine auf Lügen basierende Rechenschaft, die keine ordnungsmäßige Rechnungslegung mehr ist.[648] Die Informationen müssen in einem Jahresabschluss nach diesem Grundsatz so dargestellt werden, dass das, was sie vorgeben, nach Maßgabe der Vernunft von ihnen erwartet werden kann. Dies setzt jedoch voraus, dass die Informationen frei von Verzerrungen sind und dass der Rechnungslegende keine absichtlich unrichtigen Informationen vermittelt.[649] Somit beschränkt sich die subjektive Wahrhaftigkeit nicht auf den Rechenschaftslegenden, sondern muss auch von den Adressaten intersubjektiv als wahrhaftig empfunden werden. Die vorstehende Forderung meint ein subjektiv wahrhaftiges Handeln des Rechnungslegenden, welches vor dem Hintergrund von Sachverstand als allgemein akzeptiertes Handeln subjektiv angenommen werden kann. So könnte beispielsweise fehlende Sachkenntnis zu einem subjektiv wahrhaftigen Handeln führen, und zwar nach subjektiv bestem Wissen und Gewissen, tatsächlich aber eine unrichtige Rechenschaft bedeuten. Daher muss der subjektiven Wahrhaftigkeit immer der Grundsatz zu Grunde liegen, dass das subjektive Handeln die Akzeptanz der sachverständigen Allgemeinheit im Sinne einer ordnungsgemäßen und gewissenhaften Vermögensverwaltung findet. Erst dann entspricht die Wahrhaftigkeit der Willkürfreiheit. Diese Anforderung an die Willkürfreiheit wird an zwei Stellen des CIC zum Ausdruck gebracht. C. 1284 § 1 stellt an die Vermögensverwalter die Anforderung, dass sie „ihr Amt mit der Sorgfalt eines guten Hausvaters zu erfüllen" haben. Der Ermessensspielraum des Vermögensverwalters wird durch die Zweckbindung des Kirchenvermögens und die uneigennützige Vermögensverwaltung an den Schutz des Vermögens und damit an den kirchlichen Auftrag gebunden. Die „Sorgfalt eines guten Hausvaters" muss somit im Zusammenhang mit den Grundsätzen einer treuhänderischen Vermögensverwaltung gedeutet werden. Hinsichtlich der Anforderung an den Sachverstand weist c. 494 § 1 explizit darauf hin, dass der Ökonom „in wirtschaftlichen Fragen wirklich erfahren" sein muss. Der Jahresabschluss ist ein Dokumentations- und Nachweisinstrument und basiert auf Rechtsnormen. Diese Normen, zu denen (Kirchen)Gesetze, Standards und Rechnungslegungsgrundsätze gehören,

---

[645] Vgl. Beisse (1994), S. 16.
[646] Vgl. Sandberg (2001), S. 164.
[647] Leffson (1987), S. 199.
[648] Vgl. Leffson (1987), S. 199.
[649] ebenda

stellen die Grundlage dar, aus der der Bilanzierende das Erwartungsbild ableitet und durch welche die Willkür seines Urteils eingeschränkt wird.[650]

Bei Ermessensspielräumen besteht die Gefahr der Manipulation. Fraglich erscheint, ob die Gefahr der Willkür in der Kirche überhaupt wahrscheinlich ist. Nach SANDBERG besteht die Gefahr einer Manipulation dann, wenn sie dem Verantwortlichen nutzt.[651] Bei erwerbswirtschaftlichen Unternehmen ist die Gefahr einer Manipulation dann groß, wenn der Erfolg des Unternehmens mit geldwerten Erfolgsprämien seitens des Managements verbunden ist. Bei der Kirche ist im Gegensatz zu erwerbswirtschaftlichen Unternehmen ein Ergebnisdruck auf Grund der unterschiedlichen Zieldominanz nicht anzunehmen. Besonders der treuhänderische Grundsatz des Eigennutzverbotes deutet darauf hin, dass dem Management kein monetärer Vorteil erwächst, so dass kaum Anreize bestehen, den Jahresabschluss zum persönlichen Vorteil zu manipulieren. Ferner sind keine wirtschaftlichen Eigeninteressen zu befriedigen, so dass der monetäre Erfolgsdruck im Gegensatz zu erwerbswirtschaftlichen Unternehmen bei der Diözese nicht so stark ausgeprägt zu sein scheint.

Eine Manipulationsgefahr könnte jedoch darin bestehen, dass das Management die wirtschaftliche Lage schlechter darzustellen versucht, als sie tatsächlich ist. Ein Grund hierfür könnte in der Beitragsbemessung, sowohl auf der Seite der Kirchenmitglieder als auch auf der Seite des Ordinarius, liegen. Je besser die wirtschaftliche Lage einer Diözese ist, desto weniger wahrscheinlich ist auch eine ausgeprägte Beitragsbereitschaft der Kirchenmitglieder. Zumindest hat es der kanonische Gesetzgeber offenbar für notwendig erachtet, den Diözesanbischof gesetzlich darauf zu verpflichten, die Gläubigen an ihre Beitragspflicht i.S.d. c. 222 § 1 zu erinnern und in geeigneter Weise auf ihre Erfüllung zu drängen (c 1261 § 1). Der Eindruck der Geldgeber, dass eine Diözese „reich"[652] erscheint, kann zu einer Minderung des Beitragswillens führen. Insoweit kommt dem Grundsatz der Willkürfreiheit eine gewisse Bedeutung zu. Die Frage ist, mit welchen Maßnahmen der Willkür begegnet werden kann.

Der kanonische Gesetzgeber hat, ob vorsorglich oder auf Grund von realen Verstößen, das Instrument der persönlichen Schadenshaftung des Rechenschaftslegenden geschaffen. Eine Nichteinhaltung der Sorgfaltspflicht kann zur Geltend-

---

[650] Vgl. Leffson (1987), S. 203.
[651] Vgl. Sandberg (2001), S. 165.
[652] Vgl. Frerk (2002), S. 11 u. 414.

machung von Haftungsansprüchen führen.[653] Eine weitere Maßnahme stellt die unabhängige Prüfung von Jahresabschlüssen dar. Hier kann die Einschätzung über die getroffenen Annahmen und damit das subjektive Ermessen durch einen unabhängigen Gutachter eingeschränkt werden. Auf der Ebene der Diözese ist es die Aufgabe des Vermögensverwaltungsrates, den Wahrheitsgehalt der Rechnungslegung zu überprüfen.[654] Auch können Wirtschaftsprüfer vom Vermögensverwaltungsrat beauftragt werden, den diözesanen Jahresabschluss nach den Rechnungslegungsgrundsätzen und den kirchenrechtlichen Vorgaben zu prüfen, wie im Fall der Diözese Hildesheim.[655] Bei der Übertragung der Kompetenz an einen Wirtschaftsprüfer kann sich der Vermögensverwaltungsrat seiner Mitverantwortung für die wahrheitsgemäße Rechnungslegung nicht entziehen.[656]

3.2.6.2.4 Grundsatz der Pagatorik

Im Abschnitt 3.1.1.2 wurde dargestellt, dass sowohl das HGB als auch die IFRS dem Pagatorischen Prinzip, wenn auch in unterschiedlicher Strenge, unterworfen ist. Dies gebietet, dass in der *Bilanz* und in der *GuV* nur diejenigen Sachverhalte erfasst werden, die in einem Zusammenhang mit Zahlungsbewegungen stehen und dass Vermögen und Schulden nur mit Rechnungsgrößen abgebildet werden, die auf Zahlungsvorgänge zurückzuführen sind[657]. Daher kann das Pagatorische Prinzip als Objektivierungsgrundsatz und damit als Rahmenprinzip einer objektiven Rechnungslegung aufgefasst werden.

Nach c 1284 § 2 Nr. 7 gehört es zu den Sorgfaltspflichten eines ordentlichen Vermögensverwalters, Einnahmen und Ausgaben wohlgeordnet aufzuzeichnen. Einnahmen und Ausgaben stellen Geld oder geldwerte Rechte dar. Rechenschaft hierüber kann die Diözese naturgemäß nur in Höhe des Wertes legen, der ihr in Form von finanziellen Mitteln zugegangen ist oder den sie für den Erwerb eines Wirtschaftgutes zu zahlen bzw. um sie für eine Kirchenleistung gezahlt hat. Wirtschaftsgüter, die nicht entgeltlich erworben wurden, sind mit dem Wert anzusetzen, der üblicherweise am Markt realisierbar ist. Letztlich ist der Sinn dieser kanonischen Vorschrift, dass über Sachverhalte Rechnung zu legen ist, die in einem

---

[653] Vgl. c. 1281 § 2, 1289 u. 1296) oder zu Straf- (c. 1377, 1389 § 2) bzw. disziplinarrechtlichen Regelungen, c. 1741, 5; vgl. auch Althaus (1997), in: MKzCIC, c. 1283, Rn 3, S. 4.

[654] Vgl. c. 493, 1287.

[655] Vgl. Bistum Hildeheim: Geschäftsbericht 2004, S. 40.

[656] zu weiteren Anforderungen an die Abschlussprüfung der Diözese vgl. Leimkühler (2004), S. 217 ff.

[657] Baetge et al (2003), S. 114.

Zusammenhang mit Geldbewegung stehen, denn die Wirtschaftsgüter der Kirche können nur dann ihren Zweck erfüllen, wenn sie finanzielle Mittel hervorbringen. Da in einem kaufmännischen Jahresabschluss die Sachverhalte nicht auf Grund der Entstehung einer Geldbewegung, sondern nach ihrer wirtschaftlichen Verursachung erfasst werden, weisen Vermögenswerte und Schulden Geldwerte aus, die realisiert oder zumindest realisierbar sind bzw. die (wahrscheinlich) zu einem Geldmittelabfluss führen werden. Für die *Bilanz* und *GuV* beruht die Rechnungslegung der Diözese nach kaufmännischem Modell daher auf dem Grundsatz der Pagatorik.

Aus dem für die Diözese zu Grunde gelegten gemilderten nominalen Kapitalerhaltungskonzept geht hervor, dass die Anschaffungskosten keine strenge Wertobergrenze darstellen. Vielmehr muss grundsätzlich die Möglichkeit bestehen, das wirtschaftliche Kirchenvermögen auch vor dem Hintergrund der Ersatzbeschaffung zu erhalten, also die Möglichkeit zu Zeitwerten. Diese zeigen das Potential auf, aus den Wirtschaftsgütern der Kirche finanzielle Mittel entweder durch Veräußerung oder durch Beleihung zu generieren. Der pagatorische Bezug muss daher i.S. eines *wahrscheinlichen*, d.h. beabsichtigten Ausgleichs von Reinvermögenssalden und den Salden der Zahlungsmittel nach besten Schätzungen und vor dem Hintergrund des Grundsatzes der Wahrheit interpretiert werden. Rein kalkulatorisch basierte Vorgänge werden somit nicht erfasst.

3.2.6.3 Grundsätze für den Ansatz, die Bewertung und den Ausweis

3.2.6.3.1 Grundsatz der Klarheit und Vollständigkeit

Der *Grundsatz der Klarheit* meint, dass die Informationen nicht mehrdeutig sein und somit den Bilanzleser nicht irreführen dürfen.[658] Der Grundsatz der Klarheit umfasst die *Übersichtlichkeit, Eindeutigkeit und Verständlichkeit*[659], so dass ein fachkundiger Abschlussleser den Jahresabschluss als „klar" und übersichtlich anerkennt[660]. Der Grundsatz der Klarheit wird durch den Grundsatz der *Einzelbewertung*, d.h. die Einzelbewertung und -erfassung von Schulden und Vermögen, konkreter. Der Grundsatz der Einzelbewertung lässt sich auch aus c. 1283 Nr. 2 CIC ableiten. Darin wird ein „genaues und ins einzelne gehendes" Bestandsverzeichnis der „Immobilien, der beweglichen Sachen, seien sie wertvoll oder sonst wie den Kulturgütern zuzurechnen, oder anderer Sachen mit deren Beschreibung und

---

[658] Vgl. Moxter (1976), S. 93.
[659] Vgl. Leffson (1987), S. 208.
[660] Vgl. Moxter ((1976), 93 ; Leffson (1987), 208 f.

Wertangabe..." vorgeschrieben. Der Grundsatz der Einzelbewertung leitet sich somit aus dem Dokumentationszweck des Jahresabschlusses der Diözese ab.

In Analogie zum Einzelbewertungspostulat lässt sich das *Saldierungsverbot* ableiten, wonach Vermögen und Schulden sowie Aufwendungen und Erträge nicht verrechnet werden dürfen.[661] Für den Ausweis gilt somit das *Bruttoprinzip*, was bedeutet, dass Aktiv- und Passivposten sowie Aufwendungen und Erträge getrennt (brutto) auszuweisen sind.[662] Die jeweiligen Positionen müssen eindeutig definiert, klar und entsprechend tief aufgegliedert sein[663], so dass dem Informationsbedürfnis der Adressaten entsprochen wird.

Der Grundsatz der *Vollständigkeit* fordert, dass der Jahresabschluss alle buchungspflichtigen Geschäftsvorfälle enthält. Hierzu gehört, dass die wertmäßigen Vermögensveränderungen der betrieblichen Sachen, Pflichten und Rechte erfasst werden. Ferner müssen auch Informationen über bestehende Risiken, die noch nicht in der Buchführung erfasst sind, deren Eintreten jedoch hinreichend wahrscheinlich ist[664] sowie weitere Informationen, welche die finanzielle Lage der Diözese betreffen, in die Rechnungslegung einbezogen werden. Dies kann über Rückstellungsbildung mit entsprechenden Angaben im Anhang[665] erfolgen. Ein vollständiger Jahresabschluss bedeutet, Informationen zu vermitteln, die den Informationsbedürfnissen der Adressaten dienen. Die Einbeziehung auch unwesentlicher bzw. nicht entscheidungsrelevanter Informationen kann dazu führen, dass der Jahresabschluss an Übersichtlichkeit einbüßt und somit dem Grundsatz der Klarheit zuwiderläuft. Ein Beispiel können ungewisse Verbindlichkeiten sein, deren Eintreten unwahrscheinlich ist und deren Einbeziehung Ressourcen bindet, die der Verwendung für die Hautaufgaben der Kirche entzogen würden. Der Grundsatz der Vollständigkeit muss daher auch vor dem *Grundsatz der Wesentlichkeit* interpretiert werden.[666] Ferner steht Rechnungslegung im Spannungsfeld zwischen dem Nutzen, der durch die Informationsvermittlung entsteht und den Kosten, welche

---

[661] Vgl. Coenenberg (2000), S. 61; Leffson (1987), S. 210 ff.

[662] Vgl. Bieg (1998): Stichwort: Bruttoprinzip, in: LdRA, S. 143, mit Verweis auf § 264 Abs. 2 HGB; vgl. z.B. IAS 1.33 f.; Wagenofer (2003), S. 129.

[663] Vgl. Leffson (1987), S. 208.

[664] Vgl. Coenenberg (2000), S. 62.

[665] und/oder im Lagebericht, soweit die Diözese einen erstellt, vgl. z.B. den Lagebericht im Geschäftsbericht der Erzdiözese Hamburg des Jahres 2003.

[666] Dieser Grundsatz ist explizit im Framework R. 26 enthalten, vgl. auch Achleitner/Behr (2003), S. 100; Lüdenbach/Hoffmann (2004) in: Haufe IAS-Kommentar, § 1, Rn 25, S. 25. Ferner wird er auch für den Jahresabschluss nach HGB vertreten, vgl. Baetge et al (2003), S. 111.

durch die Bereitstellung von Informationen verursacht werden. Der Nutzen der bereitgestellten Informationen muss höher sein, als die damit verbundenen Kosten.[667] Dies wird mit dem *Grundsatz der Wirtschaftlichkeit* bezeichnet. Der Aufwand der Informationsgenerierung entsteht im Bereich der Diözesanverwaltung und mindert daher das Ergebnis I. Die Abwägung zwischen Nutzen und Kosten resultiert daher aus einem Sachzwang und dem Ziel einer wirtschaftlichen Verwaltungsführung. Der Nutzen, der aus dieser Abwägung entsteht, kommt letzten Endes dem Leistungsbereich und damit den eigentlichen Sachzielen der Diözese zu Gute. Die Abschätzung ist vornehmlich jedoch eine Ermessensfrage[668], die letztendlich auf der Ebene der rechnungslegenden Einheit, d.h. auf der Ebene der jeweiligen Diözese zu entscheiden ist. Um die Subjektivität, die dem Ermessen einer einzelnen Diözese anhaftet, zu begrenzen, wäre ein Konsens entweder auf Ebene der Kirchenprovinz oder sogar auf der Ebene der Bischofskonferenz zu bilden.

Auf Grund der angestrebten Harmonisierung der Vermögensverwaltung, die mit dem gesamtkirchlichen Vermögensrecht, in welchem die Rechnungslegungspflicht enthalten ist, verfolgt wird, sollten die Jahresabschlüsse innerhalb der Katholischen Kirche vergleichbar sein. Daher sind Ausweis-, Bewertungs- und Ausweiswahlrechte möglichst so zu wählen, dass sie keine zu großen Unterschiede zu anderen Jahresabschlüssen, z.B. der Diözesen innerhalb einer Bischofskonferenz aufweisen, welche die Vergleichbarkeit erschweren. Vergleichbar muss der Jahresabschluss auch im Mehr-Periodenvergleich sein. Dies wird durch den *Grundsatz der Vergleichbarkeit* sichergestellt. Dieser Grundsatz wird durch die *Grundsätze der Stetigkeit* und der *Bilanzidentität* konkretisiert. Der Grundsatz der Stetigkeit bezieht sich auf die Vergleichbarkeit hinsichtlich der Darstellung, Struktur und der Bewertung der einzubeziehenden Sachverhalte. Die einmal gewählte Gliederung, die Bewertungsmethode sowie der Ausweis sollen grundsätzlich beibehalten werden.[669] Der Grundsatz der Bilanzidentität[670] hingegen verfolgt das Ziel, die Identität zwischen dem Endwert des Vorjahres und dem Anfangswert des laufenden Geschäftsjahres herzustellen. Somit werden die Werte des jeweiligen Vorjahres fortgeschrieben, wodurch die vollständige Erfassung der Geschäftsvorfälle des laufenden Geschäftsjahres ergänzt wird. Ohne die Bilanzidentität kann

---

[667] Vgl. F 44; Wagenhofer (2003), S. 126.

[668] Vgl. Wagenhofer (2003), S. 126.

[669] in Bezug auf das Handelsrecht wird der Grundsatz in eine materielle und formelle Stetigkeit unterteilt und umfasst die Bezeichnungs-, Gliederungs- und Ausweisstetigkeit. Die materielle Stetigkeit umfasst die Bewertungsstetigkeit, vgl. Baetge et al (2003), S. 106.

[670] wird in der Literatur auch synonym zu „Bilanzzusammenhang" verwendet., vgl. Coenenberg (2000), S. 62.

ein Jahresabschluss nicht vollständig sein.[671] Mit diesen Grundsätzen wird die Vergleichbarkeit des Jahresabschlusses sowohl gegenüber anderen Diözesen als auch gegenüber der Vorperioden erhalten[672], was der Verständlichkeit und damit der Klarheit dient.

Der *Stichtagsgrundsatz* ergänzt den Grundsatz der Vollständigkeit, indem ein Zeitraum definiert wird, innerhalb dessen Geschäftsvorfälle verursachungsgerecht erfasst werden müssen. Der Bilanzstichtag legt dabei das Ende einer Periode fest und damit, welche Geschäftsvorfälle in dieser Periode zu erfassen sind. Der Stichtagsgrundsatz kommt durch c. 1283 § 2 Nr. 8 zum Ausdruck, indem es heißt, dass am *Ende eines Jahres* Rechenschaft abzulegen ist. Ob hier das Kalenderjahr, das Kirchenjahr oder eine andere Periode gemeint ist, bleibt offen.

3.2.6.3.2   Abgrenzungsgrundsätze

3.2.6.3.2.1   Abgrenzungsgrundsätze nach HGB und IFRS

Der Grundsatz der Vollständigkeit gebietet eine lückenlose Erfassung aller buchungspflichtigen Geschäftsvorfälle. Die Abgrenzungsgrundsätze legen fest, in welcher Periode diese zu erfassen sind. Sie bauen auf dem Grundsatz der Vollständigkeit auf[673] und ergänzen diesen Basisgrundsatz.[674]

Das Prinzip der Periodenabgrenzung erfasst Vorgänge nicht auf Grund von Zahlungsbewegungen, sondern auf Grund der wirtschaftlichen Verursachung (Verursachungsprinzip).[675] Wirtschaftlich verursacht ist ein Vorgang in dem letzten Glied einer Ursachenkette. Das Prinzip der Periodenabgrenzung folgt damit einem regressiven Deduktionsprozess. Eine wirtschaftliche Ursache ist regelmäßig die Entstehung einer Leistung, die letztendlich mit einer Reinvermögensveränderung verbunden ist.[676] Die Reinvermögensänderung kommt nach diesem Prinzip durch den Periodenerfolg zum Ausdruck. Dieser errechnet sich danach nicht auf Grund von Zahlungsbewegen, sondern auf Grund von Aufwendungen und Erträgen.[677] Um einen periodengerechten Gewinn zu ermitteln, kommt es darauf an, zu welchem Zeitpunkt und damit, in welcher Periode die Aufwendungen und Erträge zu erfassen sind. Das Prinzip der Periodenabgrenzung kommt im deutschen Handels-

---

[671] Vgl. Coenenberg (2000), S. 62.
[672] Vgl. Baetge et al (2003), S. 106; Leimkühler (2004), S. 105.
[673] Vgl. Coenenberg (2000), S. 62.
[674] Vgl. Baetge et al (2003), S.111.
[675] Vgl. Baetge et al (2003), S.111; Kußmaul (1995), § 246, Rn 19 f., S 513 f.
[676] Vgl. Selchert (1995) in: HdR, § 252, Rn 94, S. 860 f.
[677] Vgl. Pellens (2001), S. 163.

recht durch das *Realisationsprinzip* i. V. mit der *sachlichen* und *zeitlichen Abgrenzung* zum Tragen. Bei den IFRS kommt dies durch das „*accrual principle*" zum Ausdruck, welches das „*realisation principle*" und das „*matching principle*" beinhaltet. § 277 Abs. 1 HGB bezieht die Erträge aus dem Verkauf und der Vermietung oder Verpachtung von für die Geschäftätigkeit des Unternehmens typischen Erzeugnissen, Waren und Diensten ein. Das Realisationsprinzip regelt, wann ein Ertrag zu erfassen ist. Im deutschen Handelsrecht gelten Erträge erst dann als realisiert, wenn der Kaufvertrag abgeschlossen ist, die Leistung erbracht wurde und somit außerhalb des Verfügungsbereichs des Unternehmens steht sowie die Zahlung erfolgt bzw. eine Forderung entstanden ist.[678] Dies führt dazu, dass noch nicht realisierte Erträge nicht erfasst werden.[679] Eine Teilgewinnrealisierung ist nach dem HGB grundsätzlich[680] nicht möglich.[681] Das Realisationsprinzip wird durch das *Imparitätsprinzip* weiter eingeschränkt. Dieses Prinzip wird in § 252 Abs. 1 Nr. 4 HGB beschrieben. Darin wird es mit dem Vorsichtsprinzip verbunden: „namentlich sind alle vorhersehbaren Risiken und Verluste, die bis zum Abschlussstichtag entstanden sind, zu berücksichtigen, selbst wenn diese erst zwischen dem Abschlussstichtag und dem Tag der Aufstellung des Jahresabschlusses bekannt geworden sind; Gewinne sind nur zu berücksichtigen, wenn sie am Abschlussstichtag realisiert sind".

Das Realisationsprinzip kommt im IFRS im Framework durch die Definition der Abschlussposten (R 82 ff) zum Ausdruck. In R 83 werden die zwei grundlegenden Voraussetzungen für die Erfassung eines Sachverhaltes genannt. Es sind dies a) ein künftiger wahrscheinlicher Nutzenzu- bzw. -abfluss und b) verlässliche Wertermittlung.

Konkretisiert wird der Realisationszeitpunkt im Wesentlichen in IAS 18, der sich explizit auf das Framework bezieht (IAS 18-4: Zielsetzung).

Der Standard führt in IAS 18.1 drei Vorgänge, aus denen Erträge realisiert werden, auf:

- Verkauf von Waren
- Erbringung von Dienstleistungen

---

[678] Zukunftsverluste werden über das Imparitätsprinzip erfasst, soweit sie hinreichend wahrscheinlich sind, vgl. Coenenberg (2000), S. 65.

[679] Vgl. Coenenberg (2000), S. 63.

[680] siehe zu den Möglichkeiten der Teilgewinnrealisierung im Handelsrecht Lüdenbach/Hoffmann (2004) in: Haufe IAS-Kommentar, § 18, Rn 18, S. 657.

[681] Vgl. Pellens (2001), S. 165.

- Nutzung von Vermögenswerten des Unternehmens durch Dritte gegen Zinsen, Nutzungsentgelte und Dividenden.

Bei Erträgen, die aus dem Verkauf von Leistungen resultieren, erfolgt die Erfassung mit dem Abschluss des Verkaufsakts, d.h. wenn die Leistung erbracht und die Zahlung erfolgt bzw. eine Forderung entstanden ist. Es muss der Gefahrenübergang stattgefunden haben und das Vermögensgut muss in der Verfügungsgewalt des Käufers stehen (IAS 18.14). Wenn maßgebliche Eigentumsrisiken beim Verkäufer bestehen, so darf kein Ertrag erfasst werden (IAS 18.16). Die Übertragung der maßgeblichen Eigentumsrisiken und –chancen korrespondiert mit der im deutschen Bilanzrecht maßgebenden Realisationsformel des Übergangs von Besitz, Gefahr, Nutzungen und Lasten.[682] Der Standard beschränkt sich nur auf Erträge mit Erlöscharakter, also auf Zuflüsse. Er bezieht sich nicht auf Wertveränderungen,[683] d.h. Erträge aus der Wertaufholung oder aus der Auflösung von Rückstellungen. Damit ist die Definition einerseits enger als der Begriff Erlöse in § 275 HGB, andererseits weiter als der Begriff Erlöse gemäß § 277 Abs. 1 HGB, denn sie beschränken sich nicht auf den Verkaufserlös aus der gewöhnlichen Geschäftstätigkeit.[684] Erlöse im Sinne des R 74 fallen „im Rahmen der gewöhnlichen Tätigkeit eines Unternehmens an und haben verschiedene Bezeichnungen, wie Umsatzerlöse, Dienstleistungsentgelte, Zinsen, Mieten, Dividenden und Lizenzerträge". Die Erfassung von Erträgen aus Fertigungsaufträgen ist ausdrücklich nicht Gegenstand von IAS 18, sondern wird in IAS 11 geregelt (IAS 18.4). Danach sind die Erlöse nach ihrem Leistungsfortschritt zu erfassen (percentage of completion), soweit das Ergebnis des Fertigungsauftrages verlässlich geschätzt werden kann (IAS 11.22). Ein ähnliches Realisationsverständnis ist bei Dienstleistungsgeschäften anzusetzen. Nach IAS 18.20 sind die Erträge nach ihrem Fertigstellungsgrad (percentage of completion) zu erfassen. Voraussetzung hierfür ist:

- das Vorliegen eines Dienstleistungsgeschäftes (IAS 18.20)
- die Wahrscheinlichkeit des Nutzenzuflusses (IAS 20b),
- die verlässliche Schätzbarkeit der Erträge (IAS 20a) und des Fertigstellungsgrades (IAS 20c) sowie
- die verlässliche Schätzbarkeit der für das Geschäft angefallenen Kosten und der bis zu seiner vollständigen Abwicklung zu erwartenden Kosten (IAS 20d).

---

[682] Vgl. Ordelheide/Böckem (2003), in: RIAS-Kommentar, IAS 18; Rn 20, S. 11.
[683] Vgl. Lüdenbach (2004), in: Haufe IAS-Kommentar, § 25, Rn 4, S. 936.
[684] Vgl. Lüdenbach (2004), in: Haufe IAS-Kommentar, § 25, Rn 1, S. 935.

Zinserträge sind zeitproportional unter Einschluss der Effektivverzinsung gemäß der Beschreibung in IAS 39.9 und AG5-AG8 zu erfassen (IAS 18.30a).[685]

Aus diesem Realisationsverständnis geht hervor, dass die Erträge dann zu erfassen sind, wenn diese realisiert oder zumindest realisierbar sind. Im Unterschied zum Handelsrecht ist somit auch eine Teilgewinnrealisierung möglich, wie das Prinzip der percentage of completion zeigt.

Derzeit besteht ein Projekt zu „Revenue Recognition", welches der IASB im Juni 2002 ins Leben rief und dem sich das Financial Accounting Standard Board (FASB) anschloss. Aus Gründen der geringen Relevanz für diese Arbeit wird für diese Thematik auf die einschlägige Literatur verwiesen.[686]

Die sachliche und zeitliche Abgrenzung bzw. das matching principle[687] sind eng mit dem Realisationsprinzip verbunden. Diese Grundsätze beziehen sich darauf, in welcher Periode die Aufwendungen zu erfassen sind. Das matching principle fordert, dass die Aufwendungen sachlich den Erträgen zuzuordnen sind. Dies bedeutet, dass die Aufwendungen in der Periode zu erfassen sind, in der die aufwandsverursachenden Leistungen realisiert und die entsprechenden Erträge erfasst wurden (R 95). Aufwendungen, die keinen unmittelbaren Zusammenhang mit den Erträgen haben, aber den Verbrauch eines Vermögenswertes betreffen, werden in der Periode erfasst, in welcher der Nutzen des Ressourcenverbrauches stattgefunden hat. Abschreibungen reflektieren dabei einen Verbrauch von Vermögen über mehrere Nutzungsperioden (R 96). Aufwendungen werden unverzüglich erfasst, wenn eine Ausgabe keinen künftigen wirtschaftlichen Nutzen bewirkt oder wenn der Nutzen eines Vermögenswertes entfällt (R 97). Aufwendungen werden auch erfasst, wenn sie sich auf eine Schuld beziehen, ohne dass eine Erfassung von Vermögenswerten in Betracht kommt (R 98), z.B. Pensionsrückstellungen[688]. Hieraus ergibt sich, dass nach dem matching principle i.S. der IFRS Aufwendungen nach ihrem Nutzenzusammenhang zu erfassen sind.

Wie beim matching principle sind auch nach dem deutschen Handelsrecht die Aufwendungen sachlich den Erträgen zuzuordnen, d.h. die Aufwendungen sind der Periode zuzuordnen, in welcher die den Aufwendungen sachlich zuzuordnen-

---

[685] Vgl. Ordelheide/Böckem (2003), RIAS-Kommentar, IAS 18, Rn 82, S. 35.
[686] Vgl. z.B. Zülch/Willms (2004), S. 2001.
[687] Die sachliche und zeitliche Abgrenzung sind im matching principle zusammengenommen.
[688] Eine Pensionsrückstellung ist auf eine Personalressource bezogen, die derzeit nicht als Vermögenswert anerkannt wird.

den Erträge erfasst wurden. Bestehen keine sachlichen Zusammenhänge, so greift der Grundsatz der zeitlichen Abgrenzung. Danach sind streng zeitraumbezogene Aufwendungen zeitproportional auf die Perioden zu verteilen, z.B. Mieten für einen in der Verfügungsmacht des Unternehmens stehenden Gegenstand. Aufwendungen, die weder einen sachlichen Bezug zu Erträgen aufweisen noch zeitraumbezogen sind, werden in der Periode erfasst, in der sie entstanden sind.[689] Ein Unterschied zwischen den IFRS und dem HGB besteht neben der Möglichkeit der Teilgewinnrealisierung in dem ausdrücklichen Verweis auf das Imparitätsprinzip. Während die Ungleichbehandlung von Gewinnen und Verlusten ausdrücklich in § 252 Abs. 1 Nr. 4 HGB festgelegt ist, wird dieses Prinzip im IFRS nicht genannt. Offenbar hält es der IASB für kein erwähnenswertes Rahmenprinzip. Wenngleich dieses Prinzip nicht im Rahmenkonzept genannt wird, kommt es im Kontext der percentage of completion in IAS 11 zu Ausdruck. In IAS 11.22 werden Erlöse bei Auftragsfertigung nach Maßgabe des Leistungsfortschritts als realisiert betrachtet, während nach IAS 11.36 erwartete Verluste sofort antizipiert werden.[690]

3.2.6.3.2.2 Abgrenzungsgrundsätze im Kontext der Kirche

Der Grundsatz der sachlichen und zeitlichen Abgrenzung bzw. das matching principle verbindet die Erträge mit den Leistungen und die Aufwendungen mit den Erträgen. Bei erwerbswirtschaftlichen Unternehmen entstehen Erträge vorwiegend durch den Absatz von betrieblichen Leistungen (Umsatzerlöse). Durch den Leistungsprozess entstehen Aufwendungen zeitlich *vor* den Umsatzerlösen. Das letzte Glied der Ursachenkette von Umsatzerlösen ist somit die jeweilige betriebliche Leistung. Das Ergebnis ist dabei der Ertrag. Verursachungsgerecht werden die Aufwendungen daher den Erträgen zugeordnet.

Kirchensteuern, Beiträge und Spenden, die den weit überwiegenden Teil der Gesamterträge einer Diözese ausmachen, werden nicht über den Absatz von Leistungen einer Diözese realisiert, sondern entstehen unabhängig von einem Leistungsprozess. Kirchensteuern und Beiträge entstehen dabei weder unmittelbar *durch* den Absatz von Kirchenleistungen noch aus dem *Anlass* einer konkreten Kirchenleistung. Vielmehr wird eine Kirchenleistung und damit der Ressourcenverbrauch durch diese Einnahmeart erst ermöglicht. Beispiele sind Ausgaben im Zusammenhang mit der Feier der Eucharistie oder für karitative Anlässe. Die Kirchen-

---

[689] Vgl. Coenenberg (2000), S. 63-65; Pellens (2001), S. 165 f.

[690] Vgl. Kleekämper/Knorr/Somes/Bischof/Doleczik (2003), in: RIAS-Kommentar, IAS 1, S. 20.

leistung in Form der Ausgabe und der Ressourcenverbrauch fallen zeitlich zusammen. Das letzte Glied dieser Ursachenkette ist die Mitgliedschaft in der Kirche. Durch die Zahlung von Steuern und Beiträgen wird eine Kirchenleistung ermöglicht.

Spenden sind hingegen freiwillige Leistungen und dienen einem speziellen Zweck. Sie entstehen zwar ebenfalls nicht *durch* den Absatz von Leistungen, im Unterschied zu Steuern und Beiträgen wohl aber aus dem *Anlass* einer konkreten Kirchenleistung, so dass diese Ertragsart einen sachlichen Bezug zu den Kirchenleistungen aufweist. Der Anlass ist allerdings nicht die Ursache der tatsächlichen Entstehung der Spende, da sie durch den Anlass selbst noch nicht realisiert oder realisierbar ist, insbesondere weil auch bei Bestehen eines Anlasses für eine Spende kein Rechtsanspruch auf deren Erhebung besteht. Ursache der Entstehung einer Spende ist vielmehr die Spendenwilligkeit, konkret die darauf beruhende, tatsächliche Spende. Spenden entstehen zeitlich ebenfalls vor der Kirchenleistung, d.h. auch sie sind Ursache für die Kirchenleistung und damit für den Ressourcenverbrauch.

Es bleibt festzuhalten, dass Steuern, Beiträge und Spenden die Ursache für die Kirchenleistung und damit für die Entstehung von Ressourcenverbräuchen sind.

Bei einer sachbezogenen Auslegung des Verursachungsprinzips i.S.d. regressiven Verfolgung einer Ursachenkette müssten - anders als bei erwerbswirtschaftlichen Unternehmen - nicht die Aufwendungen den Erträgen zugeordnet werden, sondern die Erträge den Aufwendungen.

Diese Einnahmearten würden erst dann als Ertrag abgebildet, wenn diese zu einer Ausgabe führten. Da der Zahlungseingang *vor* der Kirchenleistung entsteht, müsste er zunächst als Vorauszahlung passiviert und beim Verbrauch der Zahlungen sukzessiv aufgelöst werden. Es entstehen zwei Buchungsvorgänge. Zum einen eine Aufwandsbuchung gegen Liquide Mittel und zum anderen die Auflösung der passivierten Vorauszahlung gegen Erträge. In einem solchen Fall würde jedoch auf einem umständlichen Buchungsweg ein einfaches Einnahmen-Ausgaben-Prinzip verwirklicht, denn in dem Augenblick, in dem die Ausgaben erfolgen, werden in gleicher Höhe die zuvor passivierten Vorrauszahlungen aufgelöst und als Ertrag gebucht. Sämtliche Zahlungseingänge würden zunächst als Vorauszahlungen passiviert und sodann *bei* und *in Höhe* der Ausgaben aus den Vorauszahlungen in die Erträge gebucht. Damit werden Erträge in gleicher Höhe wie die Ressourcenverbräuche erfasst. Eine derartige Vorgehens-weise wäre stets eine *Null-Erfolg-Rechnung*, weil in den Zahlungseingängen und damit in den Erträgen kein Gewinnteil enthalten ist, der sichtbar zu machen wäre. Die Ertragsbuchung hätte bei dieser Verfahrensweise somit nur einen buchungstechnischen Zweck, nämlich den Ressourcenverbrauch erfassen zu können. Der Informationsgewinn solch einer Rechnung erschließt sich nicht. Da derartige Erträge nicht leistungsverursacht sind, ist es nicht sachgerecht, sie den Leistungen und damit die Aufwendungen den Erträgen zuzuordnen. Das Verursachungsprinzip ist daher nicht sachlich, sondern zeitlich auszulegen. Steuern und Beiträge entstehen zeitlich auf Grund ihrer Veranlagung. So können bei Kirchensteuern am Bilanzstichtag Forderungen gegenüber dem Finanzamt bestehen, wenn zum Stichtag die Weiterleitung der Kirchensteuern, z.B. aus dem letzten Geschäftsjahresmonat, durch das Finanzamt an die Diözese erst im neuen Geschäftsjahr erfolgt.[691] Hierdurch werden die Erträge in dem Jahr ihrer zeitlichen Veranlagung erfasst. Da auf Spenden kein Rechtsanspruch besteht, sind sie zu erfassen, wenn sie realisiert sind, d.h. wenn der Zahlungseingang erfolgt ist.

Bei der Erfassung von Zinserträgen und Zinsaufwendungen, aufwandsverursachter Erträge sowie Erträge bzw. Aufwendungen aus Wertkorrekturen bestehen bei der Kirche keine Besonderheiten. Diese Erträge sind entsprechend des zu Grunde gelegten Rechnungslegungsstandards zu erfassen.

Dieser Abschnitt zeigt, dass der überwiegende Teil der Aufwendungen und Spenden mit dem Zahlungsaus- bzw. -eingang sowie die Beiträge und Kirchensteuern gemäß ihrer zeitlichen Veranlagung zu erfassen sind. Die Gewinn- und Verlustrechnung ist daher stark an Zahlungsbewegungen orientiert. Somit ist der Ermessensspielraum, wann Erträge als realisiert bzw. Aufwendungen als verursacht zu betrachten sind, gering. Der vorsichtigen Erfolgsermittlung kommt hinsichtlich des Zeitpunktes der Erfassung von Erträgen nur eine geringe Bedeutung zu. Zwischen der Informationsfunktion und der Rechenschaftsfunktion i.S. der Vorsicht besteht hinsichtlich der Ertragsrealisierung bzw. der Aufwandsverursachung daher ein günstiger Ausgleich. Eine imparitätische Behandlung von Aufwendungen und Erträgen wird durch die weitgehende Zahlungsbindung eingeschränkt.

3.2.6.3.3 Bedeutung des Grundsatzes der Vorsicht

Der kirchliche Jahresabschluss folgt weder dem Gläubigerschutz noch dem Schutz des Eigentümers und hat keine wirtschaftlichen Eigeninteressen zu befriedigen, sondern orientiert sich vielmehr am Erhalt der Sendung und des dafür erforderlichen Kirchenvermögens. Ferner kommt dem Realisationsprinzip als Vorsichtsprinzip nur eine geringe Bedeutung zu, da der überwiegende Teil der Erträge mit dem Zahlungseingang realisiert ist. Vor diesem Hintergrund besteht kein

---

[691] Vgl. Bistum Hildesheim: Geschäftsbericht 2004, S. 28.

Grund, ein ausgeprägtes Vorsichtsverständnis, wie es im Handelsrecht dargelegt wird, für den diözesanen Jahresabschluss anzulegen. Das im Handelsrecht dominierende Vorsichtsprinzip würde der Informationsfunktion sowie dem wertmäßigen Vermögenswerterhalt zuwiderlaufen.[692]

Das Vorsichtsprinzip ist nach diesem kanonischen Grundsatz im Sinne von Sparsamkeit und der Förderung einer angemessenen Innenfinanzierung aufzufassen. Der Stellenwert des Vorsichtsprinzips beschränkt sich somit auf die Bewertung von Vermögen und Schulden in der Weise, dass die Bewertung auf sicherem Boden steht und Spekulationen, Willkür und die Einbeziehung unsicherer Erwartungen[693] vermieden werden. Daher sind speziell bei Bewertungen, die auf Schätzwerten basieren, wie z.B. bei Rückstellungen, nur diejenigen Informationen in die Bewertung einzubeziehen, die hinreichend wahrscheinlich sind und nach Maßstäben gesicherter und allgemein anerkannter mathematisch-statistischer Verfahren objektiviert werden können. Der Grundsatz der Objektivierung und der Greifbarkeit ergänzen somit den Grundsatz der Vorsicht.

Das Vorsichtsprinzip hat danach die Aufgabe, den Jahresabschluss im Interesse der kirchlichen Sendung „vorsichtig" darzustellen, so dass die Gefahr einer zu optimistischen Darstellung der wirtschaftlichen Lage unterbunden und dadurch vermieden wird, dass die Diözese ihre Entscheidungen auf zu optimistischen Werten fällt.

3.2.7 Zwischenergebnis

Das Rechtssystem und damit auch das Vermögensrecht der Kirche basieren im Wesentlichen auf Gesetzen. Die Besonderheit dieser Gesetze ist, dass ihnen ein rechtstheologischer Normzweck zu Grunde liegt und sie daher auch im theologischen Sinne auszulegen sind. Das kanonische Recht ist ein kircheninternes Recht und kann daher in der Konkurrenz zu den nationalen Vorschriften und Gesetzen stehen. Dies trifft besonders auf das Vermögensrecht zu, da das Vermögen vornehmlich im Eigentum der Diözese, welche es zu verwalten hat, steht und die Vermögensverwaltung, zu der auch die Rechnungslegung gehört, von dem Rechtsstatus der Kirche *vor Ort* beeinflusst wird. Daher beschränken sich die Gesetze des CIC auf allgemeine und auf nationaler Ebene ausfaltbare Rechtsnormen für die Kirche. Spezielle Fragen der Rechnungslegung können somit i.d.R. nicht

---

[692] Vgl. Sandberg (2001), S. 167.
[693] Vgl. Leffson (1987), S. 177; Sandberg (2001), S. 167.

unmittelbar aus dem Vermögensrecht des CIC beantwortet werden. Das Vermögensrecht formuliert ausschließlich grundsätzliche Regelungen, die dem Wesen von GoR nahe kommen. GoR passen auf Grund ihrer Rechtsnatur zu einem derartig gelagerten Rechtssystem, da sie allgemeine Verhaltensregeln für die Rechnungslegung darstellen und insoweit einen Spielraum für die partikulare Gesetzgebung schaffen. Somit können GoR der Kirche als ein das kanonische Vermögensrecht ergänzendes Regelwerk aufgefasst werden. Damit GoR einerseits nicht völlig losgelöst vom kanonischen Gesetzesplan existieren und andererseits die Abhängigkeit von einer starren gesamtkirchlichen Gesetzgebung vermieden wird, sollte auf eine vollständige Kodifizierung der GoR verzichtet werden und anstelle dessen ein Verweis auf GoR wie § 238 Abs. 1 HGB in das kanonische Vermögensrecht aufgenommen werden.

Den GoR kommt die wesentliche Funktion zu, die Rechnungslegung innerhalb der Katholischen Kirche im Interesse des Communioprinzips zu harmonisieren. Dies geschieht dadurch, dass GoR eine Leitlinie für die teilkirchliche Gesetzgebung bilden, da GoR Rechtsnormen systematisieren und somit zu einem konsistenten Rechtssystem sowie zu einer einheitlichen Rechtsanwendung verhelfen. Sie sind zudem ein Instrument zur Schließung von Rechtslücken und können insoweit als Leitfaden für die partikulare Rechtsprechung dienen. Nicht zuletzt stellen sie eine Leitlinie für den Vermögensverwalter und seinen Gehilfen dar.

Die Basis für die Ermittlung von GoR für ein gesamtkirchliches Recht stellten die kaufmännischen Rechnungslegungsgrundsätze dar. Diese wurden auf der Grundlage der Zwecke des Jahresabschlusses einer Diözese erörtert. Für die Ermittlung von Jahresabschlusszwecken wurde ein hermeneutischer Ansatz gewählt, der in Anlehnung an das Zielsystem der Kirche den kanonischen und betriebswirtschaftlichen Gesetzeszweck in eine Mittel-Zweck-Relation stellt, um dadurch ein normatives Sinnganzes herzustellen. Mit diesem Ansatz soll sichergestellt werden, dass die Jahresabschlusszwecke mit dem kanonischen Gesetzesplan harmonieren. Die Jahresabschlusszwecke bestehen im Kern aus der Zweckbindungskontrolle, die eine Sachverwendungskontrolle sowie eine Vermögenserhaltungskontrolle umfasst. Die Vermögenserhaltungskontrolle wurde in eine Wirtschaftlichkeits- und Liquiditätskontrolle eingeteilt, da die Vermögenserhaltung aus betriebswirtschaftlicher Sicht durch diese Zwecke erreicht wird. Es hat sich gezeigt, dass der Jahresabschluss auf die Vermittlung von Informationen, die für betriebswirtschaftliche Entscheidungen relevant sind, auszurichten ist und dass sich die Rechenschafts- und die Informationsfunktion nicht widersprechen, sondern ein konsistentes Zwecksystem ergeben.

Auf der Basis der Jahresabschlusszwecke wurden die Erfolgsgrößen ermittelt. Hieraus leitete sich ein dreistufiges Erfolgsermittlungskonzept ab, welches die

Vermögenserhaltungskontrolle und die Wirtschaftlichkeitskontrolle in Formalziele übersetzt.

Die Untersuchung hat gezeigt, dass der „true and fair view" als Generalnorm im Sinne einer transparenten und an der Informationsfunktion orientierten Rechnungslegung aufzufassen ist. Da es keine wirtschaftlichen Eigeninteressen zu befriedigen gilt und der überwiegende Teil der Ressourcen zahlungsgleich ist, kommt dem Vorsichtsprinzip keine dominierende Bedeutung zu. Die Ausgangsthese, dass der Jahresabschluss auf die Vermittlung entscheidungsrelevanter Informationen auszurichten und der Transparenz eine dominierende Rolle beizumessen ist, wird insoweit verifiziert.

4 Abbildung der Pensionsverpflichtungen gegenüber Priestern im Jahresabschluss

4.1 Charakterisierung der Pensionsverpflichtung

Der Begriff *Pensionsverpflichtung* ist gesetzlich nicht definiert.[694] Ferner verwendet weder die deutsche Fassung des IAS 19 noch des IAS 26, der sich im Unterschied zum IAS 19 auf die Berichterstattung von Versorgungseinrichtungen (Pensionsfonds, Unterstützungs-, Pensions- bzw. Versorgungskassen) bezieht[695], den Begriff Pensionsverpflichtung. In IAS 19.7 wird von „Leistungen nach Beendigung des Arbeitsverhältnisses" (post-employment benefit) gesprochen. Ausgenommen hiervon sind Leistungen aus Anlass der Beendigung des Arbeitsverhältnisses, z.b. Abfindungen.[696] Eine Eingrenzung wird in der Definition von „Pläne für Leistungen nach Beendigung des Arbeitsverhältnisses" vorgenommen. Diese umfassen Vereinbarungen, durch die ein Unternehmen *Vorsorgungsleistungen* gegenüber Arbeitnehmern nach Beendigung des Arbeitsverhältnisses gewährt.[697] IAS 26 bezieht die Versorgungsleistungen auf die Altersversorgung, d.h. auf Zahlungsverpflichtungen ab dem Zeitpunkt der Pensionierung. Die Verpflichtung besteht infolge einer vertraglichen Vereinbarung oder auf Grund der betrieblichen Praxis (IAS 26.8).

Hinsichtlich der Charakterisierung einer Pensionsverpflichtung hat sich in der deutschsprachigen Literatur und in der Rechtsprechung[698] ein weitgehender Konsens herausgebildet, welche Merkmale eine Pensionsverpflichtung beschreiben. Danach weist sie einen *Versorgungscharakter* auf, der sich auf den Ruhestand, die Invalidität oder den Tod bezieht.[699] Die im IFRS verwendete Bezeichnung „nach Beendigung des Arbeitsverhältnisses" bezieht sich daher, bezogen auf die Pensionsverpflichtung, auf diese drei Ereignisse. Daraus leitet sich ein weiteres Merkmal ab, nämlich die Abhängigkeit von *biometrischen Einflüssen*. Da durch diese Ereignisse das Eintreten des Versorgungsfalls mit Ungewissheiten verbunden ist, zeichnet sich eine Pensionsverpflichtung durch *Ungewissheit* aus.[700]

Die Pensionsverpflichtung umfasst für den Bereich der erwerbswirtschaftlichen Unternehmen alle Versorgungsleistungen für den Ruhestand, die Invalidität, die

---

[694] Vgl. Schruff (1997a), Petersen (2002), Thoms-Meyer (1996).
[695] Vgl. Rhiel (2004), in: Haufe IAS-Kommentar, § 22, Rn 4, S. 810.
[696] Vgl. Schruff (2004), in: WILEY-Kommentar, S. 779.
[697] Vgl. Schruff (2004), in: WILEY-Kommentar, S. 777.
[698] Vgl. z.B. BAG, Urteil vom 08.05.1990 – 3 AZR 121/89, in DB 1990, S. 2375.
[699] Vgl. Kemper (2003), in: Kommentar zum BetrAVG, § 1, Rn 35 ff, S. 44 f.
[700] Vgl. Schruff (1997a), S. 68 ff.; Thoms-Meyer (1996), S. 6 ff.; Petersen (2002), S. 11 f.

Hinterbliebenen sowie Kombinationen aus diesen Versorgungsarten.[701] Dabei besteht die Pensionsverpflichtung unabhängig von der inhaltlichen Ausgestaltung des Leistungsversprechens und dem gewählten Durchführungsweg.[702] Die Zeit zwischen der Pensionszusage und dem Versorgungsfall ist die Pensionsanwartschaft.[703]

Der Anlass einer Pensionsverpflichtung ist stets ein Beschäftigungsverhältnis, welches ein *Schuldverhältnis* begründet. Eine Pensionsverpflichtung entsteht durch eine Versorgungszusage, die regelmäßig auf vertraglichen Vereinbarungen basiert, wie Einzelzusagen zwischen Arbeitgeber und Arbeitnehmer oder auch Kollektivzusagen durch Betriebsvereinbarungen zwischen Arbeitgeber und Betriebsrat.[704] Ferner können Versorgungszusagen durch Gesetze, wie das Beamtenversorgungsgesetz oder das Kanonische Recht, begründet werden und zu Pensionsverpflichtungen führen.

Hinsichtlich Pensionsverpflichtungen gegenüber Priestern stellt sich die Frage, auf welcher normativen Grundlage diese entstehen.

4.2   Rechtsquellen

4.2.1   Staatsrechtlicher Normenbereich

Als Körperschaft des öffentlichen Rechts besitzen die deutschen Diözesen die Dienstherrenfähigkeit, d.h. sie können Beamtenverhältnisse begründen und auf Grund des kirchlichen Selbstbestimmungsrechts eigenständig rechtlich ausgestalten.[705] Die entscheidenden Merkmale eines Kirchenamtes sind, dass es auf *Dauer* ausgerichtet ist und der Wahrnehmung eines geistlichen Zweckes dient (c. 145 § 1). Die Beständigkeit bezieht sich auf die dauerhafte rechtliche Fixierung seines Inhalts, so dass das Amt unabhängig vom Wechsel der Personen besteht.[706] Alle Geistlichen üben ein Kirchenamt aus.[707]

---

[701] Vgl. Petersen (2002), S. 13.; Thoms-Meyer (1996), S. 6. mit Verweis auf § 1 BetrVAG.
[702] Vgl. Petersen (2002), S. 11 f; Kemper (2003), in: Kommentar zum BetrAVG, § 1, Rn 24 ff, S. 41 f.
[703] Vgl. Schruff (1997a), S. 68.
[704] Vgl. Thoms-Meyer (1996), S. 7 f.; Petersen (2002), S. 13; Kemper (2003), in: Kommentar zum BetrAVG, § 1, Rn 23, S. 41.
[705] Vgl. von Campenhausen (1996), S. 199.
[706] Vgl. Socha (1988), in: MKzCIC, c. 145, Rn 2, S. 1.
[707] Vgl. Socha (1988), in: MKzCIC, c. 145, Rn 5, S. 2; Pirson (1995), § 64, S. 853.

Das Amt des Geistlichen ist seit jeher mit dem Rechtsverhältnis eines staatlichen Beamten vergleichbar. Dies zeigt sich z.b. in der persönlichen Treuepflicht und in den Modalitäten der Versorgungsansprüche.[708] Der Beamtenstatus wird dabei von der Kirche, nicht aber vom Staat verliehen. Daher handelt es sich nicht um einen staatlichen Beamtenstatus, sondern um einen kirchlichen. Die Trennung beider Amtsverhältnisse ist nicht nur auf die verfassungsrechtliche Bestrebung zurückzuführen, den Kirchen eine möglichst hohe Autonomie zu gewähren, sondern sie ergibt sich schon allein daraus, dass sich der Staat nur solcher Angelegenheiten annehmen kann, die sich auf seine säkularen Aufgaben beziehen.[709]

Ähnlich wie im staatlich-öffentlichen Recht stehen die Kirchenbeamten in einem Dienst- und Treueverhältnis.[710] Das Dienstverhältnis wird, anders als bei Angestellten, nicht durch einen frei verhandelbaren Vertrag, sondern durch einen Hoheitsakt in Form einer Ernennung begründet. Soweit staatlicher Rechtsschutz besteht, werden Rechtsstreitigkeiten aus diesem Dienstverhältnis nicht vor den Arbeits- und Sozialgerichten, sondern vor den Verwaltungsgerichten ausgetragen. Gerichtsentscheidungen von staatlichen Gerichten sind im Bereich der Kirche allerdings nur eingeschränkt möglich. Staatliche Gerichte können nicht über „bekenntnisgeprägte" Vorschriften der Kirche entscheiden, die nicht der staatlichen Rechtsordnung angehören.[711] Der Grund hierfür liegt in dem verfassungsrechtlich garantierten Selbstbestimmungsrecht i.S.d. Art. 140 GG i.V.m. Art. 137 III WRV, welches auch das Recht der Kontrolle über das selbst gesetzte Recht umfasst.[712] Streitigkeiten über die Gestaltung und Anwendung des Amtsrechts der Geistlichen fallen daher nicht in den Geltungsbereich staatlicher Gerichte.[713] Diesbezügliche Rechtsstreitigkeiten fallen in die Zuständigkeit der Teilkirchengerichte[714].

---

[708] Vgl. Heubeck/Rürup (2000), S. 17; Pirson (1995), § 64, S. 845.

[709] Vgl. Pirson (1995), § 64, S. 847.

[710] Vgl. Pracher (1987), S. 127.

[711] Vgl. Pirson (1995), § 64, S. 873.

[712] Vgl. Richardi (2005), S. 2745.

[713] Vgl. Pirson (1995), § 64, S. 864.

[714] Für den Bereich des kirchlichen Arbeitsrechts und der Mitarbeitervertretung hat die Katholische Kirche in Deutschland mit Wirkung zum 01.07.2005 eine kirchliche Arbeitsgerichtsordnung eingeführt. In erster Instanz wird die Gerichtsbarkeit durch die kirchlichen Arbeitsgerichte und in zweiter Instanz durch den kirchlichen Arbeitsgerichtshof ausgeübt (§ 6 KAGO). Die Arbeitsgerichte haben ihre Zuständigkeiten in zwei Bereichen. Zum einen sind sie zuständig für Streitfälle in Bezug auf die Ordnung des Arbeitsvertragsrechts (§ 2 Abs. 1 KAGO) und zum anderen für solche aus der Mitarbeitervertretungsordnung (§ 2 Abs. 2 KAGO). Die Zuständigkeit bezieht sich also ausschließlich auf die kirchlichen Regelungen, nicht jedoch auf Streitigkeiten aus dem Arbeitsverhältnis auf der Grundlage eines individuellen Arbeitsvertrages (§ 2 Abs. 3 KAGO). Die staatlichen Gerichte müssen das kirchliche Recht jedoch insoweit

Diese sind in erster Instanz die bischöflichen Offizialate und in zweiter Instanz die Metropolitangerichte. Die Aufgaben dieser Gerichte erstrecken sich auf alle Rechtsbereiche, welche die Kirche auf Grund ihrer Autonomie selber regeln kann und sollen Rechtsschutz innerhalb der Kirche gewähren (c. 1419 §1).[715] Die Durchsetzbarkeit von Rechten über staatliche Gerichte ist nur dann möglich, wenn der Dienstherr einer auch nach staatlichen Vorschriften bestehenden Verpflichtung nicht nachkommt.[716]

Historisch gesehen wurde das Recht des öffentlichen Dienstes sowohl auf den staatlichen als auch auf den kirchlichen Bereich bezogen. Es schien allerdings nicht immer eindeutig, ob das Grundgesetz und die Länderverfassungen das eine oder das andere öffentliche Rechtsinstitut ansprachen. Die Frage, die sich daher stellt, ist, ob sich einzelne öffentlich-rechtliche Vorschriften auch auf den kirchlich-öffentlichen Bereich beziehen. Das Grundgesetz und die Länderverfassungen haben den Begriff „öffentlicher Dienst" so verwendet, dass die den öffentlichen Dienst betreffenden Regelungen nicht ohne Weiteres auf den kirchlich-öffentlichen Dienst anzuwenden sind. Daher ist es erforderlich, jede einzelne Norm bzw. Normengruppe daraufhin zu prüfen, ob auch der kirchlich-öffentliche Dienst angesprochen wird.[717] Der Bund hat durch das Bundesbeamtengesetz den kirchlich-öffentlichen Dienst bei der Berechnung der Versorgungsbezüge generell vom öffentlichen Dienst ausgeschlossen.[718] Die Novellen zum Bundesbesoldungsgesetz und zum Beamtenversorgungsgesetz haben jedoch bei einem Wechsel vom kirchlichen in den staatlichen Dienst die Möglichkeit eingeräumt, Vordienstzeiten von kirchlich-öffentlichen Beamten, soweit sie für die Beschäftigung bestimmend sind, auch für den staatlich-öffentlichen Dienst anzurechnen.[719] An-

---

anwenden, als ihre Entscheidung davon abhängt, vgl. Richardi (2005), S. 2745. Aus der sachlichen Zuständigkeit der kirchlichen Arbeitsgerichte i.S.d. § 2 KAGO wird deutlich, dass ihre Zuständigkeit auf arbeitsrechtliche Streitgegenstände beschränkt ist. Die Besoldungs- und Versorgungsordnungen der Geistlichen haben jedoch kein arbeitsrechtliches Beschäftigungsverhältnis als Grundlage, sondern basieren auf einem öffentlich-rechtlichen Dienstverhältnis. Daher fallen Streitigkeiten hinsichtlich der Besoldungs- und Versorgungsordnungen der Geistlichen nicht in die Zuständigkeit der kirchlichen Arbeitsgerichte.

[715] Vgl. Wirth (1999), § 109, S. 1163 ff.

[716] Vgl. Pirson (1995), § 64, S. 873.

[717] Vgl. von Campenhausen (1996), S. 290, zitiert aus: Ruppel, E.: Behandlung der Religionsgesellschaften als Körperschaften des öffentlichen Rechts in der neueren Gesetzgebung, ArchevKR 5 (1941), S. 15.

[718] Vgl. von Campenhausen (1996), S. 291.

[719] Vgl. von Campenhausen (1996), S. 291, zitiert aus: § 29 III Ziff. 4 BBesG; § 11 I 1b BeamtVG; Frank, J: Kirchlicher Körperschaftsstatus und neuere staatliche Rechtsentwicklung, ZevKR 26 (1981), S. 51.

sonsten fehlen staatliche Vorschriften, die den Gegenstand und das Ausmaß der mit einem kirchlichen Amt verbundenen Rechtswirkung im staatlichen Rechtsbereich festlegen. Die hierdurch entstehenden Ungewissheiten werden vereinzelt durch Verträge zwischen Staat und Kirche ausgeglichen.[720] Acht Bundesländer legen in Kirchenverträgen fest, dass der kirchliche Dienst ein öffentlicher Dienst ist. Zwar nehmen die Kirchenbeamten an dem öffentlichen Charakter ihrer Körperschaften teil; gleichwohl haben sie keinen staatlichen Charakter.[721] Die Frage, ob es sich beim kirchlich-öffentlichen Dienstverhältnis um ein dem staatlich-öffentlichen Dienstverhältnis vergleichbares Verhältnis handelt, ist insoweit von Bedeutung, als der kirchliche Gesetzgeber (Bischof) bei der Ausgestaltung der Rechtsnormen einem *Typenzwang* unterworfen ist.[722] Kirchenbeamte sind weder mittelbar noch unmittelbar Staatsbeamte. Besonders trifft dies auf Priester zu, die ein geistiges Amt inne haben. Sie zeichnen sich im Unterschied zum staatlichen Beamten durch ihren „theologisch-juristischen Existenzgrund" aus.[723] Der Amtsauftrag der Kirche kann nicht in einen weltlichen Rechtszweck eingeordnet werden[724], weshalb das kirchliche Amtsrecht an den speziellen kirchlichen Auftrag gebunden ist, welcher der Bewertung des säkularen, staatlichen Gesetzgebers entzogen ist.[725] Das Handeln des geistlichen Amtsträgers ist am kirchlichen Auftrag orientiert. Eine Einflussnahme durch das staatliche Recht auf den kirchlichen und damit auf den geistlichen Auftrag ist mit einem säkularen Staatsverständnis unvereinbar.[726] Insoweit findet das staatliche Beamtenrecht grundsätzlich auf kirchliche Amtsträger keine Anwendung.[727] Schon zur Zeit des Staatskirchentums konnte die Katholische Kirche weitestgehend ungehindert die Rechtsverhältnisse des Klerus nach dem kanonischen Recht ausgestalten.[728] Dennoch sind die Kirchenbeamten - wie Priester - öffentliche Beamte und unterliegen insoweit dem für alle öffentlichen Beamten geltenden Gesetz. Danach sind die Kirchen verpflichtet, die Grundsätze des Berufsbeamtentums (Art. 33 Abs. 4 GG), welches nicht dem Arbeits- und Sozialrecht unterliegt, anzuwenden. Diese Grundsätze umfassen: Lebenszeitprinzip, hauptberufliche Bindung des Beamten, Leistungsprinzip, Laufbahnprinzip, Fürsorgepflicht des Dienstherren, Treuepflicht des Beamten, Ali-

---

[720] Vgl. Pirson (1995), § 64, S. 870.

[721] Vgl. Aymans/Mörsdorf (1991), S. 453.

[722] Vgl. von Campenhausen (1996), S. 239 f.

[723] Vgl. Kalb (1999), § 20, S. 254.

[724] Vgl. Pirson (1995), § 64, S. 857.

[725] Vgl. Pirson (1995), § 64, S. 860.

[726] Vgl. Pirson (1995), § 64, S. 848.

[727] Vgl. Aymans/Mörsdorf (1991), S. 453, zitiert aus: Ebers, G.J.: Staat und Kirche im neuen Deutschland, München 1930, S. 349 ff.; Pirson (1995), § 64, S. 859.

[728] Vgl. Pirson (1995), § 64, S. 848.

mentationsprinzip und Legalitätsprinzip. Die Anbindung der Sozialversicherungsregelungen an den staatlich-öffentlichen Dienst wurde jedoch wegen der Grenzen des Typenzwangs kritisch bewertet.[729] Ferner unterliegt der kirchlich-öffentliche Dienst ebenso wenig wie der staatlich-öffentliche Dienst den privatrechtlichen Normen des Dienstvertragsrechts sowie des Arbeits- und Sozialversicherungsrechts.[730]

Im Bereich der betrieblichen Altersversorgung existiert in Deutschland seit 1974 das Gesetz zur Verbesserung der Betrieblichen Altersversorgung (BetrAVG). Es dient dazu, die betriebliche Altersversorgung als eine wichtige Ergänzung der sozialen Sicherung der begünstigten Arbeitnehmer wirkungsvoller und sicherer zu gestalten.[731] Hier stellt sich die Frage, inwieweit die Regelungen des BetrAVG auf die Altersversorgung der Priester anzuwenden sind.

Die §§ 1-16 BetrAVG sind einschlägig für Arbeitnehmer (§§ 1 und 17 BetrAVG). Dieser Personenkreis umfasst nach § 17 Abs. 1 BetrAVG Arbeiter und Angestellte sowie Auszubildende. Darüber hinaus gelten die Vorschriften auch für Nicht-Arbeitnehmer, wenn ihnen Leistungen der Alters-, Invaliditäts- oder Hinterbliebenenversorgung aus Anlass ihrer Tätigkeit für ein Unternehmen zugesagt worden sind, wozu z.B. Fremdgeschäftsführer oder Vorstände einer Aktiengesellschaft sowie Kommanditisten zählen.[732] Der Begriff Arbeiter und Angestellte wird im BetrAVG nicht näher definiert. Nach h.M. ist Arbeitnehmer, wer in einem privatrechtlichen und abhängigen Beschäftigungsverhältnis steht.[733] Dies gilt auch für die im öffentlichen Dienst stehenden Arbeitnehmer, sofern ein privatrechtliches Arbeitsverhältnis zu Grunde liegt.[734] Für den öffentlichen Dienst gelten gem. § 18 BetrAVG jedoch Sondervorschriften. Versorgungszusagen i.S.d. § 1 BetrAVG basieren auf dem Grundsatz der Gestaltungs- und Vertragsfreiheit.[735] Beamte stehen in einem öffentlich-rechtlichen Gewaltverhältnis zu ihrem Dienstherren. Ihr Beschäftigungsverhältnis ist nicht privater Rechtsnatur; sie sind daher nicht als Arbeitnehmer i.S.d. §§ 1-16 BetrAVG anzusehen.[736] Sie werden auf der Basis

---

[729] Vgl. von Campenhausen (1996), S. 239 f.

[730] Vgl. § 6 Abs. 1 Nr. 2 V. Buch SGB; § 5 Abs. 1 VI. Buch SGB; § 3 Abs. 1 Nr. 1 VII. Buch SGB; von Campenhausen (1996), S. 289; Pirson (1995), § 64, S. 858.

[731] Vgl. Ahrend/Förster et al (2005), Rn 20, S. 8.

[732] Vgl. zum Begriff des Nicht-Arbeitnehmers Ahrend/Förster u.a. (2005), § 17, Rn 6 ff., S. 267 f.

[733] Vgl. Höfer (2004), § 17, Rn 5518, S. 1749.

[734] Vgl. Vgl. Blomeyer/Otto (2004), § 17, Rn 10, S. 1441; Höfer (2004), § 17, Rn 5522, S. 1751.

[735] Vgl. Vgl. Ahrend/Förster u.a. (2005), §1, Rn 7 f, S. 20; Kemper (2003), in: Kommentar zum BetrAVG, § 1, Rn 15, S. 40.

[736] Vgl. Höfer (2004), § 17, Rn 5523, S. 1751; Blomeyer/Otto (2004), Rn 10, S. 1441.

eines öffentlich-rechtlichen Dienstverhältnisses tätig, welches nicht auf der der betrieblichen Altersversorgung zu Grunde liegenden Gestaltungs- und Vertragsfreiheit basiert, sondern auf Gesetzen, wie dem Bundesbeamtengesetz, dem Beamtenrechts-rahmengesetz, den Landesbeamtengesetzen sowie dem Deutschen Richtergesetz.[737] Ein privatrechtliches Arbeitsverhältnis liegt insbesondere auch nicht bei Arbeitsleistungen vor, die überwiegend religiöser oder karitativer Art sind, z.B. bei kirchlichen Ordensmitgliedern.[738] Eine weitere Einschränkung nimmt § 17 Abs. 2 BetrAVG vor. Hiernach gelten die §§ 7 bis 15 BetrAVG nicht für den Bund, die Länder, die Gemeinden sowie Körperschaften, Stiftungen und Anstalten des öffentlichen Rechts, da bei diesen Institutionen ein Insolvenzverfahren unzulässig ist. Dies trifft auch für solche juristische Personen des öffentlichen Rechts zu, bei denen Bund, Länder oder Gemeinden durch Gesetze die Zahlungsfähigkeit sicherstellen (§ 17 Abs. 2 BetrAVG).

Die für den öffentlichen Sektor geltenden Sonderregelungen des § 18 BetrAVG beziehen sich auf die Zusatzversorgung im öffentlichen Dienst. Auch hier sind ausschließlich Angestellte, nicht aber Beamte betroffen. Die Altersversorgungssysteme der Arbeitnehmer im öffentlichen Dienst unterscheiden sich deutlich von denen der Privatwirtschaft. Dies hat vorwiegend historische Gründe und erklärt sich aus der Ähnlichkeit der Aufgaben der Arbeitnehmer im öffentlichen Dienst zu den Aufgaben der Beamten. Bis zum ersten Weltkrieg waren die Beamten Hauptträger der öffentlichen Verwaltung. Nach und nach wurden die Beamten durch Arbeiter und Angestellte unterstützt. Die Gleichartigkeit der Aufgaben zwischen Arbeitnehmern und Beamten und die enge Zusammenarbeit hat dazu geführt, dass nicht nur die Vergütung, sondern auch die Altersversorgung der Arbeitnehmer im öffentlichen Dienst der Versorgung der Beamten angeglichen wurde. Die Arbeitnehmer unterliegen im Unterschied zu den Beamten allerdings der gesetzlichen Rentenversicherung. Eine Gleichstellung war aus dem gesetzlichen System heraus insoweit nicht durchführbar. Den Arbeitnehmern im öffentlichen Dienst wurde daraufhin eine der Beamtenversorgung vergleichbare Gesamtversorgung zugesagt. Diese basierte auf den gesetzlichen Rentenleistungen sowie der Differenz zwischen dem Niveau der Beamtenversorgung und den gesetzlichen Versorgungsleistungen.[739] Diese Leistungen werden von Zusatzversorgungseinrichtungen, die i.d.R. als Körperschaft des öffentlichen Rechts geführt werden und auf Grund ihrer Konstruktion zugleich Pensionskassen i.S. des §1b Abs. 3

---

[737] Vgl. Blomeyer/Otto (2004), § 17, Rn 10, S. 1441.
[738] Vgl. Höfer (2004), § 17, Rn 5523, S. 1751.
[739] Vgl. Blomeyer/Otto (2004), § 18, Rn 1, S. 1509.

BetrAVG sind, erbracht.[740] Obwohl die Zusatzversorgungseinrichtung und der Arbeitgeber i.d.R. juristische Personen des öffentlichen Rechts sind, wird deren Rechtsverhältnis nach h.M. als ein privatrechtliches Versicherungsverhältnis eingestuft.[741] Auf katholischer Seite besteht derzeit eine kirchliche Zusatzversorgungskasse des Verbandes der Diözesen Deutschlands in Köln.[742]

Dies zeigt, dass vom BetrAVG alle Personen ausgenommen sind, die nicht in einem privat-rechtlichen, sondern in einem öffentlich-rechtlichen Dienstverhältnis stehen, d.h. Beamte. Hierzu zählen auch die Priester als Kirchenbeamte. Sie stehen im Dienst einer Diözese und damit in einem kirchlich-öffentlich-rechtlichen Gewaltverhältnis. Darüber hinaus ist auch der Tatbestand gegeben, dass die Eröffnung eines Insolvenzverfahrens über das Vermögen ihres Dienstherrn, also der Diözese, unzulässig ist.[743] Daher finden die Regelungen des BetrAVG auf die Altersversorgung von Priestern ebenfalls keine Anwendung. Für diese Personengruppe gelten eigene Versorgungsregelungen. Insoweit sind die rechtlichen Grundlagen zur Altersversorgung im Bereich des Kirchenrechts zu suchen.

Obwohl der CIC ein Rahmenregelwerk ist und seine Normen insoweit auf Partikularebene zu konkretisieren sind, so enthält dieser doch eine hohe Regelungsdichte in Bezug auf die Rechtsstellung sowie Rechte und Pflichten der geistlichen Amtsträger (c. 145-196, 232-293, 1740-1752),[744] welche für alle Rechtsverhältnisse mit Geistlichen des lateinischen Rechtskreises gelten. Einzelheiten, besonders die Ausgestaltung der Alimentationspflicht, werden durch das Partikularrecht, hier die vom Diözesanbischof erlassenen Rechtsnormen, geregelt.[745] In Deutschland sind diese Rechtsquellen im Wesentlichen die „Geistlichen-Besoldungsordnungen",[746] welche am Besoldungsrecht der staatlichen Beamten ausgerichtet sind.[747]

---

[740] Vgl. Blomeyer/Otto (2004), § 18, Rn 9, S. 1511.
[741] Vgl. Blomeyer/Otto (2004), § 18, Rn 13, S. 1513.
[742] Vgl. Pühler (2003) in: Kommentar zum BetrAVG, § 18, Rn 18, S. 551.
[743] Vgl. Abschnitt 3.1.3.1.
[744] Vgl. Pirson (1995), § 64, S. 851; von Campenhausen (1996), S. 199.
[745] Vgl. Pirson (1995), § 64, S. 851.
[746] Vereinzelt zählen zu den partikularen Rechtsquellen auch konkordäre Regelungen, vgl. Kalb (1999), § 20, S. 259.
[747] Vgl. Pirson (1999), § 64, S. 851.

4.2.2 Der Inkardinationsverbund als kanonisches Rechtsinstitut

4.2.2.1 Rechtsnatur des Inkardinationsverbundes

Das Dienstverhältnis des Klerus wird durch die Inkardination begründet.[748] Dabei ist das Sakrament der Weihe die Grundvoraussetzung für die Inkardination. Die Weihe und die Inkardination sind zwei untrennbare Elemente, wenn es um das Rechtsverhältnis zwischen Priester und Bischof bzw. Teilkirche geht.[749] Durch die Weihe i.V.m. der Inkardination wird ein materielles Rechtsverhältnis theologisch begründet, wodurch der rechtstheologische Charakter des Inkardinationsrechts deutlich wird.

Der Begriff „Inkardination" bedeutet die Eingliederung des Klerus in einen geistigen Heimatverbund.[750] In c. 265 wird ausdrücklich gesagt, dass es Kleriker ohne Inkardination nicht geben darf. Papst Johannes Paul II. hat den Sinn der Inkardination in seinem nachsynodalen apostolischen Schreiben „pastores dabo vobis" in der Fassung vom 25.3.1992 wie folgt beschrieben:

„Die Beziehung zum Bischof in dem einen Presbyterium, die Teilnahme an seinem Bemühen um die Kirche, die Hingabe an die am Evangelium orientierte Sorge um das Volk Gottes unter den konkreten Bedingungen von Geschichte und Umwelt einer Teilkirche sind Elemente, von denen man nicht absehen kann, wenn man die eigentliche Gestalt des Priesters und seines geistlichen Lebens beschreibt. In diesem Sinne erschöpft sich die Inkardination nicht in einer reinen Rechtsverbindlichkeit, sondern bringt auch eine Reihe von geistlichen und pastoralen Haltungen und Entscheidungen mit sich, die dazu beitragen, dem Berufsprofil des Priesters eine eigene Physiognomie zu verleihen."[751]

Die Inkardination drückt danach eine pastorale Grundhaltung aus, die durch die Beziehung zwischen dem Bischof und seinem Klerus, mit welchem er eine Communio bildet, zustande kommt. Die Inkardination ist also nicht nur eine Rechte- und Pflichtbeziehung im Sinne des Säkularverständnisses. Auf dem o.g. Verständnis beruhen die Rechte des Klerus gegenüber seinem Ordinarius.

Die Inkardination bindet den Kleriker an einen Heimatverbund, der in c. 265 als eine Institution des geweihten Lebens oder als eine Gesellschaft, welche die Befugnisse solch einer Institution hat, bezeichnet wird. In der Literatur wird dieser Heimatverbund institutionell als Teilkirche, Ordensgemeinschaft und Personalprä-

---

[748] Vgl. Pracher (1987), S. 127.

[749] Vgl. Steinbach (1996), S. 32.

[750] Vgl. Schwendenwein (1999), § 21, S. 267.

[751] Reinhardt (1996) in: MKzCIC, c. 265, Rn 1, S. 1, zitiert aus: Nr. 31, Verlautbarungen des Apostolischen Stuhls, Bonn 1992, Heft 105.

latur sowie als eine Gesellschaft des apostolischen Lebens und Säkularinstitut ausgewiesen. Die Diözesen stellen den größten Inkardinationsverbund dar.[752] Da für diesen Untersuchungsgegenstand die Diözese als rechnungslegende Einheit bestimmt wurde, soll auf die übrigen Inkardinationsverbände nicht weiter eingegangen werden.

4.2.2.2 Ausscheiden aus dem Inkardinationsverbund

Beim Ausscheiden aus einem Inkardinationsverbund wird zwischen der „Entlassung" und der „Exkardination" unterschieden. Der Gesetzgeber verwendet den Begriff der Exkardination nur im Zusammenhang mit einer „Umkardination", d.h. der Einbindung von einem ursprünglichen Inkardinationsinstitut in ein anderes (c. 267; c. 269 § 2; c. 270; c. 272). Der Verlust des Klerikerstandes[753] wird in der einschlägigen Literatur ebenfalls nicht als Exkardination bezeichnet, sondern mit dem Begriffen „Ausscheiden"[754] und „Entlassung"[755] belegt. Für Zwecke dieser Arbeit soll der Begriff Entlassung für das Ausscheiden aus dem Priesteramt, dem ein Treuebruch vorausgeht, stehen. Steinbach verwendet die Begriffe Umkardination und Exkardination für den Vorgang einer Umgliederung.[756] Dieser Auffassung wird auch in dieser Arbeit gefolgt.

Die Entlassung ist die Aufgabe des Priesteramtes, und damit verbunden ist der Verlust des klerikalen Standes (c. 290). Es verfallen damit alle Rechte und Pflichten (c. 292). Das Weihesakrament ist damit jedoch nicht aufgehoben (c. 290). Wodurch der Verlust des klerikalen Standes entsteht, wird in c. 290 beschrieben. Auf die Erörterung, welche Fälle zum Verlust des Klerikerstandes führen, soll hier verzichtet werden, da die Gründe für eine Entlassung für diese Problemstellung unbedeutend sind.

Die Gründe eines Wechsels von einer Teilkirche zu einer anderen liegen nicht in der ausschließlichen Entscheidungsvollmacht der beteiligten Bischöfe und Priester. Vielmehr müssen die Regelungen über die Voraussetzungen für eine Ex- und Inkardination im Zusammenhang betrachtet werden. Die Entscheidung über die Exkardination hat sowohl den Nutzen der Kirche sowie das Wohl des Klerikers selbst zu beachten (c. 270). Dies bedeutet einerseits, dass die Exkardination eines

---

[752] Vgl. z.B. Abschnitt 4.2.2.1.
[753] Vgl. cc. 290-293.
[754] Vgl. Fahrnberger (1999), § 23, S. 283.
[755] Vgl. Fahrnberger (1999), § 23, S. 285.
[756] Vgl. Steinbach (1996), S. 181, FN 633.

Klerikers nur aus schwerwiegenden Gründen verweigert werden darf. Dem Priester steht ein gewisses Recht auf einen Wechsel zu. Andererseits muss auch den Umständen in der verlassenen Diözese Rechnung getragen werden. Die Billigung dieses Rechts zur Umkardination eines jeden Klerikers resultiert aus der Communiostruktur der Katholischen Kirche. Denn auch der Priester ist eingebunden in die Universalkirche und hat somit die Pflicht zur Teilhabe an der Sorge für die Universalkirche.[757] Hier wird deutlich, dass nicht persönliche Vorlieben des Priesters eine Umkardination begründen, sondern vielmehr die Belange der Kirche zu berücksichtigen sind. Dies wird auch deutlich durch die in c. 269 genannten Voraussetzungen für eine Umkardination in einer Diözese. Diese Vorschrift soll einer möglichen Willkür des Klerikers entgegentreten.[758]

Die in c. 269 Nr. 1 genannten Voraussetzungen für die Umkardination sind beispielsweise, dass eine solche Umkardination nur vor dem Hintergrund der Erfordernis und des Nutzens für die Teilkirche vollzogen werden darf. Gründe können beispielsweise sein: die Besetzung eines speziellen Amtes oder die Verringerung des Klerikermangels. Ferner muss sichergestellt sein, dass der Unterhalt des betroffenen Priesters in der neuen Teilkirche gewährleistet ist, was auch die Absicherung bei Krankheit, Arbeitsunfähigkeit und die Altersversorgung beinhaltet.[759] Des Weiteren werden in c. 269 noch weitere formale Voraussetzungen genannt, welche für diese Arbeit irrelevant sind.

Auch wenn dem Kleriker ein gewisses Recht zum Wechsel zusteht, so liegt die letztendliche Entscheidungshoheit bei den beteiligten Diözesanbischöfen. Der Grund hierfür liegt im Wesen der Inkardination, „denn die dauerhafte und personale Inkardinationsbindung des Klerikers an seinen Diözesan- bzw. Eparchialbischof geht vom Bischof aus und ist auf ihn ausgerichtet, so dass diese Bindung nur vom Diözesan- bzw. Eparchialbischof geschlossen oder aufgehoben werden kann".[760] Steinbach bezeichnet die Entscheidung über eine Umkardination in diesem Zusammenhang als „gewichtig"[761]. Allerdings bemerkt Steinbach auch, dass die nachkonziliare Gesetzgebung den Kleriker zur Umkardination geradezu auffordere. Zumindest vor dem Hintergrund der stärkeren Betonung der Communiostruktur seit dem zweiten Vatikanum erscheint eine verantwortungsorientierte

---

[757] Vgl. Reinhardt (1996), in: MKzCIC, c. 270, Rn 2, S. 2.
[758] Vgl. ebenda
[759] Vgl. Reinhardt (1996), in: MKzCIC, c. 269, Rn 2, S. 1.
[760] Vgl. Steinbach (1996), S. 186.
[761] Vgl. Steinbach (1996), S. 187, FN 666.

Förderung der Fluktuation i.S. der Umkardination durch Einbeziehung aller Beteiligten nur konsequent.[762] Statistische Erhebungen der Deutschen Bischofskonferenz erlauben die Wertung, dass in Deutschland die Fluktuation i.S. einer Umkardination als unwesentlich angesehen werden kann. Die folgende Übersicht stellt die in deutschen Diözesen in- und exkardinierten Priester für die Jahre 1999 und 2004 dar.[763]

Jahr	Inkardinationen		Exkardinationen	
	Priester in der Bundesrepublik	gewogener Durchschnitt pro Diözese	Priester in der Bundesrepublik	gewogener Durchschnitt pro Diözese
2004	19	0,7	8	0,3
2003	21	0,8	3	0,1
2002	15	0,6	5	0,2
2001	33	1,2	8	0,3
2000	29	1,1	4	0,1
1999	75	2,8	7	0,3

Tabelle 1: Sechsjahresübersicht in- und exkardinierter Priester

Aus den genannten Regelungen, Kommentaren und der statistischen Auswertung lässt sich erkennen, dass die Umkardination gegenwärtig *keine* gewöhnliche oder regulär vorkommende Fluktuation darstellt.

4.3 Ansatz der Pensionsverpflichtungen

4.3.1 Der Begriff Pensionsverpflichtung auf der Grundlage der Inkardination

Für eine sachgerechte Abbildung der Pensionsverpflichtungen gegenüber Priestern bedarf der Begriff der Pensionsverpflichtung im Zusammenhang mit der Priesterversorgung einer Spezifizierung.

Einer Verpflichtung liegt regelmäßig ein Schuldverhältnis zu Grunde. Im Allgemeinen wird ein Schuldverhältnis als „eine Rechtsbeziehung zwischen (mindestens) zwei Personen, kraft derer die eine (Gläubiger, Berechtigter) von der ande-

---

[762] Vgl. ebenda
[763] Quelle: DBK: Kontinuierliche Erhebung statistischer Eckdaten über Priester, Diakone und andere hauptamtliche Mitarbeiter/innen in der Pastoral 1999 - 2004, Tabelle 11.

ren (Schuldner, Verpflichteter) eine Leistung verlangen kann"[764], definiert. Eine Pensionsverpflichtung wird regelmäßig durch ein arbeitsrechtliches Schuldverhältnis begründet, welches wiederum auf einem entsprechenden Vertrag basiert. Nach der allgemeinen Rechtslehre ist ein Vertrag „die Einigung zweier (oder mehrerer) Rechtssubjekte über die Herbeiführung eines bestimmten Rechtserfolges"[765]. Fehlt der für den Vertrag typische und notwendige Wille zur Rechtsbindung, dann liegt eine informelle Absprache vor.[766]

In c. 281 § 2 wird dem Klerus ein Anspruch auf Altersversorgung eingeräumt. Auch dieser Anspruch setzt, wie im weltlichen Recht, ein Vertragsverhältnis voraus, welches Grundlage einer entsprechenden Verpflichtung des Dienstherren ist. Der c. 1290 und c 22 weist ausdrücklich auf die Geltung des weltlichen Rechts in Bezug auf Verträge hin. Darin heißt es in c 1290: „Was das weltliche Recht in einem Gebiet über die Verträge im allgemeinen und im besonderen über deren Erfüllung bestimmt hat, das ist im kanonischen Recht mit derselben Wirkung [...] zu beachten [...]". C. 22 stellt die Bedingung, dass die Rechtswirkung nicht dem göttlichem Recht zuwiderlaufen darf und die weltliche Geltung die gleiche Wirkung im kanonischen Recht hat, soweit nichts anderes im kanonischen Recht vorgesehen ist. Das kanonische Verständnis des Begriffes *Vertrag* orientiert sich also grundsätzlich am weltlichen Verständnis. Die rechtliche Grundlage für das kanonische Beschäftigungsverhältnis von Priestern ist das Inkardinationsrecht und nicht das staatliche Beamten-, Arbeits- und/oder Sozialrecht. Hinsichtlich der Anspruchswirkung gilt die allgemeine Vertragsdefinition des durch zwei freie, übereinstimmende Willenserklärungen zustande kommenden Rechtsverhältnisses. C. 1026 stellt ausdrücklich auf Freiheit des Weihempfangs ab. Danach ist es „streng verboten, jemanden, auf welcher Weise und aus welchem Grund auch immer, zum Empfang von Weihen zu zwingen [...]". Somit ist auch für das Zustandekommen des Rechtsverhältnisses die Freiwilligkeit des Priesters Grundvoraussetzung. Hinsichtlich des formaljuristischen Zustandekommens und des Inhalts ist das kanonische Recht anzuwenden.

Das formaljuristische Zustandekommen des Dienstverhältnisses der Priester ist vergleichbar mit dem eines staatlichen Beamten. Das staatlich-öffentliche Beamtenverhältnis wird durch einen „rechtsgestaltenden und mitwirkungsbedürftigen Verwaltungsakt (Ernennung)"[767] begründet. Da dem Ernennungsakt zwei überein-

---

[764] Heinrichs (2003), Einleitung von § 241, RN1 i.V.m. § 241 ff. BGB.
[765] Vgl. Maurer (1994), S. 328.
[766] Vgl. Maurer (1994), S. 328.
[767] § 6 BBG.

stimmende Willenserklärungen zu Grunde liegen, kann er als Vertragsschluss i.S. der allgemeinen Rechtslehre aufgefasst werden. Im kanonischen Recht erfolgt ebenfalls eine Ernennung. Nach c. 146 und c. 148 ist die Amtsverleihung ein Akt der hoheitlichen Verwaltung. Verliehen wird das Priesteramt vom Diözesanbischof.[768] Dem Akt der Inkardination liegen ebenfalls zwei übereinstimmende Willenserklärungen mit Rechtsbindungswillen seitens des Bischofs auf der einen und des Priesters auf der anderen Seite zu Grunde, durch welche ein Schuldverhältnis begründet wird.

Mit dem bei der Weihe abgegebenen Treueversprechen und mit der Unterzeichnung des Inkardinationsvertrags akzeptiert der Priester die Rechte und Pflichten, die dem Priesteramt auf Diözesanebene und auf der Grundlage des CIC anhaften. Hierdurch kommt ein Schuldverhältnis zwischen dem kirchlichen Dienstherren und dem Priester mit der Wertung des staatlichen Rechts zustande.[769]

Dem Rechtsverhältnis liegt zwar ein Vertrag zu Grunde, hinsichtlich der Form und des Inhalts des Vertrages besteht jedoch Formstrenge. Auf Grund des beamtenähnlichen Status des Priesters ist dies vergleichbar mit dem Dienstverhältnis eines Beamten, welches sich nach öffentlichem Dienstrecht in Form von Gesetzen und Rechtsverordnungen richtet und das insoweit formgebunden ist. Das Dienstverhältnis des Beamten ist hingegen nicht vergleichbar mit einem privatrechtlichen Arbeitsvertrag, dessen Vertragsinhalt von den Vertragsparteien verhandelbar ist.[770]

Auch das Beschäftigungsverhältnis des Priesters ist, ähnlich wie das Verhältnis des Beamten zu seinem Dienstherren, kein Vertragsverhältnis, welches in seiner Ausgestaltung der Vertragsfreiheit der beteiligten Parteien unterliegt.

Durch die Inkardination wird verbindlich und nicht verhandelbar festgelegt, gegen wen sich die Altersversorgungsansprüche richten und damit, wer der Verpflichtete ist.[771] Dies ist der Inkardinationsobere.[772] Der Diözesanbischof trägt die Verantwortung für seine Diözese und die Versorgung der ihm anvertrauten Priester.[773] Durch die Inkardination wird eine besondere Beziehung zwischen Priester und

---

[768] Vgl. Aymans/Mörsdorf (1991), S. 454 f.
[769] Vgl. Pirson (1995), § 64, S. 865.
[770] Vgl. Post/Braun (1991), S. 62.
[771] Vgl. Steinbach (1995), S. 45.
[772] Vgl. Reinhardt (1996), in: MKzCIC, c. 281, Rn 5 f., S. 3; Bistum Hildesheim: Geschäftsbericht 2004, S. 43.
[773] Vgl. Schmitz (1999), § 38, S. 427.

Diözesanbischof in Form der Treuepflicht seitens des Priesters gegenüber dem Diözesanbischof und der Fürsorgepflicht des Bischofs, zu der auch die wirtschaftliche Fürsorge zählt, gegenüber dem inkardinierten Priester, geschaffen.[774] Die Versorgungsverpflichtung richtet sich gegen den Inkardinationsoberen als Institution, welches auf eine Diözese bezogen der bischöfliche Stuhl und damit der jeweils amtierende Diözesanbischof ist.[775]

4.3.2 Bestimmung der Zusageformen

Inwieweit eine Pensionsverpflichtung anzusetzen ist, entscheidet sich nach dem HGB danach, wem die Verpflichtung zur Durchführung obliegt. Unterschieden wird die unmittelbare (auch Direktzusage genannt) von der mittelbaren Zusage. Eine unmittelbare Zusage besteht, wenn das zusagende Unternehmen die Pensionsleistung an den Berechtigten ohne die Zwischenschaltung einer anderen Rechtsperson zu erbringen hat.[776] Die juristische oder natürliche Person ist direkt zur Durchführung der Altersversorgung verpflichtet.[777] Einer unmittelbaren Zusage liegt ein Einzelvertrag bzw. eine Einzelzusage, eine Gesamtzusage auf Grund von Pensions- oder Versorgungsordnungen sowie eine Betriebsvereinbarung oder ein Tarifvertrag zu Grunde. Ferner entstehen unmittelbare Zusagen durch Besoldungsordnungen oder Gesetze, z.B. Beamtenversorgungsgesetze.[778] Bei einer mittelbaren Zusage hingegen wird ein juristisch selbstständiger Intermediär zwischengeschaltet. Die Verpflichtung zur Durchführung wird somit an einen selbstständigen Versorgungsträger übertragen, z. B. an eine Pensionskasse oder einen Pensionsfonds.[779] Der Arbeitgeber ist damit jedoch nicht von seinen arbeitsrechtlichen Grundverpflichtungen entbunden. Vielmehr dient diese Form einer vereinfachten Abwicklung und ggf. auch sicheren Erfüllung der Leistung. Die mittelbare Wirkung der Zusage bezieht sich also nicht auf die Grundverpflichtung des Arbeitgebers, die stets unmittelbar ist, sondern auf die Pflicht zur Durchführung der Leistungserbringung.[780]

---

[774] Vgl. Werneke (1997), S. 290 aus: CD 16,4; PO 20,1.

[775] Vgl. Reinhardt (1996) in: MKzCIC, c. 281, Rn 6, S. 4; Vgl. zum Bischofsamt, Schmitz (1999), § 38, S. 427, zur Leitung der Diözese vgl. c. 369 i.V.m. Kalde (1999), S. 429 ff.; Im Weihetext stellt der Bischof die Frage, ob der Kandidat ihm und *seinen Nachfolgern* Ehrfurcht und Gehorsam verspricht, vgl. O.V./Liturgisches Institut, S. 76ff.; Bistum Hildesheim: Geschäftsbericht 2004, S. 43.

[776] Vgl. ADS (1989), § 249, Rn 86, S. 426.

[777] Vgl. Schruff (1997a), S. 68 f., 71.

[778] Vgl. ADS (1998), § 249, Rn 85, S. 426.

[779] Vgl. Schruff (1997a), S. 68 f., 71.

[780] Vgl. KPMG (1991), S. 129; Petersen (2002), S. 16.

Es stellt sich die Frage, welcher dieser beiden Zusageformen die Versorgungszusagen gegenüber Priestern zuzuordnen sind.

In c. 1274 § 1 heißt es: „In den einzelnen Diözesen hat es eine besondere Einrichtung zu geben, die Vermögen oder Gaben zu dem Zweck sammelt, dass der Unterhalt der Kleriker, die für die Diözese Dienst tun, gemäß c. 281 gewährleistet ist." Die Vorschrift des c. 1274 § 1 befindet sich im Vermögensrecht, so dass sie i.S. einer Mittel-Zweck-Relation auszulegen ist. Die Vorschrift muss daher anhand der rechtstheologischen und der betriebswirtschaftlichen Betrachtungsweise interpretiert werden.

Aus rechtstheologischer Sicht hat die Rechtsbeziehung zwischen Priester und Bischof i.S.d. c. 281 einen theologisch-juristischen Existenzgrund, welcher durch das Rechtsinstitut der Inkardination geschaffen wird. Der Vorgang der Inkardination ist der Akt der Einbindung der kanonischen Rechtsbeziehung in ein Inkardinationsinstitut, hier in eine Diözese. In c. 265 wird ausdrücklich darauf hingewiesen, dass es „Kleriker ohne Inkardination in keiner Weise geben darf". Aus rechtstheologischer Sicht wird durch die Inkardination eine unmittelbare Rechtsbeziehung zwischen dem Priester und der Diözese, in der er inkardiniert ist, hergestellt. Die Grundverpflichtung und damit eine unmittelbare Zusage wird somit i.S.d. c. 281 begründet.

Die Vorschrift stellt auf die Finanzierung zum Zwecke der Pensionsverpflichtung ab. Hier wird das Erfordernis einer Durchführung angesprochen. Die Vorgabe, dass es eine „besondere Einrichtung" zu geben hat, ist unbestimmt, so dass die Form der Finanzierung offen gelassen wird. Die Diözese wird dadurch in keiner Weise verpflichtet, die Durchführung der Finanzierung selbst vorzunehmen, sondern sie muss vielmehr lediglich sicherstellen, dass die Pensionsverpflichtungen erfüllt werden. Ob sie dies unmittelbar, d.h. selbst durchführt oder mittelbar über die Zwischenschaltung z.B. einer Pensionskasse, ist Sache der Diözese. Der Ausschluss einer Durchführungsform, z.B. eine Pensionskasse mit der Finanzierung zu beauftragen, würde geradezu einen Verstoß gegen diese Vorschrift bedeuten, wenn durch die Kasse ein besseres und sicheres Vermögensmanagement möglich wäre. Insofern ist sowohl die unmittelbare als auch die mittelbare Zusage möglich. Die Pensionsverpflichtung ist also unabhängig von der Wahl der Durchführungsform und würde nach HGB, je nach dem, wem die Durchführung der Finanzierung obliegt, entweder seitens der Diözese selbst oder seitens eines externen Pensionsfonds erfasst.

Die IFRS sehen nach Beendigung des Arbeitsverhältnisses beitragsorientierte (defined contribution plans) und leistungsorientierte (defined benefit plans) Pläne vor. Beitragsorientierte Pläne sind nach IAS 19.7 Pläne „bei denen ein Unternehmen festgelegte Beiträge an eine eigenständige Einheit (einen Fonds) entrichtet und weder rechtlich noch faktisch zur Zahlung darüber hinausgehender Beiträge verpflichtet ist, falls der Fonds nicht über ausreichende Vermögenswerte verfügt, um alle Leistungen in Bezug auf Arbeitsleistungen der Arbeitnehmer in der Berichtsperiode und früheren Perioden zu erbringen". Die Definition enthält zwei Kriterien: a) die Auslagerung der Ansprüche in einen eigenständigen Fonds und b) die Bindung der Ansprüche an die in den Fonds geleisteten Beiträge. Das versicherungstechnische Risiko liegt somit beim Arbeitnehmer. Die Verpflichtung des Unternehmens für jede Periode bestimmt sich nach den für diese Periode an den Fonds zu entrichtenden Beiträgen. Daher sind für die Bewertung der Verpflichtungen weder Annahmen erforderlich noch können versicherungsmathematische Gewinne oder Verluste entstehen (IAS 19.43). Die Beiträge sind nach IAS 19.44 in der Periode zu erfassen, in der die Arbeitsleistung erbracht wird, wobei der Zahlungszeitpunkt nicht maßgebend ist.[781] Die Aufwendungen sind im Jahresabschluss des Unternehmens anzugeben (IAS 19.46).

Leistungsorientierte Pläne sind demgegenüber diejenigen Leistungen nach Beendigung des Arbeitsverhältnisses, die nicht unter die beitragsorientierten Pläne fallen (IAS 19.7). Sie zeichnen sich dadurch aus, dass die Höhe der Zahlungen von einer speziellen Berechnung abhängt. Diese basiert auf einer Reihe von Annahmen, so dass die Höhe der Verpflichtung mit Ungewissheiten behaftet ist.[782] Im Gegensatz zu beitragsorientierten Plänen kann der Arbeitgeber bei einer ungünstigen Entwicklung des Pensionsfonds der Subsidiärhaftung oder der Nachschusspflicht unterliegen.[783]

Bei der Anwendung beitragsorientierter Pläne auf die Priesterversorgung bestünde das Problem, dass die Verpflichtung der Diözese von den eingezahlten Beiträgen abhinge und das versicherungstechnische Risiko beim Priester läge. Das Versorgungsprinzip des Priesters bedeutet jedoch gerade, dass der Diözesanbischof dem Priester nach c. 281 § 2 eine lebenslange und amtsangemessene Altersversorgung zu garantieren hat, die als eine Vollversorgung zu interpretieren ist. Wenn es einer Diözese nicht gelingt, eine ausreichende Sicherung der (Alters-)Versorgung des Klerus zu ermöglichen, so verpflichtet c. 1274 § 2 die Bischofskonferenz, eine solche zu gewährleisten. Vor diesem Hintergrund erscheint der beitragsorientierte

---

[781] Vgl. Schruff (2004), in: WILEY-Kommentar, S. 787.
[782] Vgl. Wagenhofer (2003), S. 300.
[783] Vgl. Schruff (2004), in: WILEY-Kommentar, S. 788.

Plan für die Priesterversorgung nur dann angemessen, wenn dieser lediglich als eine ergänzende Versorgung angewandt wird.

Da die Diözese die verpflichtete juristische Person und eine Vollversorgung zu unterstellen ist, richtet sich die Höhe der Zahlungen im Versorgungsfall nicht nach den geleisteten Beiträgen der Diözese, sondern nach einem Leistungsplan, so dass die Bewertung von einer Reihe von Annahmen über die Zukunft beeinflusst ist. Insoweit ist bei der Pensionszusage an den Priester von einem leistungsorientierten Plan auszugehen.

4.3.3 Voraussetzungen für den Ansatz von Pensionsrückstellungen im Jahresabschluss

4.3.3.1 Ansatzkriterien nach HGB

Der Ansatz von Pensionsrückstellungen war nach einem Urteil des Bundesgerichtshofes vom 27.2.1961[784] zunächst als Passivierungswahlrecht festgeschrieben worden. Begründet wurde dieses Wahlrecht u.a. damit, dass Pensionsrückstellungen häufig eine Finanzierungswirkung hätten und erst in zweiter Linie ihrem eigenen Zweck dienten. Die aus dieser Motivation heraus gebildeten Pensionsrückstellungen hätten – so der Senat – „keinen überzeugenden Aussagewert für die Frage der Passivierungspflicht"[785]. Ein weiteres Argument war, dass es ungewiss sei, ob es überhaupt zu einem Versorgungsfall käme. Auch die Anwendung der Versicherungsmathematik, die aus der Gesetzmäßigkeit großer Zahlen Wahrscheinlichkeiten ableite, sei kein hinreichendes Argument für eine Passivierungspflicht. Der Senat führte hierzu aus: „Was ordnungsmäßiger Buchführung entsprechen soll, kann sich nicht nach Maßstäben richten, die an bedeutende Unternehmen mit zahlreichen Pensionsverpflichtungen angelegt werden könnten, sondern nur nach Maßstäben, die auch für Betriebe passen, für die das Gesetz der großen Zahl nicht wirksam wird."[786] Jede Pensionszusage – so der Senat – stehe für sich und das Risiko sei nicht auf mehrere Unternehmen verteilbar. Erst im Rahmen der Umsetzung der 4. EG-Richtlinie durch das Bilanzrichtlinien-Gesetz wurde die Passivierungspflicht teilweise eingeführt. Nach § 249 Abs. 1 HGB i.V. mit Art. 28 EGHGB besteht eine Passivierungspflicht für unmittelbare Zusagen, die *nach* dem 31.12.1986 gemacht worden sind.[787] Ein Passivierungswahlrecht

---

784 Vgl. BGH, Urteil vom 27.2.1961, II ZR 292/59, S. 324-337.
785 BGH, Urteil vom 27.2.1961, II ZR 292/59, S. 331.
786 BGH, Urteil vom 27.2.1961, II ZR 292/59, S. 330.
787 ADS (1998), § 249, Rn 79 ff., S. 424 f.

besteht nach Art. 28 EGHGB hingegen für unmittelbare Zusagen, die vor dem 1.1.1987 erteilt wurden oder wenn sich ein vor diesem Zeitpunkt erworbener Rechtsanspruch *nach* dem 31.12.1986 erhöht hat sowie für mittelbare Zusagen.[788] Pensionsrückstellungen dürfen nach § 249 Abs. 3 Satz 2 erst dann aufgelöst werden, wenn die Verpflichtung nicht mehr besteht. Dieses Auflösungsverbot gilt auch für Pensionsrückstellungen, die auf einen Ansatzwahlrecht basieren (Altzusagen).[789]

Im Deutschen Handelsrecht werden zur bilanziellen Qualifizierung eines Schuldverhältnisses im Wesentlichen vier Anforderungen genannt.[790]

1. Es muss eine Verpflichtung der bilanzierenden Organisation vorliegen.
2. Mit der Verpflichtung muss eine wirtschaftliche Belastung für die bilanzierende Organisation verbunden sein.
3. Die Verpflichtung muss bilanziell greifbar sein.
4. Die wirtschaftliche Belastung muss quantifizierbar sein.

Diese für den handelsrechtlichen Jahresabschluss entwickelten Anforderungen werden im Folgenden daraufhin geprüft, ob die Pensionsverpflichtung des Diözesanbischofs nach diesen Kriterien die Voraussetzungen für einen bilanziellen Ansatz erfüllt.

Das Kriterium der Verpflichtung und der wirtschaftlichen Belastung: Eine rechtsverbindliche Pensionsverpflichtung entsteht durch eine Pensionszusage.[791] Im weltlichen Recht stellt eine Pensionszusage eine „vertragliche Nebenabrede des Arbeitsvertrages dar"[792]. Der Tatbestand einer rechtsverbindlichen Pensionsverpflichtung ist auf Grundlage der Inkardination gegeben.

Bei der Bilanzierung einer Verpflichtung in der Handelsbilanz wird das Kriterium der wirtschaftlichen Belastung mit einer Minderung des Bruttovermögens erfüllt.[793]

---

788 Vgl. Schruff (1997a), S. 70., ADS (1998), S. 425 RN 81 f.
789 Vgl. ADS (1998), § 249, Rn 97, S. 431.
790 Vgl. Thoms-Meyer (1996), S. 13.
791 Vgl. Thoms-Meyer (1996), S. 14; Ruthenbeck (1965), S. 106.
792 ebenda
793 Vgl. Freericks (1976), S. 228.

Die Bruttovermögensminderung entsteht durch das Begleichen der Verpflichtung, welches zu einer Minderung der Aktiva und damit zu einer Bilanzverkürzung führt.[794]

C. 281 und 283 § 2 beziehen sich ausschließlich auf die wirtschaftlichen Rechte, wie den Unterhalt des Klerus. Die in c. 281 herausgestellte Pensionsverpflichtung ist ein finanzieller Unterhalt, der das Bruttovermögen der Kirche mindert. Eine wirtschaftliche Belastung i.S. einer Verminderung des Bruttovermögens ist folglich verbunden mit der Altersversorgung des Klerus.

Das Kriterium der bilanziellen Greifbarkeit: Die bilanzielle Greifbarkeit kann als Objektivierung eines Sachverhaltes verstanden werden.[795] Angewandt auf Gewerbebetriebe, die von der Unternehmensfortführung (Going Concern) ausgehen, müssen die objektivierten Sachverhalte (Bilanzpositionen) bei einer Veräußerung des Unternehmens, welches dann fortgeführt würde, als separate Einheit ins Gewicht fallen „und sich nicht ins Allgemeine verflüchtigen"[796].
Bei der Veräußerung geht eine Verpflichtung, welche auch Bestandteil der Kaufpreisvereinbarung sein kann, bei einer Gesamtrechtsnachfolge auf den Käufer über. Dabei müssen die jeweiligen Verpflichtungen als separate Einheit ins Gewicht fallen.[797]

Eine wirtschaftliche Disposition i.S. einer Veräußerbarkeit, wie dies bei erwerbswirtschaftlichen Unternehmen möglich bzw. gängig ist, kann bei einer Diözese nicht unterstellt werden. Die Argumentation der Objektivierbarkeit eines Sachverhaltes auf der Grundlage einer bei der Veräußerung eines Betriebes bzw. Teilbetriebes separat ins Gewicht fallenden Einheit ist hier aus methodischen Gründen nicht anwendbar. Die Einzelbewertung als Voraussetzung für die Objektivierbarkeit von Pensionsverpflichtungen kann jedoch auf der Grundlage einer Übergabe der Vermögensverwaltung an einen Ökonomen bemessen werden. Diesem Vorgang widmet sich der c. 1283 Satz 1, nach welchem der Ökonom einen Eid darüber ablegen muss, dass er oder sie das Amt „gut und treu" ausübe.[798] Ferner fordert c. 1283 Nr. 2 die Führung eines genauen Bestandsverzeichnisses der Kir-

---

[794] Vgl. Thoms-Meyer (1996), S. 19.

[795] Vgl. Thoms-Meyer (1996), S. 22.

[796] Thoms-Meyer (1996), S. 22, zitiert aus: RFH, Urteil vom 21.10.1993 – VI A 2002/29, RStBl. 1932 S. 305,

[797] Vgl. Thoms-Meyer (1996), S. 22 i.V. mit FN 48.

[798] Vgl. cc. 1281 § 2, 1289 u. 1296 oder zu Straf- (cc. 1377, 1389 §2) bzw. disziplinarrechtlicher (c. 1741, Nr. 5) Verfolgung führen, vgl. auch Althaus (1997) in: MKzCIC, c. 1283, Rn 3 f., S. 3.

chengüter, *wenn der Verwalter sein Amt antritt.* In dem Bestandsverzeichnis muss gemäß c. 1283 Nr. 3 jede Vermögensveränderung aufgezeigt werden. Wie aus dem V. Buch, Titel II (Vermögensverwaltung) hervorgeht, ist die Vermögensverwaltung im umfassenden Sinne zu verstehen, d.h. die Verwaltung schließt nicht nur das Kirchenvermögen, sondern auch die Schulden, die einzeln zu dokumentieren sind, ein.[799] Diese Übertragung der Verantwortlichkeit auf einen neuen Ökonomen kann auf Grund der damit verbundenen Bestandserfassung von Vermögen und Schulden als Objektivierungsmaß angesetzt werden. Insoweit ist hier der Tatbestand der bilanziellen Greifbarkeit der Verpflichtung als Voraussetzung für die Abbildung im Jahresabschluss gegeben.

Das Kriterium der Quantifizierbarkeit: Eine Verpflichtung muss zum Bilanzstichtag innerhalb eines Parameters quantifizierbar sein.[800] Eine Pensionsverpflichtung zeichnet sich u.a. durch ihre Ungewissheit aus. Sie stellt eine wirtschaftliche Belastung dar, deren Eintreten und Höhe ungewiss sind. Die Ungewissheit besteht in Bezug auf das Eintreten des Versorgungsfalls darin, ob der Berechtigte überhaupt das erwartete Alter erreicht oder die Organisation vorzeitig verlässt. Ungewissheit herrscht auch hinsichtlich der Höhe der späteren Leistungen. Der Leistungsumfang hängt im Allgemeinen vom zeitlichen Eintreten des Versorgungsfalls und der bis dahin geleisteten Dienstzeit ab sowie von der Lebenserwartung des Leistungsberechtigten und dem Zins.[801] Diese Unsicherheiten lassen sich jedoch innerhalb eines bestimmten Parameters quantifizieren. Im Allgemeinen wird auf versicherungsmathematische Verfahren zur Sterbewahrscheinlichkeit zurückgegriffen, welche einen Teil der *biometrischen Wahrscheinlichkeiten* darstellt. Anhand derartiger Statistiken lässt sich für jeden einzelnen Berechtigten ermitteln, mit welcher Wahrscheinlichkeit ein Verpflichtungsumfang erreicht bzw. nicht überschritten wird.[802]

Je größer die Gruppe der Einzelberechtigen ist, desto genauer kann die Gesamtverpflichtung angegeben werden. Die biometrischen Unsicherheiten sind aus der Logik der Sache heraus auch auf den Priester übertragbar und lassen sich ebenfalls mit mathematisch-statistischen Verfahren quantifizieren.[803] Die Quantifizierbarkeit der Pensionsverpflichtung gegenüber Priestern ist gegeben.

---

[799] Vgl. Abschnitt 3.2.5.3.2.
[800] Vgl. Freericks (1976), S. 230; Beatge et al (2003), S. 156 f.
[801] Vgl. Thoms-Meyer (1996), S. 23.
[802] Vgl. ebenda
[803] Auf die biometrischen Wahrscheinlichkeiten für Priester wird im Gliederungspunkt 4.4.4.3 näher eingegangen.

Im Ergebnis sind die Voraussetzungen für den Ansatz von Pensionsrückstellungen für die Pensionsverpflichtung von Priestern nach den handelsrechtlichen Maßgaben erfüllt.

4.3.3.2 Ansatzkriterien nach IFRS

4.3.3.2.1 Das Kriterium der Verpflichtung

Nach den IFRS lässt sich der Ansatz von Rückstellungen im Allgemeinen und von Pensionsrückstellungen im Speziellen aus der Ansatzfähigkeit für Verbindlichkeiten ableiten. Denn nach R 60 - 64 umfassen „Schulden" sowohl sichere als auch ungewisse Verpflichtungen.[804] Analog zur Definition von Vermögenswerten liegen Schulden vor, wenn auf Grund der Begleichung einer gegenwärtig bestehenden Schuld ein künftiger Ressourcenabfluss hinreichend wahrscheinlich ist. Der Begriff Schulden umfasst alle Sachverhalte, die eine Vermögensbelastung bedeuten. Wie beim Vermögensansatz gilt auch beim Ansatz von Schulden das Kriterium einer verlässlichen Ermittlung des zu begleichenden Wertes.[805]

IAS 37.10 definiert eine Rückstellung als „eine Schuld, die bezüglich ihrer Fälligkeit oder ihrer Höhe ungewiss ist".

Die Kriterien für den Ansatz einer Rückstellung nach IFRS sind in IAS 37.14 - 26 aufgeführt und erläutert und lassen sich wie folgt zusammenfassen:

- Hinreichend wahrscheinliche Vermögensbelastung: Wahrscheinlich ist eine Vermögensbelastung nach IAS 37.23, wenn mehr für als gegen das Eintreten des Ereignisses spricht.[806]
- Wirtschaftlich *bereits entstandene* Verpflichtung, „die einen konkretisierbaren Leistungsdruck auf das bilanzierende Unternehmen ausübt"[807]. Die Verpflichtung muss durch ein vergangenes Ereignis verursacht worden sein (IAS 37.14a). Es scheiden daher diejenigen Sachverhalte aus, die erst in Zukunft zu einer wirtschaftlichen Verpflichtung führen. Die Verpflichtung muss rechtlich oder wirtschaftlich (faktisch) durchsetzbar sein (IAS 37.14.a), so dass sich das Unternehmen seiner Verpflichtung nicht entziehen kann (IAS 37.17). Die rechtliche Durchsetzbarkeit basiert dabei auf einem Vertrag, auf Gesetzen

---

[804] Vgl. Achleitner/Behr (2003), S. 301.
[805] Vgl. Achleitner/Behr (2003), S. 103.
[806] Vgl. Hayn (2004), in: WILEY-Kommentar, S. 609.
[807] Vgl. Daub (2000), S. 303.

oder anderen Rechtsnormen (IAS 37.10). Die faktische oder wirtschaftliche Durchsetzbarkeit liegt vor, wenn erwiesen ist, dass das Unternehmen eine Verantwortung übernommen hat, z.b. auf Grund eines früheren Verhaltens, die bisherige Geschäftspolitik oder auf Grund einer Bekanntmachung des Unternehmens (IAS 37.10, 19 ff). [808]

- Die Verpflichtungen müssen stets gegenüber Dritten bestehen (IAS 37.20), z.b. gegenüber Mitarbeitern. Verpflichtungen, die ein Unternehmen gegen sich selbst richtet (Aufwandsrückstellungen) sind im Unterschied zum HGB nicht ansatzfähig. [809] Sie müssen mit einer Erwartung von Dritten verbunden sein, dass sich das Unternehmen seiner Verantwortung nicht entzieht. Vorstandsbeschlüsse oder Absichten des Managements allein reichen nicht aus (IAS 37.20). [810]

- Verlässliche Quantifizierbarkeit als Objektivierungsmaß (IAS 37.25 f.).

Die Altersversorgung für Priester stellt eine rechtliche Verpflichtung dar, die auf einem vergangenen Ereignis beruht. Begründet wird diese Verpflichtung durch die Inkardination und ist rechtlich durchsetzbar. Ferner richtet sich die Verpflichtung gegen einen Dritten, hier den Priester. Das Kriterium der Quantifizierbarkeit wird durch die Anwendung anerkannter mathematisch-statistischer Verfahren erreicht. Ebenso führt die Altersversorgung unter Berücksichtigung der Wahrscheinlichkeitsermittlung zu einer Vermögensbelastung nach Eintreten des Versorgungsfalls. Folglich sind die Voraussetzungen für den Ansatz einer Verpflichtung für die Priesterversorgung erfüllt.

Bei den IFRS entscheiden weniger die Rechtsverhältnisse darüber, ob eine (Pensions-)Rückstellung anzusetzen ist oder nicht, sondern die wahrscheinliche wirtschaftliche Belastung. [811] Pensionsrückstellungen entstehen, wenn eine Verpflichtung nicht durch ein sog. Planvermögen (plan asset) gedeckt ist und daher zu einer wirtschaftlichen Belastung führt. Insofern wird eine unmittelbare Zusage wie eine mittelbare Zusage behandelt, „wobei das Vermögen des externen Trägers rechnerisch gleich null gesetzt wird" [812]. Die Unterscheidung zwischen einer unmittelbaren und mittelbaren Zusage entfällt. [813] Zum jeweiligen Abschlussstichtag wird das

---

[808] Vgl. Wagenhofer (2003), S. 255 f.; Hoffmann (2004), in: Haufe IAS-Kommentar, § 21, Rn 21, S. 749.

[809] Vgl. Wagenhofer (2003), S. 256; Hoffmann (2004), in: Haufe-Kommentar, § 21, Rn 26, S. 751.

[810] Vgl. Wagenhofer (2003), S. 255 f.

[811] Vgl. Daub (2000), S. 300 ff.

[812] Rhiel (2004) in: Haufe IAS-Kommentar, § 22, Rn 5, S. 810.

[813] Vgl. Rhiel (2004) in: Haufe-Kommentar, § 22, Rn 5, S. 810.

zum *fair value* bewertete Planvermögen[814] mit den am Abschlussstichtag kumulierten Pensionsverpflichtungen verrechnet ausgewiesen. Da keine öffentlich zugänglichen Informationen über die Durchführungsformen der Pensionsverpflichtung in den Diözesen existieren, muss sich hier auf eine allgemeine Charakterisierung des Planvermögens beschränkt werden.[815]

4.3.3.2.2 Charakterisierung von Planvermögen

Unter das Planvermögen fallen sowohl Vermögenswerte, die von einem Fonds gehalten werden, als auch qualifizierte Versicherungsverträge.

Für die Qualifizierung als Planvermögen müssen die folgenden Voraussetzungen kumulativ erfüllt sein (IAS 19.7):[816]

- Das Planvermögen ist rechtlich vom zusagenden Unternehmen unabhängig.
- Das Planvermögen ist ausschließlich für die Zahlung der Pensionsleistungen zweckgebunden und muss dem Zugriff der Gläubiger auch im Falle der Insolvenz entzogen sein. Des Weiteren kann es nicht auf das Unternehmen rückübertragen werden, es sei denn, es bleibt entweder ausreichendes Deckungsvermögen vorhanden, damit alle Leistungen bedient werden können, oder es stellt eine Ersatzleistung für vom zusagenden Unternehmen bereits geleistete Zahlungen infolge einer Leistungsverpflichtung dar.

Charakteristisch für das Planvermögen ist, dass es der rechtlichen und wirtschaftlichen Verfügungsgewalt des zusagenden Unternehmens entzogen und infolgedessen auch nicht als Vermögenswert beim berichtenden Unternehmen bilanziert wird.[817] Die rechtliche Verpflichtung auf Auszahlung des Planvermögens besteht in der Regel primär gegenüber den Pensionsempfängern. Insofern handelt es sich nicht um eine Durchbrechung des Saldierungsverbots bzw. des Bruttoprinzips, denn das Saldierungsverbot bzw. das Bruttoprinzip bezieht sich hinsichtlich der Bilanz auf die Saldierung von Aktiva und Passiva.

---

[814] Zum Ansatz und zur Bewertung des Planvermögens siehe IAS 19.102 ff.

[815] Im Rahmen der empirischen Untersuchung wurden auch die Durchführungsformen erfragt. Wegen fehlenden Rücklaufs können hierzu keine verlässlichen Angaben gemacht werden.

[816] Vgl. auch Wagenhofer (2003), S. 308.

[817] Vgl. Schruff (2004), in: WILEY-Kommentar, S. 792; Wagenhofer (2003), S. 309.

Beim Planvermögen darf es sich nicht um Finanzinstrumente des zusagenden Unternehmens handeln, deren Übertragbarkeit nicht möglich ist.

Als Planvermögen kommen auch qualifizierte Versicherungsverträge (qualifying insurance policies) in Betracht (IAS 19.7).[818] Voraussetzung für einen qualifizierten Versicherungsvertrag ist, dass die Versicherung dem zusagenden Unternehmen nicht nahe steht i.S.d. IAS 24. Die Auszahlungen auf Grund des Versicherungsvertrages dürfen ausschließlich zum Zwecke der Erfüllung der Leistungsverpflichtung verwendet werden. Ferner müssen diese Leistungen den Gläubigern des Unternehmens entzogen sein und dürfen nicht auf das Unternehmen rückübertragen werden, es sei denn, es verbleiben ausreichende Vermögenswerte, um die Leistungsverpflichtungen erfüllen zu können oder die Zahlungen des Vertrages dienen dem Ersatz der durch das Unternehmen bereits geleisteten Zahlungen an den Arbeitnehmer auf Grund der Leistungsverpflichtung.[819] Alle anderen Versicherungsverträge, welche die genannten Voraussetzungen für ein Planvermögen nicht erfüllen, dürfen nicht mit den Pensionsverpflichtungen saldiert werden. Wenn es allerdings so gut wie sicher ist, dass die Verpflichtung durch die Versicherung abgegolten wird, sind diese Rechte als Vermögenswerte gesondert zu aktivieren, dürfen allerdings nicht mit den Leistungsverpflichtungen saldiert werden (IAS 19.104A).[820]

Aus der Saldierung des Planvermögens und der Pensionsverpflichtungen kann infolge einer Überdeckung ein aktivischer Wert entstehen. Dieser Wert ist nur insoweit anzusetzen, „als er höher ist, als der Saldo aus noch nicht erfassten Verlusten und nachzuverrechnendem Dienstzeitaufwand[821] und dem Barwert von Rückerstattungen oder Minderungen künftiger Beitragszahlungen an den Plan"[822].[823]

---

[818] Nach dem Handelsrecht ist hingegen nur eine Verrechnung mit Planvermögen nicht möglich. Die Versicherungsansprüche werden gesondert in Höhe der gezahlten Prämien zu Anschaffungskosten aktiviert.

[819] Vgl. Wagenhofer (2003), S. 309.

[820] Für weitere Details wird auf IAS 19.7 verwiesen.

[821] Diese Problematik wurde hier nicht erörtert, da die Gründe für eine Änderung des Leistungsanspruchs vielfältig sein können und von der Entscheidung des jeweiligen Diözesanbischofs abhängen, die dem Verfasser nicht bekannt sind. Abgesehen von den Gründen ist es fraglich, in welchem Ausmaß Neuzusagen einer Leistung an Priester oder eine Änderung bestehender Pensionsansprüche vorkommen.

[822] Wagenhofer (2003), S. 310.

[823] Es sei in diesem Zusammenhang erwähnt, dass in der Überarbeitung des IAS 19 im Jahr 2002 für die Aktivierung eines sich aus der Saldierung ergebenden Vermögenswertes ein sog. „asset ceiling" vorgesehen ist (IAS 19.58A). Hierdurch soll verhindert werden, dass auf Grund des

Bemerkenswert ist, dass die erwarteten Erträge aus dem Planvermögen beim Unternehmen, welches die Versorgungsverpflichtung hat, ausgewiesen werden, ohne dass das Planvermögen dort angesetzt wird. Diese Erträge berücksichtigen Dividenden, Zinsen sowie Erträge aus der Veränderung des fair value des Planvermögens. Die Erträge aus dem Planvermögen werden um die voraussichtlichen Verwaltungskosten verringert.[824]

Als Planvermögen wird in Deutschland z.B. das Vermögen einer Pensionskasse angesehen, wenn der Arbeitgeber zur Auffüllung des noch fehlenden Deckungskapitals verpflichtet ist und insoweit ein leistungsorientierter Pensionsplan vorliegt.[825] Pensionskassen sind rechtsfähige Versorgungseinrichtungen i. S. des § 1 Abs. 3 Satz 1 BetrAVG und werden zumeist in der Rechtsform des VvaG geführt. Die Pensionskassen sind die Leistungsbezogenen im Versorgungsfall. Sie unterliegen der Versicherungsaufsicht, insoweit sie Versicherungsgeschäfte gem. § 1 VAG betreiben. Die Versorgungsanstalt des Bundes und der Länder und die kommunalen und *kirchlichen Zusatzversorgungskassen*[826] sind grundsätzlich als Pensionskassen anzusehen.[827]

Rückdeckungsversicherungen hingegen gelten grundsätzlich nicht als Planvermögen. Sie bilden keine eigenständige Zusage, sondern werden lediglich zur Absicherung des (Liquiditäts-) Risikos bei unmittelbaren Zusagen oder Unterstützungskassenzusagen eingesetzt. Aus diesem Grunde sind sie in Höhe des versicherungsmathematischen Deckungskapitals grundsätzlich als eigenständiger Anspruch anzusetzen. Da Rückdeckungsversicherungen formalrechtlich Eigentum des Arbeitgebers sind und grundsätzlich jederzeit gekündigt werden können, besteht wegen der Dispositionsfreiheit des Arbeitgebers keine Zweckbindung des Deckungskapitals. Ohne Zusatzvereinbarungen haben Rückdeckungsversicherungen auch keinen Fondscharakter und sind in keinen Bewertungszusammenhang mit Direktzusagen zu setzen. Wenn Rückdeckungsversicherungen an die Arbeitnehmer verpfändet werden, so stehen sie zwar formalrechtlich im Eigentum des Arbeitgebers, nicht jedoch in dessen Verfügungsmacht. Sie sind den Gläubigern

---

„Zusammenspiels der allgemeinen Regeln bei einem versicherungsmathematischen Verlust plötzlich ein Ertrag entsteht", vgl. Wagenhofer (2003), S. 311.

[824] Vgl. Schruff (2004), in: WILEY-Kommentar, S. 790.

[825] Vgl. Wollmert/Rhiel/Hofmann/Schwitters (2003), in: RIAS-Kommentar, IAS 19, Rn 58.

[826] Im Unterschied zu den evangelischen Landeskirchen bestehen in den katholischen Diözesen in Deutschland keine Versorgungskassen, wohl aber eine Zusatzversorgungskasse des VDD, vgl. Pühler (2003), § 18, S. 551; Heubeck/Rürup (2000), S. 18.

[827] Vgl. Wollmert/Rhiel/Hofmann/Schwitters (2003) in: RIAS-Kommentar, IAS 19, Rn 56 u. 61.

des Arbeitgebers im Insolvenzfall entzogen. So ausgestaltete Rückdeckungsversicherungen stellen qualifizierte Versicherungen und somit Planvermögen dar.[828]

Bezogen auf die Diözese kommt nach IFRS ein verrechneter Wert bei den Durchführungsformen, bei denen das Deckungsvermögen zwar der Zweckbindung unterliegt, jedoch in der Verfügungsgewalt der Diözese liegt, nicht in Betracht, da das Vermögen in der Bilanz anzusetzen ist und damit nicht der Disposition des Ordinariats einer Diözese entzogen ist. Soweit die genannten Bedingungen für ein Planvermögen erfüllt sind, kommen nach IFRS nur die rechtlich ausgelagerten Vermögenswerte in Betracht, wie z.B. ein Fonds.

Durch die Beschränkung der Verrechnung auf das Planvermögen, anstelle des gesamten für die Altersversorgung gebildeten Vermögens (im Folgenden als Deckungsvermögen bezeichnet), werden gesicherte Vermögenswerte mit den Pensionsverpflichtungen verrechnet. Damit wird der Gefahr einer willkürlichen Verrechnung (Grundsatz der Willkürfreiheit) der Pensionsverpflichtung mit Kirchenvermögen oder einer Verrechnung mit Vermögenswerten, die trotz der Zweckbindung in der Verfügungsgewalt der Diözese liegen (im Folgenden als Pensionsvermögen bezeichnet), entgegengewirkt. Die rechtliche Unabhängigkeit gewährt somit eine angemessene Sicherheit, dass die Pensionsverpflichtungen bedient werden können. Ausgewiesen wird somit nur der Teil der Gesamtverpflichtung, welcher der Diözese nicht entzogen ist und im Zweifel auch anderen kirchlichen Zwecken zur Verfügung steht. Aus finanzwirtschaftlicher Sicht bildet die Pensionsrückstellung nach IFRS den unsicheren Teil der Gesamtverpflichtung ab. Dieser „Nettoansatz" kommt c. 1274 § 1, der auf die Sicherung der Finanzierung der Pensionsverpflichtung abzielt, entgegen.

Eine Verrechnung mit dem Planvermögen hat die Konsequenz, dass nur ein Teil der Pensionsverpflichtung abgebildet wird. Dieser unvollständige Ausweis erscheint jedoch dem Vollständigkeitsgrundsatz zuwiderzulaufen, denn mit dem Vorhandensein eines Planvermögens ist die Pensionsschuld i.H.d. Planvermögens noch nicht getilgt. Dem Vollständigkeitsgrundsatz trägt IAS 19 Rechnung, nach dem u.a. die DBO im Anhang anzugeben ist (IAS 19.120c).

---

[828] Vgl. Wollmert/Rhiel/Hofmann/Schwitters (2003) in: RIAS-Kommentar, IAS 19, Rn 66 ff. u. Rn 139.

4.3.4 Verursachung der Verpflichtung

4.3.4.1 Grundverständnis der Priesterversorgung

Bei den nicht im klerikalen Dienst stehenden Beschäftigten, sowohl im kirchlichen wie auch im weltlichen Dienst, wird im Allgemeinen von einem Unterhalt für erbrachte Arbeitsleistungen ausgegangen.[829] Auch für IAS 19 ist der Grundsatz der Periodenabgrenzung anzuwenden, wonach die Zuordnung der Aufwendungen aus der Altersversorgung auf die Wirtschaftsjahre auf der Basis der Erbringung der Arbeitsleistung durch den Pensionsbegünstigen erfolgt (IAS 19.67 ff.). Das Schuldverhältnis zwischen Arbeitgeber und Arbeitnehmer besteht in der Arbeitsleistung gegen Arbeitslohn. Bei dieser Betrachtung sind die gegenseitigen Ansprüche diesbezüglich bei Zahlung des Gehaltes/Lohnes grundsätzlich ausgeglichen.[830] Vor diesem Hintergrund werden auch die Pensionen betrachtet. Bei einer Direktzusage setzt sich der Unterhalt aus dem Pensionsteil und dem laufenden Unterhalt zusammen. Der Pensionsteil stellt einen Unterhaltseinbehalt dar, der zu einem späteren Zeitpunkt zur Auszahlung kommt.[831] Seitens des Arbeitsgebers baut sich während der aktiven Zeit des Arbeitnehmers ein Erfüllungsrückstand auf. Gemäß dem Verursachungsprinzip wird dieser Sachverhalt bilanziell abgebildet, indem der Aufwand den jeweiligen Wirtschaftsjahren zugeordnet wird, in denen die Arbeitsleistung erbracht wird. Auf diesem Wege kumuliert sich im Zeitablauf die Schuld als Ausdruck eines sich vergrößernden Erfüllungsrückstandes.[832]

SCHRUFF sieht in der Pensionsrückstellung hingegen keinen Einbehalt eines Lohnes, sondern ein zusätzliches Entgelt für die Betriebstreue, mit einer späteren Fälligkeit der Auszahlung.[833] Der Bundesgerichtshof vertrat bereits 1961 die Ansicht, dass Pensionen kein einbehaltener Lohn seien. Der Ausfall der Pensionierungsvoraussetzungen oder der Tod des Berechtigten käme dem Unternehmer zu Gute, denn dieser löse keinen „Gehaltsnachzahlungsanspruch" aus. Vielmehr werde die Verpflichtung zur Zahlung von Ruhegehältern von der Pflicht zur gegenseitigen Treue geprägt.[834]

---

[829] Vgl. Coenenberg (2000), S. 350 f.; Rhiel (2004) in: Haufe IAS-Kommentar, § 22, Rn 15, S. 814,.

[830] soweit es sich nicht um Vorauszahlungen handelt.

[831] Vgl. Coenenberg (2000), S. 350 f.

[832] Vgl. Petersen (2002), S. 22., zitiert z.B. aus Heubeck, Klaus: Pensionsrückstellungen als Rückstellungen für ungewisse Verbindlichkeiten, in: BFuP 1987, S. 332-347.

[833] Vgl. Schruff (1997), S. 414 f.; so auch Kemper (2003), in Kommentar zum BetrAVG, § 1, Rn 27, S. 42.

[834] Vgl. BGH, Urteil vom 27.2.1961, II ZR 292/59, S. 334.

Ein ‚weltlicher' Arbeitnehmer unterscheidet sich in Bezug auf das Arbeitsverhältnis von den klerikal Beschäftigten sowohl in der Annahme eines möglichen Ausscheidens als auch in dem Verständnis über den Unterhalt. Ein Ausscheiden aus dem Priesteramt stellt für einen klerikal Beschäftigen einen Verstoß gegen das Weihesakrament und die Treuepflicht dar, die ein inhaltlicher Bestandteil der Inkardination ist. Das Priesteramt kennt zwar die Umkardination, aber wegen des lebenslangen Treuversprechens keine ordentlichen Kündigungsfristen wie bei nicht klerikal Beschäftigen. Der Versorgung liegt die Annahme der lebenslangen Treue des Priesters zu Grunde. Daher stellt sich nicht die Frage, ob eine vergangenheitsorientierte Besoldung, wie bei den nicht klerikal Beschäftigten, angenommen werden kann. REINHARDT stellt heraus, dass der Unterhalt der Priester eben nicht in erster Linie ein Unterhalt für eine geleistete Arbeit ist, sondern eine Gegenleistung für die lebenslange Verfügbarkeit des Klerikers für die Kirche und damit für Gottes Auftrag.[835] HEIMERL/PREE vergleichen die Versorgung der Priester mit dem Alimentationsprinzip der Beamten.[836] Das Alimentationsprinzip garantiert dem Beamten und seiner Familie einen lebenslangen amtsangemessenen Lebensunterhalt. Für den aktiven Dienst bedeutet dies eine amtsangemessene Besoldung und für den Ruhestand amtsangemessene Versorgungsbezüge.[837] Die Besoldung bemisst sich dabei nicht nach seiner tatsächlichen Arbeitsleistung, sondern nach seiner Rechtsstellung. Dies bedeutet, dass sich die Besoldung nach Status bzw. Laufbahn des Beamten richtet.[838] Der Staat als Dienstgeber der weltlichen Beamten unterstellt insofern eine Beschäftigungstreue.

Ähnlich wie in der deutschen Beamtenversorgung müssen in den deutschen Diözesen keine Gehaltsanteile seitens des Priesters für seine Rente einbehalten werden.[839] Die Versorgung ist dem Beamten durch das Grundgesetz zugesichert[840], während Vergleichbares für den Priester in c. 281 iV.m. Art. 33 Abs. 5 GG geregelt ist. Da die Versorgung des Klerus auf Grund der lebenslangen Treue, nicht aber der Arbeitsleistung, eine lebenslange Alimentation ist, wäre es unsinnig, einen Pensionsteil in der laufenden Besoldung wie bei nicht klerikal Beschäftigten zu unterstellen. Dies kommt auch durch c. 281 zum Ausdruck, der verlangt, dass eine „angemessene" Altersversorgung zu treffen ist. Die Angemessenheit berücksichtigt Zeit, Ort und die Stellung, in der sich der Priester befindet. Die Angemes-

---

[835] Vgl. Reinhardt (1996), in: MKzCIC, c. 281, Rn 5, S. 3.

[836] ebenda

[837] Vgl. Wind/Schirmana/Wichmann (1998), S. 22, 29 ff.

[838] Vgl. Wind/Schirmana/Wichmann (1998), S. 46 zum Laufbahnprinzip S. 22.

[839] Vgl. Heubeck/Rürup (2000), S. 12.

[840] das Alimentationsprinzip ist aus Art. 33 Abs. 5 GG ableitbar, vgl. Heubeck/Rürup (2000), S. 12.

senheit ist vor dem Hintergrund des Zielsystems der Kirche zu sehen. Der Priester, dem eine Berufung durch Gott unterstellt wird, dient in erster Linie der Sendung und arbeitet weniger zum Zwecke der eigenen Einkommenserzielung.[841] Eine rein arbeitsleistungsbezogene Pension kann daher nicht angenommen werden. Die Altersversorgung stellt eben keinen bereits zur aktiven Zeit erbrachten Gehaltsteil dar, sondern eine von der aktiven Beschäftigungszeit zu separierende Vorsorgungsform. Sowohl die laufende Besoldung als auch die Altersversorgung verstehen sich also nicht als Entgelt für eine erbrachte Arbeitsleistung, sondern als Wert, der in eine *angemessene* Rente aufgeteilt wird. Der lebenslange Versorgungsanspruch setzt sich also aus der Versorgung zur aktiven Amtzeit (Versorgungsteil I) und aus der Pensionszeit (Versorgungsteil II) zusammen.

Dem Wesen nach unterscheiden sich die Versorgungsteile I und II nicht. Beide zusammen stellen den Gegenwert für die lebenslange Treue dar. In sachlicher Hinsicht existiert nur ein Versorgungsvolumen, also Versorgungsteil I + Versorgungsteil II = lebenslange Versorgung. Es besteht somit eine Rückstellung für die lebenslange Versorgung. Folglich wäre die Bezeichung „Altersversorgung" redundant. Aus der Systematik des c. 281 kann gefolgert werden, dass der kanonische Gesetzgeber jedoch eine Unterscheidung zwischen dem Unterhalt i.S.d. c. 281 § 1 einerseits und der Versorgung i.S.d. c. 281 § 2 andererseits vorzunehmen beabsichtigt. Für den weiteren Verlauf dieser Arbeit soll daher von einer Trennung zwischen Versorgungsteil I und II ausgegangen werden, wobei aus Gründen der Themenabgrenzung ausschließlich der Teil der Altersversorgung (Versorgungsteil II) betrachtet wird.

4.3.4.2 Ansatzzeitpunkt der Pensionsverpflichtung

Für eine Rechnungslegung, die auf dem Prinzip der Periodenabgrenzung basiert, stellt sich hinsichtlich des Ansatzes einer Pensionsrückstellung die Frage, wann sie verursacht ist und damit ergebniswirksam wird. Nach diesem Prinzip orientiert sich die Aufwandsallokation nicht an der Entstehung von Zahlungsmitteln bzw. Zahlungsmitteläquivalenten, sondern an der Entstehung einer Sachleistung (wirtschaftliche Verursachung).[842] Gesucht wird in diesem Abschnitt somit der Leistungszeitpunkt und damit der Ansatzzeitpunkt der Pensionsrückstellung für die Priesterversorgung.

---

[841] Vgl. Abschnitt 2.2.2.2.2.
[842] Vgl. Abschnitt 3.1.1.2.

Die tätige Amtsausübung liegt im Wesen des Priesteramts, denn ihm obliegt die Verantwortung für die Ausübung des kirchlichen Auftrages. Dies legt es nahe, wie bei Angestellten die erbrachte Arbeitsleistung als Grundlage für den Verursachungszeitpunkt zu Grunde zu legen. Der Priester erdient seinen Pensionsanspruch jedoch nicht sukzessiv mit der erbrachten Arbeitsleistung, sondern durch seine lebenslange Treue.[843] Die Arbeitsleistung als Grundlage für den Verursachungszeitpunkt hätte zur Folge, dass die noch nicht gebildete Rückstellung, d.h. für den Zeitraum nach dem jeweiligen Bilanzstichtag bis zum Versorgungsfall, eine noch ausstehende Arbeitsleistung reflektieren würde. Die noch nicht gebildete Rückstellung, d.h. der noch nicht erdiente Altersversorgungsanspruch, könnte als Infragestellung des Treueversprechens interpretiert werden. Dies bedeutet, dass schon mit der Priesterweihe die künftige Amtsausübung nicht unterstellt wird, sondern jährlich unter Beweis gestellt, d.h. erdient werden muss. Eine derartige Unterstellung widerspricht dem Zweck des Weihesakraments und infolgedessen auch der Inkardiantion, womit die Arbeitsleistung als der Verursachungszeitpunkt dem kanonischen Normzweck widerspricht. Sachgerechter ist es, das Treueversprechen als Verursachungszeitpunkt für den Ansatz von Pensionsrückstellungen anzusehen.

Akzeptiert man das Treueversprechen, d.h. die Weihe als Verursachungszeitpunkt der Pensionsverpflichtung, hat dies zur Konsequenz, dass *bei einer unmittelbaren Pensionszusage bzw. soweit keine Deckung durch Planvermögen vorliegt, die volle Pensionsverpflichtung bereits im Jahr der Inkardination erfolgswirksam zu erfassen ist.* Da zwischen der Versorgung I und II sachlich kein Unterschied besteht, ist ein solches Verursachungsverständnis auch auf die Versorgung I anzuwenden, so dass die gesamten Versorgungsleistungen des Priesters bereits im Jahr der Priesterweihe erfolgswirksam werden.

Aus der Sicht einer Diözese würde ein vollständiger Ansatz der Pensionsverpflichtung davon ausgehen, dass der Priester bis zur Emeritierung im Dienst der Diözese steht, in der er nach dem Empfang der Priesterweihe inkardiniert wird. Danach würde die Verursachung rein an der rechtlichen Entstehung der Verpflichtung orientiert, womit eine Betonung der rechtstheologischen Betrachtungsweise (Weihe/Erstinkardination) verbunden ist. Die Konsequenz wäre, dass Verluste antizipiert würden, die im Falle der Umkardination bei anderen Diözesen zu einer wirtschaftlichen Belastung führten.

---

[843] Vgl. Abschnitt 4.3.4.2.

Dies entspräche eher dem Vorsichtsgedanken des HGB, nicht jedoch dem Verständnis der Generalnorm des gesamtkirchlichen GoR-Konzepts, welches eher der Generalnorm des IFRS angenähert ist als dem HGB.[844]

Nach dem Grundsatz der wirtschaftlichen Betrachtungsweise ist *innerhalb* einer rechtlichen bzw. faktischen Verpflichtung ein Sachverhalt nach seiner wirtschaftlichen Substanz, d.h. nach der Entstehung einer Leistung abzubilden, die im Zusammenhang mit der Vermögensbelastung zu sehen ist.[845] So werden z.B. Pensionsverpflichtungen bei Arbeitnehmern nicht mit der Zusage, sondern mit der erbrachten Arbeitsleistung und Mietaufwendungen für Gebäude nicht mit dem Vertragsschluss, sondern nach der Inanspruchnahme der Mietleistungen innerhalb des Vertragszeitraums angesetzt. Ein weiteres Beispiel für eine wirtschaftliche Betrachtung ist der Ansatz von Vermögenswerten bzw. Vermögensgegenständen, deren Ansatz sich nicht nach dem zivilrechtlichen, sondern nach dem wirtschaftlichen Eigentum richtet.[846] Daher ist nach dem Grundsatz der wirtschaftlichen Betrachtungsweise innerhalb der rechtlichen bzw. faktischen Verpflichtung die wirtschaftliche Ursache zu suchen:

Die Inkardination umfasst den Zeitraum, in dem der Priester in einer Diözese seinen Dienst verrichtet. Die Vermögensbelastung der Diözese bezieht sich dabei auf den Teil der Pensionsverpflichtung, welcher der Inkardinationszeit entspricht. Der Priester *erdient* sich seinen Pensionsanspruch auf der Grundlage seiner Diensttreue *in einer Diözese*, womit eine Umkardination grundsätzlich in Betracht gezogen wird. Danach ist aus der Sicht der bilanzierenden Diözese das verpflichtende Ereignis die Inkardinationstreue. Sie ist im Rahmen der rechtlichen Verpflichtung die wirtschaftliche Ursache, womit die Pensionsrückstellung nicht mit dem Empfang der Weihe/Erstinkardination, sondern nach der Inkardinationstreue in einer Diözese angesetzt wird. Dafür spricht auch, dass das Sakrament der Weihe eine geistige Verbindung zwischen Gott und dem Priester ist, während die Inkardination darüber hinaus auch eine materielle Verbindung zwischen dem Diözesanbischof und dem Priester zum Ausdruck bringt.[847]

Mit einer Umkardination gehen die gesamten Rechte und Pflichten, also auch die Pensionsverpflichtungen, von der vorherigen Diözese auf die neue Diözese über.

---

[844] Vgl. Abschnitt 3.2.7. Im Unterschied zum HGB ist gemäß IAS 37.18/63 die bilanzielle Berücksichtigung von künftigen betrieblichen Verlusten als Rückstellungen nicht zulässig; vgl. auch Heyn (2004), in Wiley-Kommentar, S .611, Tz 40.

[845] Vgl. Abschnitt 3.2.6.2.2.

[846] Vgl. Förschle/Kroner (2003), § 246, Rn 4, S. 83; R 35.

[847] Vgl. Abschnitt 4.3.1.

Der neue Bischof führt die Pflichten gegenüber dem neu in seiner Diözese inkardinierten Priester fort. Auch wenn zwischen Priesterweihe und Inkardination eine geringe Zeitspanne liegt[848], so wird erst mit der Inkardination festgelegt, ab wann gegenüber wem Rechte und Pflichten bestehen. Daraus ist zu schließen, dass die Besoldung für die lebenslange Treue des Priesters entsprechend seiner Zugehörigkeit zum jeweiligen Inkardinationsverbund zwischen den beiden Diözesen aufgeteilt wird.

Durch die Verursachung auf Grund der Inkardinationstreue erfolgt die Aufteilung der gesamten Pensionsverpflichtung entsprechend der Inkardinationsperiode. Da die lebenslange Treue die Grundlage für die Altersversorgung darstellt, kann ein periodischer Aufbau der Verpflichtung damit begründet werden, dass die Treue mit jedem vollendeten *Priesterjahr für die jeweilige Diözese* als verursacht betrachtet wird. Die Amtstreue wird im Falle einer Umkardination weder gegenüber Gott noch gegenüber dem Bischof in Frage gestellt, da die Umkardination nur durch die Zustimmung der beteiligten Diözesanbischöfe Gültigkeit erlangt. Insofern ist ein Treuebruch nicht gegeben.

Legt man die Inkardinationstreue als Verursachungsmaßstab zu Grunde, so wird bereits mit der Erstinkardination eine Umkardination in Betracht gezogen. In wertmäßiger Hinsicht kommt dies durch die Summe der noch nicht gebildeten Rückstellungen zum Ausdruck. Eine Umkardination ist zwar möglich, sie ist jedoch nicht üblich und damit als unwahrscheinlich anzunehmen, wie die statistische Darstellung in Tabelle 1 zeigt. Vor diesem Hintergrund erscheint es fraglich, ob die Fiktion der Umkardination als Verursachungsmaß geeignet ist: Da die Umkardination grundsätzlich möglich ist und keinen Treuebruch darstellt, spricht auch die geringe Wahrscheinlichkeit einer Umkardination nicht dagegen, die Pensionsverpflichtung auf Grund der Inkardinationstreue erfolgswirksam anzusetzen. Im kaufmännischen Jahresabschluss werden ebenfalls Annahmen verwendet, ohne diese von der Wahrscheinlichkeit ihres Eintretens abhängig zu machen. So wird beispielsweise im deutschen Handelsrecht für den Ansatz von Schuldverhältnissen die Veräußerungsannahme als Objektivierungsmaß angelegt, ohne dass die Wahrscheinlichkeit einer Veräußerung herangezogen wird.[849]

Vor dem Hintergrund dieser Argumentation soll für den weiteren Verlauf dieser Arbeit von der Inkardinationstreue als Verursachungszeitpunkt ausgegangen werden.

---

[848] Dies folgt aus der Vorschrift, dass es Amtspriester ohne Inkardination nicht geben darf, vgl. Abschnitt 4.2.2.1.

[849] Vgl. Abschnitt 3.2.6.2.1.

4.3.5 Zwischenergebnis - Ansatz

Die Altersversorgung des Priesters wird durch den Akt der Inkardination begründet. Der Inkardination liegt das Weihesakrament zu Grunde, welches eine besondere Verbindung zwischen Gott und dem Priester konstituiert. Der Inkardinationsvertrag ist vor dem Hintergrund der Weihe und damit im Kontext der zu Grunde gelegten Theologie zu interpretieren. Danach ist der Diözesanbischof gegenüber dem in seiner Diözese inkardinierten Priester mit der Inkardination in einer besonderen Fürsorgepflicht, die auch die lebenslange wirtschaftliche Versorgung einschließt. Die Grundverpflichtung seitens der Diözese ist stets unmittelbar. Der kanonische Gesetzgeber verpflichtet die Diözese, die Finanzierung sicherzustellen. Ob sie diese über einen rechtlich selbstständigen Fonds oder selbst vornimmt, ist ihr überlassen. Somit ist aus Sicht des HGB sowohl eine unmittelbare als auch eine mittelbare Zusage möglich. Aus Sicht der IFRS ist die Pensionszusage als eine leistungsorientierte Pensionsverpflichtung einzuordnen.

Die Altersversorgungsverpflichtung gegenüber Priestern erfüllt die Kriterien für einen Ansatz von Pensionsrückstellungen sowohl nach Maßgabe des HGB als auch hinsichtlich der Verpflichtungsseite nach den IFRS. Sie sind damit nach beiden Rechnungslegungsstandards ansatzpflichtig. Der Unterschied zwischen dem HGB und den IFRS besteht darin, dass sich nach IFRS eine ansatzfähige Rückstellung stets gegen Dritte richten muss. Da der Priester als eine dritte Person anzusehen ist, hat dieser Unterschied für die Ansatzfähigkeit von Pensionsrückstellungen insoweit keine Auswirkungen, als sie nach IFRS eine notwendige, nach HGB zumindest eine hinreichende Bedingung ist. Die Ansatzkriterien lassen sich für die Pensionszusagen gegenüber Priestern wie folgt zusammenfassen:

Durch die Inkardination wird eine Pensionsschuld begründet, die im Versorgungsfall zu einer wirtschaftlichen Belastung führt. Konkretisierbar, d.h. objektivierbar wird diese durch das Kriterium der Greifbarkeit und der Quantifizierbarkeit. Für eine Übertragung der Vermögensverwaltung an einen neuen Ökonom müssen die Pensionsschulden für jeden Priester einzeln inventarisiert werden und nachweisbar sein. Die Pensionsschuld lässt sich hinreichend verlässlich durch anerkannte mathematisch-statistische Verfahren quantifizieren.

Der Priesterversorgung liegt die Verpflichtung auf eine lebenslange Alimentation zu Grunde. Dabei wird der Priester nicht in erster Linie für seine Arbeitsleistung entlohnt, sondern für seine lebenslange Treue. Die Arbeitsleistungen (Amtsausübung) sind Bestandteil der lebenslangen Treue, weil die Amtsausübung (Lehren, Heilen und Leiten) ein entscheidender Wesenszug des Priesteramtes ist. Aus diesem Verständnis heraus ist das Verursachungsmaß der Pensionsrückstellung für den Priester im Unterschied zu den nicht klerikal Beschäftigten nicht die Erbringung der Arbeitsleistung, sondern das Treueversprechen. Die rechtliche Ursache der Pensionsverpflichtung ist die der Priesterweihe i.V. m. der Erstinkardination. Innerhalb dieser Verpflichtung ist die wirtschaftliche Ursache die Inkardinationstreue, d.h. die Diensttreue in einer Diözese, welche als sachgerechter Verursachungsmaßstab zu Grunde zu legen ist. Dabei wird die Möglichkeit einer Umkardination erwogen, wonach die Diözese nur den Verpflichtungsteil für den Zeitraum, in dem der Priester inkardiniert ist, zu tragen hat.

4.4   Bewertung der Pensionsverpflichtung

4.4.1   Grundlagen

Der CIC enthält Rahmenanforderungen für die Versorgung der Priester, die einer konkreteren Ausgestaltung durch das jeweilige Partikularrecht bedürfen. Dieser Teilabschnitt beschränkt sich im Wesentlichen auf die Darstellung und Auswertung der im CIC enthaltenen Anforderungen an die Versorgung von Priestern und überträgt diese Maßgaben, soweit diesbezüglich zitierfähige Informationen verfügbar waren, auf die deutschen Diözesen.

Die Bewertung der Pensionszahlungen hängt davon ab, wie lange und in welcher Höhe die Altersrenten zu zahlen sind.[850] In Bezug auf die Dauer kommt neben dem Einfluss biometrischer Faktoren hinzu, in welchem Alter Priester in den Ruhestand gehen und welche Umstände zum Verlust der Versorgungsansprüche führen.

Bei der Höhe der Altersrente kommt es hingegen auf den Versorgungsumfang unter Beachtung des Grundatzes einer amtsangemessenen Altersversorgung an.

4.4.2   Zeitliche Bewertungseinflüsse

4.4.2.1   Beginn der Versorgungsverpflichtung

Der CIC kennt keine Altersbegrenzung für die Berufung zum Priester. Veilmehr stellt c. 233 § 2 heraus, „daß Männer reifen Alters, die sich zu geistlichen Ämtern berufen fühlen, klug durch Wort und Tat unterstützt werden und die gebotene Vorbereitung erhalten". Der Canon unterstreicht damit, dass die Kirche von einer Berufung der Priester durch Gott ausgeht.[851] Eine Altersgrenze für den Eintritt in das Priesteramt kann daher nicht unterstellt werden. Demgegenüber besteht ge-

---

[850] Vgl. Kruschwitz/Lodowicks (2004), S. 283.
[851] Vgl. Abschnitt 2.2.2.2.

mäß § 48 BHO für Beamte eine Altersgrenze, die durch spezielle Landesgesetze (Landesbeamtengesetze) festgelegt wird. Insofern besteht bei „Priesterbeamten" diesbezüglich eine Besonderheit.

Der c. 281 § 2 liefert keine Hinweise darauf, dass die Höhe der Altersversorgung vom Eintritt bzw. Eintrittsalter in das Priesteramt oder von der aktiven Amtszeit abhängt. Vielmehr stellt der Anspruch auf Unterhalt auf die ‚Leistung' der lebenslangen Treue ab. Dabei ist es unerheblich, wie lang dieser ‚Treue'-Zeitraum ist. Das Eintrittsalter in das Priesteramt nimmt keinen Einfluss auf die Maßgabe einer amtangemessenen Versorgung. Es können aber die Vorleistungen, welche der Priester *vor* seiner Priesterweihe erworben hat, angerechnet werden und die Versorgungsverpflichtung reduzieren. Diese Anrechnung ist zumindest für Diakone, die ebenfalls zum Klerus zählen, vorgesehen. So legt c. 281 § 3 fest, dass bei den nicht hauptberuflichen Diakonen die Versorgung der weltlich erbrachten Einkünfte angerechnet wird. Der Zweck dieser Norm ist die Sicherstellung einer angemessenen Versorgung der Kleriker. Damit wird lediglich das Ziel formuliert, ohne jedoch den Weg vorzugeben. Somit ist nicht ausgeschlossen, dass auch Versorgungsanwartschaften aus früheren Beschäftigungsverhältnissen der Priester, wie bei ständigen Diakonen, die einen Zivilberuf ausüben, angerechnet werden. Aus dieser Sicht wird eine bestehende Differenz zwischen den Vorleistungen des Priesters und dem durch die Diözese definierten Versorgungsniveau von der Diözese ausgeglichen.

4.4.2.2 Verlust der Pensionsansprüche

Da das Sakrament der Weihe eine religiöse Verbindung zwischen Gott und dem Kleriker zum Ausdruck bringt, kann diese Verbindung nicht von einer irdischen Gewalt aufgelöst werden (c. 290). Auch wenn die Inkardination die Weihe voraussetzt, so müssen beide Elemente dennoch getrennt voneinander betrachtet werden. Denn die Entlassung aus dem klerikalen Stand führt zum Verlust der mit der Inkardination verbundenen Rechte gegenüber dem Ordinarius.[852] Die Weihe bleibt bei einer Entlassung jedoch bestehen.[853]

In c. 281 wird festgelegt, dass der Klerus für seinen Dienst einen angemessenen Unterhalt verdient. C. 292 stellt heraus, dass der Kleriker, wenn er aus dem Stand des Klerus ausscheidet, auch das Recht auf Versorgung verliert. Die Versorgung

---

[852] Vgl. Fahrnberger (1999), § 23, S. 284.
[853] Vgl. Abschnitt 6.3.3.

ist hier im umfassenden Sinne zu verstehen, die auch die Altersversorgung einschließt.[854] Wenn ein Priester aus seinem Amt ausscheidet, entfällt seine Pflicht zur Amtsausübung, indem der Canon dem Ausgeschiedenen die Erlaubnis zur Ausübung der priesterlichen Gewalten sowie alle Ämter, Aufgaben und jegliche delegierte Vollmacht entzieht. Auf Grund der grundsätzlichen Unauslöschbarkeit der Sakramente behält er jedoch das Sakrament der Weihe, wenngleich ihm dessen Ausübung verboten wird.

Wenn c. 292 dem entlassenen Kleriker die Rechte entzieht, stellt sich die Frage, ob der Entlassene seinen Pensionsanspruch, den er während seiner Inkardinationszeit erworben hat, behält oder ob die Versorgungspflicht des Ordinarius eine ungebrochene Treue des Klerus voraussetzt. Da der kanonische Gesetzgeber von einer lebenslangen Treue des Klerus ausgeht, erscheint es fraglich, ob und wenn ja, welche Ansprüche aus der Zeit der Inkardination verbleiben, d.h. ob das Ausscheiden aus diesem Treuebund trotzdem die Aufrechterhaltung der Altersvorsorgeansprüche aus der aktiven Zeit bedeutet oder ob diese Ansprüche mit dem Ausscheiden verfallen.

Mit dem Treuebruch entfällt aus dem Amtsverständnis heraus die Voraussetzung für das Priesteramt. Da die lebenslange Treue, an welche die Priesterversorgung gebunden ist, nicht teilweise erfüllbar ist, bedeutet der Verlust des Amtes eine Veränderung in Bezug auf das Beschäftigungsverständnis. HEIMERL[855] bemerkt, dass keine Gründe für eine Aufhebung der Versorgung für frühere Dienste vorliegen und ferner, dass der Ordinarius die Versorgungsbezüge erst dann einstellen kann, wenn der Klerikerstand verloren gegangen ist. Der Anspruch auf eine Altersversorgung für die zurückliegenden Dienste muss jedoch nicht auf die berechnete und entsprechend der inkardinationstreuen Zeit kumulierte Pensionsverpflichtung bezogen sein. Der Pensionsanspruch des Priesters basiert auf Treueleistungen, die durch die Amtsaufgabe per se nicht mehr erfüllbar sind, insbesondere auch deshalb, weil ein ausgeschiedener Kleriker nicht erneut in das Amt aufgenommen werden kann, außer durch Reskript des Apostolischen Stuhls (c. 293).[856] Insofern beruht der Altersversorgungsanspruch im Falle eines Treuebruchs auf einem anderen Wert.

Nach staatlichem Recht haben die Diözesen die Pflicht, für Priester, die aus dem Amt ausscheiden, die Sozialversicherungsbeiträge nachzureichen (Art. 2 § 4 Abs.

---

[854] Vgl. Hallermann (2002), S. 698.
[855] Vgl. Heimerl (1985), S. 85.
[856] Vgl. Reinhardt (1996), in: MKzCIC, c. 293, Rn 2, S. 1.

2 AnVNG i.V.m. § 9 AVG u. § 233 6. Buch SGB). Dies gilt auch für Priester, die ihr Amt auf Grund eines anderen Lebensentwurfs, wie Heirat oder Berufswechsel, aufgeben, jedoch nicht aus dem klerikalen Stand entlassen wurden (i.S.d. c. 292 Nr. 1 und 2), und die keinen Antrag auf Dispens gestellt haben.[857]

Die in einer deutschen Diözese inkardinierten Priester haben nach der entsprechenden teilkirchlichen Priesterbesoldungs- und -versorgungsordnung Anspruch auf Versorgung im Alter. Nach beamtenrechtlichen Vorschriften sowie nach § 5 Abs. 1 Nr. 2 Sozialgesetzbuch VI -SGB VI in Verbindung mit einer Gewährleistungsbescheinigung des zuständigen Landesministeriums im Sinne von § 5 Abs. 1 Nr. 3 Satz 2 SGB VI sind Priester von der gesetzlichen Rentenversicherungspflicht der Angestellten befreit. Priester, die unversorgt aus dem Bistumsdienst ausscheiden, werden gemäß § 8 Abs. 2 bzw. §§ 181 ff. SGB VI in der Rentenversicherung der Angestellten bei der Bundesversicherungsanstalt für Angestellte für die Zeit ab der Diakonweihe bis zum Zeitpunkt ihres endgültigen Ausscheidens nachversichert. Nachversichert wird das Arbeitsentgelt, welches der ausscheidende Priester während seiner Dienstzeit erhalten hat. Die zu zahlenden Nachversicherungsbeiträge werden nach den Vorschriften im SGB VI (§§ 181 ff.) berechnet und allein von der Diözese getragen (§ 181 Abs. 5 SGB VI). Der ausgeschiedene Priester erhält eine entsprechende Nachversicherungsbescheinigung und später, bei Eintritt des Versicherungsfalles, eine Rente von der Bundesversicherungsanstalt für Angestellte. Ein Versorgungsanspruch gegenüber der Diözese ist mit dem Eintritt der Nachversicherung nicht mehr gegeben. Mit dieser Regelung folgen die Teilkirchen im Bereich der deutschen Bischofskonferenz den Bestimmungen für die deutschen Beamten, deren Bezüge beim Ausscheiden aus dem Beamtenverhältnis in gleicher Weise nachversichert werden.

Diese Regelung zeigt, dass mit dem Amtsverlust das bisherige Beschäftigungsverhältnis wie ein beendetes Angestelltenverhältnis behandelt wird, mit der Konsequenz, dass die Entlohnung für die geleistete Arbeit gezahlt wird. Ein Angestellter im öffentlichen Dienst würde grundsätzlich unter das BetrAVG fallen.[858] Daher ist anzunehmen, dass die Dienstjahre eines ausgeschiedenen Priesters in den Regelungsbereich des BetrAVG fallen.[859] Daraus folgt ferner, dass die auf der Grundlage der Treueannahme berechnete Pensionsverpflichtung und der Anspruch infolge eines Treuebruchs in keinem Zusammenhang stehen. Die Pensi-

---

[857] Vgl. Reinhardt (1996), in: MKzCIC, c. 292, Rn 5, S. 3.
[858] Vgl. Abschnitt 4.2.1.
[859] Zu diesem speziellen Problem ist dem Verfasser keine juristische Abhandlung bekannt.

onsverpflichtung i.S.d. Inkardination ist im Falle des Treuebruchs daher als verfallbar anzusehen.

Da seitens der Diözese die gesetzliche Pflicht zur Nachversicherung eines ausgeschiedenen Priesters besteht, stellt sich die Frage, ob hierfür nicht eine separate Rückstellung zu bilden wäre, die wie bei Angestellten ermittelt und abgebildet würde. Eine Voraussetzung zum Ansatz einer Rückstellung ist, dass die Vermögensbelastung wahrscheinlich sein muss.

Auf Deutschland bezogen kann die Bedeutung der Fluktuation i.S. der Amtsaufgabe aus der Tabelle 2[860] abgeleitet werden:

| Jahr | Inkardinierte Priester gesamt | Amtsaufgaben | | | Anteil der Amtsaufgaben am Gesamtbestand der inkardinierten Priester |
| | | davon | | Insgesamt | |
		mit Antrag auf Laisierung	ohne Antrag auf Laisierung		
2004	13.681	10	27	37	0,27
2003	13.936	4	16	20	0,14
2002	14.137	6	16	22	0,16
2001	14.295	7	19	26	0,18
2000	14.509	2	20	22	0,15
1999	14.770	5	18	23	0,16

Tabelle 2: Amtsaufgaben

Die Tabelle zeigt, dass die Voraussetzung einer wahrscheinlichen Vermögensbelastung nicht gegeben und daher eine Rückstellung für eine mögliche Amtsaufgabe nicht zu bilden ist.

4.4.2.3 Beginn der Altersversorgungsleistungen

Das kanonische Recht legt das Pensionsalter für Bischöfe auf die Vollendung des 75. Lebensjahres fest. Nach Vollendung des 75. Lebensjahres hat der Bischof dem Papst seinen Amtsverzicht anzubieten (c. 401 § 1). Bemerkenswert ist der Terminus „anzubieten", denn dies meint, dass kein Anspruch des Bischofs darauf be-

---

[860] Quelle: DBK (1999-2004): jeweils Tabelle 2 u. 11.

steht, aus dem Amt auszuscheiden, sondern dass die letztendliche Entscheidung dem Apostolischen Stuhl obliegt.[861]

In Bezug auf die Pensionierung von inkardinierten Pfarrern wird im CIC ebenfalls empfohlen, dass diese mit 75 Jahren dem jeweiligen Diözesanbischof ihren Amtsverzicht anbieten mögen (c. 538 § 3). Der CIC wählt hier den Ausdruck „wird gebeten", wobei das Alter von 75 Jahren als Höchstgrenze aufgefasst werden kann, welche jedoch überschritten werden kann, wenn die Verhältnisse in der Diözese dies erfordern.[862]

Nach c. 189 ist gegenüber derjenigen Autorität der Amtsverzicht zu erklären, der die Übertragung des betreffenden Amtes zusteht. Demnach ist der Amtsverzicht bei Priestern dem Diözesanbischof anzubieten, während Diözesanbischöfe den Verzicht gegenüber dem Apostolischen Stuhl zu erklären haben. Auf Grund der partikularen Zuständigkeit bei Priestern können in den Diözesen unterschiedliche Regelungen für die Emeritierung bestehen, während für Bischöfe eine universelle Regelung gilt. Gemeinsam ist bei den Gruppen (Episkopat und Presbyteriat) dennoch, dass die Entscheidung über die Pensionierung bei der jeweils übergeordneten Instanz und weniger bei der betroffenen Person selbst liegt.[863]

Paarhammer[864] bezeichnet das Pensionsalter von Priestern auf Bischofsebene als ‚analog'. Eine Analogie würde bedeuten, speziell die Emeritierungsregelung des Presbyteriums aus der Verantwortung des Diözesanbischofs zu nehmen. Dies erscheint inkonsequent, wenn doch mit der Inkardination dem Bischof die Verantwortung für die Versorgung des Priesters anvertraut ist. Die partikularen Regelungen zeigen aber, dass unterschiedliche Regelungen hinsichtlich des Emeritierungsalters bestehen und dass keine Analogie zu der Emeritierungsregelung der Bischöfe anzunehmen ist. Die Annahme einer Analogie wäre nur dann zutreffend, wenn darauf abgestellt würde, dass die Maximalgrenze bei 75 Jahren liegt, sowie darauf, dass die Pflicht zum Amtsverzicht bei dem jeweiligen Amtsträger liegt.

---

[861] "Bevor der Papst den Amtsverzicht annimmt, hat er zu prüfen, ob der Verzicht auf einem gerechten und angemessenen Grund beruht (c.189 § 2). [...] Die Entscheidung darüber liegt letztendlich beim Papst als demjenigen, der für die Annahme des Verzichts zuständig ist", Bier (1998), in: MKCIC, 401/5 Nr. 5.

[862] Vgl. Paarhammer (1985), in: MKzCIC, c. 538, Rn 5, S. 3.

[863] Vgl. Paarhammer (1985), in: MKzCIC, c. 538, Rn 5, S. 2; für Priester bzw. für Bischöfe: „Ein Diözesanbischof, der das 75. Lebensjahr vollendet hat, ist gebeten, seinen Amtsverzicht dem Papst anzubieten, der nach Abwägung aller Umstände entscheiden wird", c. 401 § 1.

[864] Vgl. Paarhammer (1985), in: MKzCIC, c. 538, Rn 5, S. 2.

Ferner kann eine Analogie in Bezug auf die Zuständigkeit der jeweils nächst höheren Instanz für die Entgegennahme des Amtsverzichts angenommen werden.

In vielen deutschen Diözesen werden die folgenden Altersgrenzen für Priester festgelegt:

Mit frühestens 70 Jahren können Priester ohne Angabe von Gründen ihren Rücktritt bei dem jeweiligen Diözesanbischof beantragen. Spätestens mit der Vollendung des 75. Lebensjahres soll der Priester seinen Rücktritt beantragt haben.[865]

Auf Grund der einheitlichen Regelungen der zitierten deutschen Diözesen kann geschlossen werden, dass sich die Altersgrenze in den deutschen Bistümern zwischen 70 und 75 Jahren bewegt.

Da die Regelung das Pensionsalters einen erheblichen Einfluss auf die Bewertung der Pensionsrückstellung der Diözese hat und die Regelungen über die Emeriti von Teilkirche zu Teilkirche variieren, kann sich allein diesbezüglich die jeweilige Höhe der Pensionsrückstellung einer Diözese von einer anderen Diözese innerhalb des Gebiets einer Bischofkonferenz unterscheiden. Diese Emeritierungsregeln im Einzelnen sind, soweit schriftlich normiert, aus dem Amtsblatt der Diözese (Deutschland), den Dekreten (Österreich) oder vergleichbaren Veröffentlichungen als Verlautbarungen des Diözesanbischofs zu entnehmen.

4.4.3 Versorgungsumfang

Im Gegensatz zur Besoldung während der aktiven Amtszeit des Priesters liefert der CIC keine expliziten Kriterien für die Bemessung der Höhe der Altersversorgung. Daher soll erörtert werden, inwieweit sich die Bemessungsgrundsätze für die laufende Besoldung auch auf die Altersversorgung übertragen lassen. Dabei gilt es zunächst, die Grundsätze der Besoldung zur aktiven Amtszeit herauszubilden.

Im II. Buch „De populo Die", Kapitel III, werden die Pflichten und die Rechte der Kleriker behandelt. C. 281 § 1-3 bezieht sich auf die finanziellen Ansprüche des Priesters. Der Canon verwendet den unbestimmten Begriff „angemessene Vergü-

---

[865] Vgl. Bistum Magdeburg in: KABl., H1-02 Jan. 2002; Erzbistum Köln, in: KABl., Stück 11, 15. Mai 1997; Bistum Görlitz, in: KABl., Nr .1-15. Jan. 2002; Bistum Essen, in: KABl., Nr. 9-15. Sept. 1995.; Bistum Augsburg, in: KABl., Jg. 107, Nr. 13 vom 13. 12.1997. Die Festlegung des Emeritierungsalters ist offenbar nicht geboten. Vielmehr scheinen auch informelle Absprachen zwischen Priester und Bischof hinsichtlich der Emeritierung zu bestehen. So schreibt das Bistum Trier kein Emeritierungsalter fest, vgl. Bistum Trier § 18 PrBesO .

tung"[866], welcher die Umstände des Ortes und der Zeit, in denen sich der Kleriker befindet, berücksichtigen soll. Für das Verständnis der Priesterbesoldung ist essentiell, „dass der priesterliche Dienst eben nicht als Erwerbsquelle zur Erzielung privater Einkünfte anzusehen ist"[867].

Der Gesetzgeber erwartet vom Klerus eine enthaltsame Lebensführung. Diese Enthaltsamkeit bezieht sich nicht nur auf die Einhaltung des Zölibats (c. 277 § 1)[868], sondern auch auf die Vermeidung eines luxuriösen und aufwändigen Lebensstils (c. 282 § 1). Steinbach[869] beschreibt die für den laufenden Unterhalt relevante Lebensführung des Klerikers so: „der Gesetzgeber erwartet von jedem Kleriker eine einfache Lebensführung, die der gesamtwirtschaftlichen Situation des Landes und der Bevölkerung angepasst ist". Die Enthaltsamkeit ist nicht nur eine Verhaltensmaßgabe an den Priester, sondern auch eine Bemessungsgrundlage seines Unterhalts. Steinbach[870] zählt unter den Oberbegriff „Unterhalt" die Altersversorgung, die Versorgung im Krankheitsfall oder bei Arbeitsunfähigkeit, die Gewährung von Urlaub und Fortbildung, den gerechten Unterhalt von mitarbeitendem Personal wie Haushaltshilfen und die Möglichkeit der Unterstützung von Notleidenden zum Unterhalt. Entsprechend der Abgrenzung dieser Arbeit wird sich auf die Altersversorgung beschränkt.

Der c. 281 § 1 weist ferner darauf hin, dass der Unterhalt zur aktiven Zeit auch die Dienste abdeckt, welche der Klerus in Anspruch nimmt. SCHWENDENWEIN kommentiert diesen Passus als „seine Lebensbedürfnisse zu befriedigen und die ihm dienen, gerecht zu entlohnen"[871]. Hiermit sind Haushaltshilfen und die Möglichkeit gemeint, dass der Kleriker in der Lage sein soll, notleidende Personen zu unterstützen.[872]

Die Grundsätze der Besoldung, die der c. 281 § 1 mit der *Stellung*, der Natur der *Aufgaben* und den Umständen nach *Ort* und *Zeit* zum Ausdruck bringt, lassen sich, mit Ausnahme der Aufgabe, auch auf die Versorgungszeit in der Pensionsphase übertragen, denn nach der Gesetzessystematik, befindet sich die Vorsorgung zur Aktiven Zeit (§ 1) und im Ruhestand (§ 2) in ein und demselben Canon

---

[866] „wenn die Kleriker sich dem kirchlichen Dienst widmen, verdienen sie eine Vergütung, die ihrer Stellung angemessen ist [...]." c. 281 § 1.
[867] Werneke (1998), S. 286.
[868] Vgl. Fahrnberger (1999) § 22, S. 276.
[869] Steinbach (1996), S. 208.
[870] Vgl. Steinbach (1996), S. 208.
[871] Schwendenwein (1999): § 22, S. 276 f.; c. 281 § 1.
[872] Vgl. Steinbach (1995), S. 208; Hallermann (2002) in: LfKS, S. 699.

(281). Der Gegenwert der lebenslangen Treue bezieht sich somit auch auf eine angemessene Versorgung während der Ruhestandsphase. Der Gegenwert der lebenslangen Treue ist in die aktive und passive Zeit aufzuteilen.[873] Da sich die Unterhalt zur aktiven Zeit und die Altersversorgung (Versorgung I u. II) dem Wesen nach nicht unterscheiden[874], können auch die Unterhaltsgrundsätze auf die Altersversorgung übertragen werden.[875] Schließlich setzt sich der Gegenwert der lebenslangen Treue aus dem Unterhalt zur aktiven Zeit zzgl. der Pensionen zusammen.[876]

Die Kriterien eines gerechten Unterhalts lassen sich systematisch wie folgt darstellen:

lebenslange Versorgung			
Versorgungskritierien	kanonische Quelle	Versorgungsumfang	kanonische Quelle
Aufgabe	281 § 2	Besoldung Dienstzeit	281 § 1
Örtliche Umstände	281 § 1	Krankheit	281 § 2
Enthaltsamkeit	282	Arbeitsunfähigkeit	281 § 2
Zeitliche Anpassungen	281 § 1	Altersversorgung	281 § 2
Stellung	281 § 1	Personen im Haushalt	281 § 1

Abbildung 11: Umfang der lebenslangen Versorgung

Alle Besoldungskriterien sind Bestandteil der lebenslangen Treue und Ausdruck der *Treueleistung* des Priesters. Es lassen sich jedoch zwei von der Arbeitsleistung abhängige Leistungskriterien erkennen. Die *Stellung* und die *Aufgabe* können als individuelle, von der Person des Priesters abhängige Leistungskriterien aufgefasst werden, während die übrigen Kriterien allgemeiner und von der Arbeitsleistung des Priesters unabhängiger Art sind. Daher können die Stellung und die Aufgabe des Priesters zu einem unterschiedlichen Versorgungsniveau von Priestern innerhalb einer Diözese führen.

---

[873] Vgl. Abschnitt 4.3.4.1.
[874] Vgl. Abschnitt 4.3.4.1.
[875] „In gleicher Weise wie für den angemessenen Lebensunterhalt der Kleriker hat der Inkardinationsobere Sorge für ihre soziale Absicherung [...] und im Alter" zu tragen, Reinhardt (1996) in: MKzCIC, c. 281, Rn 6, S. 3.
[876] Vgl. Abschnitt 4.3.4.1.

Auch wenn dem Wesen nach zwischen der Versorgung I und II keine grundsätzlichen Unterschiede bestehen und damit die Grundsätze der Versorgung I auch auf die Altersversorgung übertragen werden können, so kann hieraus nicht abgeleitet werden, dass das Pensionsniveau dem laufenden Unterhalt während der aktiven Zeit zu entsprechen hat. Da der Unterhalt der Priester auf Grund ihrer Inkardination dem Partikularrecht zuzuordnen ist, welches u.a. auch aus den Besoldungskriterien, wie z.B. der Ortskomponente, hervorgeht, obliegt auch die Umsetzung dieser Grundsätze dem jeweiligen Partikularrecht.[877] Dadurch kann das Pensionsniveau von Teilkirche zu Teilkirche innerhalb einer Bischofskonferenz schwanken. Zum Versorgungsumfang können auch gehaltsersetzende Leistungen bzw. geldwerte Vorteile zählen, z.B. die Bereitstellung von Wohnungen u.ä., wie dies in einigen Diözesen praktiziert wird. In der Besoldungsordnung verschiedener deutscher Bistümer lassen sich solche gehaltsersetzenden Leistungen feststellen. So stellt beispielsweise im Bistum Magdeburg die Dienstwohnung oder das Wohngeld Gehaltsaufwand dar.[878] Bei der Berechnung der Pensionsverpflichtungen dürfen diese zahlungsersetzenden Mittel diese Verpflichtung nicht mindern, wie z.B. im Falle von kircheneigenen Wohnungen, die der Priester nutzt. Denn die Schuld entfällt nicht bereits durch die Bildung von Vermögen, sondern erst durch die Begleichung der Schuld gegenüber dem Gläubiger, hier dem Priester.

4.4.4 Bewertungseinflüsse der Pensionsverpflichtung

4.4.4.1 Besoldungs- und Preisentwicklungen

Die Bewertung von Pensionsrückstellungen, denen eine lohn- und gehaltsorientierte Zusageform zu Grunde liegt, wird durch die Unterhaltsentwicklung sowie die Inflations- und Preisentwicklung beeinflusst. Derartige Leistungspläne stellen ein dynamisches Versorgungssystem dar. Die Altersversorgung bemisst sich danach entweder an dem letzten Einkommen des Pensionsberechtigten oder nach einem Durchschnittswert.[879] Die Berücksichtigung derartiger Einflussfaktoren lässt sich ebenfalls unter den Kriterien einer angemessenen Priesterversorgung subsumieren.

Die Versorgungsentwicklung des Priesters hängt von der individuellen Amtslaufbahn (Aufgabe, Position, Würde) des Priesters ab. Die Bemessung muss sich dabei an der gesamtwirtschaftlichen Lage, in welcher sich der Priester befindet, ori-

---

[877] Vgl. Reinhardt (1996), in: MKzCIC, c. 281, Rn 9, S. 5.
[878] Vgl. Bistum Magdeburg, KABl., H.1-02.Januar 2002, § 6, Punkt 4.
[879] Vgl. Thoms-Meyer (1996), S. 79.

entieren, z.B. an der Entwicklung der Beamtenbesoldung. Die Inflations- und Preisentwicklung lässt sich unter die Zeit- und Ortskomponente subsumieren. Dieses sind von der Amtslaufbahn des Priesters unabhängige Bewertungseinflüsse und reflektieren das örtliche Preisniveau im Zeitablauf.

Bei der Bewertung von betrieblichen Pensionsverpflichtungen sind nach deutschem Handelsrecht die Gehalts- und Preisentwicklung als künftiger Erfüllungsbetrag nicht zu berücksichtigen, wie der BFH in mehrfacher Rechtsprechung festgestellt hat. Dies wurde mit dem handelsrechtlich verstandenen Verursachungsprinzip in Verbindung mit dem Stichtagsprinzip begründet.[880] Da Pensionsverpflichtungen nach der handelsrechtlichen Auffassung zum Rückzahlungsbetrag zum jeweiligen Stichtag bewertet werden, gelten künftige Gehalts- und Preisentwicklungen am jeweiligen Bewertungsstichtag als noch nicht verursacht.[881] Mittlerweile gilt diese Sichtweise jedoch als überholt, denn die internationalen Standards verlangen die Berücksichtigung von Gehalts- und Rententrends, welchem sich das deutsche Bilanzrecht nicht verschließen kann.[882]

Nach IFRS wird nicht die Rückzahlung zum Stichtag zu Grunde gelegt, sondern der künftige Erfüllungsbetrag. Nach IAS 19.77 müssen sämtliche Bewertungsvariablen die erwartete Entwicklung im Zeitraum der Versorgungsverpflichtung am Bilanzstichtag reflektieren. Die Annahmen der Bewertungseinflüsse beziehen sich somit nicht auf den stichtagsbezogenen, wie das Handels- und Steuerrecht, sondern auf den aufwandsbezogenen Ansatz.[883] Daher wird die im jeweiligen Dienstjahr erworbene Versorgungsanwartschaft als Teil des endgültigen Pensionsanspruchs aufgefasst, so dass erwartete künftige Gehaltssteigerungen oder Gehaltstrends, die auch die Inflationsentwicklungen berücksichtigen, einzubeziehen sind (IAS. 19.83 f.). Wenn der Leistungsumfang auch die medizinischen Versorgungen einschließt, sind Kostentrends medizinischer Versorgung zu berücksichtigen (IAS 19.87 f.). Gemäß c. 281 § 2 gehören diese Leistungen zur sozialen Absicherung und zählen grundsätzlich zum Versorgungsumfang von Priestern. Die mit der Bewertung von medizinischen Leistungen nach Beendigung des Arbeitsverhältnisses getroffenen Annahmen werden aus den Erfahrungen der Organisation heraus geschätzt, wobei auf Erfahrungswerte anderer Organisationen, wie Versicherungsunternehmen, medizinische Dienstleister etc. zurückgegriffen werden kann.

---

[880] Vgl. z.B. BFH-Urteil vom 19.02.1975 – I R 28/73, in: BStBl. II 1975, S. 480 ff.
[881] Vgl. Thoms-Meyer (1996), S. 87, zitiert aus: Naumann, Klaus-Peter (1989): Die Bewertung von Rückstellungen in der Einzelbilanz nach Handels- und Ertragssteuerrecht, Düsseldorf 1989, S 276.
[882] Vgl. Petersen (2002), S. 163.
[883] Vgl. Rhiel (2004), in: Haufe IAS-Kommentar, § 22, Rn 16, S. 814.

In die Kostenschätzung für die Priesterversorgung gehen nach IAS. 19.89 die Auswirkungen des technologischen Fortschritts, Änderungen der Inanspruchnahme von Gesundheitsfürsorgeleistungen oder der Bereitstellungsstrukturen sowie Änderungen des Gesundheitszustandes des Priesters ein.

Der mit jedem treuen Inkardinationsjahr erworbene Teilanspruch gegenüber der Diözese bezieht sich auf einen Erfüllungsbetrag im Versorgungsfall. Die Pensionsrückstellung für Priester gibt einen periodisierten Teilwert des angestrebten Versorgungsvolumens an. Dieser Teilwert reflektiert den Gegenwert der Treue gegenüber der Diözese, in welcher der Priester inkardiniert ist. Dies bedeutet, dass die Pensionsrückstellung zum jeweiligen Stichtag den anteiligen Erfüllungsbetrag angibt, den die Diözese im Falle des Versorgungsfalls zu leisten hat. Somit müssen in diesen Teilwert alle hinreichend objektivierbaren Einflüsse, die aus der Versorgungsverpflichtung resultieren, einbezogen werden.

Auf Grund der Treueannahme besteht kein Anlass dafür, eine Rückzahlung zum Stichtag zu unterstellen. Auch bei einem Treuebruch käme eine Rückzahlung zum Stichtag nicht in Betracht, da der Bewertung der Pensionsverpflichtung die lebenslange Treue zu Grunde liegt und die bestehende Pensionsverpflichtung im Falle einer Entlassung sachlich von der Pensionsverpflichtung eines *treuen* Priesters zu trennen ist.[884] Die Rückzahlungsannahme, wie im Handelsrecht, zum jeweiligen Abschlussstichtag widerspricht dem, was der Pensionsrückstellung für die Priesterversorgung zu Grunde liegt, nämlich die lebenslange Treueleistung. Insoweit käme die Regelung des IAS 19.83 der Versorgungszusage der Priester eher entgegen, als nach Handelsrecht.

Das Priesteramt stellt eine Würde dar.[885] Mit den drei Weihestufen sind gleichzeitig drei konstitutionelle Würdestufen verbunden. Danach ist die konstitutionelle Würde, die dem Presbyterium zuteil wird, geringer einzuschätzen als die des Episkopats. Während das Amt im Alter aufgegeben wird, bleibt die Würde erhalten, denn das Weihesakrament, an das die Weihestufen gebunden sind, kann nicht aufgehoben werden.[886] Wenn man den Terminus *angemessen* auf die Höhe der Pension überträgt, so hat sich die Höhe der Pensionszahlung an der Würde und an dem letzten Besoldungsniveau zu orientieren. Die Stellung des Priesters in Bezug auf die Weihestufen und das damit verbundene Ausmaß der Würde sowie die

---

[884] Vgl. Abschnitt 4.2.2.2.
[885] Abschnitt 2.2.2.2.1 f. Im Volksmund existiert teilweise immer noch die Bezeichnung „Hochwürden" für den Pfarrer.
[886] Vgl. Abschnitt 2.2.2.2.1.

Aufgabe, die der Priester am Ende seiner aktiven Amtszeit ausübte, wären somit zu berücksichtigen. Vor diesem Hintergrund kann von einer gehaltsorientierten Zusageform i.S. eines dynamischen Leistungssystems bzw. Einer Versorgungsplanung ausgegangen werden.

Fraglich ist, welche Faktoren den Versorgungsplan beeinflussen. Diese Faktoren betreffen vornehmlich die individuellen Leistungskomponenten sowie die Zeitkomponente.[887] Denn mit diesen Faktoren ist eine Dynamisierung verbunden. Da der Diözesanbischof die gesamten Lasten der Versorgung des Priesters trägt, geht das gesamte Dynamisierungsrisiko auf die Diözese über, die durch den Diözesanbischof verantwortet wird.

Die Prognosen über Höhe und zeitliches Eintreten der Altersrente müssen gemäß dem Grundsatz der Objektivierung mit hinreichender Wahrscheinlichkeit quantifizierbar sein. Wenn diese Bedingung erfüllt ist, so ist auch die voraussichtliche Besoldungsentwicklung bis zur Emeritierung einzubeziehen. Folglich gilt es, einen Wahrscheinlichkeitsmaßstab anzusetzen, der diesen Anforderungen genügt. Der CIC und das Schrifttum geben keine Hinweise darauf, welcher Dynamik die *Karriere* eines Priesters unterliegt. Ein Wahrscheinlichkeitsmaß kann jedoch auf Grundlage der hierarchischen Konstitution der Kirche und der damit verbundenen Besoldung ermittelt werden. Die Bedeutung des geweihten Amtes und seine Eingliederung in die Hierarchie der Kirche legen den Schluss nahe, dass die Ämter in Abhängigkeit von ihrer hierarchischen Bedeutung zu besetzen sind. Der Bischofsstuhl kann nicht langfristig vakant bleiben, da die Diözese regulär nur von einem Diözesanbischof[888] verantwortet wird. Übertragen auf die Gemeinden wäre es konsequent, die Pfarrstelle in entsprechender Dringlichkeit zu besetzen, denn dem Pfarrer „wird als eigentlichem Hirten die Seelsorge in einem bestimmten Teil der Diözese unter der Autorität des Bischofs anvertraut"[889].

Insbesondere in Deutschland und in den übrigen europäischen Industrieländern, in denen Priestermangel herrscht, wird sich die Notwendigkeit, Priestern die Leitung einer Gemeinde zu übertragen, verstärken.[890] Dies zeigen auch die folgenden statistischen Erhebungen der DBK.[891]

---

[887] Vgl. Abschnitt 4.4.3.

[888] Im Falle der Vakanz wird die Leitung kommissarisch einem Diözesanadministrator übergeben.

[889] Art. 30 Abs. I VatII CD in: Heinemann (1999), S. 496 f.

[890] Vgl. zu den abnehmenden Priesterzahlen, sowie der daraus resultierenden Zusammenlegung von Gemeinden DBK (1998), S. 16-20.

[891] Vgl. DBK 1999 – 2003, Tabelle 1 und 2.

	1999	2000	2001	2002	2003	2004
Pfarrer, die eine Pfarrei leiten	4.637	4.267	4.163	3.911	3.709	3.391
Pfarrer, die mehr als eine Pfarrei leiten	8.134	8.436	8.506	8.671	8.721	8.924
Summe der aktiven Pfarrer	12.771	12.703	12.669	12.582	12.430	12.315
Pfarrer, die mehr als eine Pfarrei leiten	64%	66%	67%	69%	70%	72%
Priester insgesamt	14.676	14.417	14.220	14.044	13.840	13.579
Anteil der Pfarrer an der Gesamtzahl der Priester	87%	88%	89%	90%	90%	91%
Zahl der Dekanate	811	811	792	787	781	730
Durchnitt der Bischöfe je Diözese	3	3	3	3	4	4

Tabelle 3: Pfarrer, Dekanate und Bischöfe

Aus der Tabelle geht hervor, dass der Anteil der Pfarrer, die mehr als eine Pfarrei leiten deutlich höher liegt als der der Pfarrer, die nur eine Pfarrei leiten. Dabei verstärkt sich dieses Verhältnis im Zeitablauf. Ferner zeigt die Tabelle, dass der Anteil der Pfarrer an der Gesamtzahl der Priester hoch ist und sich dieser im Zeitablauf weiter erhöht. Daher ist die Wahrscheinlichkeit groß, dass ein Priester irgendwann den Status des Pfarrers innehaben wird. Unter der Annahme, dass jeder Priester grundsätzlich die Voraussetzungen für das Pfarreramt erfüllt, ist es wahrscheinlich, dass ein Priester bis zu seiner Rente den Status des Pfarrers bekleidet. Ein weiterer *Karrieresprung* eines Priesters *nach* dem Erreichen des Status des Pfarrers ist hingegen unwahrscheinlich, weil auf Grund der Hierarchie einer Diözese die zur Verfügung stehenden Stellen äußerst begrenzt sind (z.B. Dechanten- und Bischofsstellen).[892] Daher erscheint das Erreichen des Pfarrerstatus als hinreichend objektivierbares Wahrscheinlichkeitsmaß.

4.4.4.2 Fluktuation

Im Allgemeinen werden Wahrscheinlichkeiten dafür herangezogen, dass der Arbeitnehmer nach einer gewissen Zeit sein Beschäftigungsverhältnis beendet. Dies hat Einfluss auf die Gewissheit hinsichtlich der Erfüllung der Pensionsverpflich-

---

[892] Mehrere Pfarreien sind zu einem Dekanat zusammengeschlossen, die von einem Dechanten/Erzpriester geleitet werden, vgl. Abschnitt 3.1.2.

tung und damit auch auf den Wertansatz. Die Fluktuation beeinflusst insoweit den Wertansatz, als bei Ausscheiden vor dem Erreichen der gesetzlichen Unverfall-barkeitsfristen der gesamte Pensionsanspruch verfällt (§ 1 BetrAVG). Scheidet ein Arbeitnehmer hingegen mit einem unverfallbaren Pensionsanspruch aus, so ist die Pensionsverpflichtung fortan mit dem Barwert der quotierten Anwartschaft i.s. des § 2 BetrAVG anzusetzen.[893]

Das Ausscheiden aus dem Amt bedeutet bei Priestern einen Verlust der Versor-gungsansprüche i.S.d. c. 281. Insoweit ist der Pensionsanspruch des Priesters nicht unverfallbar, sondern an die Amtstreue gebunden. Auf Grund der statisti-schen Zahlen in Tabelle 2 kann die Fluktuation in Form der Amtsaufgabe als un-wesentlich gewertet werden und für die Bewertung der Pensionsverpflichtung unberücksichtigt bleiben.

4.4.4.3 Biometrische Bewertungseinflüsse

Die Dauer der Altersversorgung und damit die Höhe des Pensionsteilwerts hängt neben der Beendigung des Beschäftigungsverhältnisses davon ab, ob der Leis-tungsberechtigte vor oder nach dem Erreichen des Pensionsalters infolge von In-validität oder Tod ausscheidet. Ferner ist entscheidend, ob die Person leistungsbe-rechtigte Hinterbliebene hinterlässt. Die Unsicherheiten von Invalidität und Tod werden bei der Bewertung der Rentenzahlungen durch sog. ‚biometrische Wahr-scheinlichkeiten' berücksichtigt. Auch für die Bewertung von Pensionsverpflich-tungen werden biometrische Wahrscheinlichkeiten herangezogen.[894] Heubeck[895] definiert biometrische Wahrscheinlichkeiten als „die Summe derjenigen Annah-men, die erforderlich sind, um für jede künftige Periode die Wahrscheinlichkeit dafür zu bestimmen, dass eine Leistung aus einer Pensionsverpflichtung zu erbringen ist". Biometrische Wahrscheinlichkeiten werden gewonnen mittels ma-thematisch-statistischer Methoden, die aus einer hinreichend großen Grundge-samtheit Erwartungswerte bilden.[896] Auch wenn durch die Einbeziehung von sta-tistisch gewonnenen biometrischen Wahrscheinlichkeiten der Wert einer Pensi-onsverpflichtung nur annähernd bestimmt werden kann, so kann durch anerkannte

---

[893] Vgl. Petersen (2002), S. 47.
[894] Vgl. Thoms-Meyer (1996), S. 68, zitiert aus: Heubeck, G: Zur Bewertung von Pensionsver-pflichtungen nach dem Urteil des Bundesgerichtshofes vom 27.2.1961, BB 1961 S. 514.
[895] Heubeck (1987), S. 72.
[896] Vgl. Heubeck (1986), S. 356.

Näherungsverfahren eine gewisse Objektivierung der biologischen Unsicherheitsfaktoren erreicht werden.[897]

Im Allgemeinen zählen zu den biometrischen Wahrscheinlichkeiten die Sterbewahrscheinlichkeit, die Invaliditätswahrscheinlichkeit sowie die Ehe- und Heiratswahrscheinlichkeit.[898] Welche dieser Wahrscheinlichkeiten von Bedeutung sind, ist eine Frage des Zusageumfangs der Versorgungszusage. Aus c. 281 § 2 wird deutlich, dass für Priester die Sterbe- und die Invaliditätswahrscheinlichkeit einschlägig ist. Der Versorgungsanspruch umfasst u.a. die Altersversorgung und die Versorgung im Krankheitsfall. Durch die Pflicht zur Einhaltung des Zölibats gemäß c. 277 § 1 entfällt die Ehe- und Heiratswahrscheinlichkeit, da das Eingehen der Ehe zum Verlust des Klerikerstandes und damit zum Verfall Versorgungsrechte i.S.d. der Inkardination führt. Es kann ferner davon ausgegangen werden, dass ein Priester keine Personen hinterlässt, die zu versorgen wären. Zwar spricht c. 281 § 1 davon, dass diejenigen, die Dienst für den Klerus tun (Haushälter/Innen), angemessen entlohnt werden sollen, doch lassen sich hieraus keine Ansprüche i.s.v. Hinterbliebenen ableiten, da hier ein arbeitsrechtliches Anstellungsverhältnis auf Zeit zu unterstellen ist.

Die für die Bewertung der Pensionsrückstellungen von Priestern relevanten biometrischen Wahrscheinlichkeiten sind damit die Sterbe- und Invaliditätswahrscheinlichkeiten. Diese Wahrscheinlichkeiten lassen sich für einen Versorgungsberechtigen durch Richttafeln ermitteln.[899] In methodischer Hinsicht beruhen die Richttafeln auf Erfahrungswerten, die durch Beobachtung von relativen Häufigkeiten von Sterbe- und Invaliditätsfällen für große Grundgesamtheiten erhoben werden. Hieraus werden die statistischen Wahrscheinlichkeiten ermittelt.[900] In der Praxis und Rechtsprechung haben die Richttafeln von Heubeck Anerkennung gefunden.[901]

Es stellt sich jedoch die Frage, ob und inwieweit die allgemein anerkannten Sterbetafeln angewandt werden können. Die Sterbe- und Invaliditätswahrscheinlichkeiten dieses spezifischen Personenkreises könnten von den allgemeinen Richttafeln, die breite Bevölkerungsschichten umfassen, erheblich abweichen. Zur Klärung dieser Frage sind eine Datenerhebung und eine statistische Aufbereitung der

---

[897] Vgl. BFH-Urteil vom 27.7.1994 (II R 122/91), in: BStBl. 1995 II S. 14.

[898] Vgl. Thoms-Meyer (1996), S. 61.

[899] Vgl. hierzu Heubeck (1998a), Textband; Heubeck (1998b), S. 2542 ff.

[900] Vgl. Thoms-Meyer (1996), S. 63.; zitiert aus: Beatge, J.: Möglichkeiten der Objektivierung des Jahreserfolges, Düsseldorf 1970, S. 77.

[901] Vgl. BFH-Urteil vom 27.7.1994 (II R 122/91), in: BStBl. 1995 II, S. 14.

relativen Sterbe- und Invaliditätshäufigkeit der Priester erforderlich, die mit den allgemeinen Sterbe- und Invaliditätswahrscheinlichkeiten zu vergleichen ist.

In diesem Zusammenhang ist anzumerken, dass eine Differenzierung zwischen männlichen und weiblichen Individuen, wie dies in den allgemeinen Sterbetafeln der Fall ist, nicht geboten ist, da nur das männliche Geschlecht das Sakrament der Weihe zum Kleriker erhalten darf.[902]

4.4.4.4   Diskontierung der Pensionsverpflichtung

4.4.4.4.1   Rechtfertigung einer Abzinsung nach HGB und IFRS

Nach dem Handelsrecht und den IFRS stellen Pensionen ein Entgeld für eine erbrachte Arbeitsleistung dar, welches erst im Versorgungsfall ausgezahlt wird. Daher wird eine Pensionsrückstellung als Fremdkapital ausgewiesen. Pensionsrückstellungen sind sowohl nach HGB (§ 253 Abs. 1 HGB) als auch nach IFRS (IAS 19.50b, 19.54a.) mit dem Barwert anzusetzen. Der Barwert einer Verpflichtung ist ein Gegenwartswert und reflektiert den „diskontierten Betrag der zukünftig zu erwartenden Nettoauszahlung, die aufgewandt werden muss, um die Schulden im gewöhnlichen Geschäftsverkehr zu begleichen"[903]. Bezogen auf eine leistungsorientierte Verpflichtung i.S.d. IAS 19 ist der Barwert, „der ohne Abzug von Planvermögen beizulegende Barwert erwarteter künftiger Zahlungen, die erforderlich sind, um die auf Grund von Arbeitnehmerleistungen in der Berichtsperiode oder früheren Perioden entstandenen Verpflichtungen abgelten zu können"[904]. § 253 Abs. 1 HGB weist ausdrücklich darauf hin, dass Rückstellungen nur dann abgezinst werden dürfen, wenn die Verbindlichkeit einen Zinsteil enthält. Der Ausdruck „dürfen" ist nicht als Abzinsungswahlrecht zu deuten; die Zinsen sind nach den GoB für die Restlaufzeit noch nicht als passivierbare Schuld anzusehen.[905] Vielmehr gilt es den Zinsteil gemäß dem Verursachungsprinzip über die Laufzeit der Verpflichtung zu verteilen.[906] Der BFH hat in seinem Urteil vom 03.07.1964 die Abzinsung von Pensionsrückstellungen bejaht und dies damit begründet, dass der Arbeitgeber mit dem Kapital noch lange arbeiten könne.[907] Insoweit wird angenommen, dass der Arbeitgeber durch innerbetriebliche Investiti-

---

[902] Vgl. c. 1024: „Die heilige Weihe empfängt gültig nur ein getaufter Mann."
[903] Achleiter/Behr (2003), S. 106; vgl. auch Matschke (1998), Stichwort: Barwert, in: LdRA, S. 77.
[904] Schruff (2004), WILEY-Kommentar, S. 778.
[905] Vgl. ADS (1995), § 253, Rn 198, S. 156.
[906] Vgl. Petersen (2002), S. 49.
[907] Vgl. BFH, Urteil vom 03.07.1964 – VI 262/63 U, in: BStBl. III 1965, S. 83.

onen künftig Erträge erzielen kann. Da diese Erträge jedoch noch nicht realisiert sind, müssen sie bilanziell unberücksichtigt bleiben.[908]

Die Berechnung des Zinses beruht auf dem Gedanken der Selbstversicherung, wonach das Unternehmen eine jährliche Lebensversicherungsprämie, die durch die Arbeitsleistung des Arbeitnehmers verdient wird, an sich selbst zahlt und diese verzinst. Anders als bei Versicherungsunternehmen wird das Kapital nicht am Kapitalmarkt angelegt, sondern es wird eine Verzinsung durch die Unternehmenstätigkeit lediglich unterstellt, womit die Verzinsung kalkulatorischer Art ist. Dabei ist ungewiss, ob die Verzinsung im Unternehmen tatsächlich erreicht wird.[909] Eine Abzinsung verstößt daher gegen das Realisationsprinzip.[910] Der mit der Bildung von Pensionsrückstellungen verbundene Innenfinanzierungseffekt i.H. der Zinserträge rechtfertigt danach eine Abzinsung nicht. MOXTER[911] vertritt diesbezüglich die Ansicht, dass jede Rentenverpflichtung, wenn auch nicht eine explizite, so doch in jedem Fall eine verdeckte Zinsabrede enthält. So rechtfertige gerade das Realisationsprinzip eine Abzinsung, da die künftige Rentenzahlung aus dem anteiligen Rückzahlungsbetrag und der Zinsen bestehe. Bei wirtschaftlicher Betrachtung sei davon auszugehen, dass der Kreditgeber stets einen Preis für die Kapitalnutzen verlangen werde, auch dann, wenn in dem Vertrag keine explizite Zinsabrede vereinbart wurde.[912] Der Rückzahlungsbetrag enthält danach einen Tilgungsteil und einen Zinsteil. SCHEFFLER sieht in der Pensionsrückstellung einen vom Arbeitnehmer gestundeten Lohnteil für eine erbrachte Arbeitsleistung, wobei der Zins die Vergütung dieser Kapitalüberlassung darstellt. Eine Pensionsrückstellung weise danach den Charakter eines Darlehens auf.[913] Vielfach wird die Ansicht vertreten, dass es bei der Unterstellung eines Kapitalüberlassungsverhältnisses keiner Kreditvereinbarung bedarf, sondern dass jede Zeitversetzung von Leistung und Gegenleistung einen wirtschaftlichen Kredit begründet.[914] Ungewisse und gewisse Verbindlichkeiten sind nach § 253 Abs. 1 Satz 2 HGB mit dem Rückzahlungsbetrag anzusetzen. Im Handelsrecht wird bei Geldschulden der Rückzahlungsbetrag mit dem Nennwert gleichgesetzt. Die Zinsen werden nicht als Be-

---

[908] Vgl. Thoms-Meyer (1996), S. 85.
[909] Vgl. Schruff (1997), S. 408 f.
[910] Vgl. Thoms-Meyer (1996), S. 95, zitiert aus: Busch, Friedrich Wilhelm: Grundsätze ordnungsmäßiger Bilanzierung für Pensionsrückstellungen, Münster 1976, S. 158-163; Pitzke (2005), S.2055.
[911] Moxter (1984): S. 403.
[912] Vgl. Thoms-Meyer (1996), S. 97 zitiert aus: Groh, M.: Verbindlichkeitsrückstellungen und Verlustrückstellungen: Gemeinsamkeiten und Unterschiede, in: BB 1988, S. 30.
[913] Vgl. Scheffler (1993), S. 466.
[914] Vgl. z.B. Kütting/Kessler (1989), S. 724 f.

standteil des Erfüllungsbetrages, d.h. des Rückzahlungsbetrages zum jeweiligen Stichtag, angesehen, sondern sind der Preis für eine künftige Kapitalüberlassung. Die jährliche Zuführung zur Pensionsrückstellung stellt nach der Auffassung von MOXTER[915] insoweit eine Kapitalüberlassung für den Zeitraum *nach* dem Stichtag *bis* zum Erfüllungszeitpunkt dar. Da der Erfüllungsbetrag zum Stichtag anzusetzen ist, dürfen die in dem überlassenen Kapital enthaltenen Zinsen zunächst nicht passiviert werden. Gemäß ihrer zeitlichen Verursachung werden die Zinsen dem Erfüllungsbetrag erst *nach* dem Stichtag ratierlich zugeführt.[916] Daher sind die Zinsaufwendungen, nach dem Grundsatz der zeitlichen Abgrenzung, als Aufwand der Periode, in der sie verursacht wurden, zu erfassen und müssen gemäß dem Grundsatz der zeitlichen Abgrenzung über die Zeitspanne der Kapitalüberlassung periodengerecht verteilt werden.[917]

Nach SCHRUFF kommt der Pensionsrückstellung grundsätzlich Fremdkapitalcharakter zu. Da weder eine offene noch eine verdeckte Kreditvereinbarung zwischen Arbeitgeber und Arbeitnehmer vereinbart werde, bestehe keine Analogie zu einem Darlehen.[918] Ein Arbeitnehmer stelle dem Arbeitgeber nicht bewusst einen Teil seines Entgeltes zur Verfügung und verlange dafür auch keinen Preis. Zudem könne ein Arbeitnehmer sein Kapital im Rahmen einer Kündigung auch nicht verzinslich zurückverlangen. Ferner erhalte der Arbeitnehmer im Regelfall keinen Teilanspruch, der dem Arbeitgeber als Darlehen zur Verfügung gestellt werden könne. Der Einfluss des Arbeitnehmers auf die Vertragsgestaltung sei gering, weshalb ein Vergleich mit einem Darlehen ungerechtfertig sei.[919] Der Arbeitnehmer stunde dem Arbeitgeber nicht einen Teil seines Arbeitslohnes; vielmehr handle es sich bei der Pensionsrückstellung um eine zusätzliche Vergütung für die Betriebstreue mit einer späteren Auszahlung.[920]

Bei der Abzinsung von Pensionsrückstellungen handelt es sich um eine versicherungsmathematische Bewertungsmethode. Die Abzinsung bringt zum Ausdruck, dass Unternehmen durch spätere Auszahlungen in geringerem Maße belastet sind als durch gegenwärtige.[921] Durch eine Diskontierung werden Zahlungen zu unterschiedlichen Zeitpunkten vergleichbar gemacht. SCHRUFF stellt in diesem Zu-

---

[915] Vgl. Moxter (1984), S. 403.
[916] Vgl. Thoms-Meyer (1996), S. 96 zitiert aus: Groh, M. S. 30: Verbindlichkeitsrückstellungen und Verlustrückstellungen: Gemeinsamkeiten und Unterschiede, in: BB 1988, S. 27-33.
[917] Vgl. Thoms-Meyer (1996), S. 98.
[918] Vgl. Schruff (1997), S. 422.
[919] Vgl. Schruff (1997), S. 418.
[920] Vgl. Schruff (1997), S. 414.
[921] Vgl. Kütting/Kessler (1989), S. 723.

sammenhang fest: „Der Zinsteil ist ein Betrag, der sich aus der Anwendung einer versicherungsmathematischen Berechnungsgröße ergibt und ist somit eine rein rechnerische Größe, nicht hingegen eine Verzinsung von Fremdkapital"[922]. Vor diesem Hintergrund hält es SCHRUFF nicht mit den Zwecken des handelsrechtlichen Jahresabschlusses vereinbar, dass ein derartiger Bewertungsvorgang, d.h. die Abzinsung, den Charakter einer Verpflichtung verändert. Daher zählt SCHRUFF den Zinsteil zum Personalaufwand.[923]

Eine ähnliche Auffassung kommt in IAS 19 zum Ausdruck. IAS 19.79 bezeichnet die Abzinsung als eine versicherungsmathematische Annahme, die den Zeitwert des Geldes reflektiert. Nach IAS 19.80 berücksichtigt der Zinssatz die voraussichtliche Auszahlung der Leistungen im Zeitablauf. Versicherungsmathematische Risiken oder das mit der Anlage des Fondsvermögens verbundene Risiko gehen nicht in den Zinssatz ein. Ebenso bleiben das unternehmensspezifische Ausfallrisiko, das die Gläubiger des Unternehmens tragen oder das Risiko, dass die Annahmen von den künftigen Entwicklungen abweichen, im Zinssatz unberücksichtigt (IAS 19.79). Das Vorhandensein eines Zinsanteils als Voraussetzung für eine Abzinsung, wie sie im HGB geboten ist oder andere Bedingungen für eine Diskontierung werden in IAS 19 nicht genannt. Eine Abzinsung scheint jedoch zwingend vorgeschrieben zu sein. Aus der Aufgabenbeschreibung der Abzinsung wird deutlich, dass eine Diskontierung ein versicherungsmathematischer Bewertungsvorgang ist.

Im Hinblick auf den dargelegten Dissens darüber, ob eine Rentenverpflichtung äquivalent zu einem Darlehen ist oder nicht und damit, ob die Zinskomponente unter das Finanzergebnis oder das Betriebsergebnis zu subsumieren ist, kommt der IAS 19 beiden Sichtweisen entgegen. Nach IAS 19.119 kann der Zinsaufwand zusammen mit dem Dienstzeitaufwand oder getrennt ausgewiesen werden.[924]

4.4.4.4.2 Rechtfertigung einer Abzinsung bei Pensionsverpflichtungen gegenüber Priestern

Folgt man der Auffassung, dass Pensionsrückstellungen eine Kapitalüberlassung seitens des Arbeitnehmers sind und eine Zinsabrede die Bedingung für die Dis-

---

[922] Schruff (1997), S. 418.
[923] Vgl. Schruff (1997), S. 422.
[924] Grundsätzlich ist jedoch zu beachten, dass nach IAS 37.60 der Zinsaufwand bei allgemeinen Rückstellungen als Fremdkapitalkosten auszuweisen ist, anstelle unter den betreffenden Aufwandsposten.

kontierung ist, so stellt sich in Bezug auf die Pensionsrückstellungen von Priestern die grundlegende Frage, ob überhaupt eine Zinsabrede in der Verpflichtung enthalten und insofern eine Abzinsung erforderlich ist. Dass ein Priester eine Verzinsung für das an die Diözese überlassene Kapital verlangen würde, ist reine Spekulation. Daher ist der Versuch, Aussagen über die Absichten von Individuen zu treffen abzulehnen. Es soll daher geprüft werden, ob nicht durch die Auslegung der einschlägigen Rechtsnormen auf eine Zinsabrede geschlossen werden kann.

Eine Zinsabrede gibt einen Preis an, den der Arbeitnehmer dem Arbeitgeber bzw. Dienstgeber für das überlassene Kapital in Rechnung stellt. Dies drückt ein wirtschaftliches Arbeitsverhältnis, i.S. eines Leistungsaustausches zwischen Arbeitsleistung gegen Geldleistung, aus. Dem Grundsatz der wirtschaftlichen Betrachtung nach muss der Pensionsanspruch auch den rechtstheologischen Normzweck berücksichtigen.[925] Heinemann[926] verweist auf einen Kommentar des kanonischen Gesetzgebers zum c. 531, wonach „der Pfarrer sein Amt keinesfalls um des Amtseinkommens willens ausübt". Demnach steht bei der Amtsausübung des Priesters nicht die Einkommenserzielung im Vordergrund, sondern die Erfüllung der Sachziele der Kirche. Dies kommt durch c. 207 zum Ausdruck, der herausstellt, dass der Stand des Klerus Kraft göttlicher Einsetzung besteht,[927] womit dem Priesteramt eine Berufung zu Grunde liegt. Der kanonische Gesetzgeber verweist auf eine angemessene Versorgung, die vor dem Hintergrund einer enthaltsamen Lebensführung zu interpretieren ist.[928] Dies zeigt, dass ein rein wirtschaftliches Beschäftigungsverhältnis aus einem Inkardinationsverhältnis nicht abgeleitet werden kann. Im Gegenteil, das Versorgungsniveau des Priesters bemisst sich auf der Basis eines amtsangemessenen, der gesamtwirtschaftlichen Lage angepassten und enthaltsamen Lebensstils. Die Annahme eines Zinses als Bestandteil einer angemessenen Versorgung lässt sich weder aus der Aufgabe des Priesters, noch aus den örtlichen und zeitlichen Umständen, in denen sich die betreffende Diözese befindet, ableiten. Aus den Kriterien, welche über die Angemessenheit bestimmen, kann daher weder auf eine explizite noch auf eine implizite Zinsabrede geschlossen werden.

Auch wenn normativ keine verdeckte Zinsabrede abgeleitet werden kann, so nimmt auch der Priester am weltlichen Gesellschaftsleben teil und trägt die Sorge für die wirtschaftliche Absicherung seiner materiellen Bedürfnisse im Alter. Än-

---

925 Vgl. Abschnitt 3.2.6.2.2.
926 Heinemann (1999), S. 505.
927 Vgl. auch Walf (1988), S. 650.
928 Vgl. Abschnitt 4.4.3.

dern sich die Variablen, welche die Finanzierung der Kirche maßgeblich beeinflussen, so kann eine Diözese in Zahlungsschwierigkeiten geraten, wie im Fall des Erzbistums Berlin. Letztlich trägt der Priester das Ausfallrisiko, wenn die Diözese nicht in der Lage ist, ihrer Pensionsverpflichtung nachzukommen. Es stellt sich aus Risikogesichtspunkten die Frage, ob dem Priester nicht ein Entgelt für dieses Ausfallrisiko zusteht. Diese Frage lässt sich aus c. 1274 § 2 beantworten: Ist eine Diözese nicht in der Lage, die Versorgung der Priester sicherzustellen, „muß die Bischofskonferenz dafür sorgen, daß eine Einrichtung besteht, durch welche die soziale Sicherheit der Kleriker hinreichend gewährleistet wird". Hierdurch wird das Ausfallrisiko einer Diözese gestreut. Abgesehen von dem geringen Ausfallrisiko dürfen nach IAS 19.79 derartige Tatbestände nicht in den Abzinsungssatz eingehen.

Aus betriebswirtschaftlicher Sicht weist die jährliche Bildung von Pensionsrückstellungen einen kalkulatorischen Charakter auf, denn mit der jährlichen - auf Annahmen basierenden - Zuführung werden der Diözese Ressourcen entzogen, welches zu einem Spareffekt führt.[929] Die Diözese zahlt quasi eine jährliche *fiktive* Lebensversicherung an sich selbst, um später ihrer Pensionsverpflichtung nachkommen zu können. Folgt man dem Gedanken, dass sich dieses Kapital in der Diözese verzinst, so enthalten die auf Grund der inkardinationstreuen Zeit angesammelten Prämien neben der Nettoprämie einen kalkulatorischen Zinsteil, da grundsätzlich der Bestand an Pensionsrückstellungen am Jahresanfang mit dem kalkulatorischen Zinssatz verzinst wird.[930] Hier wird unterstellt, dass die interne Verzinsung zu einem Mehrwert führt und infolgedessen zur Finanzierung beitragen wird. Damit werden unrealisierte Gewinne berücksichtigt.[931] Die Pensionsverpflichtung wird somit um die Effekte (Verzinsung) der Innenfinanzierungstätigkeit vermindert ausgewiesen. Damit wird gleichzeitig dem Gedanken Rechnung getragen, dass die Verzinsung nicht Teil der Verpflichtung der Priesterversorgung ist und infolgedessen eliminiert werden muss. Diese kalkulatorische Annahme erscheint jedoch insoweit problematisch, als sich durch eine Abzinsung lediglich der Ausweis der Verpflichtung,[932] nicht jedoch die tatsächliche Verpflichtung verringert. Hier besteht die Gefahr, dass der tatsächliche Erfüllungsbetrag höher ist als der ausgewiesene. Zudem kann sich dieser Effekt noch verstärken, da unklar ist, ob der unterstellte Zinssatz der tatsächlichen Verzinsung entspricht. Ferner besteht Unsicherheit darüber, ob sich dieses Kapital überhaupt intern verzinst, da

---

[929] Vgl. Schwetzler (2003), S. 413 ff.
[930] Vgl. Schruff (1997), S. 409.
[931] Vgl. ebenda
[932] Vgl. ebenda

die Formalziele - anders als bei erwerbswirtschaftlichen Unternehmen – bei der Kirche nicht dominieren. Daher muss kritisch hinterfragt werden, ob die Unterstellung des Zinssatzes wie bei erwerbswirtschaftlichen Unternehmen überhaupt auf die Kirche anwendbar ist. Gerade aus Sicht der Finanzwirtschaft, insbesondere der Liquiditätsplanung, ist eine Abzinsung aus kalkulatorischen Überlegungen abzulehnen. Der kanonische Gesetzgeber weist explizit auf die Sicherstellung des angemessenen Unterhalts des Klerus hin, wodurch die Sicherung der diesbezüglichen Finanzierung zum Ausdruck kommt. Da die Liquiditätskontrolle ein Jahresabschlusszweck der Diözese ist, erscheint der Gedanke, dass die jährliche Zuführung zur Pensionsrückstellung einen kalkulatorischen Zinsteil enthält, nicht gerechtfertigt.

Eine andere Sicht wäre, wenn die Diözese Vermögen zur Finanzierung der Pensionsverpflichtungen bildet, welches tatsächlich am Kapitalmarkt verzinst wird. Durch die Realisierbarkeit am Markt wird die Verzinsung objektiviert. Hier stellt sich jedoch ebenso wie bei der kalkulatorischen Verzinsung die Frage, ob die Finanzierung und die Verpflichtung nicht zwei zu trennende Sachverhalte darstellen und durch eine Abzinsung Teile der Verpflichtung eliminiert werden, die in ihr gar nicht enthalten sind. Schließlich werden mit Blick auf das Planvermögen nur vorhandene Vermögenswerte von den Verpflichtungen abgezogen, nicht aber erwartete. Zudem werden Vermögenswerte, die kein Planvermögen darstellen, nicht von den Pensionsrückstellungen abgesetzt. Vor diesem Hintergrund erscheint es unsachgemäß, die Verzinsung von Vermögen als Argument für eine Abzinsung von Pensionsverpflichtungen heranzuziehen.

Ist die Voraussetzung für eine Diskontierung die Zugrundelegung einer Zinsabrede, so entfällt eine Abzinsung bei den Pensionsrückstellungen gegenüber Priestern.

Folgt man dem Gedanken, dass Pensionsrückstellungen nicht mit einem Darlehen gleichzusetzen sind und die Diskontierung einen rein versicherungsmathematischen Bewertungsvorgang darstellt, so werden mit der Diskontierung Zahlungen zu unterschiedlichen Zeitpunkten vergleichbarer. Somit ergibt sich für die Pensionsverpflichtungen gegenüber Priestern ein Diskontierungsbedarf. Über den Zinssatz besteht für handelsrechtliche Zwecke kein Konsens. Die überwiegende Meinung vertritt einen fristadäquaten Marktzinssatz.[933] Steuerrechtlich ist zur Abzinsung von Pensionsverpflichtungen ein Zinssatz von 6 % anzusetzen (§ 6a Abs. 3 Satz 3 EStG). IAS 19.80 stellt heraus, das Unternehmen häufig einen gewichteten

---

[933] Vgl. Berger/Ring (2003), § 253, Rn 85, S. 436.

Durchschnittszinssatz, in dem sich die verschiedenen Fälligkeiten widerspiegeln, verwenden. Der Zinssatz ist gemäß IAS 19.78 „auf der Grundlage der Renditen zu bestimmen, die am Bilanzstichtag für erstrangige, festverzinsliche Industrieanleihen am Markt erzielt werden". In Ländern ohne liquiden Markt sind die am Bilanzstichtag geltenden Marktrenditen für Regierungsanleihen zu verwenden. Die zu Grunde gelegten Regierungs- bzw. Industrieanleihen müssen mit der Währung und den voraussichtlichen Fristigkeiten der zu erfüllenden Pensionsverpflichtungen übereinstimmen. Als Abzinsungsfaktor wird im Folgenden der Ausdruck (1) *1/q^k* verwendet, wobei k die Jahre angibt sowie q = 1 + (p/100) und p = Zinssatz ist.

4.4.5 Verfahren zur Bewertung der Pensionsverpflichtung

Zu unterscheiden sind der Rentenbarwert (RB) und der Anwartschaftsbarwert. Die beiden Barwerte unterscheiden sich dadurch, dass sich der Rentenbarwert auf die Pensionsverpflichtung *nach* dem Eintreten des Versorgungsfalls und der Anwartschaftsbarwert sich auf die Zeit *vor* dem Eintreten des Versorgungsfalls bezieht (Anwartschaftszeit). Der Rentenbarwert ist die Summe der auf den Abschlussstichtag diskontierten künftigen Rentenzahlungen. Hierbei werden die jeweiligen künftigen Rentenzahlungen mit der Erlebenswahrscheinlichkeit des Berechtigten gewichtet, d.h. die Wahrscheinlichkeit, dass der Berichtigte den jeweiligen Zahlungszeitpunkt erlebt. Der Rentenbarwert ist stets höher als der Anwartschaftsbarwert, der analog zum Rentenbarwert ermittelt wird. Denn der Anwartschaftsbarwert berücksichtigt die Wahrscheinlichkeit, dass der Berechtigte vor dem Eintreten des Versorgungsfalls stirbt. Ferner bewirkt die Diskontierung eine Wertminderung. Dies hat zur Folge, dass der Anwartschaftsbarwert umso geringer ist, je früher der Priester in das Amt eintritt.[934]

Im Folgenden wird davon ausgegangen, dass ein Priester ab einem Alter von 75 Jahren Rente bezieht[935]. Die jährliche Höhe der Rente wird mit R bezeichnet. Da bei Priestern von einer lebenslangen Altersrente auszugehen ist, stellt sich der Rentenbarwert wie folgt dar:

Für den Barwert der ersten Rentenzahlung, die im Alter von 75 Jahren erfolgt, ergibt sich: *(2) RB₇₅ = R*

---

[934] Vgl. Thoms-Meyer (1996), S. 124.; Schruff (1997), S. 74 f.
[935] Vgl. zum Emeritierungsalter Abschnitt 4.2.2.3.

Die zweite Rentenzahlung wird im Alter von 76 Jahren fällig und mit der Wahrscheinlichkeit gewichtet, dass der Priester dieses Jahr erlebt (Erlebenswahrscheinlichkeit). Die Erlebenswahrscheinlichkeit für das $(n+k)$te Lebensjahr wird mit $_k p_{\underline{n}}$ ausgedrückt, wobei n das aktuelle Alter des Priesters angibt. Ferner wird die Rentenzahlung über k Jahre diskontiert $(1/1+i)^k$. Im Alter von 76 Jahren ergibt sich die folgende Darstellung:

(3) $RB_{76} = R * 1/q^1 * {}_1 p_{75}$

Bei der dritten Zahlung wird die Rente im Alter von 77 mit einer zweijährigen Erlebenswahrscheinlichkeit gewichtet:

(4) $RB_{77} = R * 1/q^2 * {}_2 p_{75}$

Das folgende Schaubild illustriert die Ermittlung des Rentenbarwertes:

(1)	(2)	(3)	(4)	(5)	(6)	(7)
k	Alter m	$R * 1/q^k$	w_k	$_k p_{75}$	RB_m	kumuliert
0	75	R	w_0	$_0 p_{75}$	RB_{75}	RB_{75}
1	76	$R * 1/q^k$	w_1	$_1 p_{75}$	RB_{76}	$RB_{75\text{-}76}$
2	77	$R * 1/q^k$	w_2	$_2 p_{75}$	RB_{77}	$RB_{75\text{-}77}$
3	78	$R * 1/q^k$	w_3	$_3 p_{75}$	RB_{78}	$RB_{75\text{-}78}$

Tabelle 4: Ermittlung des Rentenbarwertes

Die erste Spalte enthält die begonnenen Lebensjahre (k) nach Erreichen des Alters 75. Der zweiten Spalte ist das Alter des Priesters im k-ten Jahr zu entnehmen. Die dritte Spalte gibt die auf das Jahr $k=0$ diskontierte Rentenzahlung im Jahr k an. Die vierte Spalte enthält die relative Sterbehäufigkeit, welche die Wahrscheinlichkeit, dass ein 75-jähriger Priester[936] im Alter m sterben wird (also k=m-75 Jahre nach dem 75. Geburtstag) zum Ausdruck bringt. Die fünfte Spalte drückt die Erlebenswahrscheinlichkeit aus, die auf Basis der relativen Sterbehäufigkeit bestimmt wird, d.h. die Wahrscheinlichkeit, dass der Priester das Alter m erleben wird. $_k p_{75}$ ist die Erlebenswahrscheinlichkeit des Vorjahres (k-1) abzüglich der relativen Sterbehäufigkeit im Jahr k, d.h. $_k p_{75} = {}_{(k-1)} p_{75} - w_k$.

---

[936] Vgl. zum Emeritierungsalter Abschnitt 4.4.2.3.

Die sechste Spalte gibt den Rentenbarwert für eine im k-ten Jahr zu zahlende Rente wieder. Dieser ergibt sich durch die Multiplikation der vorgesehenen Rente „R" mit der Erlebenswahrscheinlichkeit ($_kp_{75}$). Die letzte Spalte gibt den kumulierten Pensionsteilwert, der nach k Jahren aufgelaufen ist, an. Dabei stellt der kumulierte Pensionsteilwert des letzten in der Tabelle angegebenen Jahres (= Summe aller Pensionsteilwerte RB_m) den Wert der Verpflichtung im Jahr der Priesterweihe dar.

4.4.6 Bewertung der Pensionsanwartschaft

Sowohl nach HGB[937] als auch nach IFRS[938] werden Pensionsverpflichtungen bei Arbeitnehmern, von denen noch eine Gegenleistung zu erwarten ist, d.h. von Arbeitnehmern, die noch im aktiven Dienst sind, nicht mit dem vollen Barwert bewertet. Die noch zu erwartende Gegenleistung ist vielmehr wertmindernd zu berücksichtigen. Nach IAS 19.65 wird davon ausgegangen, dass durch jedes Beschäftigungsjahr ein Teil des Erfüllungsbetrages erdient wird. Jeder erdiente Teil wird dabei separat bewertet, so dass die endgültige Pensionsverpflichtung sukzessiv aufgebaut wird. Vor diesem Hintergrund ist die Pensionsrückstellung sowohl nach HGB als auch nach IFRS über die Zeit der Anwartschaft ratierlich so anzusammeln, dass die Summe der jährlichen Zuführungsbeträge zu den Pensionsrückstellungen bei planmäßigem Eintritt des Versorgungsfalls dem Barwert der Rentenbarwert entspricht.[939]

Bei der jährlichen Rückstellungsbemessung werden das Gleichverteilungsverfahren (Anwartschaftsdeckungsverfahren) und das Ansammlungsverfahren (Anwartschaftsbarwertverfahren) unterschieden. Zur ersten Gruppe zählen das Teilwertverfahren und das Gegenwartsverfahren, zur letzteren gehört die sog. *projected unit credit method* (PUCM), die im Deutschen als *Methode der laufenden Einmalprämien* bezeichnet wird[940]. Bei diesen Verfahren geht es um die jährliche Rückstellungsbemessung und damit um die Rückstellungsansammlung.[941] Entsprechend dem Grundsatz der sachlichen Abgrenzung bzw. dem matching principle erfolgt die Rückstellungsbemessung für Pensionen entsprechend der vollendeten Dienstzeit.[942] Der sachliche Zusammenhang wird hier durch die Arbeitsleis-

---

[937] Vgl. Thoms-Meyer (1996), S. 137 i.V. mit 253 Abs. 1 Satz 2 HGB.
[938] Vgl. IAS 19.63 ff.
[939] Vgl. Thoms-Meyer (1996), S. 137.
[940] Vgl. Wagenhofer (2003), S. 301.
[941] Vgl. Feld (2003), S. 580; Coenenberg (2000), S. 366.
[942] Vgl. Wolz (2000), S. 1373.

tung und den Personalaufwand hergestellt.[943] Der Arbeitnehmer verdient sich auf Grund seiner Arbeitsleistung mit jedem vollendeten Dienstjahr seine Ansprüche.

Nach dem deutschen Handelsrecht kommen grundsätzlich das Teilwertverfahren oder das Gegenwartsverfahren zur Anwendung. Nach IAS 19.64 ist ausschließlich die PUCM zulässig.[944]

Beim Gleichverteilungsverfahren wird der Versorgungsaufwand gleichmäßig auf die aktive Zeit, also auf die Zeit der Anwartschaft verteilt. Dabei berücksichtigt der Periodenaufwand sowohl die bereits geleisteten als auch die noch zu leistenden Dienste.[945] Durch die Gleichverteilung des Barwertes auf die Dienstzeit wird deutlich, dass dieses Verfahren die in der Pensionszusage getroffene Zuordnung der versprochenen Leistungen zu bestimmten Perioden ignoriert. Innerhalb der Anwartschaft ist beim Gleichverteilungsverfahren eine Gewichtung späterer oder früherer Perioden nicht möglich.[946] Dieses stellt keinen Zusammenhang zwischen der Versorgungsverpflichtung und dem bis zum Bilanzstichtag auf Grund der erbrachten Arbeitsleistung erdienten Versorgungsanspruch her. Vielmehr drückt die Versorgungsverpflichtung die Gegenleistung für die Betriebstreue aus.[947] Der Unterschied zwischen dem Teilwertverfahren und dem Gegenwartsverfahren liegt darin, dass die konstanten und fiktiven Versicherungsprämien beim Gegenwartsverfahren nach dem Alter des Arbeitnehmers zum *Zeitpunkt der Pensionszusage* berechnet werden, während beim Teilwertverfahren auf den *Dienstbeginn* abgestellt wird. Da beim Gegenwartsverfahren Diensteintritt und Pensionszusage zeitlich auseinander fallen, erfolgt für die in diesem Zeitraum noch nicht erfassten Leistungen eine einmalige Nachholrückstellung.[948] Erhält der Arbeitnehmer bereits mit seinem Arbeitseintritt die Versorgungszusage, so besteht zwischen beiden Verfahren kein Unterschied.[949] Die Aufwandsverteilung erfolgt beim Gegenwartsverfahren ausschließlich innerhalb der Periode zwischen der Pensionszusage und dem planmäßigen Eintritt des Versorgungszeitpunkts. Demgegenüber geht das Teilwertverfahren von einer Gleichverteilung über die gesamte Dienstzeit des Begünstigten unabhängig vom Zusagezeitpunkt aus.[950] Zum Zusagezeitpunkt besteht nach dem Gegenwartsverfahren ein Rückstellungswert von null, während

---

[943] Vgl. Vgl. IAS 19, § 67 ff.; Petersen (2002), S. 147.
[944] Vgl. Wolz (2000), S. 1373 f.
[945] Vgl. Thoms-Meyer (1996), S. 138.
[946] Vgl. Wolz (2000), S. 1374.
[947] Vgl. Schruff (1997a), S. 75.
[948] Vgl. Petersen (2002), S. 36.
[949] Vgl. Coenenberg (2000), S. 366.
[950] Vgl. Feld (2003), S. 579.

nach dem Teilwertverfahren bereits der nachzuholende Wert ausgewiesen wird. Ferner bestehen Unterschiede im Falle der späteren Erhöhung einer bei Diensteintritt zugesagten Pension hinsichtlich des Erhöhungsbetrages. Die unterschiedlichen Verteilungszeiträume haben zur Folge, dass das Gegenwartsverfahren zu einer höheren laufenden Zuführung führt als das Teilwertverfahren, weil der Verteilungszeitraum der künftigen Versorgungszahlungen beim Gegenwartsverfahren kürzer ist als beim Teilwertverfahren.[951]

Dem Gegenwartsverfahren wird entgegengehalten, „dass es den Entgeltcharakter einer Pensionszusage nicht zutreffend widerspiegelt"[952]. Unter Hinweis auf § 2 BetrAVG wird argumentiert, dass die künftigen Versorgungsleistungen unabhängig von dem Zusagezeitpunkt eine Gegenleistung für die Betriebstreue darstellen.[953] Dabei erdient der Berechtigte mit jedem Dienstjahr den gleichen Teil der Rente während seiner Betriebszugehörigkeit. Das Gegenwartsverfahren geht jedoch vom Zusagezeitpunkt aus und gerade nicht von der gesamten Dauer der Betriebszugehörigkeit.[954]

Das Ansammlungsverfahren, und damit auch die PUCM, geht von der versicherungsmathematischen Annahme der laufenden Einmalprämie aus. Hiernach ist die Versorgungsverpflichtung der Wert der auf den Abschlussstichtag diskontierten zukünftigen Altersversorgungsleistungen des am Bilanzstichtag erreichten Anspruchs entsprechend des zu Grunde liegenden Leistungsplanes (quotierter Anwartschaftsbarwert)[955]. Berechnet wird der Versorgungsaufwand nur auf der Grundlage der bis zum Bilanzstichtag erbrachten Dienste. Ausgewiesen wird nur der versicherungsmathematische Wert des am Bewertungsstichtag erdienten Anspruchs, anstelle der an den Versorgungsberechtigten künftig zu zahlenden Leistungen.[956] Anders als beim Gleichverteilungsverfahren wird die Leistung der Altersversorgung beim Ansammlungsverfahren somit nicht als Gegenleistung für die Betriebstreue aufgefasst, sondern als zusätzliches Entgeld für die erbrachte Arbeitsleistung.[957] Die Rückstellungszuführung umfasst, unter Berücksichtigung der Rentenformel, den neu hinzuerdienten Teilanspruch (periodischer Dienstzeitaufwand) und die einjährige Verzinsung der Rückstellung des Vorjahres.[958] Die

---

[951] Vgl. Feld (2003), S. 579; Thoms-Meyer (1996), S.150.
[952] Feld (2003), S. 579; Thoms-Meyer (1996), S. 153; Coenenberg (2000), S. 366 f.
[953] Vgl. Schruff (1997a), S. 75.
[954] Vgl. Feld (2003), S. 579.
[955] Feld (2003), S. 579.
[956] Vgl. Schruff (1997a), S. 76.
[957] Vgl. Schruff (1997a), S. 77.
[958] Vgl. Feld (2003), S. 579.

Zugrundelegung der Einmalprämie führt dazu, dass der in einem *Folgejahre* hinzu erdiente Teilanspruch über einen kürzeren Zeitraum diskontiert wird als der im *Vorjahr* erworbene Anspruch. Ferner nimmt die Wahrscheinlichkeit des Versorgungseintritts und damit die Wahrscheinlichkeit der Inanspruchnahme der Pensionsrückstellung mit dem Lebensalter zu. Dies hat zur Folge, dass die Rückstellung im Zeitablauf der Anwartschaft kontinuierlich steigt, und zwar auch dann, wenn für jedes Dienstjahr ein gleichbleibender Teilanspruch vorgesehen ist. Dieser Effekt wird noch weiter verstärkt, wenn auf Grund des Leistungsplanes den späteren Jahren ein höher Teilanspruch zugeordnet wird als den früheren Jahren.[959] Wegen der Verringerung der noch zu diskontierenden Jahre führt das Ansammlungsverfahren zu einem steigenden Versorgungsaufwand. Es wird damit unterstellt, dass der Wert der Arbeitsleistung mit zunehmendem Dienstalter steigt. Dies ist jedoch nicht die Ursache, sondern die Konsequenz dieser Methode.[960] Das Ansammlungsverfahren führt, über die gesamte Anwartschaftszeit betrachtet, tendenziell zu einer geringeren Pensionsverpflichtung als das Gleichverteilungsverfahren. Da nur die entsprechend des zu Grunde liegenden Leistungsplans erdiente Versorgungsleistung finanziert wird, kann eine Finanzierunglücke entstehen. Insofern kommt das Gleichverteilungsverfahren dem handelsrechtlichen Vorsichtsprinzip in stärkerem Maße entgegen als die PUCM.[961]

Die Verteilung des Versorgungsaufwandes erfolgt bei der PUCM auf der Grundlage einer *pensions benefit formula* (Leistungsplan). Hierbei kann die letzte (erwartete) Vergütung (final pay) an die (erwartete) durchschnittliche Vergütung vor dem Erreichen der Altersgrenze (final average pay) gebunden werden oder auch an die durchschnittliche Vergütung des Arbeitnehmers über seine reguläre Arbeitszeit hinaus (career average pay).[962]

Der Unterschied zwischen dem Gleichverteilungsverfahren und der PUCM ist der, das die Verteilung der Gesamtverpflichtung bei der PUCM nach der erbrachten Arbeitsleistung erfolgt und die Aufwandsverteilung auf die Jahre der Anwartschaft auf der Basis eines Leistungsplans erfolgt. Die PUCM bewirkt selbst unter Zugrundelegung gleichbleibender jährlicher Teilansprüche auf Grund der Inkardinationstreue allein schon durch die Diskontierung eine Gewichtung späterer Jahre und suggeriert, dass der Wert der Treueleistung im Zeitablauf steigt. Demgegenüber stellt das Gleichverteilungsverfahren auf die (Betriebs-)Treue ab. Sie würde

---

[959] Vgl. Feld (2003), S. 579.
[960] Vgl. Wolz (2000), S. 1374; Thoms-Meyer (1996), S. 141.
[961] Vgl. Wolz (2000), S. 1375.
[962] Vgl. Wolz (2000), S. 1374.

der Prämisse einer jährlichen Rückstellungsansammlung auf Grund der Dauer der Inkardinationstreue Rechnung tragen. Da im Rahmen der Priesterversorgung bei der Rückstellungsbemessung nicht auf die Arbeitsleistung abzustellen ist, sondern auf die Treue, erscheint eine Verteilung nach der erbrachten Arbeitsleistung, d.h. die Annahme eines zusätzliches Entgelts für eine erbrachte Arbeitsleistung, nicht sachgerecht. Eine unterschiedliche Gewichtung könnte zwar anhand der Weihestufen und damit nach dem Status, d.h. dem Laufbahnprinzip erfolgen. In diesem Fall wäre der Gewichtungseffekt jedoch marginal, weil bis zum Pfarreramt nur zwei Weihestufen bestehen[963] und nicht ständige Diakone[964] i.d.R. nur eine kurze Zeit im Diakonat verbleiben. Die Pension des Priesters wird nicht sukzessiv erdient, sondern sie ist die Konsequenz des Priesterstatus und der damit verbundenen Treue. Daher erscheint das Gleichverteilungsverfahren insgesamt sachgerechter als die PUCM.

Bei Priestern fallen der Diensteintritt (Inkardination) und die Versorgungszusage zusammen.[965] Daher besteht bei Anwendung des Gleichverteilungsverfahrens zwischen dem Teilwert- und dem Gegenwartsverfahren hinsichtlich der Rückstellungsbemessung kein Unterschied.

4.4.7 Berücksichtigung von versicherungsmathematischen Gewinnen und Verlusten sowie Planänderungen und Rentenanpassungen im Jahresabschluss

4.4.7.1 Versicherungsmathematische Gewinne und Verluste

Pensionsverpflichtungen beziehen sich auf den künftigen Erfüllungsbetrag. Danach sind alle hinreichend objektivierbaren Einflüsse, die der Altersversorgung zu Grunde liegen, nach bester Schätzung mit ihrem wahrscheinlichen Wert einzubeziehen. Aus einer von Annahmen beeinflussten Bewertung ergeben sich i.d.R. Bewertungsunschärfen, die jährlich zu prüfen und ggf. auszugleichen sind. Die sich auf Grund von Annahmen ergebenden Gewinne und Verluste können, z.B. aus demografischen Veränderungen, Änderungen in der Belegschaft sowie Differenzen zwischen tatsächlichen und erwarteten Erträgen aus Planvermögen resultieren.[966] Für kleinere laufende Schwankungen sieht IAS 19.92 die sog. Korridor-

---

[963] Vgl. Abschnitt 2.2.2.2.2.
[964] Ein nicht ständiger Diakon zeichnet sich dadurch aus, dass er die nächste Weihestufe, d.h. das Presbyterrat, anstrebt.
[965] Vgl. Abschnitt 4.2.2.1 u. 4.3.1.
[966] Vgl. Schruff (2004), in: WILEY-Kommentar, S. 793.

methode vor. Nach dieser Methode wird ein Korridor bestimmt, der 10 % des Barwertes der Pensionsverpflichtung oder 10 % des Planvermögens ausmacht, je nach dem, welcher Wert höher ist. Die versicherungsmathematischen Gewinne und Verluste, die innerhalb dieses Korridors liegen, werden nicht erfolgswirksam angesetzt und bleiben dadurch unberücksichtigt, da davon auszugehen ist, dass sich diese Schwankungen im Zeitablauf in gewissem Maße ausgleichen und somit eine Glättung eintritt. Liegen sie jedoch außerhalb des Korridors, so werden sie erst ab der folgenden Periode auf die ‚erwartete durchschnittliche Restlebensarbeitszeit' der vom Plan erfassten Arbeitnehmer verteilt (IAS 19.93).[967] Die Korridormethode bewirkt, dass keine Änderungen des Bilanzansatzes gegenüber der Vorschaurechnung, die am Anfang einer Berichtsperiode vorgenommen wird, entstehen, sondern erst nach dem Stichtag. Dadurch, dass die Auswirkungen bei den Beträgen, die den Korridor übersteigen, erst ab dem Folgejahr erfolgswirksam werden, wird die Bilanz gut planbar.[968] Die Korridormethode bezieht sich auch auf das Planvermögen, denn die sich aus dem langfristigen Charakter von Planvermögen ergebenden, teilweise beträchtlichen Schwankungen dürfen das Periodenergebnis nicht verzerren. Vor diesem Hintergrund stellt IAS 19 weniger auf die tatsächlichen, als vielmehr auf die erwarteten Erträge aus dem Planvermögen ab. Die erwarteten Erträge werden zu Beginn der Geschäftsperiode ermittelt. Dabei basiert die Berechnung auf der Grundlage von langfristigen Ertragsraten des über den Zeitraum der Versorgungsverpflichtung bestehenden Vermögens. Die Differenz zwischen den erwarteten und den tatsächlichen Erträgen wird als versicherungsmathematischer Gewinn bzw. Verlust angesehen und mit den kumulierten versicherungsmathematischen Gewinnen und Verlusten verrechnet. Es wird davon ausgegangen, dass diese sich langfristig ausgleichen.[969]

In den vergangenen Jahren zeigten sich bei den Unternehmen hohe versicherungsmathematische Gewinne und Verluste, die insbesondere auf die Verluste beim Planvermögen auf Grund der Unsicherheiten auf dem Kapitalmarkt zurückzuführen sind. Aber auch die Verluste beim Barwert der Pensionsverpflichtung (DBO) auf Grund sinkender Zinssätze und längerer Lebenserwartung trugen zu hohen Verlusten bei. Diese Entwicklung führte zur Kritik an der Korridormethode, da hierbei insbesondere die Verluste nicht transparent sind. Um die GuV vor allzu großer Pensions-Volatilität zu bewahren, hat der IASB am 19. Dezember 2004 die Möglichkeit geschaffen, versicherungsmathematische Gewinne und Verluste nicht in der GuV, sondern direkt gegen die Gewinnrücklagen (Eigenkapital)

---

[967] ebenda
[968] Vgl. Wagenhofer (2003), S. 306.
[969] Vgl. Schruff (2004), in: WILEY-Kommentar, S. 790.

zu buchen (19.93D).[970] Dieser Weg wurde zwar nicht in IAS 19 eingeführt, wohl aber als *dritte Option* im „Amendment" zugelassen. Bei der Anwendung dieser Option werden auch bestehende Effekte aus dem Abschneiden eines *defined benefit asset* gemäß IAS 19.58b über dieselbe Eigenkapitalposition wie versicherungsmathematische Gewinne und Verluste gebucht. Derartige Abschneideeffekte können wirksam werden, wenn sich infolge einer Überdotierung des Pensionsplanes durch Planvermögen ein aktivischer Wert ergibt, sozusagen eine *aktivische Pensionsrückstellung*. Dieses Aktivum darf jedoch nur in dem Umfang aktiviert werden, wie der Rechnungslegende hieraus einen Nutzen ziehen kann, etwa durch Beitragssenkungen oder Rückvergütungen.[971]

Anstatt Verluste, die sich innerhalb des Korridors bewegen, nicht zu erfassen bzw. Verluste, die den Korridor übersteigen, über die Restlebensarbeitszeit zu verteilen, werden mit diesem dritten Weg die versicherungsmathematischen Gewinne und Verluste in vollem Umfang in der Bilanz transparent. Rechnungslegende, die nach außen auf Bilanzklarheit und Transparenz abzielen, werden die Option für diesen dritten Weg in Betracht ziehen.[972]

Nach HGB ist die Korridormethode nicht möglich. Änderungen der Schätzungsannahmen müssen sofort erfolgswirksam erfasst werden.[973] Allerdings ist auch nach IAS 19.93 der sofortige erfolgswirksame Ansatz möglich.

4.4.7.2 Behandlung von Planänderungen

Anpassungsbedarf besteht nicht nur auf Grund der Berechnungsunsicherheiten, die Annahmen anhaften, sondern auch auf Grund von Änderungen des Pensionsplans. Solche können z.B. entstehen, wenn ein Priester in das Bischofsamt erhoben wird oder von einem Gemeindepfarramt in ein Hochschullehramt eintritt und sich dadurch eine Änderung in der Höhe der Pensionsverpflichtungen ergibt. Der nachzuverrechnende Dienstzeitaufwand entsteht gemäß IAS 19.97, „wenn ein Unternehmen einen leistungsorientierten Plan einführt oder Leistungen aus einem bestehenden leistungsorientierten Plan ändert". IAS 19.111 sieht auch Plankürzungen vor, die entstehen wenn ein Unternehmen:

---

[970] Zur Kritik dieses Wahlrechts vgl. IDW (2004a), S. 881.
[971] Vgl. Rhiel (2005), S. 293 f.; Hasenburg/Böckem (2004), S. 856 ff.
[972] Vgl. ebenda
[973] Vgl. Wagenhofer (2003), S. 318.

a) „nachweislich dazu verpflichtet ist, die Anzahl der vom Plan erfassten Mitarbeiter erheblich zu reduzieren; oder

b) die Regelungen eines leistungsorientierten Planes so ändert, dass ein wesentlicher Teil der künftigen Arbeitsleistung der Arbeitnehmer zu keinen oder nur noch zu reduzierten Vorsorgungsleistungen führt."

Plankürzungen werden in dem Standard häufig mit Umstrukturierungen in Zusammenhang gebracht. Aus diesem Grunde werden Plankürzungen zur gleichen Zeit erfasst wie die ihr zu Grunde liegende Umstrukturierung.

4.4.7.3 Berücksichtigung von Rentenanpassungen

Im BetrAVG ist die Vornahme einer Prüfung, inwieweit eine Anpassung laufender Renten zu erfolgen hat, geboten. Die Beurteilung soll nach § 16 BetrAVG in einem dreijährigen Turnus erfolgen. Dabei sollen sowohl die Belange des Versorgungsempfängers als auch die des Arbeitgebers berücksichtigt werden. Anlass dieser Vorschrift ist der Schutz der Rentner vor einer inflationsbedingten Minderung der betrieblichen Versorgungsleistungen. Allerdings bezieht sich diese Verpflichtung nur auf laufende Rentenzahlungen und nicht auf Anwartschaften und Zusagen, die eine einmalige Kapitalzahlung vorsehen.[974] Auch wenn für die deutschen Diözesen das BetrAVG für die Altersversorgung der Priester nicht einschlägig ist[975], so erschließt sich aus der Zeitkomponente (c. 281 § 1), die vor der gegenwärtigen gesamtwirtschaftlichen Situation, in der sich eine Diözese befindet, zu interpretieren ist, dass auch die laufenden Rentenzahlungen an Priester nicht durch inflationsbedingte Auszehrung gemindert werden dürfen.

Die Belange des Arbeitnehmers gelten nach der Auffassung des Bundesarbeitsgerichtes dann als berücksichtigt, „wenn die laufenden Renten entsprechend der seit Rentenbeginn eingetretenen Teuerung ausgeglichen werden"[976]. Nach § 16 Abs. 2 ist der Verbraucherpreisindex für Deutschland zu Grunde zu legen. Als Alternative kommen die Nettolöhne vergleichbarer Arbeitnehmergruppen des Unternehmens im Prüfungszeitraum in Betracht.[977]

---

[974] Vgl. Bode (2003), in Kommentar zum BetrAVG, § 16, Rn 3 ff., S. 487; Thoms-Meyer (1996), S. 81; zur Kritik der Pflicht zur Rentenanpassung vgl. Lieb (2004), S. 7 f.

[975] Vgl. Abschnitt 4.2.1.

[976] Vgl. Thoms-Meyer (1996), S. 82, zitiert aus: z.B. BAG, Urteil vom 16.12.1976 – 3 AZR 795/75, in DB 1977, S. 96-99.

[977] Zur Ermittlung des Teuerungsausgleichs vgl. Bode (2003), § 16, Rn 37 f., S. 496 f.

Da sich die Priesterversorgung in Deutschland in etwa an der Beamtenversorgung orientiert[978], ist es hinsichtlich der Teuerungsentwicklung nahe liegend, die Rentenanpassung der Priesterversorgung an die Entwicklung der Beamtenversorgung anzulehnen. Jedoch scheint eine Besoldungssteigerung (netto), welche unter der örtlichen Preissteigerungsrate liegt, gegen das Gebot eines angemessenen Unterhalts, der die örtlichen Gegebenheiten zu berücksichtigen hat[979], zu sprechen. Das Bundesarbeitsgericht hat festgestellt, dass wenn ein Arbeitgeber zum Zeitpunkt der Anpassung einen Anpassungsbedarf feststellt, er wie ein unparteiischer Dritter zwischen den Interessen der Versorgungsberechtigten und seinen eigenen abwägen muss. Eine Anpassung darf nur dann unterlassen werden, wenn da durch seine wirtschaftliche Leistungsfähigkeit überfordert würde.[980] Die Interessen des Unternehmens und die Erhaltung der Arbeitsplätze sind in jedem Fall vorrangig gegenüber den Interessen der Versorgungsberechtigten.[981]

Auch bezogen auf die Diözese als Dienstherr können wirtschaftliche Gründe bestehen, die eine Aufschiebung der Rentenanpassungen rechtfertigen. Für Deutschland können z.B. konjunkturelle Gründe eine Rolle spielen, die mit einer Reduzierung der Kirchensteuer einhergehen und die Kirche insoweit vor finanzielle Probleme stellen können, wie das Erzbistum Berlin zeigt.[982] Auch wenn die Diözesen in Deutschland keinen Bestandsgefährdungen ausgesetzt sind, so dürften auf Grund der Sachzieldominanz der Kirche zumindest solche Gründe in Frage kommen, welche die Handlungsfähigkeit der Diözese wesentlich einschränken. Konkrete Gründe für eine Aussetzung müssten vom partikularen Gesetzgeber festgelegt werden. Anpassungsaufschübe sollten im Interesse der Grundsätze der Vollständigkeit und der Klarheit im Anhang erläutert werden.

4.4.8 Zusammenfassung - Bewertung

Da dem Priester eine religiöse Berufung zu Grunde liegt, besteht keine Beschränkung hinsichtlich des Eintrittsalters in den Priesterstand. In jedem Fall erwirbt der Priester eine amtsangemessene Versorgung sowohl während der aktiven als auch

---

[978] Sie richtet sich z.B. im Bistum Münster in etwa nach der Beamtenvergütung A 13/14, vgl. Reinhardt (1996), in: MKzCIC, c. 281, Rn 9, S. 5.

[979] Vgl. 4.4.4.1.

[980] Vgl. Thoms-Meyer (1996), S. 83, zitiert aus: BAG, Urteil vom 14.12.156 – 1 AZR 531/55, in: BB 1957, S. 259; Bode (2003), § 16, Rn 60, S. 503 f.

[981] Vgl. Thoms-Meyer (1996), S. 83.

[982] Vgl. Medienberichte zu den finanziellen Problemen und den Kürzungen innerhalb der Kirchen auf Grund der Konjunkturlage, z.B. Darstellung des Erzbistums Hamburg zur nachträglichen Haushaltskürzung. http://www.erzbistum-hamburg.de/inhalt_aktuelles.htm (Stand 20.08.2005), vgl. auch Einführung und Gang der Untersuchung 1.

während der passiven Zeit. Wird der Priester aus seinem Amt entlassen, stellen die bis zu dieser Zeit kumulierten Pensionsrückstellungen keinen Teilanspruch dar, weil der Altersversorgung die Annahme der lebenslangen Treue zu Grunde liegt. In Deutschland werden Priester, die aus dem Amt ausscheiden, bei der Bundesversicherungsanstalt für Angestellte nachversichert. Der Versorgungsfall tritt beim Episkopat regelmäßig im Alter von 75 ein und beim Presbyterrat, je nach den partikularen Regelungen, i.d.R spätestens bis zur Vollendung des 75. Lebensjahres.

Bewertungsmaßstäbe für Pensionsverpflichtungen werden im CIC nicht explizit genannt. Demgegenüber werden jedoch Aussagen über die Bemessung der Versorgungsbezüge zur aktiven Zeit getroffen. Die Determinanten der Priesterversorgung umfassen die Aufgabe, Position und Würde des Priesters sowie die zeitlichen und örtlichen Verhältnisse, in denen sich die Diözese befindet. Diese sind vor dem Hintergrund der gesamtwirtschaftlichen Lage und eines enthaltsamen Lebensstiles zu interpretieren. Da sich die Versorgungen zur aktiven Zeit und zur Ruhestandszeit sachlich nicht unterscheiden, wurden diese Komponenten auch für die Bewertung der Pensionsverpflichtung zu Grunde gelegt.
Für das Pensionsniveau wird das letzte Gehaltsniveau zu Grunde gelegt. Dabei ist davon auszugehen, dass der Priester am Ende seiner aktiven Zeit (wahrscheinlich) den Status des Pfarrers erreicht hat. Ob die Rente dabei zu 100% dem vorherigen Gehalt oder einem geringeren Prozentsatz entspricht oder ob ein Durchschnittswert aus vergangenen Jahren der Presbyterstufe herangezogen wird, hängt von der jeweiligen partikularrechtlichen Regelung ab.

Ein wesentliches Merkmal der Pensionsrückstellung für die Priesterversorgung ist, dass sie nicht den Rückzahlungswert zum jeweiligen Abschlussstichtag reflektiert, da der Rentenanspruch stets vor dem Hintergrund der lebenslangen Treue zu bewerten ist, denn die Pensionsverpflichtung i.S.d. Inkardination entfällt, sobald des Tatbestands des Treuebruchs gegeben ist. Vielmehr stellt die Rückstellung den Teil dar, den die Diözese, in welcher der Priester bis dahin inkardiniert war, im Versorgungsfall übernimmt. Der Bewertung liegt der Gedanke zu Grunde, dass alle Komponenten, welche die Höhe der Rentenzahlungen bestimmen, nach bester Schätzung einzubeziehen sind.
Die Komponenten zur Bewertung der Pensionsverpflichtungen von Priestern stellen sich wie folgt dar:

- das letzte Gehaltsniveau bis zum Eintreten des Versorgungsfalls
- Preissteigerung
- die Invaliditätswahrscheinlichkeit
- die Sterbewahrscheinlichkeit

- gegebenenfalls eine Nachholung für unterlassene Anpassungen
- die Diskontierung

Die Pensionsverpflichtung wird entsprechend der Inkardinationstreue nach dem Gleichverteilungsverfahren auf die Jahre der Anwartschaft verteilt.

4.5 Ausweis der Pensionsrückstellung

4.5.1 Ausweis in der Bilanz

Hinsichtlich der Frage, wo die Pensionsrückstellung in der *Bilanz* auszuweisen ist, ergeben sich keine Besonderheiten für die Altersversorgung von Priestern. Nach § 266 HGB sind bei Kapitalgesellschaften Pensionsrückstellungen auf der Passivseite unter dem Buchstaben B.1 „Rückstellungen für Pensionen und ähnliche Verpflichtungen" auszuweisen. Die IFRS schreiben keine derart festgelegte Bilanzgliederung vor wie das HGB. In IAS 1.66 werden lediglich zwei mindestens in der Bilanz auszuweisende Positionen genannt. Dabei wird der Ausweis von Pensionsrückstellungen nicht explizit gefordert, wohl aber der von Rückstellungen (IAS 1.68 k). Auf Grund der Langfristigkeit von Pensionsverpflichtungen sind diese unter den langfristigen Rückstellungen auszuweisen (IAS 1.51 u. 1.60).[983]

Besonderheiten bestehen hingegen auf Grund der Zweckbindung des Kirchenvermögens. Um die Zweckbindung transparent zu machen, muss der Jahresabschluss eine Zuordnung zwischen dem für die Altersversorgung gebildeten Vermögen und der Verpflichtung ermöglichen. Infolgedessen bilden die Pensionsrückstellungen und das dafür gebildete Vermögen eine sachliche Einheit. Gemäß dem Grundsatz des Saldierungsverbotes kommt ein verrechneter Ausweis von Pensionsvermögen und Pensionsrückstellung nicht in Betracht. Diese Informationsschwäche kann jedoch durch entsprechende Anhangsangaben ausgeglichen werden.

Die nach IAS 19.54 auszuweisende Nettoschuld zum Bilanzstichtag errechnet sich wie folgt:[984]

---

[983] Eine Unterscheidung in lang- und kurzfristig ist dann vorzunehmen, wenn eine Darstellung nach der Liquidität nicht zuverlässig und nicht relevant ist (IAS 1.51).

[984] Vgl. Wagenhofer (2003), 310.

Barwert der leistungsorientierten Verpflichtung zum Stichtag
./. nicht ergebniswirksam erfasste Verluste/+Gewinne auf Grund der Anwendung der Korridormethode
./. ggf. noch nicht erfasster nachzuverrechnender Dienstzeitaufwand
./. Planvermögen zum beizulegenden Zeitwert
= Nettoschuld

Gemäß IAS 19.120 besteht für jede dieser Positionen eine Angabepflicht. Wird von dem Wahlrecht gebraucht gemacht, versicherungsmathematische Gewinne und Verluste sofort im Eigenkapital zu erfassen, so sind diese in einem eigenen Eigenkapitalposten auszuweisen und in der Entwicklung des Eigenkapitals darzustellen.[985]

4.5.2 Ausweis in der Gewinn- und Verlustrechnung

In der GuV-Rechnung hängt der Ausweis davon ab, ob das Gesamt- oder Umsatzkostenverfahren angewandt wird. Beim Umsatzkostenverfahren sind die Personalaufwendungen und somit die Altersversorgungsaufwendungen nicht ersichtlich. Sie werden entsprechend den Funktionsbereichen, in denen die Personalaufwendungen entstanden sind, zugeordnet. Das im Abschnitt 3.2.5.4.1 erörterte Erfolgsermittlungskonzept kann am besten in Form eines modifizierten Umsatzkostenverfahrens, mit einer Aufstellung der Aufwandsarten im Anhang, realisiert werden. Auf Grund den vorgeschlagenen Funktionsbereiche sind die Pensionsrückstellungen von Priestern nicht unter den Verwaltungskosten, sondern unter den Aufwendungen des Leistungsbereichs (Gewinnstufe III) zu subsumieren, da sie in einem direkten Zusammenhang mit der Verfolgung der Sachziele stehen und einen Teil der Leistungskapazität der Diözese, die zu erhalten ist, darstellen. Da die Aufwandsarten im Umsatzkostenverfahren nicht klar erkennbar sind, können bzw. müssen die Informationsdefizite durch entsprechende Anhangsangaben ausgeglichen werden.

Die Aufwandsgröße ist korrespondierend zur Bilanz nach HGB gesondert und auch nach IAS 19 als Saldo auszuweisen. Der Saldo nach IAS 19.61 setzt sich wie folgt zusammen:

---

[985] Vgl. Abschnitt 4.4.7.1.

Dienstzeitaufwand der Periode
+ Zinsaufwand
./. erwarteter Ertrag aus Planvermögen
+ Verluste/(-)Gewinne, die durch Anwendung der Korridormethode
nachverrechnet werden
+ ggf. nachzuverrechnender Dienstzeitaufwand
./. Auswirkungen etwaiger Plankürzungen oder Abgeltungen

= Pensionsaufwand

Gemäß IAS 19.120 besteht für jede dieser Positionen eine Angabepflicht. Da die
Abzinsung der Pensionsrückstellungen in dieser Arbeit nicht auf Grund der Annahme einer verdecken Zinsabrede für ein überlassenes Darlehen seitens des
Priesters interpretiert wurde, sondern als Folge einer versicherungsmathematischen Bewertungsmethode, um unterschiedliche Zahlungszeitpunkte vergleichbar
zu machen, ist der Zins im Zuführungsbetrag zu Pensionsrückstellungen unter
dem Personalaufwand auszuweisen.

4.5.3 Erläuterungen im Anhang

Der Anhang ist sowohl nach HGB (für Kapitalgesellschaften und Personenhan-
delsgesellschaften i.S.d. § 264a HGB) als auch nach IFRS ein vorgeschriebener
Bestandteil des Jahresabschlusses.[986] Er hat vorwiegend im Interesse der Klarheit
und Vollständigkeit die Aufgabe, die Bilanz und die Gewinn- und Verlustrechnung zu erläutern. Oft ist erst das Zahlenwerk durch den Anhang interpretierbar,
besonders dann, wenn bei der Bewertung von Vermögen und Schulden Objektivierungsschwächen bestehen. In derartigen Fällen können solche Schwächen
durch entsprechende Anhangsangaben vermindert werden.

Bei Anwendung des Umsatzkostenverfahrens müssen gem. § 285 Nr. 8b HGB die
Personalaufwendungen, zu denen auch die Zuführungen zu den Pensionsrückstellungen zählen, im Anhang angegeben werden. Ferner sind nach § 284 Abs. 2 Nr.
1 und 3 HGB die angewandten Bewertungsmethoden bzw. Änderungen anzugeben.

Nach IFRS hingegen sind umfangreiche Angaben zu den saldierten Komponenten
in Bezug auf die DBO, den Aufwand, das Planvermögen sowie die Art des Plans

---

[986] Nach § 264 Abs. 1 Satz 1 HGB besteht der Jahresabschluss (§ 242 HGB) von Kapitalgesellschaften aus der Bilanz, GuV und dem Anhang; hinsichtlich der IFRS, vgl. IAS 1.8.

und der Bewertungsmethoden u.a. im Anhang anzugeben (IAS 19.120). Nach den Amendments zum IAS 19 werden die Anhangsangaben jedoch erweitert (IAS19.120A).[987] Im Anhang des IAS 19 werden sowohl für die Bilanz- als auch für die Aufwandskomponente verschiedene Darstellungsformen vorgeschlagen, auf die hier verwiesen, jedoch nicht weiter eingegangen wird.

Die jeweiligen Ausweise in der Bilanz und GuV stellen nur auf den Ausweis der statischen bzw. dynamischen Werte zum Abschlussstichtag ab. Die Bewegungsarten werden dabei nicht sichtbar. Sie werden jedoch in Form eines Spiegels transparent. Nach IFRS sind verschiedene Spiegel vorgeschrieben; diese sind:

- Eigenkapitalspiegel (IAS 1.101)
- Rückstellungsspiegel (IAS 37.84)
- Anlagespiegel für immaterielle Vermögenswerte (IFRS 3.75; IAS 38.118) und Sachanlagen (IAS 73; 40.76).

Allen gemein ist, dass eine Bilanzposition in seine Bewegungsarten zerlegt wird. Hierdurch wird deutlich, worauf die Veränderung der jeweiligen Bilanzpositionen zurückzuführen ist.[988]

Für einen transparenten und klaren Jahresabschluss, der auch das kanonische Zweckbindungsgebot berücksichtigen muss, sind dem Jahresabschlussadressaten die Entwicklung der Pensionsverpflichtung i.V.m. der des Deckungsvermögens sowie die Auswirkungen auf die Erfolgsrechnung transparent zu machen. Dies kann in Form eines Spiegels erreicht werden. Weder das HGB noch die IFRS sehen explizit eine zusammenhängende Darstellung der Bewegungen der Pensionsrückstellung und des dafür gebildeten Deckungsvermögens vor.

Im Folgenden wird ein Spiegel vorgestellt, welcher speziell das kanonische Zweckbindungsgebot berücksichtigt. Es soll das gesamte, für die Pensionsverpflichtung von Priestern gebildete Deckungsvermögen, d.h. sowohl das in der Verfügungsgewalt der Diözese stehende, für die Altersversorgung der Priester zweckgebundene Pensionsvermögen als auch das Planvermögen aufzeigen und die Deckung der Pensionsverpflichtung transparent machen. Durch diesen Ausweis wird dem Bilanzleser die Verwendung des Kirchenvermögens aufgezeigt sowie der Deckungsstatus, hier für die Priesterversorgung.

---

[987] Vgl. IASB Amendments Dezember 2004.
[988] Vgl. Pawelzik (2005), S. 733.

Für die Darstellung der Entwicklung der Pensionsrückstellungen und des Deckungsvermögens im Anhang wird das folgende Darstellungskonzept vorgeschlagen.

Komponenten / Bewegungsart	Bruttodarstellung			Nettodarstellung		
	DBO		Planvermögen	Nettorückstellung I	Pensionsvermögen	Nettorückstellung II
	rückstellungsfinanziert	fondsfinanziert				
(A) Anfangsstand				Ph_t	Vb_t	Nb_t
(B) Inanspruchnahme/Zahlung				$-Pi_t$	$-Vi_t$	0_t
(C) Abgang				$-Pa_t$	$-Va_t$	$-Na_t$
(D) Zugang				$+Pz_t$	$+Vz_t$	$+Nz_t$
- Dienstzeitaufwand		--		--		
- nachzuverrechnender Dienstzeitaufwand		--		--		
- Deckungszugang	--	--		--		
(E) Neubewertung				$+/- Pnb_t$	$+/- Vnb_t$	$+/- Nnb_t$
- versicherungsmathematische Gewinne/Verluste		--		--		
- (erwartete) Erträge/Verluste aus Deckungsvermögen	--	--		--		
(F) Endstand				$= Pe_t$	$= Ve_t$	$= Ne_t$

Abbildung 12: Konzept zur Darstellung der Rückstellungs- und Vermögensentwicklung

Nach IAS 19.120Ad muss die Deckung einer leistungsorientierten Pensionsverpflichtung aufgezeigt werden. Daher wird bei der DBO im Spiegel danach unterschieden, welcher Teil durch Rückstellungen, für die kein Planvermögen gebildet worden ist und welcher Teil über einen Fonds i.S.d. Planvermögens finanziert wird. Mit dieser Unterscheidung kann die Deckung des fondsfinanzierten Teils der Rückstellung transparent gemacht werden. Eine Unterdeckung ist dann gegeben, wenn das Planvermögen geringer ist als der fondsfinanzierte Teil der DBO. Mit dieser Darstellung wird die Art der Finanzierung und die Deckung sichtbar. Die DBO wird nach Abzug des Planvermögens in der Bilanz als Pensionsrückstellung ausgewiesen. Sie ist der Wert, der innenfinanziert ist. Eine Deckung dieses Teils wird allerdings nur dann erreicht, wenn die durch Rückstellungsbildung der Ausschüttung entzogenen Ressourcen für die Finanzierung der Pensionsverpflichtungen gebunden werden. Um dies transparent zu machen, enthält der Spiegel eine Nettodarstellung, in der die nach Abzug des Planvermögens verbleibende Rückstellung dem bilanzierten Pensionsvermögen gegenübergestellt wird. Das

264

Pensionsvermögen in der Nettodarstellung ist der sichtbare Teil des bilanzierten Vermögens, welches für den Versorgungsfall zur Zahlung der Pensionsschuld zweckgebunden ist.

Eine Unterdeckung liegt vor, wenn unter Berücksichtigung des Pensionsvermögens ein Rückstellungsüberhang verbleibt.

Innerhalb der Bruttodarstellung entstehen auf Grund der rechtlichen und wirtschaftlichen Unabhängigkeit des Planvermögens weder beim Planvermögen noch bei der DBO in der Finanzbuchhaltung der Diözese buchungswirksame Vorgänge. Diese entstehen erst nach Abzug des Planvermögens. Die Nettodarstellung, also der beim Rechnungslegenden buchungswirksame Teil, soll anhand des oben dargestellten Tableaus erläutert werden.

Zur Erläuterung wird aus Gründen der Anschaulichkeit die Nettodarstellung im Folgenden als Formel dargestellt:

Es gelten die folgenden Abkürzungen:

t   = Berichtsperiode
Pb   = Pensionsrückstellungen am Beginn des Jahres
Pe   = Pensionsrückstellungen am Ende des Jahres
Pi   = Inanspruchnahme von Pensionsrückstellungen
Pa   = Abgang von Pensionsrückstellungen
Pz   = Zuführungen zu Pensionsrückstellungen
Pnb = Veränderung aus der Neubewertung von Pensionsrückstellungen

Für die Entwicklung des Pensionsvermögens gilt anstelle von „P" „V" bzw. für die Nettodarstellung „N".
Der jeweilige Nettowert (N) errechnet sich dann durch die Subtraktion der Pensions- von der Vermögensspalte. Der Nettowert am Beginn des Geschäftsjahres ergibt sich wie folgt:

$$Nb_t = Pb_t - Vb_t$$

Pe_t und Ve_t, bzw. Pb_t und Vb_t sind die Werte, die dem Bilanzausweis entsprechen. Pa_t, Pz_t und Pnb_t korrespondieren mit den entsprechenden Konten in der GuV.

Dem Modell liegt die Annahme zu Grunde, dass die Schuldenentwicklung und die Vermögensentwicklung nicht miteinander korrelieren, d.h. dass den Rückstellungen kein entsprechendes Pensionsvermögen gegenüberstehen muss. Der Vermögensaufbau verläuft je nach der Finanzplanung der Diözese über den Zeitraum von der Inkardination bis zum angenommenen Rentenalter, während die Höhe der Rückstellungen von den Jahren der Inkardinationstreue zum Zeitpunkt T_0 abhängt.

Das Tableau lässt sich folgendermaßen interpretieren:

Ziele (B) - **Inanspruchnahme**: Die Inanspruchnahme der Rückstellungen ist die Folge des Eintretens des Versorgungsfalls. Dabei reduziert sich das Vermögen um den Betrag der Verpflichtung.

Da der Aufwand bereits auf Grund der wirtschaftlichen Verursachung erfasst wurde und sich das Vermögen entsprechend der Zahlung an den Pensionär reduziert, erfolgt lediglich eine erfolgsneutrale Buchung:

Pensionsrückstellungen an Pensionsvermögen bzw. an Liquide Mittel
für den Fall, dass die Altersversorgung nicht vollständig aus dem Pensionsvermögen gezahlt wird, sondern teilweise aus dem laufenden Haushalt.

Ziele (C) - **Abgang/Auflösung**: Hinter dem Abgang/der Auflösung von Rückstellungen steht der Sachverhalt, dass der angenommene Versorgungsfall nicht vollständig bzw. überhaupt nicht eingetreten ist, z.B. durch den vorzeitigen Tod oder die Entlassung des Priesters. Durch den Abgang von Pensionsrückstellung ist eine ertragswirksame Buchung in Höhe der zu hoch
angesetzten, d.h. überschüssigen Pensionsrückstellung' vorzunehmen:

Pensionsrückstellung an Erträge

Aus diesem Sachverhalt ergibt sich ggf. ein Vermögensüberhang, dem keine entsprechende Verpflichtung gegenüber steht. Das Vermögen verbleibt entweder im Pensionsvermögen oder es wird als Abgang erfasst, wenn es anderen kirchlichen Zwecken zugeführt wird.

Ziele (D) – **Zugang**: Der Zugang an Verpflichtungen drückt die Zuführung auf Grund der Inkardinationstreue des jeweiligen Geschäftsjahres aus. Diese Bewegungsart umfasst den Dienstzeitaufwand und den nachzuverrechnenden Dienstzeitaufwand. Das Pensionsvermögen hingegen entspricht nur dann der Zuführung, wenn die an den erfassten Aufwand gebundenen Ressourcen dem Pensionsvermögen zugeführt werden. Hier wird die Zweckbindung innenfinanzierter Pensionsverpflichtung sichtbar. Der Ausdruck:

$$Nz_t = Pz_t - Vz_t$$

liefert eine Aussage über die Nettoneuverschuldung des Berichtsjahres. Für die Rückstellung ergibt sich die Buchung:

Aufwand an Pensionsrückstellungen
und für den Vermögensaufbau:

Pensionsvermögen an liquide Mittel (bzw. äquivalent)

Zeile (E) – Neubewertung: Die Neubewertung (nb) resultiert aus der vorange-stellten Erörterung, aus welcher hervorging, dass die angenommenen Wahrschein-lichkeiten in jedem Jahr neu zu prüfen sind und ggf. entsprechende Anpassungen vorgenommen werden müssen.[989] Hierunter fallen bei der Pensionsverpflichtung finanzmathematische Gewinne und Verluste. Bei den Vermögenswerten umfasst diese Bewegungsart die (erwarteten) Erträge und Verluste aus dem Planvermögen (Bruttodarstellung) bzw. aus dem Pensionsvermögen (Nettodarstellung). Der Ausdruckt Pnb_t weist den Saldo aus der Neubewertung der DBO und des Plan-vermögens aus und gibt den Gewinn bzw. Verlust aus der Neubewertung an. Das Gleiche gilt analog für Nnb_t.

Bei Anwendung des Nettoverfahrens führt sowohl eine Verrechnung der Vertika-len als auch der Horizontalen zum Wert Ne_t, also:

$$Ne_t = Nb_t - Na_t + Nz_t +/- Nnb_t = Pe_t - Ve_t$$

4.5.4 Zwischenergebnis – Ausweis

Die Besonderheiten des Ausweises der Pensionsrückstellungen für Priester resul-tieren aus dem Grundsatz der Zweckbindung des Kirchenvermögens. Nach dem deutschen Handelsrecht sind die Pensionsrückstellungen in ihrer tatsächlichen Höhe, d.h. brutto auszuweisen, wobei rechtlich unabhängige Pensionsfonds mit einer mittelbaren Zusage verbunden und insoweit keine Rückstellungen anzuset-zen sind. Nach IFRS sind die Pensionsrückstellungen mit dem Planvermögen zu verrechnen und insoweit netto auszuweisen. Dabei erscheint das Planvermögen wie eine mittelbare Zusage.

Nach dem Umsatzkostenverfahren sind die Personalaufwendungen und somit auch die Aufwendungen für Altersversorgung nicht erkennbar. Das Gesamtkos-tenverfahren erlaubt einen transparenten Ausweis der Aufwandsarten und damit

---

[989] Vgl. Abschnitt 4.4.7.

der Pensionsrückstellungen. Das dreistufige Ergebnisermittlungskonzept lässt sich nach dem Gesamtkostenverfahren nicht realisieren, sondern am besten nach dem Umsatzkostenverfahren, mit einer Darstellung der Aufwandsarten im Anhang. Beim Umsatzkostenverfahren sind die Pensionsrückstellungen für Priester den unmittelbaren Aufwendungen zuzurechnen, weil sie direkt den Zielkategorien der Diözese zurechenbar sind. Die Informationslücken des Umsatzkostenverfahrens können durch entsprechende Anhangsangaben geschlossen werden.

Für einen transparenten Ausweis der Schuldenentwicklung wird vorgeschlagen, im Anhang einen Rückstellungsspiegel für Pensionen einzubeziehen, der die Rückstellungsentwicklung zusammen mit der Entwicklung des Deckungsvermögens darstellt. Es wird im Sinne einer verwendungsorientierten Rechnungslegung vorgeschlagen, das gesamte für die Pensionen vorgesehene Deckungsvermögen abzubilden, wobei das Planvermögen und das Pensionsvermögen getrennt ausgewiesen werden.

5   Zusammenfassung und Ergebnisse

5.1   Grundlagen der Untersuchung

Das *kanonische Recht* enthält nicht nur gesamtkirchliches, sondern auch teilkirchliches Recht, welches sich über eine lange Entstehungsgeschichte zu einem konkreten Rechtsinstitut – dem Codex Iuris Canonici – entwickelt hat. Im Laufe der Zeit hat es sich von einem fallbezogenen Recht zu einem Gesetzesrecht entwickelt. Das Kirchenrecht unterscheidet das partikulare Recht und das Universalrecht. Der CIC kann als Rahmenregelwerk verstanden werden, dem das Partikularrecht entsprechen muss. Hinsichtlich der Auslegung der Kirchengesetze besteht die Besonderheit, dass die Normen des CIC vor dem Hintergrund ihres theologischen Gehalts interpretiert werden müssen.

Der Rahmen der wirtschaftlichen Betätigung der Kirche lässt sich aus ihrem Zielsystem ableiten, welches das wirtschaftliches Handeln in eine Mittel-Zweck-Relation stellt. Die Grundlage hierfür stellt das Selbstverständnis der Kirche dar. Ausgehend von dem Sendungsverständnis der Kirche, zwischen Gott und den Menschen zu vermitteln, lassen sich die Ziele der Kirche in Formal- und Sachziele unterschieden. Dabei sind die Formalziele auf die Sachziele ausgerichtet. Weil sich beide Zielebenen wechselseitig bedingen, sind die Formalziele nicht weniger bedeutsam als die Sachziele. Ohne die Formalziele könnten die Sachziele nicht erreicht werden und umgekehrt wäre die Verfolgung von Formalzielen ohne Sachziele obsolet. Die Sachzielkategorien umfassen nach dem CIC die Verkündigung, die Eucharistie, die Caritas sowie den Unterhalt des Klerus. Formalziele sind die Ressourcenerzielung, die Vermögenserhaltung, die Wirtschaftlichkeit und die Liquiditätserhaltung. Dabei wird der wirtschaftliche Erfolg als eine Effizienzgröße aufgefasst und im Kontext des Zweckbindungsgebotes interpretiert. Danach stellt ein ineffizienter, d.h. unwirtschaftlicher Umgang mit den Ressourcen eine Zweckentfremdung dar.

In dieser Arbeit stellt sich die Diözese, die von einem (Erz-)Bischof geleitet und verantwortet wird, als die rechnungslegende Einheit dar. Sie ist die wichtigste organisatorische Einheit in der Katholischen Kirche sowohl in religiöser als auch in wirtschaftlicher Hinsicht. Der Bischof trägt Einzelverantwortung gegenüber der ihm anvertrauten Diözese und entsprechend dem Communioprinzip Mitverantwortung für die Gesamtkirche in Gemeinschaft mit dem Papst und den Bischöfen in der ganzen Welt. Das Bischofsamt wird als Bindeglied zwischen Teil- und Gesamtkirche gesehen. Diese Gemeinschaft ist nicht nur eine religiöse, sondern auch eine wirtschaftliche Gemeinschaft, die einen wirtschaftlichen Austausch der Ressourcen fördert. Die wirtschaftlichen Ressourcen entstehen auf der Ebene der Diözese, welche nicht nur die organisatorisch, sondern auch die wirtschaftlich wichtigste Verwaltungseinheit der Katholischen Kirche darstellt. In einer Diözese können eine Vielzahl unterschiedlicher rechnungslegender Einheiten bestehen, die nach Maßgabe des diözesanen, d.h. partikularen Rechts, Rechnung legen. Als rechnungslegende Einheit wird sich in dieser Arbeit auf die Ebene der Diözesanverwaltung und damit auf das Generalvikariat bzw. Ordinariat beschränkt.

Als Religionsgemeinschaft und als Körperschaft des öffentlichen Rechts wird den Diözesen in Deutschland eine weit reichende Autonomie vor dem Staat eingeräumt. Prägend hierfür ist das Eigentums- und Selbstverwaltungsrecht, das sich u.a. in der Kirchengutsgarantie ausdrückt. Unter die Kirchengutsgarantie, welche die Kirche vor staatlichen Eingriffen schützen soll, fällt grundsätzlich das gesamte Kirchenvermögen. Die Eröffnung eines Insolvenzverfahrens über das Vermögen der Diözesen ist daher nicht möglich. Die Auflösung eines Bistums kann nur von Kirchenseite, nach kanonischem Recht nur vom Apostolischen Stuhl, vorgenommen werden. Aus dieser Rechtsstellung folgt, dass nach staatlichen Vorschriften keine Rechnungslegungspflicht der Diözese besteht, wohl aber eine eingeschränkte staatliche Rechnungsprüfung durch den Rechnungshof.

Gegenstand der Rechnungslegung ist das Kirchenvermögen. Es entsteht im Wesentlichen aus den Abgaben der Kirchenmitglieder. Es haben sich drei Abgabensysteme etabliert: Kirchensteuer-, Spenden- und Beitragssystem. In Deutschland dominiert das Kirchensteuersystem. Die Finanzierung der Diözesen lässt sich in drei Säulen einteilen: Abgaben der Kirchenmitglieder, Vermögenserträge und Staatsleistungen. Da zwischen den Erträgen und den Leistungen der Kirche ein abstrakter Zusammenhang besteht, reagieren die Erträge relativ träge auf die Leistungen der Kirche. Somit eignet sich das Ertragsvolumen der Diözese weniger als Leistungsmaßstab, als dies bei erwerbswirtschaftlichen Unternehmen der Fall ist. Das Kirchenvermögen unterliegt der treuhänderischen Vermögensverwaltung. Ein Treuhandverhältnis nach weltlichem Recht kann allerdings nicht angenommen werden. Durch diese Bezeichnung kommt jedoch die Bindung des Kirchenvermögens an die Sachziele der Kirche und das Eigennutzverbot zum Ausdruck. Um die Zweckbindung und Schutzkonzeption, denen das Kirchenvermögen unterliegt, begrifflich zum Ausdruck zu bringen, wurde das Kirchenvermögen als Treuhandvermögen im kanonischen Sinne bezeichnet. Das Kirchenvermögen lässt sich in zwei grundsätzlich unterschiedliche Vermögensarten einteilen. Die eine Vermögensgruppe ist Gegenstand wirtschaftlichen Handelns und dient der wirtschaftlichen Erfüllung der Sachziele. Die andere Gruppe dient hingegen religiösen, kulturellen und künstlerischen Zwecken und weist insoweit keinen konkret bestimmbaren, wirtschaftlichen, sondern vielmehr einen religiösen Nutzen auf.

Sowohl nach HGB als auch nach IFRS ist eine Aktivierung von HSK-Gütern nicht möglich. Obwohl den HSK-Gütern ein abstrakter wirtschaftlicher Nutzen zukommt, werden sie nicht als Ressource, sondern als Ressourcenverbrauch erfasst. Aus Gründen der fehlenden Bestimmbarkeit eines objektiven Wertes ist eine Bewertung der HSK-Güter in Geldeinheiten abzulehnen. Sie können außerhalb der pagatorischen Rechnungslegung, im Rahmen einer Sonderberichterstattung über HSK-Güter, in die Rechnungslegung einbezogen werden. Die Wirtschaftsgüter sind hingegen grundsätzlich ansatzfähig. Für die Erhaltung des Kirchenvermögens gilt der Grundsatz, das Vermögen so lange zu erhalten, wie diesem Vermögen ein Zweck zu Grunde liegt. Die Vermögenserhaltung leitet sich daher aus der Zweckerhaltung, die theologischen Ursprungs ist, ab.

5.2   Grundsätze ordnungsmäßiger Rechnungslegung

Die Anwendbarkeit der GoR bedingt die Verträglichkeit mit dem jeweiligen nationalen Recht. Die GoR sind, wie auch der CIC, in denjenigen Ländern anwendbar, in denen das Recht der Katholischen Kirche nicht durch nationales Recht eingeschränkt wird. Die GoR in einem gesamtkirchlichen Recht sind multifunktional. Sie können sowohl als richterlicher Leitfaden als auch als Grundlage für die Entwicklung partikularer und mit dem CIC konsistenter Rechtsnormen dienen sowie für die Regelung von Einzelfällen herangezogen werden. Des Weiteren stellen sie eine Leitlinie für die bilanzierende Praxis in den Diözesen dar. GoR nehmen insoweit eine Harmonisierungsfunktion in Bezug auf die Rechnungslegung innerhalb der Katholischen Kirche wahr.

Ermittelt wurden die GoR auf der Basis der Zwecke und Ziele des Jahresabschlusses einer Diözese. Der Ermittlung von Jahresabschlusszwecken liegt ein hermeneutischer Ansatz zu Grunde, der den kanonischen und betriebswirtschaftlichen Gesetzeszweck in eine Mittel-Zweck-Relation stellt, um dadurch ein normatives Sinnganzes herzustellen. Mit diesem Ansatz soll sichergestellt werden, dass die Jahresabschlusszwecke mit dem kanonischen Gesetzesplan harmonieren. Um die praktische Handhabbarkeit zu gewährleisten, wurden die in der Praxis bestehenden kaufmännischen Jahresabschlusszwecke herangezogen und mittels dieses hermeneutischen Ansatzes interpretiert.

Die Hauptzwecke des Jahresabschlusses einer Diözese umfassen die Rechenschaft, die Dokumentation und die Informationsvermittlung. Im Rahmen des Rechenschaftszwecks wurden die Adressaten, welche über ein Informationsrecht verfügen, ermittelt. Dieses sind der Ordinarius, der Vermögensverwaltungsrat, im Rahmen einer ad-hoc-Rechnungslegung der Apostolische Stuhl und schließlich die Geldgeber, insbesondere die zahlenden Kirchenmitglieder.
Die Beziehung zwischen den Mitgliedern der Kirchengemeinschaft und die Notwendigkeit der Rechnungslegung wird anhand der Principal-Agency-Theorie er-

klärt. Die Rechnungslegung ist nach dieser Theorie als ein Instrument zur Verringerung von Informationsasymmetrien zu verstehen, wobei der Generalvikar den Agenten darstellt. Auf der Grundlage der Adressaten ergibt sich die Notwendigkeit der Publizität des Jahresabschlusses. Zur Publizität der Rechnungslegung enthält der CIC keine Regelungen. Diese Pflicht resultiert jedoch aus der Definition der Rechnungslegung. Ein geeigneter Publikationsort für den Jahresabschluss der deutschen Diözesen sind deren Amtsblätter, in denen üblicherweise auch die Haushaltspläne und die partikularen Kirchengesetze und andere Verlautbarungen der Diözese bekannt gegeben werden. Einen weiteren grundsätzlich geeigneten Publizitätsort stellt das Internet dar.

Die drei Hauptzwecke des Jahresabschlusses einer Diözese implizieren, dass die Zwecke im Wesentlichen ein Kontrollsystem bilden, welches die Rechnungslegung über die Zweckbindung des Kirchenvermögens zum Gegenstand hat. Die Rechnungslegung muss danach Informationen a) über die sachliche Verwendung der Ressourcen und b) über den Erhalt des wirtschaftlichen Kirchenvermögens umfassen. Die zuletzt genannte Funktion umfasst die Wirtschaftlichkeit und die Liquiditätserhaltung.

Aus dem Zielsystem der Kirche und dem treuhänderischen Grundsatz des Eigennutzverbotes geht hervor, dass es keine wirtschaftlichen Eigeninteressen der Adressaten zu befriedigen gilt und kein Interessensausgleich zwischen ihnen herzustellen ist. Insofern lastet auf den Bilanzierenden der Diözöse kein mit gewinnwirtschaftlich orientierten Unternehmen vergleichbarer äußerer Erfolgsdruck. Widersprüche zwischen der Rechenschafts- und Informationsfunktion liegen danach nicht in den unterschiedlichen Informationsinteressen der Adressaten begründet, sondern im Wesen der Rechnungslegung selbst. Die Rechenschaftsfunktion wird mit Objektivität und intersubjektiver Nachvollziehbarkeit verbunden. Dabei orientiert sich die Objektivität am Grundsatz der Pagatorik.

Die Rechnungslegung im Sinne der Kontrollfunktion ist als Instrument zur Vermittlung entscheidungsrelevanter Informationen aufzufassen. Die Rechnungslegung als Form für die Vermittlung von Informationen, die für betriebswirtschaftliche Entscheidungen geeignet sind, findet daher dort ihre Grenze, wo ein pagatorischer Zusammenhang nicht mehr hergestellt werden kann. Im Interesse der Informationsfunktion wird das Pagatorisches Prinzip so ausgelegt, dass sich Reinvermögenssalden und die Salden der Zahlungsmittel über die Totalperiode *wahrscheinlich* ausgleichen werden.

Die Informationen über die sachliche Mittelverwendung können im Rahmen einer Segmentberichterstattung, deren Segmente die vier Zielkategorien der Kirche abbilden, dargestellt werden. Die Liquiditätskontrolle kann über eine Kapitalfluss-rechnung sichergestellt werden. Informationen über die Vermögenserhaltung und die Wirtschaftlichkeit können durch die Gewinn- und Verlustrechnung im Rahmen der Bestimmung von Erfolgsgrößen vermittelt werden. Dies impliziert ein dreistufiges Erfolgsermittlungskonzept. Der Erfolg reflektiert in der ersten Erfolgsstufe die Wirtschaftlichkeit. Er ist der Saldo aus den Erträgen und den Aufwendungen des Verwaltungsbereichs. Diese Ergebnisstufe und das Finanzergebnis bilden das Ergebnis II. Die Vermögenserhaltungskontrolle wird anhand der zweiten Ergebnisstufe erreicht, indem von dem ersten Ergebnis diejenigen Aufwendungen abgezogen werden, die sich unmittelbar den Oberzielen zurechnen lassen, welche den Leistungsbereich reflektieren. Die Residualgröße gibt Auskunft über den Beitrag der Periode zur Vermögenserhaltung. Dieses dreistufige Erfolgsermittlungskonzept kann am besten mit einem modifizierten Umsatzkostenverfahren und nur in Staffelform umgesetzt werden, mit Angabe der Aufwandsarten im Anhang. Die Gliederung nach § 275 Abs. 3 HGB erscheint auf Grund der Anordnung der Funktionsbereiche nach ihrer Nähe zu den aufwandsverursachenden Erträgen nicht sachgerecht. Da die Diözesen in Deutschland Körperschaften des öffentlichen Rechts sind, ist die Diözese nicht an diese Gliederungsvorschrift gebunden. Auch nach IFRS lässt sich dieses Konzept darstellen, da es der Generalnorm eher entspricht als das klassische Umsatzkostenverfahren.

Das Ergebnis III wird grundsätzlich durch die nominale Kapitalerhaltung interpretiert, da sowohl eine schätzgrößenbasierte als auch eine vorwiegend kalkulatorisch basierte Kapitalerhaltungskonzeption i.S. der organischen Bilanz nicht hinreichend objektiv und für die Rechnungslegung daher wenig geeignet sind. Die für die Diözese zu Grunde zu legende nominelle Kapitalerhaltung folgt jedoch keinen strengen Bewertungsregeln wie denen des HGB, sondern muss im Interesse der Informationsfunktion auch ein Abrücken vom Anschaffungskostenprinzip erlauben. Besonders bei der Bewertung der Grundstücke und Gebäude wurde unter Berücksichtigung der Nutzen-Kostenabwägung eine Zeitwertbewertung für sinnvoll erachtet. Ein derartiges *gemildertes* Nominalwertprinzip lässt sich mit der möglichen Kapitalerhaltungskonzeption der IFRS umsetzen.

Die Generalnorm im System der GoR ist im Sinne einer möglichst realistischen und transparenten - statt einer streng vergangenheitsbezogenen - Darstellung der Vermögens-, Finanz- und Ertragslage zu interpretieren. Damit entspricht die Interpretation dieser Generalnorm eher dem ‚true and fair view' der IFRS als der Generalnorm des HGB.

Korrespondierend zu dem Ermittlungsansatz von Jahresabschlusszwecken wurden die kaufmännischen Rechnungslegungsgrundsätze zu Grunde gelegt und unter

Berücksichtigung des kanonischen Normzwecks interpretiert. Die GoR lassen sich einteilen in Rahmengrundsätze, welche die ordnungsmäßige Rechnungslegung als Ganzes betreffen und in Grundsätze, die speziell auf die drei Abbildungsbereiche bezogen sind. Es zeigt sich, dass die kaufmännischen Rechnungslegungsgrundsätze nur mit einigen Anpassungen hinsichtlich der Auslegung für die Kirche anwendbar sind. Bedingt durch das Finanzierungsportfolio der Kirche kommt dem Realisationsprinzip und dem Grundsatz der sachlich und zeitlich korrekten Abgrenzung (matching principle) eine geringe Bedeutung zu, da ein erheblicher Teil der Erträge nicht mit der Leistungserstellung, sondern mit der zeitlichen Veranlagung bzw. mit dem Geldzugang realisiert wird.

Der Grund hierfür ist, dass die Erträge nicht unmittelbar mit der Leistungserstellung i.S. des Absatzes von Leistungen entstehen und zwischen Leistung und Erträgen ein überwiegend abstrakter Zusammenhang besteht. Da der weit überwiegende Teil der Erträge nicht leistungsverursacht ist, werden die Aufwendungen nicht periodengleich mit den Erträgen erfasst. Kirchensteuern und Beiträge sind der Periode zuzurechnen, in der sie veranlagt bzw. erhoben sind. Spenden sind mit der Einzahlung als verursacht anzusehen. Die Aufwendungen entstehen i.d.R. mit der Auszahlung. Die GuV ist daher überwiegend eine an Zahlungsbewegungen orientierte Erfolgsrechnung. Somit ist der Ermessensspielraum, wann Erträge als realisiert bzw. Aufwendungen als verursacht zu betrachten sind, gering. Ferner kommt der vorsichtigen Erfolgsermittlung hinsichtlich des Zeitpunktes der Erfassung von Erträgen nur eine geringe Bedeutung zu. Zwischen der Informationsfunktion und der Rechenschaftsfunktion i.S. der Vorsicht besteht hinsichtlich der Ertragsrealisierung bzw. Aufwandsverursachung daher ein günstiger Kompromiss. Eine imparitätische Behandlung von Aufwendungen und Erträgen wird durch die zeitliche Periodenabgrenzung weitgehend eliminiert.

Da keine wirtschaftlichen Eigeninteressen der Adressaten zu befriedigen sind und die GuV im Wesentlichen an Geldbewegungen orientiert ist, entfallen die entscheidenden Gründe dafür - wie im Handelsrecht - der Vorsicht eine dominierende Rolle beizumessen. Insofern hat der Grundsatz der Vorsicht bei der Rechnungslegung der Katholischen Kirche Nachrang vor der Transparenz und der Vermittlung entscheidungsrelevanter Informationen.

Die Ausgangsthese, die Generalnorm der GoR sei im Sinne einer möglichst transparenten und an der Informationsfunktion orientierten Rechnungslegung auszulegen, wird bestätigt. Damit entspricht das Verständnis der Generalnorm der GoR dem der Generalnorm der IFRS. Ihrer Rechtsnatur nach eignen sich GoR für ein gesamtkirchliches Vermögensrecht.

Gegenwärtig enthält der CIC keinen Verweis auf die Anwendung von GoR, so dass trotz einer nach kanonischem Recht gebotenen Rechnungslegungspflicht und dem Communioprinzip, welches den wirtschaftlichen Austausch unterhalb der Diözesen ausdrücklich fördert, keine einheitlichen Rechnungslegungskonventionen existieren. Derzeit kann jede Diözese ein individuelles Rechnungslegungskonzept anwenden das sich jedoch einer transparenten und vergleichbaren Rechnungslegung entzöge. Die hier erörterten GoR können zur Herstellung von transparenten und vergleichbaren Jahresabschlüssen von Diözesen verhelfen.

Damit GoR für alle Teilkirchen gleichsam relevant werden, bedarf es eines Verweises im Vermögensrecht des CIC wie § 238 Abs. 1 HGB. Die GoR existieren somit nicht unabhängig vom kanonischen Recht und können ihre Harmonisierungsfunktion entfalten sowie ein normatives Sinnganzes mit dem CIC bilden. Auf die Kodifizierung der einzelnen GoR sollte verzichtet werden, um die Fortentwicklung einer starren Gesetzgebung zu entziehen und eine Konsensbildung zwischen kaufmännischer Praxis und der Kanonistik zu ermöglichen. Das System der GoR und die einzelnen Grundsätze können so durch Auslegung und Anwendung fortentwickelt werden und ein zeitgemäßes Ordnungssystem aufrechterhalten.

5.3   Pensionsverpflichtungen gegenüber Priestern

Für die Altersversorgung der Priester sind die deutschen Diözesen auf Grund ihres öffentlich-rechtlichem Status nicht an das SGB und das BetrAVG gebunden. Die rechtliche Grundlage für den Altersversorgungsanspruch der Priester sind die Inkardination und die damit verbundenen partikularen Rechtsnormen sowie der CIC. Der Inkardination geht zwingend die Weihe voraus. Mit der Priesterweihe und der Inkardination erwirbt der Priester einen Rechtsanspruch auf eine lebenslange Alimentation. Mit der Inkardination wird der Priester einer Diözese zugeordnet, womit die Person, gegenüber welcher er seine Rechte – so auch den Altersversorgungsanspruch – geltend machen kann, konkretisiert wird. Der Verpflichtete ist der Inkardinationsobere, bezogen auf die Diözese der bischöfliche Stuhl.

Das Beschäftigungsverhältnis zwischen Priester und Diözese/Bischof ist nicht mit dem eines Angestellten vergleichbar. Es unterliegt nicht der Vertragsfreiheit, sondern ähnlich wie bei staatlichen Beamten, der Formstrenge. Das Rechtsverhältnis zwischen Priester und Diözesanbischof ist durch die religiöse Verbindung charakterisiert. Zu den Pflichten des Diözesanbischofs gehört auch die Verpflichtung zur lebenslangen Versorgung, worin die Altersversorgung eingeschlossen ist. Aus handelsrechtlicher Sicht kommt ungeachtet der stets unmittelbaren Grundverpflichtung der Diözese als Dienstherr sowohl die mittelbare als auch die unmittelbare Zusageform in Frage. Aus Sicht der IFRS ist die Pensionszusage vom Grundsatz her als leistungsorientierte Zusage einzuordnen. Die Pensionsverpflichtung gegenüber Priestern erfüllt die Voraussetzung einer ansatzpflichtigen Pensionsrückstellung sowohl nach HGB als auch nach IFRS.

Mit dem Ansatz von Pensionsrückstellungen ist die Frage verbunden, nach welchem Kriterium die Pensionsrückstellung als verursacht anzusehen und anzusetzen ist. Anders als ein Angestellter wird der Priester nicht für seine Arbeitsleistung entlohnt, sondern für seine lebenslange Treue. Grundsätzlich unterscheidet sich die Versorgung zur aktiven Zeit nicht von jener im Ruhestand. Die Altersversorgungsansprüche sind daher nicht erst mit der Arbeitsleistung, sondern bereits mit dem Treueversprechen als verursacht anzusehen. Das Treueversprechen ist jedoch die rechtliche Ursache, welche eine der Voraussetzungen der Bildung von Rückstellungen ist. Dies betont die rechtstheologische Betrachtungsweise. Nach dem Grundsatz der wirtschaftlichen Betrachtungsweise ist innerhalb der rechtlichen bzw. faktischen Entstehung der Pensionsverpflichtung die wirtschaftliche Ursache zu suchen. Aus der Sicht der bilanzierenden Diözese ist das verpflichtende Ereignis die Inkardinationstreue, d.h. die Diensttreue des Priesters in einer Diözese, da die Diözese den Teil der Gesamtverpflichtung übernimmt, welche der Inkardinationszeit des Priesters entspricht.

Die Pensionsrückstellung wird auf der Grundlage der lebenslangen Treue gebildet. Die Pensionsrückstellung zum jeweiligen Bilanzstichtag reflektiert somit nicht die Rückzahlung zum Stichtag, sondern einen Teilwert, der nur im Versorgungsfall zur Auszahlung kommt. Verliert der Priester seinen Anspruch wegen Amtsaufgabe, so stellt nicht die bis dahin gebildete Pensionsrückstellung den Ablösewert dar, sondern der Priester wird in Deutschland, wie bei Beamten, gesetzlich nachversichert. Bei Amtsaufgabe wird das zurückliegende Dienstverhältnis nachträglich als Anstellungsverhältnis behandelt. In die Gesamtverpflichtung sind alle hinreichend objektivierbaren Einflüsse, die sich an dem künftigen Auszahlungsbetrag orientieren, einzubeziehen. Eine derartige Bewertung käme den IFRS näher als dem HGB.

Die Höhe der Altersversorgung muss dem Amt und der Stellung angemessen sein. Was als angemessen anzusehen ist, lässt sich dem CIC nicht explizit entnehmen. Grundsätze für eine angemessene Besoldung werden jedoch, bezogen auf die aktive Dienstzeit, explizit genannt. Da zwischen der Versorgung I und II kein prinzipieller Unterschied besteht, gelten die Grundsätze eines angemessenen Unterhalts auch für die Altersversorgung. Die Versorgung hat die örtlichen und zeitlichen Gegebenheiten sowie die Aufgaben und die Stellung des Priesters zu berücksichtigen. Danach bemisst sich die Altersversorgung nach dem letzten Gehalt, welches vor dem Hintergrund der gesamtwirtschaftlichen Lage, der Würdestufe des Priesters und eines enthaltsamen Lebensstils zu bewerten ist. Diese Bewertung reflektiert die Gehaltsentwicklung bis zum Status des Pfarrers, die Preisentwicklung und die biometrischen Wahrscheinlichkeiten. Unterlassene Anpassungen sind im Anhang anzugeben und nachzuholen, wenn die Gründe für ihre Unterlassung entfallen sind.

Die Beschäftigung eines Priesters ist kein kommerzielles Arbeitsverhältnis i.S. eines gegenseitigen Leistungsaustausches, d.h. Arbeitsleistung gegen Einkommen. Der Pensionsverpflichtung kann daher weder eine explizite noch eine implizite Zinsabrede unterstellt werden. Begreift man die Pensionsrückstellung als ein Darlehen, so entfällt eine Abzinsung. Da die Abzinsung in dieser Arbeit nicht als Preis für eine Kapitalüberlassung seitens des Priesters an die Diözese aufgefasst wurde, sondern als ein rein versicherungsmathematischer Vorgang, mit dem Ziel verschiedene Zahlungszeitpunkte vergleichbar zu machen, werden Pensionsrückstellungen aus Anlass der Altersversorgung von Priestern diskontiert und damit zum Barwert angesetzt.

In der Ermittlung der Pensionsverpflichtung sind alle zum Zwecke der Altersversorgung zugesagten Komponenten nach besten Schätzungen einzubeziehen. Da im Rahmen der Priesterversorgung bei der Rückstellungsbemessung nicht auf die Arbeitsleistung abzustellen ist, sondern auf die Treue, erscheint eine Verteilung nach der erbrachten Arbeitsleistung, d.h. die Annahme eines zusätzlichen Entgelts für eine erbrachte Arbeitsleistung, nicht sachgerecht. Sie würde vorgeben, dass der Wert der Arbeitsleistung des Priesters im Zeitablauf steigt und daher einen Bezug zwischen Arbeitsleistung und Versorgungsanspruch herstellen. Daher ist für die jährliche Rückstellungsbemessung eine Gewichtung späterer Jahre entsprechend der Arbeitsleistung nicht sachgerecht. Insgesamt erscheint das Gleichverteilungsverfahren angemessener als die PUCM. Da der Diensteintritt und der Zusagezeitpunkt für Priester zusammenfallen, unterscheidet sich das Teilwertverfahren nicht von dem Gegenwartsverfahren.

Besonderheiten im *Ausweis* der Pensionsrückstellungen beziehen sich auf die Bindung des Vermögens an einen Zweck, hier die Versorgung der Priester. In der Bilanz bestehen jedoch keine Besonderheiten im Ausweis. Für die Gewinn- und Verlustrechnung ergab sich wegen des dreistufigen Ergebnisermittlungskonzeptes die Besonderheit, dass Pensionsrückstellungen im Umsatzkostenverfahren nicht offensichtlich werden. Diese Informationsdefizite können jedoch durch entsprechende Anhangsangaben ausgeglichen werden.

In der Bilanz kommen nur die der Diözese rechtlich und wirtschaftlich entzogenen Vermögenswerte zur Verrechnung in Frage. Auf Grund der Zweckbindung können aber Vermögenswerte existieren, die nicht der Verfügungsmacht der Diözese entzogen sind. Daher wird als Anhangsangabe ein Spiegel vorgeschlagen, welcher die Entwicklung der Brutto- und Nettoentwicklung der Pensionsverpflichtung im Zusammenhang mit dem Deckungsvermögen darstellt. Das Deckungsvermögen wird dabei nach der Unabhängigkeit von der Verfügbarkeit der Diözese, d.h. nach Plan- und Pensionsvermögen differenziert.

Für Ansatz, Bewertung und Ausweis von Pensionsverpflichtungen zeigt sich, dass die IFRS bei den Besonderheiten der Pensionsverpflichtung von Priestern, mit Ausnahme der Bewertung der Pensionsanwartschaft zum jeweiligen Bewertungsstichtag, bessere Lösungen aufzeigen als das HGB.

Literaturverzeichnis

Achleitner, Ann-Kirstin / Behr, Giorgio (2003): International Accounting Standards, 3. Aufl., München 2003.

Achleitner, Ann-Kirstin / Thommen, Jean-Paul (2001): Allgemeine Betriebswirtschaftslehre, 3. Aufl., Wiesbaden 2001.

Adam, Berit (2005): Internationale Rechnungslegungsstandards für die öffentliche Verwaltung (IPSAS) – eine Analyse ihrer Leistungsfähigkeit, in: Führung und Steuerung öffentlicher Unternehmen, Hrsg.: Keuper, Frank / Schäfer, Christina, Berlin 2005, S. 395-429.

Adam, Berit (2004): Internationale Rechnungslegungsstandards für die öffentliche Verwaltung (IPSAS): Eine kritische Analyse unter besonderer Berücksichtigung ihrer Anwendbarkeit in Deutschland, Hamburg 2004.

ADS (1998)/Adler, Düring, Schmalz (1998): Rechnungslegung und Prüfung der Unter-nehmen. Kommentar zum HGB, AktG, GmbHG, PublG nach den Vorschriften des Bilanzrichtlinien-Gesetzes, 6. Aufl., neu bearbeitet von Karl-Heinz Forster / Reinhard Goerdeler / Josef Lanfermann / Peter Müller / Günter Siepe / Klaus Stolberg, Teilbd. 6, Stuttgart 1998.

ADS (1995)/Adler, Düring, Schmalz (1995): Rechnungslegung und Prüfung der Unternehmen. Kommentar zum HGB, AktG, GmbHG, PublG nach den Vorschriften des Bilanzrichtlinien-Gesetzes, 6. Aufl., neu bearbeitet von Karl-Heinz Forster / Reinhard Goerdeler / Josef Lanfermann / Peter Müller / Günter Siepe / Klaus Stolberg, Teilbd. 1, Stuttgart 1998.

Ahlers, Reinhild (1999): § 17 Die rechtliche Grundstellung der Christgläubigen, in: Handbuch des katholischen Kirchenrechts, Hrsg.: Listl, Joseph / Schmitz, Heribert, 2. grundlegend neubearbeitete Aufl., Regensburg 1999, S. 220-232.

Ahrend, Peter / Förster, Wolfgang / Rühmann, Jochen / Schumann, Hans-Heinrich (2005): Betriebsrentengesetz: Gesetz zur Verbesserung der betrieblichen Altersversorgung mit zivilrechtlichen und steuerrechtlichen Vorschriften – Kommentar, 10. neu bearbeitete Auflage, München 2005.

Altenburger, Otto (2003): Die Wissensbilanz nach § 13 Abs. 6 UG 2002 aus der Sicht des externen Rechnungswesens, in: Wissensbilanz: Bilanz des Wissens ? – die Wissensbilanz für Universitäten im UG 2002, Hrsg: Österreichische Rektorenkonferenz, o.O. 2003, S. 54-62.

Althaus, Rüdiger (1997): Kommentierung zu cc. 1282 bis 1284, u. c. 1287, in: Münsterischer Kommentar zum Codex Iuris Canonici, Hrsg.: Lüdicke, Klaus, Loseblatt-sammlung, Münster.

Anzenbacher, Arno (2002): Einführung in die Philosophie, 10. Aufl., Freiburg u.a. 2002.

Arens-Fischer, Wolfgang / Steinkamp, Thomas (2000): Betriebswirtschaftslehre, München 2000.

Atkinson, Anthony / Kaplan, Robert / Young, Mark (2004): Management Accounting, 4. Aufl., Internationale ed. - Upper Saddle River, NJ : Pearson/Prentice Hall, 2004.

Aymans, Winfried (1999): §1 Die Kirche - Das Recht im Mysterium Kirche, in: Handbuch des katholischen Kirchenrechts, Hrsg.: Listl, Joseph / Schmitz, Heribert, 2. grundlegend neubearbeitete Aufl., Regensburg 1999, S. 3-12.

Aymans, Winfried (1999): § 26 Gliederungs- und Organisationsprinzipien, in: Handbuch des katholischen Kirchenrechts, Hrsg.: Listl, Joseph / Schmitz, Heribert, 2. grundlegend neubearbeitete Aufl., Regensburg 1999, S. 315-326.

Aymans, Winfried (1991): Kanonisches Recht. Lehrbuch aufgrund des Codex Iuris Canonici, begründet von Eduard Eichmann, fortgeführt von Klaus Mörsdorf, neu bearbeitet von Winfried Aymans, Bd. 1, Paderborn u.a. 1991.

Badelt, Christoph (2002): Handbuch der Nonprofit Organisation, 3. Aufl., Stuttgart 2002.

Baetge, Jörg / Kirsch, Hans-Jürgen / Thiele, Stefan (2003): Bilanzen, 7. Aufl., Düsseldorf 2003.

Baetge, Jörg / Matena, Sonja / Zülch, Henning (2002): Fair Value-Accounting: eine neue Ära der Rechnungslegung ?, in: Vom Financial Accounting zum Business Reporting: kapital-marktorientierte Rechnungslegung und integrierte Unternehmenssteuerung: Beiträge anläss-lich der Fachtagung „Das Rechnungswesen im Konzern – vom Financial Accounting zum Business Reporting am 22./23. November 2001 in Frankfurt, Stuttgart 2002, S. 73-100.

Baetge, Jörg (1976): Rechnungslegungszwecke des aktienrechtlichen Jahresabschlusses, in: Bilanzfragen, Festschrift zum 65. Geburtstag von Prof. Dr. Ulrich Leffson, Hrsg.: Baetge, Jörg / Moxter, Adolf / Schneider, Dieter, Düsseldorf 1976, S. 11-30.

Ballwieser, Wolfgang (2002): Informations-GoB – auch im Lichte von IAS und US-GAAP in: KoR, Bd. 2 (2002), 3, S. 115-121.

Ballwieser, Wolfgang (1982): Zur Begründbarkeit informationsorientierter Jahresab-schlußverbesserungen, in: Zfbf., Bd. 34 (1982), 8/9, S. 772-793.

Bals, Hansjürgen / Reichard, Christoph (2000): Das neue kommunale Haushalts- und Rechnungswesen, in: Neues öffentliches Rechnungswesen. Stand und Perspektiven, Hrsg.: Budäus, Dietrich / Küpper, Willi / Streitferdt, Lothar, 1. Aufl., Wiesbaden 2000, S. 203 – 252.

Behrens, Wolfgang / Budäus, Dietrich / Buschor, Ernst / Fischer, Edmund / Lüder, Klaus / Streim Hannes (2005): Eckpunkte für die Grundsätze ordnungsmäßiger Buchführung im öffentlichen Haushalts- und Rechnungswesen auf Basis der Integrierten Verbundrechnung, in: WPg (2005), S. 887 - 890.

Beisse, Heinrich (1994): Zum neuen Bild des Bilanzrechtssystems, in: Bilanzrecht und Kapitalmarkt, Festschrift zum 65. Geburtstag von Prof. Dr. Dr. h.c. Dr. h.c. Adolf Moxter, Hrsg: Ballwieser, Wolfgang, Düsseldorf 1994, S. 3-31.

Beisse, Heinrich (1993): Gläubigerschutz – Grundprinzipien des deutschen Handelsrechts, in: Festschrift für Karl Beusch zum 68. Geburtstag am 31. Oktober 1993, Hrsg.: Beisse, Heinrich, Berlin, S. 77-97.

Beisse, Heinrich (1980): Handelsbilanzrecht in der Rechtsprechung des Bundesfinanzhofs, in: BB 35. Jg. (1980), Heft 13, S. 637-646.

Benedictus PP XVI (2005; Hrsg.): Katechismus der Katholischen Kirche – Kompendium, München 2005.

Berger, Axel / Ring, Maximilian (2003): Kommentierung zu § 253 HGB, in: Beck'scher Bilanz-Kommentar, Hrsg.: Berger, Axel / Ellrott, Helmut / Förschle, Gerhart / Hense, Burkhard, begründet von Budde, Wolfgang D. / Clemm, Hermann / Pankow, Max / Sarx, Manfred, 5. Aufl., München 2003.

Berthel, Jürgen (1995): Stichwort: Ziele, in: Lexikon der Betriebswirtschaftslehre, Hrsg.: Corsten, Hans, München/Wien 1995, S. 1072-1078.

Bibel (1980): Die Bibel: Einheitsübersetzung, Freiburg, Basel, Wien 1980.

Bidlingmaier, Johannes (1973): Unternehmensziele und Unternehmensstrategien, Wiesbaden 1973.

Bieg, Hartmut (1998): Stichwort: Bruttoprinzip, in: Lexikon der Rechnungslegung und Abschlussprüfung, Hrsg.: Lück, Wolfgang, München 1998, S. 143.

Bier, Georg (1998): Kommentierung zu c. 401, in: Münsterischer Kommentar zum Codex Iuris Canonici, Hrsg.: Lüdicke, Klaus, Loseblattsammlung, Münster.

Bistum Hildesheim (Hrsg.): Geschäftsbericht 2004, unter:
http://www.bho.kirchenserver.org/bho/dcms/sites/hildesheim/nachrichten_d okumente/material_dokumente/index.html?f_action=show&f_info_id=504& f_back_action= (Stand 1.9.2005).

Blomeyer, Wolfgang / Otto, Klaus (2004): Gesetz zur Verbesserung der betrieblichen Altersversorgung – Kommentar, 3. neu bearbeitete Aufl., München 2004.

Bode, Christoph (2003): Kommentierung zu § 16, in: Kommentar zum Gesetz zur Verbesserung der betrieblichen Altersversorgung, Hrsg.: Kemper, Kurt / Kisters-Kölkes, Margret / Berenz, Claus / Bode, Christoph / Pühler, Karl-Peter, München 2003.

Branahl, Matthias / Fuest, Winfried (1995): Kirchensteuer in der Diskussion, Köln 224/4/1995.

Brede, Helmut (2005): Grundzüge der öffentlichen Betriebswirtschaftslehre, 2. überarbeitete und verbesserte Aufl., München 2005.

Brede, Helmut (2005): Strategische Verwaltungsführung und Informationsmanagement, in: Stand und Perspektiven der Öffentlichen Betriebswirtschaftslehre – Festschrift für Prof. Dr. Peter Eichhorn zur Vollendung des 60. Lebensjahres, Hrsg.: Bräuning, Dietmar / Greiling, Dorothea, Berlin 1999, S. 361 – 366.

Brede, Heldmut (1968): Die wirtschaftliche Beurteilung von Verwaltungsentscheidungen in der Unternehmung, Köln 1968.

Brockhaus – Die Enzyklopädie, Bd. 8, 20. Aufl., Mannheim 1997.

Brockhaus – Die Enzyklopädie, Bd. 10, 20. Aufl., Mannheim 1996.

Bucher, Alexius (1996): Stichwort: Immanenz, in: Lexikon für Theologie und Kirche, Hrsg.: Kaper, Walter, Bd. 5, 3. Aufl., Freiburg 1996, S. 429 f.

Buchholz, Rainer (2003): Internationale Rechnungslegung: die Vorschriften nach IAS, HGB und US-GAAP im Vergleich, Berlin 2003.

Budäus, Dietrich / Behm, Christiane / Adam, Berit (2005): Reform des öffentlichen Haushalts- und Rechnungswesens in Deutschland, in: Verwaltung und Management, 11. Jg. (2005), Heft 1, S. 48-53.

Budäus, Dietrich / Srocke, Isabell (2003): Die Reform des Rechnungswesens an Hochschulen (Teil 2), in: Verwaltung und Management, 9. Jg. (2003), Heft 3, S. 142-146.

Budäus, Dietrich / Srocke, Isabell (2003): Die Reform des Rechnungswesens an Hochschulen (Teil 3 und Schluss), in: Verwaltung und Management, 9. Jg. (2003), Heft 4, S. 211-216.

Budäus, Dietrich (2000): Weiterentwicklung der integrierten Verbundrechnung (Speyerer Verfahren) – Aktuelle Reformprobleme und Entwicklungsperspektiven des öffentlichen Rechnungswesens, in: Neues öffentliches Rechnungswesen. Stand und Perspektiven, Hrsg.: Budäus, Dietrich / Küpper, Willi / Streitferdt, Lothar, 1. Aufl., Wiesbaden 2000, S. 301-321.

Budäus, Dietrich (1997): Neue Wege im Rechnungswesen und Controlling öffentlicher Einrichtungen, in: Controlling öffentlicher Einrichtungen, Hrsg.: Coenenberg, Adolf / Baum, Heinz-Georg / Heinhold, Michael / Steiner, Manfred, Stuttgart 1997, S. 43-55.

Burla, Stephan (1989): Rationales Management in Nonprofit-Organisationen, Bern 1989.

Busse von Colbe, Walter / Pellens, Bernhard (Hrsg.; 1998): Stichwort: Grundsätze ordnungsmäßiger Buchführung, in: Lexikon des Rechnungswesens, 4. Aufl., München 1998.

Campenhausen v., Axel (1996): Staatskirchenrecht: ein Studienbuch, 3. Aufl., München, 1996.

Castan, Edgar (1993): Rechnungslegung in der Europäischen Gemeinschaft, München 1993.

Castan, Edgar (1990): Rechnungslegung der Unternehmung, 3. Aufl., München 1990.

Claudius, Eike H. J. (1998): Betriebswirtschaftslehre, Bd. 1, München u.a. 1998.

Coenenberg, Adolf G. (2000): Jahresabschluß und Jahresabschlußanalyse, 17. Aufl., Landsberg/Lech 2000.

Creifelds, Carl (2002): Creifelds Rechtswörterbuch, begründet von, Creifelds, Carl bearbeitet von Guntz, Dieter u.a., 17. Aufl., München 2002.

d'Arcy, Anne / Ordelheide, Dieter (2001): Transacc: A Reference Matrix, Bd. 4 in: Transnational Accounting, Hrsg.: Ordelheide, Dieter / KPMG, Basigstoke u.a. 2001.

Daub, Sebastian (2000): Rückstellungen nach HGB, US-GAAP und IAS, Baden-Baden 2000.

DBK (2004): Kontinuierliche jährliche Erhebung statistischer Eckdaten über Priester, Diakone und andere hauptamtliche Mitarbeiter/innen in der Pastoral, 2004.

DBK (2003): Kontinuierliche jährliche Erhebung statistischer Eckdaten über Priester, Diakone und andere hauptamtliche Mitarbeiter/innen in der Pastoral, 2003.

DBK (2002): Kontinuierliche jährliche Erhebung statistischer Eckdaten über Priester, Diakone und andere hauptamtliche Mitarbeiter/innen in der Pastoral, 2002.

DBK (2001): Kontinuierliche jährliche Erhebung statistischer Eckdaten über Priester, Diakone und andere hauptamtliche Mitarbeiter/innen in der Pastoral, 2001.

DBK (2000): Kontinuierliche jährliche Erhebung statistischer Eckdaten über Priester, Diakone und andere hauptamtliche Mitarbeiter/innen in der Pastoral, 2000.

DBK (1999): Kontinuierliche jährliche Erhebung statistischer Eckdaten über Priester, Diakone und andere hauptamtliche Mitarbeiter/innen in der Pastoral, 1999.

Dowideit, Anette (2005): Die soziale Wirtschaftsmacht, in: Die Welt vom 18.08.2005.

Edvinsson, Leif (2003): New Perspectives of Austrian Enterprising Leadership for Value Creation, in: Wissensbilanz: Bilanz des Wissens ? – die Wissensbilanz für Universitäten im UG 2002, Hrsg.: Österreichische Rektorenkonferenz, o.O 2003, S. 8-17.

Erdö, Péter (2002): Stichwort: Hierarchie, in: Lexikon für Kirchen- und Staatskirchenrecht, Hrsg.: von Campenhausen, Axel / Riedel-Spangenberger, Ilona / Sebott, Peinhold P., Bd. 2, 2. Aufl., Paderborn u.a. 2002, S. 239-241.

Erichsen, Hans-Uwe (1998): Allgemeines Verwaltungsrecht, 11. Aufl., Berlin 1998.

Eschenbach, Rolf / Horak, Christian (2002): Rechnungswesen und Controlling in NPO`s, in: Handbuch der Nonprofit Organisation, Hrsg.: Badelt, Christoph: 3. Aufl., Stuttgart 2002, S. 331-356.

Esser, Robert (2004): Bistum startet die erste Kündigungswelle, in: Aachener Zeitung vom 16.05.2004.

Erzbistum Hamburg (Hrsg.): Geschäftsbericht 2003, unter: http://www.erzbistumhamburg.de/konsolidierung/sparneu.htm (Stand: 13.06.2005).

Euler, Roland (2002): Paradigmawechsel im handelsrechtlichen Einzelabschluss: Von den GoB zu den IAS ?, in: BB, 57. Jg, April (2002), Heft 17, S. 875-880.

Facius, Gernot (2003): Kölner Katholiken setzen Erzbistum Berlin unter Druck – Wirtschaftsprüfer fordern tiefe Einschnitte, in: Die Welt vom 10.03.2003.

Fahrnberger, Gerhard (1999): § 23 Das Ausscheiden aus dem Klerikerstand, in: Handbuch des katholischen Kirchenrechts, Hrsg.: Listl, Joseph / Schmitz, Heribert, 2. grundlegend neubearbeitete Aufl., Regensburg 1999, S. 283-292.

Fahrnberger, Gerhard (1999): § 22 Die Rechte und Pflichten der Kleriker, in: Handbuch des katholischen Kirchenrechts, Hrsg.: Listl, Joseph / Schmitz, Heribert (Hrsg.): 2. grundlegend neubearbeitete Aufl., Regensburg 1999, S. 274-283.

Feld, Klaus-Peter (2003): Die Bilanzierung von Pensionsrückstellungen nach HGB und IAS – Überblick über die wesentlichen Regelungen und Unterschiede unter Berücksichtigung von Abweichungen zwischen IAS und US-GAAP (Teil 1), in: WPg (2003), S. 573-585.

Felderer, Bernhard / Homburg, Stefan (1999): Makroökonomik und neue Makroökonomik, 7. Aufl., Berlin 1999.

Förschle, Gerhart / Kroner, Matthias (2003): Kommentierung zu § 246 HGB, in: Beck`scher Bilanz-Kommentar, Hrsg.: Berger, Axel / Ellrott, Helmut /

Förschle, Gerhart / Hense, Burkhard, begründet von Budde, Wolfgang D. / Clemm, Hermann / Pankow, Max / Sarx, Manfred, 5. Aufl., München 2003.

Freericks, Wolfgang (1976): Bilanzierungsfähigkeit und Bilanzierungspflicht in Handels- und Steuerbilanz, Köln u.a. 1976.

Frerk, Carsten (2002): Finanzen und Vermögen der Kirchen in Deutschland, Aschaffenburg 2002.

Friedrich, Otto (1978): Einführung in das Kirchenrecht, 2. Aufl., Göttingen 1978.

Furhmann, Horst (2004): Die Päpste – Von Petrus zu Johannes Paul II., München 2004.

Gehlen, Martin (2004): In den Bistümern ist zu wenig über Finanzen gesprochen worden – Generalvikar Feldhoff über die Versäumnisse der katholischen Kirche, die Ausnahmesituation in Berlin und die Dringlichkeit, etwas zu verändern, in: Der Tagesspiegel vom 24.03.2004.

Gehlen, Martin / Keller, Claudia (2004): Kirchliches Unvermögen - Das Erzbisum ist noch viel höher verschuldet als bislang angenommen – bei einem Tochterunternehmen lief ein zweistelliger Millionenbetrag auf, in: Der Tagesspiegel vom 02.03.2004.

Gerosa, Libero (1995): Das Recht der Kirche, Paderborn 1995.

Goldbach, Armin (2005): Der Begriff der Wirtschaftlichkeit in öffentlicher Perspektive, in: Entwicklungslinien und Problemschwerpunkte der öffentlichen Betriebswirtschaftslehre – Festschrift für Helmut Brede zu seinem 70. Geburtstag, Hrsg.: Goldbach, Arnim / Söffker, Christiane / Di Pietro, Stefano / Rahe, Christian, Frankfurt a.M. u.a., 2005, S. 3-26.

Gotteslob (1997): Katholisches Gebets- und Gesangbuch für das Erzbistum Hamburg, herausgegeben von den Bischöfen Deutschlands und Österreichs und den Bistümern Bozen-Brixen, Lüttich und Luxemburg, Hamburg 1997.

Gornas, Jürgen (1999): Öffentliche Betriebswirtschaftslehre als Funktionenlehre: Internes versus externes öffentliches Rechnungswesen, in: Stand und Perspektiven der Öffentlichen Betriebswirtschaftslehre – Festschrift für Prof. Dr. Peter Eichhorn zur Vollendung des 60. Lebensjahres, Hrsg.: Dietmar Bräuning / Dorothea Greiling, Berlin 1999, S. 313-320.

Grob, Heinz L. (1999): Investition und Finanzierung, in: Betriebswirtschaftslehre, Hrsg.: Corsten, Hans / Reiß, Michael, 3. Aufl., München u.a. 1999, S. 891-984.

Güntehr, Thomas / Niepel, Mirko / Schill, Oliver (2002): Herausforderungen an die Umsetzung des Neuen Steuerungsmodells aus der Perspektive des Controlling, in: Controlling, April/Mai (2002), Heft 4/5, S. 219-231.

Haller, Axel (1993): Die Rolle des International Accounting Standards Committee bei der weltweiten Harmonisierung der externen Rechnungslegung, in: DB 1993, S. 1297-1305.

Hamel, Winfried (1992): Stichwort: Zielsysteme, in: Handwörterbuch der Organisation, Hrsg.: Frese, Erich, 3. Aufl., Stuttgart 1992, S. 2634-2652.

Hartelt, Konrad (2002): Stichwort: Katholische Kirche, in: Lexikon für Kirchen- und Staatskirchenrecht, Hrsg.: von Campenhausen, Axel / Riedel-Spangenberger, Ilona / Sebott, Reinhold, Bd. 2, 2. Aufl., Paderborn u.a. 2002, S. 402-404.

Hasenburg, Christof / Böckem, Hanne (2004): Änderungsvorschläge zu IAS 19 „Actuarial Gains and Losses, Group Plans and Disclosures" sowie IFRIC D6 „Multi-employer Plans", in: WPg (2004), S. 855-861.

Hasse, Edgar S. (2002): Kirchen geraten in akute Finanznot, in: Die Welt vom 18.11.2002.

Haunerdinger, Monika (2004): Der Weg in die internationale Rechnungslegung: Grundlagen der Bilanzierung nach HGB und IAS, 1. Aufl., Wiesbaden 2004.

Hayn, Sven (2004): Kurzfristige Schulden, Rückstellungen, Erfolgsunsicherheiten und Ereignisse nach dem Bilanzstichtag, in: WILEY Kommentar zur internationalen Rechnungslegung nach IAS/IFRS, Hrsg.: Ballwieser, Wolfgang / Beine, Frank / Hayn, Sven / Peemöller, Volker H. / Schruff, Lothar / Weber, Claus-Peter, Braunschweig 2004, S. 599-632.

Hayn, Sven / Waldersee Graf, Georg (2000): IAS, US-GAAP, HGB im Vergleich: synoptische Darstellung für den Einzel- und Konzernabschluß, 2. Aufl., Stuttgart 2000.

Heimerl, Hans (1985): Der Zölibat: Recht und Gerechtigkeit, Wien, New York 1985.

Heimerl, Hans / Pree, Helmuth (1983): Kirchenrecht: allgemeine Normen und Eherecht, Wien u.a. 1983.

Heinemann, Heribert (1999): § 46 Der Pfarrer, in: Handbuch des katholischen Kirchenrechts, Hrsg.: Listl, Joseph / Schmitz, Heribert, 2. grundlegend neubearbeitete Aufl., Regensburg 1999, S. 496-514.

Heinrichs, Helmut (2003): Einleitung vor § 241, Rn 1, in: Bürgerliches Gesetzbuch – Kommentar, Hrsg.: Palandt, Otto, 62. Aufl., München 2003.

Heubeck, Klaus / Rürup, Bert (2000): Finanzierung der Altersversorgung des öffentlichen Dienstes, Frankfurt a.M. u.a. 2000.

Heubeck, Klaus (1998a): Richttafeln 1998 – Textband und Programm Heurika, Köln 1998.

Heubeck, Klaus (1998b): Richttafeln 1998 – Neubewertung der Pensionsrückstellungen und ähnlicher Verpflichtungen, in: DB (1998), S. 2542-2544.

Heubeck, Klaus (1987): Die Prüfung von Pensionsrückstellungen, Düsseldorf 1987.

Heubeck, Klaus (1986): Betriebliche Versorgungsverpflichtung nach neuem Bilanzrecht (Teil II), in: WPg (1986), S. 356-364.

Hierold, Alfred (1995): Stichwort: Generalvikar, in: Lexikon für Theologie und Kirche, Hrsg.: Kaper, Walter, Bd. 4, 3. Aufl., Freiburg 1995, S. 448 f.

Hirnsperger, Johann (1999): § 79 Die Ordination, in: Handbuch des katholischen Kirchenrechts, Hrsg.: Listl, Joseph / Schmitz, Heribert, 2. grundlegend neubearbeitete Aufl., Regensburg 1999, S. 867-880.

Höfer, Reinhold (2004): Kommentierung zu §§ 17 u. 18, in: Gesetz zur Verbesserung der betrieblichen Altersversorgung – Kommentar - Arbeitsrecht unter Berücksichtigung der gesellschafts-, insolvenz- und internationalrechtlichen Bezüge, Bd. I, 8. Auflage, München 2004.

Hollerbach, Alexander (1999): § 101 Kirchensteuer und Kirchenbeitrag, in: Handbuch des katholischen Kirchenrechts, Hrsg.: Listl, Joseph / Schmitz, Heribert, 2. grundlegend neubearbeitete Aufl., Regensburg 1999, S. 1078-1092.

Hommens, Maximilian (2002): Stichwort: Gewinn, in: Lexikon für Kirchen- und Staatskirchenrecht, von Campenhausen, Axel / Riedel-Spangenberger, Ilona / Sebott, Reinhold, Bd. 2, 2. Aufl., Paderborn u.a. 2002, S. 137-138.

IASB: The News Letter of the International Accounting Standars Board, April/Mai 2004.

IDW (2005): Stellungnahme zur Rechnungslegung: Rechnungslegung von politischen Parteien (IDW RS HFA 12), Stand 12.05.2005, in: WPg (2005), S. 856-861.

IDW (2004): Entwurf IDW Stellungnahme zur Rechnungslegung: Rechnungslegung von Ver-einen (IDW ERS HFA 14), Stand 14.10.2004, in: WPg (2004), S. 1397-1403.

IDW (2004a): IDW Stellungnahmen: Exposure Draft of Proposed Amendments to IAS 19 Employee Benefits: Actuarial Gains and Losses, Group Plans and Disclosures, in: WPg (2004), S. 881-882.

IDW (2000): Wirtschaftsprüfer Handbuch 2000 – Handbuch für Rechnungslegung, Prüfung und Beratung, Bd. 1, 12. Aufl., Düsseldorf 2000.

IFAC (2004): 2004 Annual report, New York 2004.

IFAC (2004a): Strategic Plan for the year 2005 – 2008, New York 2004.

IFRAC-PSC (2004): Research Report: Budget Reporting, New York 2004.

Jarras, Hans D. (2000) : Kommentierung zu Art. 4, in: Grundgesetz für die Bundesrepublik Deutschland – Kommentar, Hrsg: Jarrass, Hans D.; Pieroth, Bodo, 5. Aufl., München 2000.

Kämer, Kurt (2003): Kommentierung zu § 1, in: Kommentar zum Gesetz zur Verbesserung der betrieblichen Altersversorgung, Hrsg.: Kemper, Kurt / Kisters-Kölkes, Margret / Berenz, Claus / Bode, Christoph / Pühler, Karl-Peter, München 2003.

Kämpfer, Georg (2000): Die Rechnungslegung privater Konzerne als Bezugsrahmen für die öffentlichen Verwaltungen, in: Neues öffentliches Rechnungswesen. Stand und Perspek-tiven, Hrsg.: Budäus, Dietrich / Küpper, Willi / Streitfeld, Lothar, 1. Aufl., Wiesbaden 2000, S. 323-345.

Kalb, Herbert (1999): § 20 Kirchliches Dienst- und Arbeitsrecht, in: Handbuch des Kath-olischen Kirchenrechts, Hrsg.: Listl, Joseph / Schmitz, Heribert, 2. grundlegend neubearbeitete Aufl., Regensburg 1999, S. 253-264.

Kalde, Franz (1999): § 37 Diözesane und quasidiözesane Teilkirchen, in: Handbuch des katholischen Kirchenrechts, Hrsg.: Listl, Joseph / Schmitz, Heribert, 2. grundlegend neubearbeitete Aufl., Regensburg 1999, S. 420-442.

Kelle, Udo (1997): Empirisch begründete Theorienbildung – Zur Logik und Methodologie interpretativer Sozialforschung, Status Passages and the Life Course Vol. VI., 2. Aufl., Weinheim 1997.

Kirchhof, Paul (1994): § 22 Die Kirchen als Körperschaften des öffentlichen Rechts, in: Handbuch des Staatskirchenrechts der Bundesrepublik Deutschland, Hrsg.: Listl, Joseph / Pirson, Dietrich, Bd. 1, 2. Aufl., Berlin 1994, S. 651-687.

Kleekämper, Heinz / Kuhlewind, Andreas-Markus / Alvarez, Manuel (2003): Kommentierung der Ziele, Organisation, Entwicklung und Bedeutung des IASB, in: Rechnungslegung nach International Accounting Standards (IAS). Kommentar auf der Grundlage des deutschen Bilanzrechts, Hrsg.: Baetge, Jörg / Dörner, Dietrich / Kleekämper, Heinz / Wollmert, Peter / Kirsch, Hans-Jürgen, Stuttgart 2003.

Kleekämper, Heinz / Knorr, Liesel / Somes, Karen / Bischof, Stefan / Doleczik, Günter (2003): Kommentierung der IASB-Standards - IAS 1, in: Rechnungslegung nach International Accounting Standards (IAS). Kommentar auf der Grundlage des deutschen Bilanzrechts, Hrsg.: Baetge, Jörg / Dörner, Dietrich / Kleekämper, Heinz / Wollmert, Peter / Kirsch, Hans-Jürgen, Stuttgart 2003.

Klein, Gabriele (2003): Internationale Rechnungslegung und Konzernabschluss: Entwick-lung eines Sollkonzepts für den zukünftigen Standardsetzungsprozess, Wiesbaden 2003.

Kleindienst, Eugen / Binder, Josef (1999): Das Finanzwesen der katholischen Kirche in den Mitgliedstaaten der Europäischen Union, in: Bayerische Verwaltungsblätter: Zeitschrift für öffentliches Recht und öffentliche Verwaltung 1999, Heft 7, S. 197-207.

KPMG (Hrsg. 1991): Betriebliche Altersversorgung und Jahresabschluss. Grund-lagen, Gestal-tungsmöglichkeiten, Belastungsvergleiche, 2. Aufl., Düssel-dorf 1991.

Krämer, Peter (2004): Stichwort: Sakramente, in: Lexikon für Kirchen- und Staatskirchenrecht, in: von Campenhausen, Axel / Riedel-Spangenberger, Ilona / Sebott, Reinhold, Bd. 3, Paderborn u.a. 2004, S. 478-480.

Kreikebaum, Hartmut (1993): Strategische Unternehmensplanung, 5. Aufl., Stutt-gart, Berlin, Köln 1993.

Kreis, Rudolf (1998): Betriebswirtschaftslehre, Bd. 1, 5. völlig neu bearbeitete Auflage, München, Wien 1998.

Kremin-Buch, Beate (2003): Internationale Rechnungslegung: Aspekte und Ent-wick-lungstendenzen, Sternenfels 2003.

Kremsmair, Josef (2002): Stichwort: Gesamtkirche, in: Lexikon für Kirchen- und Staatskirchenrecht, Hrsg.: von Campenhausen, Axel / Riedel-Spangenberger, Ilona / Sebott, Reinhold, Bd. 2, Paderborn u.a. 2002, S. 92-94.

Kruschwitz, Lutz / Lodowicks, Arnd (2004): Bewertung von Pensionszusagen, in: Finanzbetrieb Heft 4 (2004), S. 272-284.

Kruse, Heinrich W. (1976): Bilanzierungswahlrechte und Grundsätze ordnungs-mäßiger Buchführung, in: Bilanzfragen, Festschrift zum 65. Geburtstag von Prof. Dr. Ulrich Leffson, Hrsg.: Baetge, Jörg / Moxter, Adolf / Schneider, Dieter, Düsseldorf 1976, S. 65-86.

Kruse, Heinrich W. (1970): Grundsätze ordnungsmäßiger Buchführung, Rechtsna-tur und Bestimmung, Köln 1970.

Küting, Karlheinz / Kessler, Marco / Gattung, Andreas (2005): Die Gewinn- und Verlust-rechnung nach HGB und IFRS, in: KoR, Bd. 5 (2005), 1, S. 15-22.

Küting, Karlheinz / Ranker, Daniel / Wohlgemuth, Frank (2004): Auswirkungen von Basel II auf die Praxis der Rechnungslegung: ist eine ausschließlich ra-tinginduzierte Umstellung der Rechnungslegung auf IFRS sinnvoll ?, in: Fi-nanzbetrieb, Bd. 6 (2004), S. 93-104.

Küting, Karlheinz / Weber, Claus-Peter (1994): Internationale Bilanzierung: Rechnungs-legung in den USA, Japan und Europa, Herne 1994.

Küttung, Karlheinz / Kessler, Harald (1989): Handels- und steuerbilanzielle Rück-stellungsbildung: Fragen zur Abzinsung von Rückstellungen, in: DStR (1989), S. 723-729.

Kußmaul, Heinz (1995): Kommentierung zu § 246, in: Handbuch der Rechnungs-legung, Kommentar zur Bilanzierung und Prüfung, Hrsg.: Küting, Karl-heinz/ Weber, Claus-Peter / Stuttgart 1995.

Lange, Dietmar (1971): Zielsysteme der Organisation im Zielsystem der Unternehmer und der Unternehmung, Aachen 1971.

Lange, Gloria (1999): Bilanzrecht und Ökonomische Theorie des Rechts – Ansatzpunkte und Überlegungen zum § 249 HGB, Berlin 1999.

Langenscheidt: Großes Schulwörterbuch: Latein-Deutsch, Bearbeitung: Langenscheidt-Redaktion auf der Grundlage des Menge-Güthling, Berlin, München u.a. 2001.

Lurenz, Karl (1991): Methodenlehre der Rechtswissenschaft, 6. Aufl. Berlin u.a.

Leffson, Ulrich (1987): Die Grundsätze ordnungsmäßiger Buchführung, 7. Aufl., Düsseldorf 1987.

Leimkühler, Claudia (2004): Unternehmensrechnung und ihre Überwachung in kirchlichen Verwaltungen – Eine Analyse aus Sicht der Katholischen Kirche in Deutschland, Frankfurt 2004.

Leisching, Peter (1999): § 31 Die Kardinäle, in: Listl, Joseph; Schmitz, Heribert (Hrsg.): Handbuch des katholischen Kirchenrechts, 2. grundlegend neubearbeitete Aufl., Regensburg 1999, S. 359-364.

Lieb, Manfred (2004): Die Pflicht zur Anpassung von Betriebsrenten nach § 16 BetrAVG – Eine kaum zu rechtfertigende Überforderung des Arbeitgebers, in: DB, 57. Jg. (2004), Beilage 4 zu Heft 37, S. 2-8.

Lindner, Berend (2002): Entstehung und Untergang von Körperschaften des öffentlichen Rechts unter besonderer Berücksichtigung der Religions- und Weltanschauungs-gemeinschaften, Bd. 6, Frankfurt 2002.

Listl, Joseph (1999): § 8 Die Rechtsnormen, in: Handbuch des katholischen Kirchenrechts, Hrsg.: Listl, Joseph / Schmitz, Heribert, 2. grundlegend neubearbeitete Aufl., Regensburg 1999, S. 102-118.

Listl, Joseph (1999): § 35 Plenarkonzil und Bischofskonferenz, in: Handbuch des kath-olischen Kirchenrechts, Hrsg.: Listl, Joseph / Schmitz, Heribert, 2. grundlegend neubearbeitete Aufl., Regensburg 1999, S. 396-415.

Listl, Joseph / Hollerbach, Alexander (1999): § 118 Das Verhältnis von Kirche und Staat in der Bundesrepublik Deutschland, in: Handbuch des katholischen Kirchenrechts, Hrsg.: Listl, Joseph / Schmitz, Heribert, 2. grundlegend neubearbeitete Aufl., Regensburg 1999, S. 1268-1293.

Littich, Edith (2002): Finanzierung von NPOs, in: Handbuch der Nonprofit Organisation, Hrsg.: Badelt, Christoph, 3. Aufl., Stuttgart 2002, S. 361-380.

Löwe, Marion (2003): Rechnungslegung von Nonprofit-Organisationen: Anforderungen und Ausgestaltungsmöglichkeiten unter Berücksichtigung der Regelungen in Deutschland, USA und Großbritannien, Berlin 2003.

Lüdenbach, Norbert (2004): Kommentierung § 25 Erlöse, in: Haufe IAS-Kommentar, 2. Aufl., Freiburg 2004.

Lüdenbach, Norbert / Hoffmann, Wolf-Dieter (2004): Kommentierung § 1 Framework und Kommentar, § 18 Fertigungsaufträge, in: Haufe IAS Kommentar, 2. Aufl., Freiburg 2004.

Lüder, Klaus (2001): Neues öffentliches Haushalts- und Rechnungswesen. Anforderungen, Konzept, Perspektiven, Berlin 2001.

Lüder, Klaus (1999): Ressourcenverbrauchsorientiertes Haushalts- und Rechnungswesen: Einige Anmerkungen zu den Konsequenzen für die Finanzkontrolle, in: Stand und Perspektiven der Öffentlichen Betriebswirtschaftslehre – Festschrift für Prof. Dr. Peter Eichhorn zur Vollendung des 60. Lebensjahres, Hrsg.: Bräuning, Dietmar / Greiling, Dorothea, Berlin 1999, S. 344-350.

Lüder, Klaus / Kampmann, Brigitte (1995): Harmonisierung des öffentlichen Rechnungs-wesens in der Europäischen Gemeinschaft, Speyerer Forschungsberichte Nr. 125, 3. Aufl., Speyer 1995.

Maier, Hans (1996): Stichwort: Katholizismus, in: Lexikon für Theologie und Kirche, Hrsg.: Kasper, Walter, Bd. 5, 3. Aufl., Freiburg 1996, S. 1368-1370.

Maritz, Heinz (1999): § 36 Die Kirchenprovinz, Provinzialkonzil und Metropolit, in: Handbuch des katholischen Kirchenrechts, Hrsg.: Listl, Joseph / Schmitz, Heribert, 2. grund-legend neubearbeitete Aufl., Regensburg 1999, S. 415-419.

Maritz, Heinz (1999): § 34 Der Vatikanstaat, in: Handbuch des katholischen Kirchenrechts, Hrsg.: Listl, Joseph; Schmitz, Heribert, 2. grundlegend neubearbeitete Aufl., Regensburg 1999, S. 393-396.

Maritz, Heinz (1999): § 94 Die Heiligen- Bilder- und Reliquienverehrung, in: Handbuch des katholischen Kirchenrechts, Hrsg.: Listl, Joseph / Schmitz, Heribert, 2. grundlegend neubearbeitete Aufl., Regensburg 1999, S. 1021-1022.

Marrè, Heiner / Schümmelfeder, Dieter / Kämper, Burkhard (1997): Essener Gespräche zum Thema Staat und Kirche, Aschendorf/Münster, Bd. 31/1997.

Matschke, Manfred (1998): Stichwort: Barwert, in: Lexikon der Rechnungslegung und Abschlussprüfung, Hrsg.: Lück, Wolfgang, 4. Aufl., München 1998, S. 77.

Matthes, Martin / Lehmann, Matthias / Bergmann, Andreas / Gamper, Andreas (2002): Verbesserte Transparenz durch International Public Sector Accounting Standards (IPSAS) ?, in: Der Schweizer Treuhänder, Bd. 76, Heft 8 (2002), S. 693-696.

Maurer, Hartmut (1994): Allgemeines Verwaltungsrecht, 9. Aufl., München 1994.

May, Georg (1999): § 13 Das Kirchenamt, in: Handbuch des katholischen Kirchenrechts, Hrsg.: Listl, Joseph; Schmitz, Heribert, 2., grundlegend neubearbeitete Aufl., Regensburg 1999, S. 175-187.

Meek, Gary K. / Roberts, Clare B. / Sidney, Gray J. (1995): Factors influencing voluntary annual report disclosures by U.S., U.K. and continental european multinational corporations, in: Journal of International Business Studies, third Quarter 1995, S. 555-571.

Mertes, Martin (2000): Controlling in der Kirche, Gütersloh 2000.

Meyers Großes Taschenlexikon, Bd. 9, 5. Aufl., Mannheim u.a. 1995.

Mörsdorf, Klaus (1967): Lehrbuch des Kirchenrechts auf Grund des Codex Iuris Canonici, begründet von Eduard Eichmann, fortgeführt von Klaus Mörsdorf, Bd. II, 12. Aufl., München u.a.1967.

Morlok, Martin (2004): Kommentierung zu Artikel 4, in: Grundgesetz Kommentar, Hrsg.: Dreier, Horst, Bd. 1, Artikel 1-19, 2. Aufl., Tübingen 2004.

Moxter, Adolf (2003): Grundsätze ordnungsgemäßer Rechnungslegung, Düsseldorf 2003.

Moxter, Adolf (2002): Grundsätze ordnungsmäßiger Buchführung, in: Handwörterbuch der Rechnungslegung und Prüfung, Hrsg.: Ballwieser, Wolfgang / Coenenberg, Adolf / v. Wysocki, Klaus, 3. Aufl., Stuttgart 2002.

Moxter, Adolf (1999): Bilanzrechtsprechung, 5. Aufl. Tübingen 1999.

Moxter, Adolf (1993): Bilanzrechtsprechung, 3. Aufl., Tübingen 1993.

Moxter, Adolf (1984): Fremdkapitalbewertung nach neuem Bilanzrecht, in: WPg (1984), S. 397-408.

Moxter, Adolf (1980): Die handelsrechtlichen Grundsätze ordnungsmäßiger Buchführung und das neue Bilanzrecht, in: ZGR, Bd. 9 (1980), 2, S. 254-276.

Moxter, Adolf (1976): Fundamentalgrundsätze ordnungsmäßiger Rechenschaft, in: Bilanzfragen, Festschrift zum 65. Geburtstag von Prof. Dr. Leffson, Hrsg.: Baetge, Jörg / Moxter, Adolf / Schneider, Dieter, Düsseldorf 1976.

Müller, Hubert (1983): § 79 Die Ordination, in: Handbuch des katholischen Kirchenrechts, Hrsg.: Listl, Joseph / Müller, Hubert / Schmitz, Heribert, 2. grundlegend neubearbeitete Aufl., Regensburg 1983, S. 715-727.

Mußler, Hanno (2005): Die Finanzkraft der Bistümer läßt erheblich nach, in: FAZ vom 16.04.2005.

Nobes, Christopher / Parker, Robert (1995): Comparative International Accounting, 4. Aufl., Hempstead 1995.

Ordelheide, Dieter / Böckem, Hanne (2003): Kommentierung zu IAS 18 in: Rechnungs-legung nach International Accounting Standards (IAS). Kommentar auf der Grundlage des deutschen Bilanzrechts, Hrsg.: Baetge, Jörg / Dörner, Dietrich / Kleekämper, Heinz / Wollmert, Peter / Kirsch, Hans-Jürgen, Stuttgart 2003.

Orth, Manfred (1997): Zur Rechnungslegung von Stiftungen, in: DB (1997), S. 1341-1351.

O.V. (1994): Liturgisches Institut (Hrsg): Pontifikale I: Die Weihe des Bischofs, der Priester und der Diakone, Salzburg u.a.1994, S. 76-79.

O.V. (2004): Drastischer Sparkurs im Erzbistum Hamburg, in: Hamburger Abendblatt vom 13.08.2004.

O.V. (2004): Leimkühler: Ein Ende der Kirchensteuer ?, in: Neue Kirchenzeitung, Hrsg: Erzbischof von Hamburg, Nr. 50 vom 12.12.2004.

O.V. (2004): Bistümer in Not. Nach Berlin, Hamburg, Trier nun Aachen, in: FAZ vom 30.09.2004.

O.V. (2004): Jubiläum mit Mißtönen, in: Die Welt vom 30.12.2004.

O.V. (2003): Kardinal legt Finanzplan für verschuldetes Erzbistum vor, in: Die Welt vom 05.06.2003.

Paarhammer, Hans (1995), Kommentierung zu c. 538, in: Münsterischer Kommentar zum Codex Iuris Canonici, Hrsg.: Lüdicke, Klaus: Loseblattsammlung, Münster.

Pawelzik, Kai U. (2005): Pensionsspiegel für Pensionsrückstellungen nach IAS 19, DB (2005), S. 733-740.

Peemöller, Volker (2004): Kommentierung zum Sachanlagevermögen, in: WILEY-Kommentar zur internationalen Rechnungslegung nach IAS/IFRS, Hrsg.: Ballwieser, Wolfgang / Beine, Frank / Hayn, Sven / Peemöller, Volker H. / Schruff, Lothar / Weber, Claus-Peter, Braunschweig 2004, S. 295-356.

Pellens, Bernhard / Fülbier, Uwe; Gassen, Joachim (2004), Internationale Rechnungslegung, 5. Aufl., Stuttgart 2004.

Pellens, Bernhard (2001): Internationale Rechnungslegung, 4. Aufl., Stuttgart 2001.

Petersen, Jochen (2002): Rechnungslegung für Pensionsverpflichtungen nach HGB, US-GAAP und IAS, Düsseldorf 2002.

Pirson, Dietrich (1995): § 64 Das kircheneigene Dienstrecht der Geistlichen und Kirchen-beamten, in: Handbuch des Staatskirchenrechts der Bundesrepublik Deutschland, Hrsg.: Listl, Joseph / Pirson, Dietrich, Bd. 2, 2. Aufl., Berlin 1995, S. 845-875.

Pitzke, Jürgen (2005): Abzinsung von Verbindlichkeiten und Rückstellungen, in: NWB Nr. 24, Juni 2005, S. 2055-2062.

Popper, Karl R. (1989): Grundprobleme der Erkenntnislogik. Zum Problem der Methoden-lehre, in: Wahrheitstheorien. Eine Auswahl aus den Diskussionen über Wahrheit im 20. Jahrhundert, Hrsg.: Skirrbeck, Gunnar, Frankfurt/M., S. 109-139.

Post, Alfred / Braun, Rembert (1991): Öffentliches Dienstrecht, Bd. 1, Berlin 1991.

Pracher, Christian (1987): Ökonomie der Nächstenliebe – Kirche als Dienstleister, Linz 1987.

Pree, Helmuth (1999): § 12 Die Ausübung der Leitungsvollmacht, in: Handbuch des katholischen Kirchenrechts, Hrsg.: Listl, Joseph / Schmitz, Heribert, 2., grundlegend neubearbeitete Aufl., Regensburg 1999, S. 156-176.

Pree, Helmuth (1999): § 99 Grundfragen kirchlichen Vermögensrechts, in: Handbuch des katholischen Kirchenrechts, Hrsg.: Listl, Joseph / Schmitz, Heribert, 2. grundlegend neu-bearbeitete Aufl., Regensburg 1999, S. 1041-1077.

Pühler, Karl-Peter (2003): Kommentierung zu § 18, in: Kommentar zum Gesetz zur Verbesserung der betrieblichen Altersversorgung, Hrsg.: Kemper, Kurt / Kisters-Kölkes, Margret / Berenz, Claus / Bode, Christoph / Pühler, Karl-Peter, München 2003.

Puza, Richard (1999): § 102 Die Verwaltung des Kirchenvermögens, in: Handbuch des katholischen Kirchenrechts, Hrsg.: Listl, Joseph / Schmitz, Heribert, 2. grundlegend neu-bearbeitete Aufl., Regensburg 1999, S. 1093-1102.

Puza, Richard (1999): § 103 Rechtsgeschäfte über das Kirchenvermögen, in: Handbuch des katholischen Kirchenrechts, Hrsg.: Listl, Joseph / Schmitz, Heribert, 2. grundlegend neubearbeitete Aufl., Regensburg 1999, S. 1103-1108.

Raffée, Hans (1974): Grundprobleme der Betriebswirtschaftslehre, 7. Aufl., Göttingen 1974.

Ratzinger, Joseph (2005): Einführung in das Christentum, 4. Aufl., München 2005.

Ratzinger, Joseph (2004): Salz der Erde – Christentum und katholische Kirche im neuen Jahrtausend, 4. Aufl., München 2004.

Reinhardt, Heinrich (1996): Kommentierung zu c. 233, c. 236, c. 270, c. 269, c. 281, in: Münsterischer Kommentar zum Codex Iuris Canonici, Hrsg.: Lüdicke, Klaus, Loseblattsammlung, Münster.

Reuter, Michael / Zwirner, Christian (2004): Überleitung einer GuV vom Gesamtkosten- zum Umsatzkostenverfahren im Rahmen der Umstellung der Rechnungslegung auf die IFRS, in: StuB - Steuer- und Bilanzpraxis, Heft 14 (2004), S. 635-640.

Rhiel, Raimund (2005): Pensionsverpflichtungen im IFRS-Abschluss – Die Neuerungen im IAS 19 vom Dezember 2004, in: DB (2005), S. 239-299.

Rhiel, Raimund (2003): Kommentierung, § 22 Leistungen an Arbeitnehmer, Altersversorgung, in: Haufe IAS-Kommentar, 2. Aufl., Freiburg 2004.

Richardi, Reinhard (2005): Kirchliche Arbeitsgerichtsordnung für die Bistümer der katholischen Kirche, in: NJW Jg. 38 (2005), S. 2744-2747.

Riedel-Spangenberger, Ilona (2000): Stichwort: Codex Iuris Canonici (CIC), in: Lexikon für Kirchen- und Staatskirchenrecht, Hrsg.: von Campenhausen, Axel / Riedel-Spangenberger, Ilona / Sebott, Reinhold, Bd. 1, 2. Aufl., Paderborn u.a. 2000, S. 345-349.

Riedel-Spangenberger, Ilona (2000): Stichwort: Communio, in: Lexikon für Kirchen- und Staatskirchenrecht, Hrsg.: von Campenhausen, Axel / Riedel-Spangenberger, Ilona / Sebott, Reinhold, Bd. 1, 2. Aufl., Paderborn u.a. 2000, S. 355-357.

Robbers, Gerhard (1995): Staat und Kirche in der Bundesrepublik Deutschland, in: Staat und Kirche in der Europäischen Union, Hrsg.: Robbers, Gerhard, 1. Aufl., Baden-Baden 1995, S. 61-77.

Roß, Norbert (1994): Rechtsgeschäftliche Treuhandverhältnisse im Jahres- und Konzernabschluß, Düsseldorf 1994.

Ruf, Norbert (1983): Das Recht der Katholischen Kirche, 2. Aufl., Freiburg u.a. 1983.

Ruthenbeck, Dieter (1965): Passivierungspflicht oder Passivierungswahlrecht bei Pensionsverpflichtungen ?, Köln 1965.

Sandberg, Berit (2001): Grundsätze ordnungsmäßiger Jahresrechnung für Stiftungen, Baden-Baden 2001.

Sandberg, Berit (2000a): Rechnungslegung von Stiftungen - Überlegungen zur Anwendung handelsrechtlicher Vorschriften, ZHR, Bd. 164, April 2000, S. 155-175.

Sandberg, Berit (2000b): Anforderungen an den Jahresabschluß der Stiftung, in: Bilanz & Buchhaltung, September 2000, S. 347-355.

Sandberg, Berit (1999): IAS: Vorbild für die Rechnungslegung der Stiftung, in: Zeitschrift für öffentliche und gemeinwirtschaftliche Unternehmen, Bd. 22, H 2, S. 199-211.

Sarck, Christian (1997): Das Christentum und die Kirchen in ihrer Bedeutung für die Identität der Europäischen Union und ihrer Mitgliedstaaten, in: Essener Gespräche zum Thema Staat und Kirche, Hrsg.: Marrè, Heiner / Schümmelfeder, Dieter / Kämper, Burkhard, Bd. 31/1997, Aschendorf, Münster 1997.

Sauer, Ulrike (2003): Die verpasste Chance, in: Süddeutsche Zeitung, Nr. 296 vom 24./25./26.12.2003.

Schedler, Kuno / Knechtenhofer, Bernhard (2002): Rechnungslegung der öffentlichen Verwaltung – IPSAS in der Schweiz: Chancen und Hinternisse, in: Der Schweizer Treuhänder, Bd. 8 (2002), S. 687-692.

Scheffler, Wolfram (1993): Einfluss der betrieblichen Altersversorgung auf die Jahresabschlussanalyse, in WPg (1993), S. 461-472.

Schierenbeck, Henner (1999): Grundzüge der Betriebswirtschaftslehre, 15. Aufl., München u.a. 1999.

Schick, Ludwig (1999): § 41 Die Diözesankurie, in: Handbuch des katholischen Kirchenrechts, Hrsg.: Listl, Joseph / Schmitz, Heribert, 2. grundlegend neubearbeitete Aufl., Regensburg 1999, S. 463-474.

Schierenbeck, Henner (2000): Grundzüge der Betriebswirtschaftslehre, München, Wien, 2000.

Schlief, Karl E. (1994): § 11 Die Organisationsstruktur der katholischen Kirche, in: Handbuch des Staatskirchenrechts der Bundesrepublik Deutschland, Hrsg.: Listl, Joseph / Pirson, Dietrich: Bd. 1, 2. Aufl., Berlin 1994, S. 387-382.

Schmalenbach, Eugen (1933): Grundsätze ordnungsmäßiger Bilanzierung, in: ZfhF 27. Jg. (1933), S. 225-233.

Schmitz, Heribert (1999): § 5 Der Codex Iuris Canonici von 1983, in: Handbuch des katholischen Kirchenrechts, Hrsg.: Listl, Joseph / Schmitz, Heribert, 2., grundlegend neubearbeitete Aufl., Regensburg 1999, S. 49-76.

Schmitz, Heribert (1999): § 38 Der Diözesanbischof, in: Handbuch des katholischen Kirchenrechts, Hrsg.: Listl, Joseph / Schmitz, Heribert, 2., grundlend neubearbeitete Aufl., Regensburg 1999, S. 425-442.

Schmitz, Heribert (1999): § 40 Die Konsultationsorgane des Diözesanbischofs, in: Handbuch des katholischen Kirchenrechts, Hrsg.: Listl, Joseph / Schmitz, Heribert, 2. grundlegend neubearbeitete Aufl., Regensburg 1999, S. 447-463.

Schneider, Dieter (1997): Betriebswirtschaftslehre, Rechnungswesen Bd. 2, 2. vollst. Überarbeitete und erweiterte Auflage, München, Wien 1997.

Schneider, Dieter (1994): Betriebswirtschaftslehre, Rechnungswesen Bd. 2, München, Wien 1994.

Schneider, Dieter (1983): Rechtsfindung durch Deduktion von Grundsätzen ordnungs-mäßiger Buchführung aus gesetzlichen Jahresabschlusszwecken ?, in: StuW, 60. Jg. (1983), Heft 2, S .141-160.

Schneider, Dieter (1981): Geschichte betriebswirtschaftlicher Theorie, München, Wien 1981.

Schruff, Lothar (2004): Kommentierung zu „Leistungen an Arbeitnehmer", in: WILEY-Kommentar zur internationalen Rechnungslegung nach IAS/IFRS, Hrsg.: Ballwieser, Wolfgang / Beine, Frank / Hayn, Sven / Peemöller,

Volker H. / Schruff, Lothar / Weber, Claus-Peter, Braunschweig 2004, S. 773-817.

Schruff, Lothar (2004): Kommentierung zu „Immaterielle Vermögenswerte", in: WILEY-Kommentar zur internationalen Rechnungslegung nach IAS/IFRS, Hrsg.: Ballwieser, Wolfgang / Beine, Frank / Hayn, Sven / Peemöller, Volker H. / Schruff, Lothar / Weber, Claus-Peter, Braunschweig 2004, S. 357-388.

Schruff, Lothar / Kayser, Marc (2002): Das Internet als Medium zur Publizität von Jahres- und Konzernabschlüssen, in: Electronic Business: Theoretische Aspekte und Anwendungen in der betrieblichen Praxis, Festschrift für Jörg Biethan, Hrsg.: Roland, Gabriel / Hoppe, Uwe, Heidelberg 2002, S. 347-359.

Schruff, Lothar (2000): Bewertung von Parteivermögen nach dem Parteiengesetz: Gutachten erstattet im Auftrag des Deutschen Bundestages, Göttingen 23. Dezember 2000.

Schruff, Lothar (1997): Zum Ausweis des Zinsanteils bei der Zuführung zur Pensions-rückstellung, in: Jahresabschluss und Jahresabschlussprüfung: Probleme, Perspektiven, internationale Einflüsse. Festschrift zum 60. Geburtstag von Jörg Baetge, Hrsg.: Fischer, Thomas R. / Hömberg, Reinhold, Düsseldorf 1997, S. 401-426.

Schruff, Lothar (1997a): Bilanzierung von Pensionsverpflichtungen nach deutschem Recht und internationalen Standards, in: WPK-Mitteilungen, Sonderheft 1997, S. 68-81.

Schruff, Lothar (1996): Zur Rechenschaftslegung und Prüfung politischer Parteien, in: Rechnungslegung, Prüfung und Beratung, Festschrift zum 70. Geburtstag von Prof. Dr. Rainer Ludewig, Hrsg.: Baetge, Jörg u.a., Düsseldorf 1996, S. 951-979.

Schruff, Lothar (1986): Entwicklung der 4. EG-Richtlinie, Synoptische Darstellung der Bilanzrichtlinie unter Berücksichtigung der Vorfassungen mit amtlichen Begründungen und weiteren Materialien, Düsseldorf 1986.

Schulz, Winfried (1996): Kommentierung zu c. 1257, in: Münsterischer Kommentar zum Codex Iuris Canonici, Hrsg.: Lüdicke, Klaus: Loseblattsammlung, Münster.

Schulz, Winfried (1983): § 95 Grundfragen kirchlichen Vermögensrechts, in: Handbuch des katholischen Kirchenrechts, Hrsg.: Listl, Joseph / Müller, Hubert / Schmitz, Heribert, 2., grundlegend überarbeitete Aufl., Regensburg 1983, S. 859-880.

Schuster, Falko (2001): Doppelte Buchführung für Städte, Kreise und Gemeinden, München 2001.

Schwarz, Friedhelm (2005): Wirtschaftsimperium Kirche: Der mächtigste Konzern Deutschlands, Frankfurt a.M. 2005.

Schwendenwein, Hugo (1999): § 21 Die Zugehörigkeit zu einem geistlichen Heimatverbund, in: Handbuch des katholischen Kirchenrechts, Hrsg.: Listl, Joseph / Schmitz, Heribert, 2. grundlegend neubearbeitete Aufl., Regensburg 1999, S. 264-274.

Schwendenwein, Hugo (1999): § 22 Die Rechte und Pflichten der Kleriker, in: Handbuch des katholischen Kirchenrechts, Hrsg.: Listl, Joseph / Schmitz, Heribert, 2., grundlegend neubearbeitete Aufl., Regensburg 1999, S. 274-283.

Schwendenwein, Hugo (1999): § 28, Der Papst, in: Handbuch des katholischen Kirchenrechts, Hrsg.: Listl, Joseph / Schmitz, Heribert, 2., grundlegend neubearbeitete Aufl., Regensburg 1999, S. 331-346.

Selchert, Friedrich Wilhelm (2003): Internationale Rechnungslegung: Der Jahresabschluss nach HGB, IAS und US GAAP, 3. Aufl., München 2003.

Selchert, Friedrich Wilhelm (1995): Kommentierung zu § 252, in: Handbuch der Rechnungslegung, Kommentar zur Bilanzierung und Prüfung, Hrsg.: Küting, Karlheinz / Weber, Claus-Peter, Stuttgart 1995.

Socha, Hubert (1990): Kommentierung zu cc. 145, 12, 16, 17, in: Münsterischer Kommentar zum Codex Iuris Canonici, Hrsg.: Lüdicke, Klaus, Loseblattsammlung, Münster.

Spörrle, Mark (2004): Gott Zieht aus, in: Die Zeit, 36/2004.

Srocke, Isabel (2004): Konzernrechnungslegung in Gebietskörperschaften unter Berück-sichtigung von HGB, IAS/IFRS und IPSAS, Hamburg 2004.

Steinbach, Joachim (1996): Das Inkardinationsrecht, Würzburg 1996.

Streim, Hannes (1999): Der Informationsgehalt einer auf kaufmännischen Gründsätzen basierenden Rechnungslegung von Gebietskörperschaften, in: Stand und Perspektiven der Öffentlichen Betriebswirtschaftslehre – Festschrift für Prof. Dr. Peter Eichhorn zur Vollendung des 60. Lebensjahres, Hrsg.: Bräuning, Dietmar / Greiling, Dorothea, Berlin 1999, S. 321-327.

Thoms-Meyer, Dirk (1996): Grundsätze ordnungsmäßiger Bilanzierung für Pensionsrückstellungen, Düsseldorf 1996.

Tobias, Stefan (2003): Kosteneffizientes Theater? Deutsche Bühnen im DEA-Vergleich, Dortmund 2003. Zusammenfassung und Download unter: www.-http://hdl.handle.net/2003/2902.

Turowski, Leopold (2004): Stichwort: Verband der Diözesen Deutschlands (VDD), in: Lexikon für Kirchen- und Staatskirchenrecht, Hrsg.: von Campenhausen, Axel; Riedel-Spangenberger, Ilona / Sebott, Reinhold: Bd. 3, Paderborn, München, Wien, Zürich 2004, S. 746-749.

Vorgrimler, Herbert (2000): Neues theologisches Wörterbuch, Freiburg 2000.

Wagenhofer, Alfred (2005): Rechnungslegung, in: Vahlens Kompendium der Betriebs-wirtschaftslehre, Hrsg.: Bitz, Michael / Domsch, Michael / Ewert, Ralf / Wagner, Franz, Bd. 1, 5. Auflage, München 2005, S. 449-536.

Wagenhofer, Alfred (2003): Internationale Rechnungslegungsstandards – IAS/IFRS, 4. Aufl., Frankfurt/Wien 2003.

Walf, Knut (1988): Stichwort: Klerus, Klerikal, in: Wörterbuch des Christentums, Hrsg.: Drehsen, Volker / Häring, Hermann / Kuschel, Karl-Josef / Siemers, Helge, Gütersloh 1988, S. 650 f.

Weber, Claus-Peter (2004): Kommentierung zu Gewinn- und Verlustrechnung, Eigenkapitalveränderungsrechnung und Gesamteinkommensrechnung, in: WILEY-Kommentar zur internationalen Rechnungslegung nach IAS/IFRS, Hrsg.: Ballwieser, Wolfgang / Beine, Frank / Hayn, Sven / Peemöller, Volker H. / Schruff, Lothar / Weber, Claus-Peter, Braunschweig 2004, S. 71-100.

Weier, Josef (1995): Stichwort: Diakon – IV. Kirchenrechtlich, in: Lexikon für Theologie und Kirche, Hrsg.: Kasper, Walter, Bd. 3, Freiburg 1995, S. 182-183.

Weiß, Andreas (1999): § 25 Der ständige Diakon, in: Handbuch des katholischen Kirchen-rechts, Hrsg.: Listl, Joseph / Schmitz, Heribert, 2. Aufl., Regensburg 1999, S. 300-314.

Wenner, Reinhard (2004): Stichwort: Partikularrecht, in: Lexikon für Kirchen- und Staatskirchenrecht, von Campenhausen, Axel / Riedel-Spangenberger, Ilona / Sebott, Reinhold, Bd. 2, 2. Aufl., Paderborn u.a. 2004, S. 156-157.

Wensierski, Peter (2001): Diskret wie Schweizer Banken, in: Der Spiegel, Heft 49, 2001 vom 03.12.2001.

Wentink, Markus (2000): Stichwort: Apostolische Nachfolge, in: Lexikon für Kirchen- und Staatskirchenrecht, Hrsg.: von Campenhausen, Axel / Riedel-Spangenberger, Ilona / Sebott, Reinhold, Bd. 1, 2. Aufl., Paderborn u.a 2000, S. 133-134.

Wenzel, Knut (1996): Stichwort: Katholisch, in: Lexikon für Theologie und Kirche, Hrsg.: Kasper, Walter, Bd. 5, 3. Aufl., Freiburg 1996, S. 1345-1346.

Werneke, Micheal (1997): Ius universale - Ius particulare, Paderborn 1997.

Wild, Jürgen (1974): Grundlagen der Unternehmensplanung, Reinbek 1974.

Wind, Ferdinand / Schimana, Rudolf / Wichmann, Manfred (1998): Öffentliches Dienstrecht: das Beamten- und Arbeitsrecht für den öffentlichen Dienst, 4. Aufl., Köln 1998.

Winnefeld, Robert (2000): Bilanz-Handbuch: Handels- und Steuerbilanz, rechtsform-spezifisches Bilanzrecht, bilanzielle Sonderfragen, Sonderbilanzen, IAS/US-GAAP, 2. Aufl., München 2000.

Wirth, Paul (1999): § 109 Gerichtsverfassung und Gerichtsordnung, in: Handbuch des kath-olischen Kirchenrechts, Hrsg.: Listl, Joseph / Schmitz, Heribert, 2. grundlegend neubearbeitete Aufl., Regensburg 1999, S. 1163-1173.

Witte, Hermann (2000): Allgemeine Betriebswirtschaftslehre, München, Wien 2000.

Wöhe, Günter / Döring, Ulrich (2002): Einführung in die Allgemeine Betriebs-wirtschafts-lehre, 21. Aufl., München 2002.

Wöhe, Günter (1990): Das betriebliche Rechnungswesen: Jahresabschluss, Kostenrechnung, Statistik und Vergleichsrechnung, München 1990.

Wollmert, Peter / Rhiel, Raimund / Hofmann, Jürgen / Schwitters, Jürgen (2004): Kommentierung zu IAS 19 - Leistungen an Arbeitnehmer (Employee Benefits), in: Rechnungslegung nach International Accounting Standards (IAS). Kommentar auf der Grundlage des deutschen Bilanzrechts, Hrsg.: Baetge, Jörg / Dörner, Dietrich / Kleekämper, Heinz / Wollmert, Peter / Kirsch, Hans-Jürgen, 2. Aufl., Stuttgart 2004.

Yoshida, Takeshi (1976): Methode und Aufgabe der Ermittlung der Grundsätze ordnungsmäßiger Buchführung, in: Baetge, Jörg / Moxter, Adolf / Schneider, Dieter: Bilanzfragen, Festschrift zum 65. Geburtstag von Prof. Dr. Ulrich Leffson, Düsseldorf 1976, S. 49-64.

Zülch, Henning / Willms, Jesco (2004): Revenue Recognition: Mögliche Änderungen bei der Ertragsrealisation nach IFRS, in: DB (2004), S. 2001-2006.

Zydra, Markus (2003): Zwischen Ethik und Profitstreben, in: Süddeutsche Zeitung, Nr. 296 vom 24./25./26.12.2003.

Verzeichnis der Rechtsprechungen

BAG: Bundesarbeitsgericht, Urteil vom 08.05.1990 - 3 AZR 121/89, in: DB 1990, S. 2375-2376.

BGH: Bundesgerichtshof, Urteil vom 02.12.2004 Az.: I ZR 92/02 unter: www.beck-aktuell.de (Stand 12.09.2005).

BFH: Bundesfinanzhof, Urteil vom 27.7.1994 II R 122/91, in: BStBl. II 1995, S. 331-337.

BFH: Bundesfinanzhof, Urteil vom 03.07.1964 VI 262/63 U, in: BStBl. III 1965, S 205-211.

BGH: Bundesgerichtshof, Urteil vom 27.2.1961, II ZR 292/59, in: BGHZ, Bd. 34, S. 324 – 337.

BVerfGE Bundesverfassungsgericht, Beschluß vom 13.12.1983 – 2 BvL 13, 14, 15/82, in: BVerfGE 66, S. 1-25.

Verzeichnis staatlicher und nicht staatlicher Normen

BetrAVG: Gesetz zur Verbesserung der betrieblichen Altersversorgung (Betriebsrentengesetz - BetrAVG) (800-22-1) vom 19. Dezember 1974 (BGBl. I S. 3610), zuletzt geändert durch Artikel 2 des Gesetzes vom 29. August 2005 (BGBl. I S. 2546), Rechtsstand 02.09.2005, zuletzt bearbeitet 01.09.2005.

BBG: Bundesbeamtengesetz, vom 14. Juli 1953 (BGBl. I S. 551), neugefasst durch Bekanntgabe vom 31.03.1999 (BGBl. I S. 675), zuletzt geändert durch Art. 2 Abs. 1 G vom 12. 8.2005 (BGBl. S. I 2354).

BGB: Bürgerliches Gesetzbuch vom 18.08.1896 (RGBl. S. 195), neugefasst durch Bekanntgabe vom 02.01.2002 (BGBl. I S. 42, 2909; 2003 S. 738), zuletzt geändert durch Art. 3 Abs. 1 G vom 07.07.2005 (BGBl. I S. 1970).

EStG: Einkommensteuergesetz in der Fassung der Bekanntmachung vom 19.10.2002 (BGBl. I S. 4210), Stand: geändert durch Art. 28 G v. 21.06.2005 (BGBl. I S. 1818).

EU: Europäisches Parlament und der Rat der Europäischen Union: Amtsblatt der Europäischen Gemeinschaften 11.09.2002 L243/1Verordnung (EG) Nr. 1606/2002 vom 19. Juli 2002.

GG: Grundgesetz für die Bundesrepublik Deutschland vom 23.05.1949 (BGBl. S. 1), zuletzt geändert durch Art. 1 G vom 26.7.2002 (BGBl. I S. 2863).

HGB: Handelsgesetzbuch vom 10.05.1897, (RGBl. S. 219), zuletzt geändert durch Art. 1 G v. 3. 8.2005 (BGBl. I S. 2267).

IASB: International Accounting Standards (Deutsche Fassung), Standards zum 31.03. 2004, mit 2. Ergänzungslieferung März 2005, Hrsg.: IASCF/IASB, Review Commitee: Wagenhofer, Alfred et al.

IPSAS: International Public Sector Accounting Standards, Standards vom 01.01.2005, Hrsg: IFAC, unter: www.http://www.ifac.org/Members/Pubs-SKU.tmpl?SKU=HO-PSC (Stand: 12.09.2005).

PartG:	Gesetz über die politischen Parteien vom 24.07.1967 (BGBl I S. 773), neu-gefasst durch Bek. v. 31. 1.1994 (BGBl I S. 149), zuletzt geändert durch G v. 22.12.2004 (BGBl I S. 3673).
PublG:	Publizitätsgesetz vom 15.08.1969 (BGBl. I S. 1189, ber. 1970 I S. 1113), Stand: Zuletzt geändert durch Art.3 BilReG vom 04.12.2004 (BGBl I S. 3166).
SGB V:	Sozialgesetzbuch - Fünftes Buch (V): Gesetzliche Krankenversicherung vom 20. Dezember 1988 (BGBl I S. 2477, 2482), zuletzt geändert durch Art. 1 G v. 22. 06.2005 (BGBl. I S. 1720).
SGB VI:	Sozialgesetzbuch - Sechstes Buch (VI): Gesetzliche Rentenversicherung vom 18. Dezember 1989 (BGBl I S. 2261; BGBl I S. 1337), neugefasst durch Bek. v. 19.02.2002 (BGB. I S. 754, 1404, 3384), zuletzt geändert durch Art. 2 G v. 03.08.2005 (BGBl. I S. 2269).
SGB VII:	Sozialgesetzbuch - Siebtes Buch (VII.): Gesetzliche Unfallversicherung vom 7. August 1996 (BGBl. I S. 1254), zuletzt geändert durch G v. 14. 8.2005 (BGBl. I S. 2410).

Verzeichnis kirchlicher Rechtsvorschriften

Bistum Augsburg: Priesterbesoldungsordnung der Diözese Augsburg (PrBeso), in: KABl., 107 Jg., Nr. 13 vom 13.12.1997, S. 464 - 495.

Bistum Eichstätt: Priesterbesoldungsordnung in der Fassung vom 01.07.1988 (Pastoralblatt 1998, S. 118-125), Änderung vom 15.01.2002, in: KABl Nr. 1-29. Januar 2002, Art. 3 und 10, S. 13.

Haushaltsplan 2002.

Bistum Essen: Emeritierungsordnung für Pfarrer, in: KABl., Nr. 9-15, September 1995, S. 80 f.

Vertrag des Landes Nordrhein-Westfalen mit dem Heiligen Stuhl über die Errichtung des Bistums Essen, vom 19.12. 1956, GVBl. für das Land Nordrhein-Westfalen, Ausgabe A, 1957, S. 20, in: Die Konkordate und Kirchenverträge in der Bundesrepublik Deutschland, Hrsg.: Listl, Joseph:, Bd. II, Berlin 1987.

Bistum Görlitz: Dekret zur Änderung der Besoldungs- und Versorgungsordnung für Geistliche des Bistums Görlitz vom 13.09.1991 – (01/2001), in: KABl., Nr. 1-15, Januar. 2002, S. 6.

Ruhestandsordnung für Priester des Bistums Görlitz, in: KABl. Nr. 1-14, Januar 1998, S. 8.

Bistum Magdeburg: Besoldungs –und Versorgungsordnung für Priester im Bistum Magdeburg, in: KABl., H1-02.01.2002, Nr. 4, S. 8 - 15.

Bistum Osnabrück: KVVG: Kirchenvermögensverwaltungsgesetz vom 15.11.1987, in: KABl. der Diözese Osnabrück, Bd. 46, Nr. 42, Art. 329 S. 305 ff.

GAKV: Geschäftsanweisungen für die Kirchenvorstände in der Diözese Osnabrück, Osnabrück 2000.

Bistum Trier: Priesterbesoldungsordnung (PrBesO) für das Bistum Trier
                    vom 03.01.1991 (KABl. 1991, Nr .15), i.d. Fassung vom
                    18.09.2003 (KABl. 2003 Nr. 172), S. 1-11.

CIC: Codex Iuris Canonici (Codex des kanonischen Rechts),
                    Lateinisch-deutsche Ausgabe, Johannes Pauli – PP II. -,
                    promulgiert am 25.01.1983, Hrsg. im Auftrag der Deut-
                    schen und Berliner Bischofskonferenzen u.a., Übersetzung
                    Aymans, Winfried u.a., 4. Aufl., Kevelaer 1994.

Erzbistum Köln: Emeritierung für Priester, in: KABl., Stück 11, 15. Mai
                    1997, Nr. 121 u. 122, S. 122 - 123.

LG: Lumen Gentium: Dogmatische Konstitution über die Kir-
                    che, deutsche Über-setzung vom 26.06.2002 aus dem zwei-
                    ten Vatikanischen Konzil (11.10.1962 - 8.12.1965) unter:
                    http://theol.unibk.ac.at/itl/238.html (Stand 06.05.2005).

KAGO: Kirchliche Arbeitsgerichtsordnung in der Fassung des Be-
                    schlusses der Vollversammlung der Deutschen Bischofs-
                    konferenz vom 21.09.2004, unter: http://www.diag-
                    mav.org/arhilfen/gesetz/kago/kago2005.pdf..
                    (Stand 21.09.2005).

Claudia Leimkühler

Unternehmensrechnung und ihre Überwachung in kirchlichen Verwaltungen

Eine Analyse aus Sicht der Katholischen Kirche in Deutschland

Frankfurt am Main, Berlin, Bern, Bruxelles, New York, Oxford, Wien, 2004.
XXXIV, 423 S., zahlr. Abb. und Tab.
ISBN 3-631-52380-7 · br. € 74.50*

Die systematische Auseinandersetzung mit der Zukunft wird zu einem zentralen Faktor für die Sicherung der Existenz der kirchlichen Rechtspersonen. Diese Arbeit zeigt die Entwicklungsrichtung eines strategischen Managements auf und macht deutlich, daß sich die Steuerung kirchlicher Rechtspersonen insgesamt durch gezielte Reformbemühungen auf ein neues Paradigma ausrichten läßt, das der Sicherung der Zukunfts- und Handlungsfähigkeit der Kirche verpflichtet ist. Im Mittelpunkt stehen dabei Vorschläge für ein wirksameres, den Bedingungen kirchlicher Verwaltungen angepaßtes Kosten- und Ressourcenmanagement. Das dargelegte Gestaltungskonzept der Unternehmensrechnung und Rechenschaftslegung in den Teilkirchen der Katholischen Kirche in Deutschland wird dabei den kirchenrechtlichen Ansprüchen gerecht und gewährleistet eine äußere Transparenz.

Aus dem Inhalt: Staatliche und kirchenrechtliche Rahmenbedingungen für die Ausgestaltung des Finanz- und Rechnungswesens · Gestaltungskonzept für das finanzielle (externe) Rechnungswesen · Kontextfaktoren und Konsequenzen für ein integriertes System der Unternehmensrechnung

Frankfurt am Main · Berlin · Bern · Bruxelles · New York · Oxford · Wien
Auslieferung: Verlag Peter Lang AG
Moosstr. 1, CH-2542 Pieterlen
Telefax 00 41 (0) 32 / 376 17 27

*inklusive der in Deutschland gültigen Mehrwertsteuer
Preisänderungen vorbehalten
Homepage http://www.peterlang.de